本书出版得到中信改革发展研究基金会支持

FARMERS INTEGRATED
COOPERATIVE:
2020-2021年卷

综合农协
中国"三农"改革的突破口

FARMERS INTEGRATED COOPERATIVE:
A BREAKTHROUGH IN CHINA RURAL REFORM

杨 团 等/著

中国社会科学出版社

图书在版编目（CIP）数据

综合农协：中国"三农"改革的突破口. 2020—2021年卷／杨团等著.
—北京：中国社会科学出版社，2021.12
ISBN 978 - 7 - 5203 - 9263 - 1

Ⅰ.①综…　Ⅱ.①杨…　Ⅲ.①农业合作组织—研究—中国
Ⅳ.①F321.42

中国版本图书馆 CIP 数据核字（2021）第 209623 号

出 版 人	赵剑英
责任编辑	冯春凤
责任校对	张爱华
责任印制	张雪娇

出　　版	中国社会科学出版社
社　　址	北京鼓楼西大街甲 158 号
邮　　编	100720
网　　址	http://www.csspw.cn
发 行 部	010 - 84083685
门 市 部	010 - 84029450
经　　销	新华书店及其他书店

印　　刷	北京君升印刷有限公司
装　　订	廊坊市广阳区广增装订厂
版　　次	2021 年 12 月第 1 版
印　　次	2021 年 12 月第 1 次印刷

开　　本	710×1000　1/16
印　　张	23
插　　页	2
字　　数	384 千字
定　　价	138.00 元

凡购买中国社会科学出版社图书，如有质量问题请与本社营销中心联系调换
电话：010 - 84083683

目　录

乡村振兴与集体经济

30 年集体经济改革启示录：乡村发展必由之路　　　　　　杨　团／3
立足集体村社制度传统，推进乡村治理体系创新　　　　　仝志辉／27
我看集体经济　　　　　　　　　　　　　　　　　　　　李昌平／35
集体的位置　　　　　　　　　　　　　　　　　　　　　陈晶晶／42

百乡工程莱西研究

百乡工程——莱西研究项目一年总结
　　　　　　　　　　　北京农禾之家咨询服务中心百乡工程
　　　　　　　　　　　莱西研究项目院上镇试点工作小组／57
莱西市院上镇调研报告　　　　　　　　　　　　　　刘建进执笔／89
莱西市院上镇七垈村集体经济发展纪实　　　　　　　　　杨　团／98
游耕与集中：莱西市农户调研　　　　　　　　　　　　　达林太／113

烟台经验研究

"烟台经验"的普遍意义　　　　　　　　　　　　　　　　江　宇／123

烟台三村调研 .... 杨 团 / 134
烟台三村壮大集体经济的启示 .... 杨 团 / 163

中国扶贫基金会案例解析

研究说明 .... / 171
善品公社——石棉坪阳教学案例 .... 杨团执笔 / 173
善品公社——石棉坪阳研究案例 .... 杨团执笔 / 201
百美村宿——涞水南峪教学案例 .... 仝志辉执笔 / 229
百美村宿——涞水南峪研究案例 .... 刘建进执笔 / 255

合作社篇

清理空壳农民专业合作社面临的突出问题和对策建议 .... 曹 斌 / 279
基层供销社助推农民专业合作社发展的模式、问题与建议
　　——以东台市民星蚕业专业合作社为例 .... 曹 斌 / 294
农户土地经营规模的基本情况、制约因素与政策含义 姜斯栋、宋洪远 / 303
当前农村基层党组织建设的重点 .... 刘海波 / 322

国外经验

日本农村集体产权制度的演进、特征与构成 .... 曹 斌 / 329

附录

北京农禾之家咨询服务中心 2020—2021 大事记 .... / 351

后　记 .... / 361

乡村振兴与集体经济

30 年集体经济改革启示录：
乡村发展必由之路

杨 团[*]

摘 要：本文梳理了围绕农村集体经济制度改革的 30 余年历史，分辨了人民公社集体、股份合作制集体和社区合作集体以及集体经济、合作经济、股份经济与社区经济、共同体与共有体的不同，提出新型集体经济及其组织是乡村振兴改革创新的主题，从实践到理论都应当允许新型集体经济组织进行长期坚持不懈的多样化探索。

关键词：乡村振兴；乡村集体经济；新型集体经济组织；折股量化；合作经济；股份经济

1987 年 1 月，中央政治局发出"将农村改革引向深入"的文件，提出要构建"社区性、综合性"的"乡村合作组织"，30 多年后的 2016 年 12 月 29 日，中央再次发文"稳步推进农村集体经济产权制度改革"，展示了接续 30 多年前改革的重大信号：一是重视集体经济；二是要将集体经营性资产确权到户。2017 年年底，党的十九大提出乡村振兴——未来 30 年全党全国全社会统一意志、全面实施的国家战略，再次将壮大乡村集体经济提上重要日程。

中国历经 40 年、跨两代人的农村改革，迄今人们熟知的是包产到户的

---

* 作者系中国社科院社会学所研究员，中国社科院社会政策研究中心顾问，北京农禾之家咨询服务中心理事长。中国社科院农村经济研究所刘建进研究员、数量经济所郑易生研究员对本文提出了重要修改意见。

改革解放了农户让农民家庭经济破土而出的成长史，而不太熟悉的是曾经的人民公社、生产大队、生产队变身为乡、村、组后的集体经济到底怎么样了？夹带在经济改革大潮中的集体经济是不是消亡了？其实，历经坎坷的集体经济并没有全部消亡，而是在不同的历史阶段以不同的方式顽强表现着自己。本文试图通过 30 多年来中国农村集体经济制度改革的实践梳理，引出多年来未解决的问题——乡村发展为什么离不开集体经济？何为持久发展集体经济的制度载体？面对广大乡村地域，如何形成既能维护社区集体公共资产又能实现农民收益分配权利？既要个人利益又要实现个人与集体的合作？既要经济增收也要社会服务？既要搞活机制又要合乎法理的它的组织框架，让乡村再次充满生机与活力？

一 历史的回顾：集体经济的钟摆式探索之路①

（一）20 世纪 80 年代农村政策的变革与演进

20 世纪 70 年代末期启动的农村改革，是伟大的历史性变革。在政治上取消了人民公社"政社合一"体制，改为"政社分设"，在经济上取消了剥夺农户个体生产经营权利"归大堆"式的集体经济，开始设立"统分结合、双层经营"的崭新制度。这一新制度的设想不是在农村改革前就提出的，而是在农村改革实践过程中逐步形成的。

自 1982 年后，中央开创了 5 年内连发 5 个"一号文件"推动农村改革的局面。在分户经营成为主体经营形式之后，政策界和理论界就一直争论是实行土地私有、还是在土地公有制基础上做联产承包、双层经营？后者的主张占了上风，才有了 5 个"1 号文件"。可见，这 5 个"1 号文件"就是心中有集体但要改革旧集体的文件。为纠正农村改革就是"土地还家，分田单干"的误解，中央先是在 1982 年提出："联产承包责任制的运营，可以恰当地协调集体利益与个人利益，并使集体统一经营和劳动者自主经

---

① 杨团：《此集体非彼集体——为社区性、综合性乡村合作组织探路》，《中国乡村研究》第 14 辑，福建教育出版社 2018 年版。

营两个积极性同时得到发挥"，"宜统则统，宜分则分，通过承包把统和分协调起来；又在 1983 年将统分结合明确为是一种经营方式，"这种分散经营和统一经营相结合的经营方式具有广泛的适应性"，"在这种经营方式下，分户承包的家庭经营只不过是合作经济中的一个经营层次"，而作为合作经济的集体统一经营层次之所以必须存在，是要承担"一家一户办不好或不好办的事"。到 1991 年，十三届八中全会决议更加明确地将统分结合的双层经营体制，作为我国乡村集体经济组织的一项基本制度长期稳定下来，直至 1999 年写入宪法。[①]

在人民公社体制实行"政社分开"后，原来的"社"即承担集体经济功能的乡、村组织还要不要，如何改革？针对这个问题，中央在 1983 年就提出："人民公社原来的基本核算单位即生产队和生产大队，在实行联产承包以后……它们仍然是劳动群众集体所有制的合作经济"，而且为了"管理集体的土地等基本生产资料和其他公共财产，为社员提供各种服务……这种地区性合作经济组织是必要的。其名称、规模和管理机构的设置由群众民主决定。"1984 年再次提出："为了完善统一经营和分散经营相结合的体制，一般应设置以土地公有为基础的地区性合作经济组织。这种组织，可以叫农业合作社、经济联合社或群众选定的其他名称；可以以村（大队或联队）范围设置，也可以以生产队为单位设置；可以同村民委员会分立，也可以一套班子两块牌子。"1987 年进一步提出，这种地区性合作经济组织就是"主要是围绕公有土地形成"的"乡、村合作组织"，它"与专业合作社不同，具有社区性、综合性的特点"。组织的基本职能是："生产服务、管理协调、资产积累和资源开发"[②]。可见，当时的指导思想，是要将对人民公社"政社分开"后的"社"改造成一个新型的乡村合作组织。它是地区性或社区性的，是综合性的，既能承担集体土地所有和承包发包的土地经营、各类公共资产和资源的管理和开发，又能为农户提供生产、生活中"办不好或不好办的事"的服务。它的性质是"个人与个

---

① 1999 年宪法第 15 条"农村集体经济组织实行家庭承包经营为基础、统分结合的双层经营体制。农村中的生产、供销、信用、消费等各种形式的合作经济，是社会主义劳动群众集体所有制经济。"

② 中共中央政治局（1987）：《将农村改革引向深入》，1987 年 1 月 22 日。

人、个人与集体"之间的合作经济，由此区别于将全村、全乡的农民视为同一个经济主体的公社集体经济。这样的社区性、综合性的乡村合作组织，就是中国农村实现"统分结合、双层经营"基本制度的组织载体。其制度框架不是"一刀切"地要求纯集体或纯个体的经营制度，而是允许各地在一定的经营制度空间中采用符合实际的做法。现在看来，这就是人民公社消失后，几十年来，从中央到地方对新型集体经济组织主体持续探索的源头。

"统分结合、双层经营"体制的制度建设表述在十三届八中全会时达到最高峰，但其后就开始走下坡路。及至今日，这个制度也未建立起来，被称为"完成了一半的改革"。尽管文件"有了概括性的规定"，但是"没有出台相关法律"，"使得乡村合作经济组织的地位和基本内外关系一直处于一种模糊状态"①。

（二）20 世纪 90 年代集体经济的兴起和衰落

到 1984 年年末，各地设立乡人民政府的工作全部完成，"政"分出来了，而原公社控制的集体经济在"社队企业"向"乡镇企业"迅速发展的过程中，以"政企合办"的新方式继续"政社合一"，乡镇企业成了乡政府的钱袋子，自然不会再设立"地区性合作经济组织"。村组也通过大办乡镇企业让集体经济获得了空前的大发展，并支持了村组的公共事务。乡、村两级的"社"都难以分设了。

当时的乡镇企业不是政府刻意扶持的，而是农村和农民自然需要发展的产物，连邓小平都直呼"没想到"。源自社（乡）、队（村）企业的乡镇企业，抓住城市企业还未醒过来、改革尚未启动的机会，先行一步，大办乡村工业，为农民也为集体找到了农业之外的增收出路。

它的突出作用，一是吸纳了大量农村剩余劳动力，2000 年在我国乡镇企业就业的职工已经达到 12819 万人，比 1980 年增加了近 1 亿人。② 二是实

---

① 张路雄：《耕者有其田——中国耕地制度的现实与逻辑》，中国政法大学出版社 2002 年版，第 78—110 页。

② 杨晓光、樊杰：《20 世纪 90 年代中国乡镇企业变革及其地方效应》。《地理学报》2008 年第 12 期。

现了农民、村集体、乡财政统统增收，改善了乡村福利。三是支持了中国改革早中期的高速经济增长。[1]

可是，90 年代中期以后，乡镇企业开始走下坡路。这固然有历史原因——城市经济改革加快，乡镇企业的各种粗陋统显现出来。不过，当时政府要求的改制才是其遭灭顶之灾的根子。[2] 改制就是从集体企业改制为私营个体企业。改制的重点是被农业部称为"社会主义劳动群众集体所有制经济"的股份合作企业[3]，文件规定，两三个人就可组成股份合作企业，结果，集体企业大部分半送半卖给了私人、个体。[4] 可见，改制中确有意识形态原因，即认为资产由集体拥有就是不清楚的，产权只有归属个人，按股拥有才能清晰。从"要创造出一个新型的乡村集体组织"这一改革初衷的角度看，这次改制的负面影响深远。尤其大面积推行改制后，乡村集体企业基本私有化了，乡村公共开支来自本土集体经济的链条被切断，侥幸留存下来的乡村企业也脱离了过去替政府承担"以工补农"和解决农村就业的职能。

在乡镇集体企业改制之后，乡村集体经济又遭受两次打击：一是延长承包期，这削弱了集体对于土地的调剂和管理权力，加之在第二轮土地承包中，大部分地方取消了集体留存的机动地，全国村集体经济组织基本上没有了收入。二是在农业税取消后，连同农业税一起收缴的村集体提留也

---

[1] 1978—2002 年，乡镇企业增加值年均增长率为 17.2%，乡镇企业职工人数年均增长率为 6.7%，而同期全国 GDP 年均增长率为 9.1%，就业人数年均增长率仅为 2.6%。1990—2002 年，乡镇企业出口总额年均增长率为 11.7%，而同期全国出口总额年均增长率仅为 7.3%。（于立等，2004）

[2] 温铁军解析当时苏南地区的改制时说："1988—1989 年和 1993—1994 年两次宏观经济周期性危机爆发、国家应对政策调整，连续遭遇通胀和紧缩的地方政府预算软约束却把开支刚性直接向企业转嫁，造成乡村两级总公司的'债务'危机。遂在'地方政府甩包袱'的政策推动下，发生乡镇企业大规模改制。"

[3] 1990 年农业部颁布《农民股份合作企业暂行规定》和《农民股份合作企业示范章程》，1992 年又颁布了《关于推行和完善乡镇企业股份合作制的通知》。农业部将股份合作制规范为"农民股份合作企业是劳动农民的合作经济，是社会主义劳动群众集体所有制经济"，"是由三户以上劳动农民，按照协议，以资金、实物、技术、劳力等作为股份，自愿组织起来从事生产经营活动，实行民主管理，以按劳分配为主，又有一定比例的股金分红，有公共积累，能独立承担民事责任，经依法批准建立的经济组织"。

[4] 秦晖：《什么是"集体所有制"？——关于产权概念的若干澄清》2006 年 6 月 11 日，http://www.aisixiang.com/data/9822.html。

被取消了。①

国家取消农业税本是重大惠民政策，但在取消乡统筹的同时将村集体提留也一并取消，这不但消除了农民对村社集体应尽的义务，还导致因乡镇企业改制失去经济功能的村集体更加彻底地退出村庄公共事务。农户不得不"户自为战"、孤立面对生产生活中所有"办不好和不好办的事"。正因如此，农户称分田到户后为"第一次单干以来"，称取消农业税改革后为"第二次单干以来"②。第一次单干以来，村社集体在共同生产事务上还有一定的统筹能力；第二次单干以来，这个统筹能力就彻底丧失了。

曾当过乡镇党委书记，最先喊出"农民真苦、农村真穷、农业真危险"的"三农"专家李昌平针对税费改革提出，"农民种地一定要交费"。否则，"村集体所有者的权益如何体现"？如何"通过补偿摆平占地不平衡导致的不合理"？如何"给予村委会"这个村民自治组织"必要的财政基础"？村集体经济组织"何来为村民提供各种公共服务的资源"？③

在传统集体经济衰落的同时，股份合作制兴起，甚至几乎成了农村新集体经济的代名词。股份合作制早期是乡镇企业转制后一种类似个人合伙的经济形式。村集体最先试验股份合作制的是先期卷入城市化、工业化浪潮的沿海地区。④ 为顺应民意，改革一开始就以第二次分配即解决村级集体福利分配的需要为目标，以折股量化为手段，以成立股份合作社为改制最终结果。广东省动作最快，1990年5月、8月连续出台规定⑤，接着浙江、

---

① 这实际上暗示了集体土地、集体经济所有制其实是依附在国家赋权的基础上，独立性先天不足。不过，具有讽刺意味的是，农民却偏偏认可。直到现在很多老农民还是对只运转了20年左右的集体经济制度和组织边界在思想观念上挥之不去。农村集体经济组织是被人为地从上往下压掉的，并不是农民从根本上不认可这样的制度安排。

② 贺雪峰：《序二》，载张路雄著《耕者有其田——中国耕地制度的现实与逻辑》，中国政法大学出版社2012年版，第10—13页。

③ 李昌平：《取消农业税将引发一系列深刻变革》，http://bbs.tianya.cn/post-free-181238-1.shtml，2004。

④ 随着城市的发展，人地矛盾的突出，传统的土地种植已无法进行，征地越来越多，征地补偿款等新项目让集体资金积累增加。这笔因农村城市化而得来的资金如何分配？老方式引起诸多纠纷。群众称集体资产是"干部资产"，"玻璃箱子，看得见摸不着"，表面人人有份，实际人无份。

⑤ 广东省1990年8月颁发的农村集体经济组织管理规定指出："农村集体经济组织，是指原人民公社、生产大队、生产队建制经过改革、改造、改组形成的合作经济组织，包括经济联合总社、经济联合社、经济合作社和股份合作经济联合总社、股份合作经济联合社、股份合作经济社等。"

上海和江苏等地在少数经济发展条件较好的村以建立股份合作社、股份公司等形式，对集体经济组织产权改革进行探索；再后，股份合作制成为农村集体经济组织改革的路径依赖。

回顾这一阶段，我们应当承认：后人民公社时期的乡村集体经济既展示了因管理机制不健全而积累的致命的内在矛盾，如"产权不清"，又展示了能够自发创造令世人震惊的乡镇企业奇迹的一种优势与生命力。而"政社分开"的"社"一直找不准实现形式，先是乡镇企业与村集体合搞生产经营，后是集体性股份合作社或股份公司撇开生产转而从分配入手清晰化产权，情况纵横交错，改革路向不明。不过，应当承认：一旦集体经济被削弱或被分解、隔离在乡村事物之外，失去经济来源时，乡村就会陷入处处掣肘的困境。

（三）21 世纪以来，艰难的合作经济发展之路

由于改制后乡镇企业吸纳农村劳动力的能力下降，农民进入城市打工。2016 年年末农民工总量 2.8 亿人，其中 1.7 亿人外出务工。进入 21 世纪，城镇化进程加快，城郊和市镇周边的大量耕地转为建设用地，资本下乡，城乡经济发展差距快速拉大，与此同时，农村基层财政也越来越窘迫。农村的状况越来越差。

2007 年《农民专业合作社法》① 正式颁布实施，提出解决"分"有余、"统"不足、"小生产"与"大市场"脱节的问题，就是要加强新型农业社会化服务体系以强化"统"的功能，以各种新型主体实现"集体统一服务"的功能。但是，1987 年提出的"统"是集体经济组织统一经营的"统"，是具有社区范围系统结构和功能的具有整体性意义的"统"，是类似"一串葡萄"的"统"；而专业合作社时期提出的农业社会化服务体系的"统"只能是局限于某种产业活动范围在对接市场时类似"一袋土豆"式的数量规模化方式的统，内涵大不一样。②

---

① 2013 年中央一号文件中，以"农民合作社"替代了"专业合作社"，并指出"农民合作社是带动农户进入市场的基本主体，是发展农村集体经济的新型实体，是创新农村社会管理的有效载体。"
② 此为中国社科院农村发展研究所刘建进研究员提出的观点。

一开始，专业社的设立不太顺利，经政府行政手段推动，将成立合作社的数量纳入年度工作考核，才有了迅速增长。据农业部统计，2009 年 20 多万家，2013 年年中就达到 82.8 万家，占农户总数的 25.2%，到 2019 年 10 月底，已高达 220 万家，占农户总数过半。[①] 不过，大部分合作社人数很少，规模很小，更严重的是，相当部分的合作社是"空壳社"，即合作社只挂名，不运作。据一些地方的调查，空壳社占到总量的 30%—40%。[②]

在运作的合作社中，不少由外来资本的农业公司操纵，农民社员基本上没有发言权。更有资本和部门与大农联合，强势主体"利益共谋"形成合作社。这种大农主导的合作社，等于在部门、资本与小农中间增加了一个类似于合伙制企业的中间商。购农资低买高卖，卖产品低收高出，对内"大农吃小农"，对外交易成本的节约也止于汇集社员的购销需求，而真正得到垄断收益的是资本和大农。这类合作社与市场股份制企业无甚区别，内部治理是大股东控制。这种变异现象甚至成了"中国农民合作社发展初级阶段的突出特征"[③]。

2008 年以后，中央加大了倡导土地流转的政策力度，意在解决耕地撂荒和提高土地利用效率。之前的流转主要在农户之间，之后政策给企业创造了整片租用土地建立规模化现代农业的机会。但受益者是企业，农民得益有限。且实现土地规模经营的企业绝大部分是靠政府行政干预实现的，农民并非完全自愿。现在看来，原想以土地流转政策破解农业效率问题，却陷入更为复杂的部门、资本、大农、小农、村集体相互博弈的陷阱。更出乎意料的是很短时期公司制企业就快速崛起，成为中国农业规模经营和现代农业的主体，这在全球农业大国中是"独有的现象"[④]。

这让农村工业化、城镇化在一段时期内占据了乡村发展的主导地位。

---

① http://www.zgnmhzs.cn/yw/202001/t20200102_7274614.htm.
② 例如，贵州安顺市平坝区的 210 个合作社中，真正运行的只有 122 个，"空壳社"88 个，占 41.9%。
③ 苑鹏：《中国特色的农民合作社制度的变异现象研究》，《中国农村观察》2003 年第 3 期。
④ 日本、韩国和中国台湾地区都曾在 20 世纪限制、禁止农地向企业转移集中，至今，农业经营主体不是企业而是农协（农会）和合作社。美国农业也是农场主合作社及其组成的农业协会占主导地位。

尤其沿海一带的农村集体经营性资产总量快速增长①，不仅让少数城市化的城中村的村民对快速升值的集体资产的分红产生强烈诉求，而且，"如果不尽早确权到户，在城乡一体化的进程中，这些资产再过若干年就更难说清楚归属，就有流失或被侵占的危险"②。这就是中央在 2016 年年底决定全国范围推进农村集体经济产权制度改革的背景。其直接目的，是查清家底，防止快速城镇化过程中的集体资产流失。截至 2019 年年底，全国共清查核实集体账面资产 6.5 万亿元，其中经营性资产 3.1 万亿元；资源性资产总面积 65.5 亿亩，其中宅基地面积 1.7 亿亩。③ 同时，对查清家底的村集体经营性资产进行股份制改造，以统一颁发集体经济股份合作社证书的方式确立其新型集体经济组织地位。这项改革被要求于 2021 年年底基本完成。④ 但是，尽管《民法典》已经规定农村集体经济组织法人系"特别法人"⑤，却因尚未出台适用法律，被颁证的村集体股份经济合作社并非法人，未能成为独立运作的法律主体。

（四）30 年集体经济改革之启示

今天看来，农村改革走到现在，道路曲折，不以人的意志为转移。历史记载了很多有名和无名者集体性的创新努力，也记载了很多无奈、很多惋惜。

---

① 2015 年年底，全国农村集体经济组织账面资产总额（不包括资源性资产）2.86 万亿元，村均 493.6 万元。其中，广东等五省市资产总额为 2.16 万亿，占全国农村集体资产总额的 75.5%，村均为 929.5 万元。这比 2012 年年底的全国农村集体经济组织账面资产总额 2.2 万亿增长了 30%，村均资产增长了 33.7%，五省市占村集体资产的比重提升了 15 个百分点。

② 《农业部长韩长赋等就相关问题答记者问》，2016 年 3 月 7 日，http：//topics. caixin. com/2016-03-07/100916956. html。

③ 全国拥有农村集体资产的 5695 个乡镇、60.2 万个村、238.5 万个组，共计 299.2 万个单位，共有集体土地总面积 65.5 亿亩，账面资产 6.5 万亿元，其中经营性资产 3.1 万亿元，是集体经济收入的主要来源；非经营性资产 3.4 万亿元。集体所属全资企业超过 1.1 万家，资产总额 1.1 万亿元，"全国农村集体家底，摸清了"。《人民日报》2020 年 7 月 13 日。ht-tp：//politics. people. com. cn/n1/2020/0713/c1001-31780203. html？from = singlemessage。

④ 到 2020 年 8 月，70.1% 的村领到了集体经济组织登记证书。见"农村集体产权制度改革取得阶段性重要成效"，新华网 2020 年 8 月 21 日。

⑤ 《民法典》第九十六条【特别法人的类型】本节规定的机关法人、农村集体经济组织法人、城镇农村的合作经济组织法人、基层群众性自治组织法人，为特别法人。

尤其改革开放以来国家发展翻天覆地，农村却明显滞后。农民的经济收入是有提高，但是太多的村庄成了空心村，土地抛荒，集体无能为力，农民说，"外头捡到梁上草，家里丢了老母鸡"。

为什么中央努力推动的"统分结合、双层经营"体制在实践中不但没能贯彻，反而被一些人认为是掩盖单干的遮羞布？为什么专业合作社大比例是空壳社，较好的社也是企业翻牌社？为什么一谈合作就只是经济合作？为什么一提集体组织就是股份合作社？为什么"政社分设"一到村庄就贯彻不下去？

30 多年的农村改革就像打钟摆，在传统和现实之间，集体和个体之间，行政和市场两端之间不停地摇摆，没有稳定在一个核心位置。

与某些人看法不同，笔者认为，"统分结合、双层经营"的集体经济体制当年并非没有成功的可能，失败在于功亏一篑。这个"篑"不是别的，就是没能在当时就将已经认定的双层体制的组织载体——社区性、综合性的乡村合作组织，采取上下结合、政府推动的方式真正建立起来。哪怕粗糙，只要有个框架就好改进。没有框架只有提法，再好的思路也是无根的，后来就被一风吹了。今天看来，这的确错过了建立新型集体经济组织的最好时机。

说到底，核心问题就是，真正适应中国农业、农村、农民需要的，能成为农民主心骨、带动农民共富、集体发声的新型集体经济组织究竟长什么样？它与个人出资组建的合作社和企业哪里不同？它的组织形式到底是合作社、股份公司还是其他的什么方式？

二 从合作主体看：乡村集体经济组织的三种方式

（一）村社合一的股份合作社或股份公司

中国社科院社会学所研究员折晓叶，曾自 20 世纪 80 年代起就开始研究依靠村集体力量，以村社合一为组织形态，自主发展的这一类村庄，并且将其命名为"超级村庄"①。老牌超级村庄只有 1000 多个，占当时 68 万个村庄的万分之三。这些村都属于没有分田到户、坚持生产大队式的一个集体经营层次的方式。最有名的是华西村。该村早在 20 世纪 60 年代就办起了社队企业，农村改革中没有包产到户而是继续集体统一经营，主要依靠乡镇工业致富，村集体变身为社企合一的股份公司。

在工业化、城市化进程中，以广东沿海地区为主，又出现了一批新的超级村庄。它们临近市、镇，在城镇化进程中被划入城市街道，成为城中村。农村土地因此而成百倍上千倍的增值。村集体依靠社企合一的股份公司，为脱农入城的农户分配这些"天赋资产"带来的天赋红利。

（二）村党支部领办村社企会合一的农村集体经济

改革大潮中，一些地处边远、土地零碎、农户分散、集体负债的穷村几乎无一例外，走上了在村党支部带领下村社企会②合一的路。历经数年奋斗，全部依靠自身的力量摘掉了贫困帽子，村集体资产和收益与和户均增收均数倍增长，实现了村、民共富。他们的共同特点，是都有返乡创业担任村党支书的好带头人。陕西礼泉县袁家村的郭裕禄（郭占武），贵州安顺市塘约村的左文学，浙江义乌市何斯路村的何允辉，山东莱西市后庄扶村的王希科，河南兰考县南马庄村张砚斌，四川郫都区战旗村高德敏等，都是将自己在市场上摸爬滚打的经营经验带回家乡，带领村民走集体经济带动个体经济共同发展、义利并举的路，为家乡建设奉献了自己的一切。

这类经验怎样才能推广到更广大的农村地区呢？

2017 年，烟台市委组织部学习塘约村经验，开展村党支部领办合作社的试点。从 11 个村起步，2018 年发展为 100 个示范村，2019 年年底覆盖了 1470 个村。2020 年 8 月，在村党支部领办的 2779 个村中，年新增集体收入 4. 15 亿元，群众增收 5. 23 亿元。到 2020 年年底，在烟台覆盖了 3045 个村③，山东全省已达 11407 个村。④ 他们的经验是，上级党委组织部支持基

---

① 折晓叶：《村庄的再造一个"超级村庄"的社会变迁》，中国社会科学出版社 1997 年版。
② 村社企会的会指的是协会，包括农技协会、老人协会、妇女协会等社会组织。
③ 于涛：《组织起来，发展壮大集体经济——烟台市推行村党支部领办合作社、全面推动乡村振兴》，《经济导刊》2019 年 12 月刊、2020 年 1 月刊。
④ 《打造乡村振兴齐鲁样板，这 12 个经验值得一看》，《大众日报》2021 年 1 月 17 日。

层村支部突破政策限制，由党支部成员代表村集体，以个人入社带入集体资产股，与村民个人股共建股份合作社。党支部牵头主导，担职担责，组织大家一心一意谋发展。结果一招破题、全盘皆活。地还是那些地，人还是那些人，但是心气大增、面貌大变。烟台经验证明，乡村振兴的"术"要服从和跟着"道"走。方向对了头，才能一步一层楼。

（三）县乡农民合作组织联合会（社）

党的十九大以来，全国各地出现了一批将农户、专业合作社、家庭农场、专业合作社联合社、农业公司、协会乃至村两委等多类主体整合起来的新型农民合作组织。它们名称不一，但组织架构和工作机制类似，大都建在县、乡一级，也有建在跨村跨乡的区域，如内蒙克什克腾旗经棚镇农业发展合作联合会、四川仪陇县养牛专业合作社联合社暨养牛产业协会、石棉县坪阳地区黄果柑专业合作社、山东青岛莱西市院上镇农民专业合作社联合社，等等。而且，这些新型组织无一例外都设立专职的总干事经营团队激活运营机制，都得到当地党和政府的大力支持。他们对下集中组织农户，对上整合各部门资源，在党的领导下为乡村振兴搭建平台，成为推动农业农村发展的新引擎。

其中，内蒙古赤峰克什克腾旗城关镇设立的建立的经棚镇农业发展合作联合会最为突出。该镇组建了全镇 13 个村党支部与镇、旗、市的 34 个涉农部门党支部共建共融的跨部门跨体制的联合党组，由镇党委书记兼任党组负责人。党组办公室设在镇联合会。镇联合会党组针对各村党支部提出的问题清单，发动政府部门党支部提供供给清单，通过党组织渠道打通了基层与政府功能部门的联系。镇党组支持镇联合会在各村设立生产、信用、供销综合服务网点，形成镇村统分结合、双层经营、共建共享的服务体系。到 2020 年年底，13 个村的集体经济积累达 2400 万元以上，年内经营性集体经济资产达 360 万元，全镇农户纯收入 3 万元以上。该镇联合会因此被农业农村部评选为 2020 年全国第二批农业社会化服务 24 个典型案例之一。

三　从组织特性看：乡村集体经济组织的四种类型

笔者认为，以"公共性"为纵轴，"经营性"为横轴，可将农民集体组织划分为四种类型。其中的"公共性"，指集体组织举办经济、社会、文化事业以解决"一家一户办不好或不好办的事"的程度；"经营性"，指的是为实现公共性采取的市场的、半市场的、公益慈善的等多种经营方式组合的有效程度。如下图：

公共性	强	人民公社制集体	社区合作制集体
	弱	村庄自治集体	股份合作制集体
		弱	强
		经营性	

第一种：人民公社制集体。

它的"公共性"强，"经营性"弱到几近于无，是生产资料归集体所有制下的集体。其实现形式即组织方式、经营方式、分配方式都是单一的，表现为集体占有、集中经营、集中生产、集中分配。资深三农专家杜润生曾说："集体化使农民的各种权利受到剥夺，而且找不到一种可以激励农民积极性的适当的分配机制。"[①] 这类集体现已不复存在。

第二种：村庄自治集体。

它的"公共性"和"经营性"都比较弱。我国目前大部分村庄都属于这一类。尽管有了宪法规定的村委会，尽管在免除农业税后大部分省份都给村两委的干部发了月津贴，但是没有可用于产业经营的村集体资金和有效资源，很多村因无人愿意干而常年选不出村干部。十多年前国家启动大

[①] 张英洪：《农民偿债：权利，还是权利——纪念杜润生先生》，《南周快评》2015 年 10 月 15 日。

学生村官计划，想要加强农村基层组织力量，结果不但未能改变现状，反而得多花气力解决他们任期结束后的再就业问题。

这种状况在党的十八大之后有了较大改观。尤其是脱贫攻坚全国规划将 832 个贫困县、12.8 万个贫困村都一一入账，全国派出几百万干部入县、下乡、到村助力脱贫。截至 2020 年年底，所有贫困县摘帽，所有贫困村出列。只是，主要依靠外力脱贫的村庄，大部分缺乏内生动力，农户与集体的疏离没能克服，可持续发展堪忧。

第三种：股份合作制集体。

它是以股份制强化了"经营性"，但"公共性"并未上升的一类村集体，其特征是村集体组建村社合一的股份合作社，推动了经营性资产的开发。这类组织更近似股份公司。

出现"近公司性质"，大都因为这些村庄毗邻城镇或就在城镇且脱离农业。村集体成为因"脱农入城"而失地的农民的靠山。他们受前述 20 世纪 90 年代乡村集体企业向着私人、个体方向改制思潮的影响，甚至他们本人就是改制时将集体资产化公为私的获利者。这类抽空了集体精神内核的村集体股份合作社，在相当长的一段时期内，成为一些人为自己和为个体向国家争利的招牌。

第四种：社区合作制集体。

与前不同，这是兼顾"公共性"和"经营性"的集体。它既有"社"又有"区"的概念。"社"指的是社群，即"基于强烈的人际互动关系构成的相互信任的一个群体……在发展中的经济体里，典型地表现为通过血缘和地域性姻亲关系捆在一起的群落和村庄"[1]。"区"是指一定的地域范围。社区就是聚居在一定地域范围内的人们所组成的社会生活共同体，由费孝通从英文单词"Community"翻译而来。[2]

---

[1] 转自路征、邓翔、廖祖君《社群经济：一个农村发展的新理念》，《四川大学学报》（哲学社会科学版）2017 年第 1 期。

[2] 不过，中国人使用这个词的时候，常常望文生义，认为社区就是一个或大或小的地区而已，往往过于强调其地理范围而缩小了它原本的含义。它原本包括各种形式，而且强调的重点是人与人之间因联系密切而结成的各类共同体。所以，它是一种自然化的非正式的机制。如果能将制度建立在人们都能接受的基本的理念规范之上，而这种理念隐含在自然的世界中，这种规则就能稳定，大家就都能接受。

其实，1978 年改革之前的生产大队、生产队，尽管有很强的行政控制，但人与人之间的信任还存在。历经 30 多年的改革后，利益的计算和博弈让这种信任荡然无存。农村曾在一个阶段出现真空。基层组织，无论村两委还是合作社，都更像是政府行政机构或政商合体的延伸。村社传统消失了，乡里空间萎缩了，"通过紧密的个人关系和相互信任来引导成员进行自愿合作"的社区性农民合作组织变得十分罕见，社会被"通过基于价格信号的竞争来协调逐利个体"的公司组织、"通过政府命令来强制人们调整资源配置"的行政组织①占据了绝大部分空间。这就是上文列举的第二、三类村集体的现状。

社区合作制集体重在"社群"即人的集合，重在个人利益和集体利益的双赢，即"义利并举"。在乡村变革中，笔者认为，有一类曾被误认为股份合作制的集体其实应划归第四类。前文所述的村党支部领办村社企合一的农民集体合作组织应属这类。尽管他们的村集体都设有村股份制合作社和集体资产管理公司，不过，他们的股份合作社一没有将村集体资产以股份全部量化到村民，二没有把股份只作为分红利的工具，三没有只顾生产不顾生活，四没有干部贪腐，侵占集体和个人利益。他们的股份制是为壮大集体资产的项目做融资的。他们不但注重村集体资产建设，集体收入来自多种途径，而且尤为重视集体收益的分配。收益的绝大部分都用于持续壮大集体经济和增加集体福利，从而持续提升村民的获得感和满意度。所以，他们建设的，其实是 1984—1987 年中央提出的具有新型集体经济性质的地区性或社区性的合作经济组织。

例如，始建于 2007 年的陕西礼泉县袁家村集体经济源自小吃街。村集体发动全体村民办小吃作坊，100 多种小吃村民各自认领，村集体择优选定一家，以避免同质化恶性竞争。村集体鼓励各作坊自设股份制，吸收其他作坊入股以融投资。村集体收益来自无形资产品牌使用费和集体资产入股分红。集体分配方式中专有一项是为利润微薄的作坊（如蒸馍作坊）补差，补到年收入 10 万元。村集体设定同类生产单元的收益底线并予以保障，以

---

① 转自路征、邓翔、廖祖君《社群经济：一个农村发展的新理念》。《四川大学学报》（哲学社会科学版）2017 年第 1 期。

"损有余而补不足"的中国传统文化的中道智慧经营村庄，正是这种社区集体规制推动袁家村形成相互持股、各得其所、共建共享、可持续发展的社区经济。

再如 2008 年起步的何斯路村。10 年间村民年收入增长了 9 倍，村集体收入从欠债到年收入 2000 多万。而他们取得这样的成绩一不靠外来资本建厂筑楼，二不靠卖地租房，而是自我振兴的田园革命。他们引种薰衣草、古法酿酒、整修古迹、绿化荒山、清理废墟、修建池塘、栽花种树改造环境。村集体将收益重点投入社区公共基础设施、环境改造、运营支出和文化福利。优美的生态人文环境吸引了全国各地的游客、会务、影像纷至沓来。而为其配套的食宿、交通、伴手礼统统由村集体带动村民自造自营解决。他们依托薰衣草研发的衍生产品 70 余种，不是全发给工厂生产，而是择其要推动家庭作坊手工生产，村集体优质优价出售。为提升村民素质，村集体办起了每日晨读和功德银行，将全村农户善言善行记录在册并积分表彰，积分到一定量后就可凭借其信用值在银行获得无抵押贷款。这样的社区合作集体让老村民获得感满满，还吸引了十多户城市人全家落户成了新村民。

前述县乡农民合作组织联合会（社），是将乡镇范围内的大部分甚至所有村庄进行资源整合、资产建设的社区合作组织。它较好地体现了统分结合、双层经营的制度框架。它以镇村两级组织的方式覆盖全体农户，以专职团队与村委、合作社相结合，提供生产、信用、供销、社区一体化服务，与农村各主体尤其是与农户关系密切，送服务也送温暖，将整个社区凝聚成利益和情感共同体。所以，它们也应归属社区合作制集体。

四 集体经济的辨识：推进真正集体经济健康发展

（一）如何区分合作社与股份公司

目前出现很多概念的混淆。将出资股与投资股、股份合作社与股份公司混为一谈是其中较突出的概念混淆。出资股是个人参与合作事业的凭证（后被称为身份股）①，而投资股是针对项目的个人商业投资，常用在合作金融和加工事业。股份合作社是合作社的一种特殊实现形式，股份公司是企业而非合作社。"成员民主制、按惠顾返还盈余和资本报酬有限"②是国际合作社联盟百年未变的三项原则，股份合作社的内部业务、分配和治理达不到这三原则的，必须转为股份制公司。③若用这三原则衡量中国的股份合作社，违反者颇多。例如城中村股份合作社的社员，不参与任何劳动，就因"天赋资产"坐享分红。当按劳分配被按股分配挤出，资本报酬成为唯一报酬时，这种合作社与私有的股份制公司就完全没了差别。合作社股份制如何区别于公司股份制？就当下而言，区分资格股和投资股，资格股不分红，投资股设项目股份制并独立核算、自负盈亏，有盈利才可分红，严禁以满足社员分红需求为名摊大成本、降低效率，侵占集体和个人资产，才是正途。

（二）如何认识合作经济与集体经济的差异

合作经济与集体经济的异同，一直存在争议。④笔者依据实践经验的判断是，中国的合作经济其实是公私融合的关系经济而非产权经济。这是因为，中国乡村社会的结构是差序格局式的，私人经济并非单纯的个人产权经济，而是与家庭、家族、亲友密切相关的关系经济，由关系的连带形成一种"集体"的公。这方面，沟口雄三关于东西方甚至中日两国的合作机

---

① 20 世纪 50 年代初，农民以土地、农具、牲畜等生产资料折股加入初级社，统一使用劳动力，民主商定生产和分配大事，按劳、按股分配。这个股就是劳力股和物资折算的出资股。我国供销社、信用社早期都有不多的社员出资股，资产的积累是靠后来的集体经营。

② 徐旭初：《中国农民专业合作经济组织的制度分析》，经济科学出版社 2005 年版。

③ 例如，如今西方国家普遍改传统合作社为"股份合作社"（stock co-operative）。对社员发行普通股、对外发行优先股（投资股）以解决融资难题。而内部业务、分配和治理上还是遵循三原则，所以还被国际合作社联盟认可为合作社。这类合作社在西方国家已经相当普遍。美国的农场主合作社中，大约占 80%。

④ 有人说合作经济是私有制，集体经济是公有制，两棵不同的树结不出同样的果实。但合作经济产权理论既有个人所有的私人产权说、社员共有的集体产权说，又有个人产权与集体产权复合而成的复合产权说。

理因"基体"不同而不同的观点很值得关注。[①]

合作社集体与村集体不同。前者是人的自愿组合，没有地域和财产限制。后者是以国家法定的土地集体所有权为前提，以地域为界限而形成的特定群体组织。值得一提的是，中央在 1983 年和 1987 年的文件中，没有提集体经济组织，而是采用"地区性合作经济组织"，"社区性、综合性"，"乡村合作组织"的提法。这表现了中央当时想用合作经济改造公社集体经济、合作组织改造公社集体组织的政策构想。

合作社集体中，专业合作社和综合合作社还有不同，综合合作社有社会功能，资合与人合并举。专业合作社往往只有经济功能。不过，目前北京农禾之家咨询服务中心帮扶的几百家合作社中，相当一部分顶着专业合作社的牌子在做综合合作社。正是他们，一砖一瓦地改善着本社区的社会基础结构。

合作经济另一表现形式是协会。日本、韩国农协和中国台湾地区农会都是协会，都吸收了当地乡镇社区 90% 以上的农民，其"组织与功能设计为政治性、经济性、教育性、社会性兼具的多目标功能，且各目标间可收连环互补功能之效"[②]。另外，三地基层农协体系都可容纳专业合作社（台湾地区称产销班）、都依照合作经济原则进行惠顾分配。

从公共性上看，合作经济系互助性经济，较集体经济更靠近私人经济，集体经济的共有程度要超越合作经济，更靠近公有经济。经营方式侧重上，合作经济侧重于成员之间相互扶助，强调互助合作，按交易量分配。集体

---

① 沟口提出，中国没有发展出西方以自我权利为核心的社会契约关系，也没有发展出日本缺少公理只以共同体为绝对前提的地域性意识，是因为中国的公私结构与西方和日本不同。中国的公私观念一是有内外联系，二是有伦理色彩；三是公具有普遍的原理性格。中国的公与私之间不存在对立关系，私不是个人之私，而是反对皇帝"一人专私"，要建立的是让万民之私得到满足的公，所以是私中有公。民的私有性质（而非私有权）并非建立在个人基础之上，通常是指家族内的公共共有。所以，中国的私具有很强的社会性格。中国的公是由私连带集结而成的公，是以协调为前提的包容性的公。所以，中国的公不是以契约为手段，而是以保证个人权利和自由为目标的，它强调的是公平和公正。当公被视为公平和公正的标志的时候，作为他理论上的对立项，中国私的概念在道德上具有了劣势。中国的公与公理相连，与中国的"天理"观念相关，它高于朝廷和国家。

② 丁文郁：《关于台湾农会法规、组织以及与政府之关系》，在台湾政治大学的讲稿，2011 年 6 月 11 日。

经济侧重成员的整体意识和综合利益，强调集体共建、按成员权利分配。在产权规定上，集体经济组织拥有山水林田湖草等资源性资产、企业等经营性资产和公益性资产的集体产权，具有不可分割性和非排他性。合作经济的载体即合作社产权由多人投资形成，是私与私连带形成的共有产权。

当下，随着经济发展、技术进步和经营性功能的成熟，合作经济的范畴在延伸，不再是原初单纯和单层的互助性经济，而演变为包含集体经济和私人经济的多元混合体。集体经济的内涵也发生变化，演变为涵盖私人经济、互助合作经济、公益经济等主体多元、形式多样、组织多种的综合性社区经济。总之，现代社会中，合作经济与集体经济的相契性在增加，在一定条件下两者可以交集。

（三）如何辨认集体经济组织

中国的集体经济组织因"三级所有、队为基础"而具继承性，今天是历史的延展。新型集体经济组织是新时期各类改革创新方式的统称。笔者认为，改革创新就是允许多方探索，应在坚持必要原则①前提下于实践中择优选择。

目前，作为建立新型集体经济组织必备步骤的股份合作制改革，将集体资产折股量化到成员②，作为其按股共有和按股分红的依据，走的是资合而非人合的路，似可商榷。其目标是要摆脱集体资产看似"人人有份"、实则"人人无份"的状态，变"共同共有"为"按份共有"③，实现"资产变股权、农民当股东"，农民享有分红，财产性收入稳定增加。④

这牵涉如何认识集体经济组织根本性质的重大理论问题。"在法律和社

---

① 例如，集体与村民之间主要是人合而非资合的关系。集体坚持合作制，提取一定的公共提留，劳动积累和资金积累归集体所有，对成员的分配方式应体现按劳分配为主，等等。

② 按政策规定，农村集体资产折股量化主要是对清产核资界定为农村集体经济组织的经营性资产、未承包到户的资源性资产，折算成股份，分配给集体经济组织成员，让人人享有集体资产股。

③ 按份共有是确定所有权份额的共有，每个人的份不一样，所有权的享有在内部就不平等。共同共有是不确定每个人的所有权份额，即所有人都享有平等的所有权。这些是《物权法》中的概念。但这两类都是共有体，都一致对外。即对外是一个权利主体，以集体的名义行使权利和履行义务。

④ 《由"共同共有"变为"按份共有"1500 个村年底完成集体经济产权改革》，《解放日报》2015 年 11 月 19 日。

会实践中，'共同体'与'共有体'是集体所有的两种典型形式，有明显区别"。"共同体"偏向于社会学和政治学概念，成员对共同体财产有平等的所有权，也承担均等义务，对外负连带责任。而"共同体"偏向于经济学概念，与《物权法》中的"共同共有"和"按份共有"相对应，"'按份共有'要求把整体的权利完全分割到所有成员，按份分享权益，分担义务。对共有财产除协商处分外，各共有人对自己的份额可以出卖、赠予，并可继承"①。

那么中国农村集体经济组织到底是共同体还是共有体呢？笔者认为，其本质上是具有地域与血缘的先天性特征、在生存上相互依赖的生命共同体。在集体组织内部，集体资产产权的属性是集体公权，每个成员不可分割地共同占有，不能量化为成员份额。否则，按照市场股份制通行规则走下去，集体就可能类似企业一样破产或通过成员决定解散。另外，目前集体资产折股量化组建股份合作社明显重在按资分配，如何体现按劳分配原则？笔者看到有些试点将成员股分出劳动贡献股，似在探索新的出路。只是，股份制是私有制下高效的经济工具，要想移植到公有制的确很难。若将维护生态环境、参与社区发展也与成员权紧密挂钩，类似何斯路村功德银行那样，可否走出一条社区集体共富共融的新路？这些，均有待进一步探究。不过，按照"按份共有"理论改革的集体经济股份合作社现已准予股份继承转让，以适应农村人口就业居住频繁变更和流动的大趋势。这样走下去，不出两代人，集体即使不解散，成员的共同体意识和行为也将消散，集体经济组织就会名存实亡。若不希望看到这样的后果，就一定要从现在起，按照期待集体组织承担和发挥的功能做系统化的制度设计并付诸试验，而非抄袭和沿用股份制为核心的制度体系。制度设计似可考虑把集体组织成员的保障和福祉权利与新发展带来的利益分开，新发展强调参与贡献，旧福祉可持有和继承，但含金量要随时间衰减。资源价格涨价归公，即归于真正参与集体经济建设的在地成员。为此，集体组织在地成员有话语权、选择权、决定权才是关键。

---

① 陈美球、廖彩荣：《农村集体经济组织"共同体"还是"共有体"？》，《中国土地科学》2017 年 6 月。

总之，新型集体经济及其组织是乡村振兴改革创新的主题，农村集体产权制度改革要成为管长远、管根本、管全局的重大制度安排，从实践到理论就应允许长期坚持的多样化探索。

五　30 年改革启示录：壮大集体经济是乡村振兴必由之路

要理解这一命题，先要了解乡村是什么，为什么人类没有乡村不能存活，为什么乡村对于中国具有不可或缺的重大价值。

乡村是人类自远古至今永存的生态聚落。人的命脉在田，田的命脉在水，水的命脉在山，山的命脉在土，土的命脉在林草。乡村就是人类与山水林田湖草共生共存的生命共同体。

对中国而言，乡村的重大价值还在于乡村是中华五千年文明传承的载体，是中华文明的根。正因为乡村不仅有经济价值，还具有重大的生态价值和文化价值，所以，将乡村振兴矮化和窄化为经济事业，将乡村振兴视为政经分立、政社分立的专门整治人的治理事业，都是错误的。只有理解乡村具有多元统合的长远价值，有独立发展、自主成长的基因，才能认可乡村的独立存在。这种存在和发展需要社会性的载体，它就是一种人的集合的集体。抽离不同时代不同国家的政治经济制度，这种人的集合体具有与天、地类似的自然性。顺着它，就羽翼丰盈，违背它，就日渐凋敝。

从传统看，中国的乡村制度上千年来一直是经济、社会、文化的治理统一体。乡村中有公田、公祠、义学等集体性资产，有里社、保甲、宗族组织，乡绅不仅兴办义塾、祭祀，还可赈灾济贫、催征，仲裁民事纠纷，还参与乡里事务管理。今天的好村庄无一例外都弘扬了乡贤领衔与民众互助的社区合作传统。

从现实看，壮大乡村集体经济是土地集体所有、分户承包制度的必然。国家宪法规定农村土地归村集体所有，税费政策改革又规定将村集体土地分包给农户的地租全部留给农户。这样，就断绝了村集体经济收入的来源。它不仅是短缺经济时期村集体最主要的收入来源，在城镇化进程中其效益更是被放大无数倍。村里没了收入，村干部工作津贴、村务运转费用和公共设施建设、公共服务提供等费用只能由国家承担。但是当经济跨越了短缺阶段，进入新时期城乡发展面临不平衡不充分困局时，各地纷纷出现超越基本需求的一般需求和超额需求。国家理论上不应提供，实际上也无力提供。更何况全国 60 万个村庄水平不一，需求不一，众口难调。面对新时期，恢复历史传统，让社区化的乡村集体成为独立发展的主体，同时改革阻碍集体经济发展的制度和机制，建立国家与乡村集体之间的法治关系，才能推动乡村整体跃迁到富足经济时代。

当今富足经济已经走入信息时代，其发展的基本动力正在从物质生产演化为观念生产①，从而让工业时代彻底改观。2020 年全球抗击新冠疫情中，中国的成效全球公认第一，显然不是依靠物质力量，而是国民对"家国一体"观念的高度认同以及在抗疫行动中通过各类有形载体无限加强和自我升值这一观念而实现的。决定观念生产的不是装备，不是资本——它们都退到了次要地位，而是人，是有知识、有能力的人，是用观念武装起来的人。② 正是有一批甘愿为村民奉献的村集体带头人带领群众，坚决摒弃那些脱离村民消费需求，盲目追求农业现代化、农村城镇化观念，唾弃那些背弃公共利益，个人利益至上，无视道德伦理的行为，才开拓出乡村集体经济的一片新天地。

乡村振兴要树立怎样的观念？要点是，村庄不是企业，不能以营利为目的；农业不是工业，市场在资源配置上无法起决定性作用。乡村集体追求的是社区范围内人与自然和谐共存与村民福祉的可持续，而不是人均GDP。乡村集体经济组织应恪守中道，处理好公、私关系，坚持义利并举，不走极端。

当前，阻碍乡村集体和集体经济组织发展的，主要不是资金，而是观

---

① "人的智慧、技能和天赋，借助于文化、教育和高科技资源，通过知识产权开发和运用，生产高附加值观念产品"决定了未来。——见黄江南、朱嘉明：《观念经济学原理及其现实意义》，网易财经，2014 – 08 – 01，https：//money. 163. com/14/0801/18/A2J4QIU300252G50_ 5. html。

② 黄江南：《经济停摆这么久，我们看到了什么？》，2020 年 2 月 26 日，https：//money. 163. com/20/0228/07/F6F57Q0C00259E8J. html。

念。迄今还有相当一部分人包括政府官员，一提及农村集体，就认为是走回头路，要回到人民公社时代。他们不认同要确立乡村和集体经济组织的主体性地位，也不认同推动这类组织发展才是乡村振兴的主题。一谈及建立与人民公社不同的新型集体，就直指股份合作社，村集体资产全部折股量化到全体村民，效果是村集体只能做资产管理难以独立经营。① 还有的人将乡村振兴视为简单的农业现代化进程，只要实现了农业规模化、体系化、资本化、效率化，就大功告成。在这种思想指导下，国家和社会资源被大量投入涉农的市场竞争性行业，包括对大规模土地流转项目实施倾斜。更有甚者，将乡村振兴直接一分为三：经济增长靠农业农村部拉动，市场机制占主导地位；公共品靠国家补给，财政部按清单统一提供；基层治理保稳定，乡村集体和集体经济组织多给村民分红、满足经济利益，达到无刑事案件、无上访告状就算保职尽责。在这些观念笼罩下，努力创新者屡屡碰壁，本本主义者常受嘉奖，得过且过者日子安逸，乡村振兴内生动力从何而来呢？

当集体缺乏独立运营的主体性，没动力没能力做经营，不能依靠集体经营振奋和团结村民振兴村庄时，乡村振兴就成了一句口号。人的思维和能量还是聚焦于通过竞争性产业的利润获得、牟取私利。更糟的是，各地视年经济收入达 5 万元、10 万元、20 万元的村集体占比为实现农村集体产权制度改革的绩效指标。② 但据笔者多地考察，这些数据大都是编造出来的。这种做法不但蒙混中央，还让农村基层再次刮起浮夸风。甚至还由此总结出所谓集约化发展的创新模式：将国家财政投给村集体经济的资金打捆，投入短平快的企业项目做股份，要求投资项目必须以每村红利 5 万元为分股红的最低标准。再将预期分给各村的红利作为村集体收入向上报账。至于企业是否达到了这个效益并分给了各村，则无人细究了。

尽管难题、困惑、阻碍多多，总有矢志推动乡村集体经济发展的人们知难而上。一些村之所以同时设立集体资产管理运营公司和股份合作社，

---

① 被政府登记颁证的"村集体股份经济合作社"，面临银行账户不给抵押贷款，无账户、无发票的困境，只能在租地、租房上想办法。

② 2019 年，全国村集体经营收益超过 5 万元以上的村占到 48.2%，集体成员累计分红超过 3800 亿元。见"农村集体产权制度改革取得阶段性重要成效"新华网，2020 - 08 - 21，http://www.xinhuanet.com/fortune/2020-08/21/c_ 1126397911. htm。

之所以采用个人代表集体资产入股公司或合作社，甚至以个人身份担保贷款给集体投融资，都是在当前体制机制下的应对之策。

六　总结

中国乡村为什么特别需要集体经济？乡村振兴为什么一定要发展壮大集体经济？说到底取决于农民是否真正需要它。它是否能为乡村家园的幸福提供非常必要但眼下十分稀缺的帮助，甚至一些琐碎、低微、不起眼、政府做不来，企业不屑于做，非营利社会组织做不了，但对社区生态保持，农民生产生活，维护社区关系和发展潜力实属必要的服务。这正是乡村集体经济存在的价值。可是，由于历史和现实的原因，在一定程度上，集体经济在中国的实践一直未能摆脱世人的担心和怀疑。而在这些年的艰难探索中，不论有多少贪污腐败、欺上瞒下、排斥异己，以及唯利是图、形式主义、得过且过的罪过或过错，都不能否认总有一批人多年在乡村坚持走自己的路，屡战屡试并获得了局部成功。他们的意愿很质朴，就是不负乡亲，造福乡里，建设家园。他们以自身为村庄的导电体，连接政府和市场，将个人能力与社区建设智慧地结合，创造性地绕开重重阻挠，想出五花八门的无数办法，百折不挠地屡屡尝试，让人惊叹不已。撇开那些令人沮丧、阻碍乡村集体经济发展的人和事，应该说，这些真心为乡村长远幸福而奋力搏击者并不在少数，且来自四面八方，并且在不断增长。他们的热忱、努力和坚持完全超乎人们的想象。

在乡村振兴的召唤下，这样的一股社会力量正在成势。他们勇敢面对多领域、多目标、多要素错综交织的复杂局面，朝向乡村集体经济这个新兴社会经济部门集结。

为乡村集体经济探路的伟大事业，必因他们的努力而弘扬光大、传承下去。

立足集体村社制度传统，
推进乡村治理体系创新

仝志辉[*]

摘　要： 集体村社制作为乡村治理制度的新传统，规制了乡村治理体系创新的方向，也提供了多种创新的可能。集体村社制具有独特的"一方水土养一方人"的治理制度优势，可以通过利用村庄内外资源为乡村治理提供财力支持，通过共建共享机制增强村社成员凝聚力，并以村党组织制度有效对接国家治理下渗。当前，立足集体村社制传统的创新乡村治理体系面临两大任务：其一是重建集体以形成乡村治理的自治基础；其二是应对城乡开放和城乡融合对村社开放的挑战。结合地方实践经验，立足集体村社制创新乡村治理应当遵循以下三项原则：其一是要立足农村制度基础，坚持集体村社制的基本制度要素不变；其二是要通过有效路径选择，重新激活集体村社制的制度优势；其三是要充分利用多种治理资源，有效实现自治、法治和德治的融合创新。

关键词： 集体村社制；乡村治理；制度传统；制度优势

党的十九大报告提出，"加强农村基层基础工作，健全自治、法治、德治相结合的乡村治理体系。"创新乡村治理体系要以什么样的制度传统为基础？认清这一制度传统及其优势，是创新乡村治理体系的立足点和突破点。我国乡村治理体系的集体村社制传统，规制了乡村治理体系创新的方向，

---

[*] 作者系中国人民大学农业与农村发展学院教授，博士生导师，中国人民大学乡村治理研究中心主任。

也提供了创新的多种可能空间。集体村社制和中华人民共和国成立前历史上的乡村治理制度有着紧密的关联，同时又富有中国共产党独特的创造。充分理解新中国成立以来形成的集体村社制传统的来源和优势，有利于形成既有倡导性、又有规制性的乡村治理的改革政策，为地方政府的制度创新提供探索的底线和可以着力发挥的空间。

一　集体村社制既是新传统，又有其源流

要论及新中国成立以来乡村治理制度的新传统，首先要了解 1949 年以前中国乡村治理制度的老传统，以及新老传统之间的关系。

（一）集体村社制是新乡村治理制度传统

集体村社制是新中国成立 70 多年来形成的乡村治理制度传统，它吸收了源自 20 世纪 50 年代的集体土地所有制、村党支部等基本要素，并历经人民公社和改革开放时期逐步形成。集体村社制可以定义为：集体村社制是以一处或几处农民聚居地的生产生活空间为地理边界，以这个地域内的所有农民为成员边界，所有成员共有土地等自然资源，并共同享有这些共有资源收益的基本经济社会制度安排。所谓"村社"，就是指以村庄地域为地理边界的经济社会共同体，经济社会共同体即为"社"，但"社"以"村"为界，"村"以"社"为实质构造。集体村社制构建了一种独特的农村发展和治理制度安排，它和 1949 年以前的村庄制度有显著的不同。

（二）村社制是乡村治理制度传统中的重要内容

农民的村社传统即以村落地域为边界的共同体传统。历史上村落的形成除了人口聚居，还必须具有农业共同生产条件。村落会为了保持这些农业共同生产条件进行公共管理，也会为了扶助那些因为经营失败或者陷入租佃困境的农户施行公益；因这些活动，村落中人也会具有公共精神。这些以村落居民为边界的公共事务虽然可以借由家族自治得以加强，但是并不局限于一家一族范围，因而乡村治理制度传统也并不限于家户制。这些

超越了家族界限的公共事务的存在说明了村社制的存在。村社制存在的基本社会需求是农户农地相邻进行农业生产而具有的共同生产条件共享和互助协作，和农户相邻居住、社会交往而需要的共同治安等。

在传统村落的家族村社制下，土地虽然是各家各户所有，但是村落中仍拥有族田、公田、义仓、村庄庙产、看青会、水利会、庙会等覆盖不同人群的公共生产设施和福利组织。这些设施和组织是村落能够结成、得以巩固和得到治理的基本条件。中国历史上的乡村治理的重心不在家户，以及扩大的家户，它的治理重心在于村社。自然村落中自有公共资源，自有公共治理，自有公共舆论，自有村规民约，这些都表明村社制才是历史上乡村治理制度的基本单元和重心。就乡村治理来讲，历史上随着国家越来越以村庄为边界进行征税，以村庄和村内居民为边界的村社制就越来越得到加强。在 1949 年以前，村社制已经是一个非常明确的存在和非常鲜明的制度传统了。

（三）集体村社制承继了历史上的村社制传统

1949 年以后在村庄建立的集体经济组织及其组织体系，在某种程度上继承了历史上村社制的制度功能及其内在精神。共产党搞土改，在南方所分的田相当一部分是公田和族田；在北方所分的田虽然多数是村中地主的土地，但也承接了一些公共资源。土改后经由合作化建立起来的集体制度使一定程度上需要借助家族治理的村社制发展为集体村社制。

集体村社制的来源并不仅仅是中国已有的村社制传统。它还有一个来源就是 20 世纪 50 年代在晋东南由农民首创的农业生产初级社和高级社制度。这两个制度主要是中国自己的创造。当然，在集体村社制度形成的过程中，它也受到了马克思恩格斯的合作经济思想、列宁合作社思想和斯大林的集体农庄思想等方面的复杂影响。由于在改革中集体村社制度最终摒弃农业集体劳动而采用家庭经营，中国农村的集体村社制，更多应被视为基于传统中国村社制和在党的领导下的农民互助合作的新创造，其核心的要素是集体土地所有制。其对马恩列斯合作经济和集体经济思想更多的是扬弃。站在实施乡村振兴战略、构建乡村治理新体系的历史时点，集体村社制构成乡村治理体系建设的新传统。

二 集体村社制具有独特的乡村治理优势

集体村社制具有独特的“一方水土养一方人”的地方适应性制度优势。土地资源和集体资产的成员共享形成了“一方水土”，封闭的成员边界形成了“一方人”。“一方水土”通过三种“养”的机制支撑了“一方人”的发展。这三种“养”的机制是：内外资源并用从而不断壮大集体资产为村社治理提供财力支持，成员共有共建共享机制增强村社内部凝聚力，通过村党组织制度有效对接国家治理对乡村的延伸。这三种“养”的机制构成了集体村社制的乡村治理优势。

（一）内外资源并用以壮大集体资产，为乡村治理提供财力支持

集体村社制以土地集体所有制为基础，在村庄的地域范围和集体成员的范围之内调动和组织各类生产和社会资源，包括现在的乡贤；在内部资源整合的基础上，对接村庄外部资源，实现村集体成员的整体发展和集体资产的积累壮大。村集体拥有独立的产权、财权和事权，从而可以有效实现善治。就正如脱贫攻坚，虽然要精准到户，但是也必须扶持村集体，不然，贫困户脱贫后得不到后续支持，脱贫成果无法巩固。村庄基础设施建设、每一户的差异化的公共服务需求离不开村集体的扶助。

（二）村社成员共有共建共享机制增强村社内部凝聚力

集体村社制中成员共有、共建和共享机制是指成员共有集体资源资产，共同进行财富创造，共同分享集体收益。如果在村社内部，出现了集体收益的分享不均或者少数人独占，那就必然成为上访、干群矛盾和内部利益纷争的起点，也必然成为乡村治理出现困境甚至走向危机的起点。集体村社制的成员共有共建共享机制就是中国农村最为关键的乡村治理制度。在集体村社中推进乡村治理，也就是调动各种治理资源和治理方式以使共有共建共享机制得以运行；而在集体村社层面实现了乡村治理的善治，也就完成了乡村治理的最为核心的任务，因为中国农村的绝大部分都在集体村

社的建制之中。

治理资源和治理方式仅靠村社内部提供，不足以完全满足集体村社的治理需要。法治和德治就是村社乡村治理所要调动的多种治理资源和治理方式中的突出部分，其中法治更多是一种外部资源。外部经济主体的经济资源也可以在和集体经济发展结合起来以后，成为村社能够调用的治理资源。如果在集体村社利用外部资源的过程中，不能很好保护集体村社的自身利益，集体村社的维持和可持续就会受到威胁。因此，集体村社治理的一个重要任务，就是协调好内外部资源之间的关系，协调好和上级政府、外部市场主体等组织的关系。共有、共建和共享可以提供给集体成员一个共同目标，从而构筑起村社内部的凝聚力和组织力。

（三）村党组织制度有效对接国家治理下渗

集体村社制对接国家治理，实现国家治理对乡村治理的下延，可以使得乡村治理成为国家治理的有力基础。这是通过集体村社制中的一个基本制度即村党组织制度实现的。集体村社制是创造性的制度安排，是通过在村庄中建立和依托党组织去大力推动合作化和集体化而建立起来的。村党支部和集体村社制互为依托。村党支部和上级党委之间通过上下贯通的纵向体系衔接，通过这一体系，乡村治理就可以有效对接国家治理。但是，必须承认，在改革开放以来的大部分时间里，在大多数村庄，集体村社制的制度基础并不坚实。多数村庄没有集体经济收入，集体经济组织名存实亡，有关集体经济组织最基本的土地承包事务、成员福利分配等则交给村委会代管，党组织也尚未能将发展集体经济作为中心任务。当前的集体村社制留存下来的是还未得到很好实现的土地集体所有制，不是很坚强有力的村党支部，和村民心中仍存的集体成员观念。但即便这样，集体土地所有制的基础和党组织的存在也成为乡村治理得以运行的底线保障，也是上级党政机构解决部分村庄乡村治理溃败或者涣散的抓手。下派第一书记、利用财政资金帮助集体经济破零，都仍然是依托这些制度基础的。要使乡村治理和国家治理有效衔接，必须加强村党支部建设。

三　创新乡村治理体系面临的两大任务

立足集体村社制基础，创新乡村治理体系，必须直面当前大量村社集体趋于离散的现实，重新塑造集体村社，形成乡村治理的自治基础，同时，也要有效应对城乡开放和城乡融合带给乡村治理的诸多挑战。

（一）重新找回集体，形成乡村治理的自治基础

重新找回集体是目前很多乡村治理的制度创新所体现的首要工作。只有重建集体，才可以在这个集体的基础上发展自治。这种自治不同于以往我们做的以选举民主为先导的四个民主的村民自治，而是基于村庄集体所有土地和村党支部领导的参与式民主的村庄自治。这种村庄自治是对村庄集体土地和公共事务实现自主管理的自治。如果不能实现村集体资源的自主治理，没有集体资源的增值可能、没有公共收入公平均享，就会导致村民之间的貌合神离，最终甚至会在人口流动或外部冲击的作用下使村庄走向事实上的原子化甚至解体。如果对集体资源和公共事务的自治搞好了，就可以有效加入德治和法治。如果仅仅讲德治和法治，没有依托集体经济建立起来的公共空间和公共事务，没有紧密的共同体团结，德治和法治就无法依托，村民就只能各行其是。此时村干部要实现村庄秩序，就只能成为强人，或者只能甘于做老好人。这种情况下即使实现了某种秩序，也是低水平的秩序，在有效利用外部资源和高水平整合村庄内部资源方面，村庄的治理能力仍然很低。

（二）应对城乡开放和城乡融合带来的挑战

创新乡村治理体系的第二大任务是有效应对城乡开放和城乡融合带给乡村治理的挑战，即如何在城乡开放和城乡融合的进程中，使封闭的集体村社实现动态的更新以保持其内在的活力。在集体村社制的制度基础之上考虑此问题，集体村社的封闭性并不需要彻底改变，而只需要调整。要能保留作为集体成员的农民的某些特殊的身份权利，比如宅基地资格权，他

不用像城里人一样买房子，仅凭其集体成员权，他就应该可以住上房子，还比如土地承包权这种带有保障作用的身份权利。就农民居住在村、承担保护农业生态环境和生产粮食这些社会公共品的供给而言，农民实际上充当着半个国家公务员。需要使农民对其社会福利和公共服务享有稳定预期。这种预期是和集体制度的稳定与其成员权内涵的土地承包权、住房权利等身份性权利紧密相关的。

四　立足集体村社制创新乡村治理的经验原则

创新乡村治理体系既需要结合地方情况找到合理模式，也需要在基本方面遵循一定之规，以维持一国乡村治理制度的共同底色，保证国家治理和乡村治理的有效对接。总体而言就是要坚持"一个不变，一个激活，一个创新"。

一是要立足农村制度基础，长期坚持集体村社制不变。虽然各地乡村治理要面对独特的地方情况，但就农民的政治认同和我国的乡村党政体制来说，1949 年以来农村的制度基础并没有变，这就是集体村社制，要长期坚持。乡村治理的制度创新要和集体村社制的内在精神对接，即集体村社制所蕴含的大家的事情大家有权利过问、大家的事情大家要参与管理。在乡村治理实现三治融合的多个地方经验中，已经表现出了重新发掘我国的村社制传统、发扬集体村社制新传统的强大治理效应的共同特征。湖北大冶市重新划分了 2069 个村庄，以自然村作为乡村治理单元，一定意义上否定了过去那种行政性过强的村小组的体制。大冶案例表现出了传统村社是集体村社的基础，集体村社可以通过发挥传统村社正面作用的集体资产重组和党组织建设而得到重建，重新成为乡村善治的制度基础。

二是要通过有效路径选择，重新激活集体村社制的制度优势。要给地方创新开辟更多的试验空间，鼓励各地在坚持土地集体所有制和村党组织设置的前提下，创新乡村治理体系，结合各地情况找到实现经济社会共同体的治理与乡村党政体制结合的新形式，找到实现经济社会共同体可持续发展的新形式。第一种重要路径是创造性地进行集体产权制度改革，通过恢复集体经济组织的活力，奠定村庄治理的独立产权和财权，恢复村民之间的利益联结。要高度重视集体产权制度改革对于创新乡村治理体系的作用，不要将两者人为割裂开来。第二种重要路径是通过建立村庄议事机构运作或恢复村庄公共空间、节庆来重构集体认同。这种路径是通过先构造观念共同体来启动构建利益共同体。通过村民对公共事务的参与，通过组织村民公共活动来复兴集体意识，先求得村民意识上的集体的重建。在这方面，浙江象山县的"村民说事"绝对是有标志意义的创新，它启示我们，集体村社重建可以通过先重建"观念集体"、复兴集体意识，"村民说事"说出的凝聚力会转化成重建集体需要的资源注入、规划提升和组织重构。象山县治理一户多宅、村集体介入乡村旅游发展等多项工作走在全国前列都有赖于持续提升"村民说事"带来的村社集体认同。很多地方乡村治理的改善以德治为先导也是这个道理。加强党支部建设也具有重建村民互信和向心力的作用在里面。

三是要充分利用多种治理资源，有效实现自治、法治和德治的融合创新。当前创新乡村治理体系最基础的任务，简言之即是：重建集体村社制，发挥集体村社制的治理优势。但重建集体村社制既不可能自发进行，也不可能仅依靠于村庄层面的工作。在当前农村面临发展任务重、乡村治理难度大的背景下，集体村社制的重建需要在解决问题的过程中加以重建。江西鹰潭市余江区在解决一户多宅和空心村的过程中，最大的成就是重建了集体村社制。他们在自然村层次上，重建了"村民事务委员会"，使自然村的财权和治权相统一，通过村民事务委员会在宅基地改革中的积极工作，重新凝聚了自然村层次上集体村社成员的凝聚力，从而使得自然村重新成为集体村社。湖北大冶通过在自然村层面上，建立"村民理事会"，重新恢复了党群和村民的组织性，奠定了推进集体产权制度改革和壮大集体经济的组织基础。集体村社制重建并发挥治理优势后，外部的法治资源就可以依托集体村社制的治理机制进入乡村，全社会的德治倡导也可以在集体村社制的村社共同体认同中真正扎根。

我看集体经济

李昌平[*]

摘 要：市场经济条件下，多数中国小农无法"自我集体"，无法自发形成有效组织。与此同时，不少坚持发展集体经济的村庄保持了较好的发展势头，在乡村振兴中成为"明星村"，受到越来越多的关注。本文从"自我集体"的概念出发，阐述为什么要发展集体经济，并从实践和改革的角度就当前基层和地方发展集体经济中主要关注的土地集体所有制、股份制改造中的成员权、集体经济领袖的培养、集体建设用地指标等几个问题进行了分析和建议。

关键词：集体经济；集体经营性建设用地；土地集体所有制；基层组织；乡村振兴

当今的中国，有54万个村社，其中有3万多个村社坚持走发展集体经济的道路，这些村社往往成为"明星村社"，很多其他村社都到他们那里去学习。虽然走集体经济道路的村社往往发展得比较好，但是理直气壮讲共同富裕的领导干部还不多、实实在在支持发展集体经济的政府部门还很少。很多人对应不应该走发展集体经济的道路还存有疑惑、对如何发展集体经济还没考虑清楚。本文对笔者关于集体经济的观点进行了一次"小结"，供大家讨论。

---

* 广东外语外贸大学土地法制研究院研究员。

一　发展集体经济的原因

中国的农村为什么要走发展集体经济的道路？因为这是农村长久以来的现实需求。市场经济条件下，人们已经能够达成共识，小农必须组织起来才有前途。在组织的方式上，很多人对集体经济的方式还是很反感，这是为什么呢？因为有一部分人认为在集体经济中农民是"被集体"的，而不是"自我集体"的，是被迫的。首先，我们要说，我们的小农是很难"自我集体"的。我们常常看到，欧美的农场主可以实现"自我集体"，就像中国的企业家可以"自我集体"一样，形成某产业的"合作组织"，获得稳定长久的市场份额或者是定价权收益。而中国的小农不像欧美的农场主那样具有大量的资本和土地，属于"弱势群体"，没有足够的力量"自我集体"。在这种情况下，政府应当提供有效的政策和服务支持，把农民组织起来，构建更完整的产业链，提供更多的就业出口，而不是让分散的小农处于产业的底层、或者被迫地进城务工，而得不到有效的服务支撑。这就需要发展党的领导下的集体所有制，由政府进行应有的投入和引导，把组织农民作为一种制度，实现分散小农的抱团发展。

从另一个角度看，没有把农民组织起来、不走集体化道路的影响在很多农村已经凸显。一方面，农村的"打黑除恶"周而复始，为什么？因为小农具有天然的依附性，集体、党组织靠不住，就必须依附其他势力。旧社会依附家族共同体，现在没有了家族共同体了，就自然地依附暴力和资本。另一方面，政府连年出台各类倾向"三农"的政策，但是效果往往远低于预期，为什么？因为在农村普遍存在"精英俘获"的现象：大量补贴和贴息贷款事实上流向了"空壳社"或者龙头企业，绝大部分农村基建工程被已经形成"利益共同体"的"精英同盟"包揽，部分基层干部上任还要找这些人"拜码头"……基层干部做工作失去了抓手，只能倚仗"精英"，于是社会资源、政治资源、经济资源基本都向"精英"倾斜，这样培养出来的"精英群体"，不仅没有带动农村经济和社会的发展，甚至反过来对基层治理形成钳制。当集体经济在农村占主导地位时，农民村社共同体是农村的唯一强势主体，是人民民主自治主体，党支部建在共同体之上，党的绝对领导地位是没有任何力量可以挑战的，更不许挑衅！当集体经济空壳化了，共同体有名无实了，党的基层组织失去共同体的人民民主力量支撑和工作抓手功能，党支部领导力就软弱涣散了。

无论是从需求出发、还是在现实中的表现，都证实了我国农村发展集体经济的必要性，如果从根本上来说，我认为可以总结为两个原因。

其一，从内部上说，坚持集体经济的主导地位，是千千万万小农户当家做主人的必要条件。土地集体所有制和基于此的集体所有制村社制度是中国共产党领导的中国革命的两项革命成果，需要靠发展壮大集体经济来巩固。集体经济衰败，土地集中制和集体村社制度必然名存实亡！没有产权支撑，基层组织就失去了发展的"资本"和根基，基层组织失效，而资本、企业都已经组织起来形成了垄断，势单力薄的小农无所依凭，难免再次成为"市场贱民、政治贫民、社会流民"。

其二，从外部上来说，坚持土地集体所有制和集体经济的主导地位，对防止中国农村集体所有的土地和集体经济的"美元化"，具有决定性的作用。以煤炭为例，坚持集体经济的村庄，资源产生的价值就会留在村庄，达到"共富"和可持续发展。更多的村庄，把集体煤矿改制、并给个人开采经营，煤炭开采空了，留下一堆生态环境灾难，绝大多数村民只分享了一点小收入，只有极个别"煤老板"获得巨额收益，随后财富基本上都"溜达"出国了——"美元化"了，资源产生的价值就流向了他国银行和市场。在全球化的今天，以集体所有制保护村民应得的本村资源产生的收益，对村社自主性的发展、对我国经济的自主性的提升有重大意义。同时，在集体的管理下，本村人从资源受益才能反过来保护资源，才能促进人与生态的可持续发展。

二 发展集体经济面临的若干问题

党的十九大报告提出"深化农村集体产权制度改革，保障农民财产权益，壮大集体经济"，在改革和发展的驱动下，很多地方加强了集体经济的建设，在这个过程中产生了很多困惑，以下是我对我心目中几个主要问题的看法。

（一）土地集体所有制的必要性

土地是"财富之母"，在上文中我提到"土地集体所有制和基于此的集体所有制村社制度是中国共产党领导的中国革命的两项革命成果"，实际上坚持土地集体所有制还是保护农民发展自主权的问题，是防止我们小农大规模失地又失业的基本保障。

有些年头了，政策和基层政府不遗余力地鼓励小农承包地集中流转给"龙头企业"，追求规模效益，提高中国农业的国际竞争力，同时在农村挤出更多的劳动力参与到制造业中成为"农民工"。农村劳动力进入制造业是必须的，这个没有异议，在亚洲主要有两种模式：一种是变分散小农为有组织的小农的日韩模式；另一种是让生产资料向少数人和企业集中，搞"现代农业"的同时，搞出口导向工业化和城市化的"菲律宾"模式。现在来看，"日韩"模式能够提供有效服务，把农民组织起来，"菲律宾"模式则造成了大量失地农民，农民种地盖房养殖都要钱，生产生活成本高，收入水平却非常低。这两种模式的事实和对比对我们具有深刻的借鉴意义。

进一步说，把我们的集体所有制和越南、菲律宾的模式进行比较，就会发现我们还是具备一些优势的：一是奠定了村庄公共建设和公共服务的基础，比如，可以灵活调整土地适应生产环境变化、可以修建小型水利供本村使用；二是有公共财产就具备村民自治的基础；三是更有利于保证耕者有其田、居者有其屋，在一定范围内可以调整；四是如果土地私有化新农村规划就不好搞了，谁的地都不好动，土地集体所有有利于整体规划。

关于土地集体所有制的讨论，还有很多，这里篇幅有限，只讨论一些。我们要更清晰地认识土地集体所有制，认识到集体经济和公有制经济的区别，认识到集体所有制和国家所有制的区别，认识到产权的不同层次的权责利都有匹配相应的主体来发挥作用，认识到集体制度下的产权应当可以适当内部调整。习总书记说："不管怎么改，不能把土地集体所有制改垮了。"土地集体所有制不是制约农村劳动力的束缚，而是农民利益、村庄自主性的体现。

（二）股份制改革中成员权的界定

现在，各地都在实行集体经济股份制改造（以下简称股份制改造），关于成员权的问题，需要更加谨慎和清楚。现在，一些地方的做法是简单地把集体经营性资产量化到个人身上，甚至可以继承和买卖，这种做法是错误的，容易演变为"股份化"和"私有化"的改革，与原本壮大集体经济、追求共同富裕的初衷背道而驰。

在股份制改造中，要守住集体所有制底线，我引用原中农办主任陈锡文的话，"农村集体经济组织有两大基本特征：一是集体的资产不可分割到个人；二是集体组织成员享有平等权利。"

在现在的集体产权制度改革中，由于提倡实行"股份合作制"，于是就频频使用"股份"这个概念，但党和国家从来没有讲过要把农村集体经济组织改制为股份制经济组织，因此关于"股"的概念就要讨论清楚。一般意义上的"股"，代表的是资产，持有者有权依法对自己持有的"股"进行处置。但集体产权制度改革中出现的所谓"股"，其实只是指每个成员在集体资产收益中的具体分配份额，因为集体的资产是不可分割给个人的。可以说，现在股份制改造的关键就是如何界定成员权，也就是如何分配，或者说农民如何共享集体资产收益的问题。

要搞清楚成员权的界定，首先要知道它是怎么来的。其实，集体经济不能完全算是现代社会的"发明"，它是从我国延续至近现代的"家族共同体"中学来的。过去"家族共同体"是有祖产的，每个成员都有一份，这就是成员权的"前身"。私分祖产、变卖族田是"败家子"行为，后代就没有田产可以倚仗生存了。这就好理解了，成员权，无大无小，生有死灭，可进可退，但却不能继承和买卖。同时，现在集体经济下的成员权是多项权的集合，一人一票权，是共同体民主自治的基本制度。

在村庄集体中，"调地"就是成员权的突出体现。如果只体现量化到个人，"增人不增地，减人不减地"，不及时根据人口变动进行调整，积累几十年就会出现各家土地面积严重不均、年轻人没有地可分的情况，就会造成各种矛盾。如果遵循成员权"生有死灭，能进能退，内部平衡"的基本原则，及时用调地和经济手段平衡，就不会造成用地困境和矛盾。

（三）集体经济"掌门人"的困境

我们常说，一个村庄要发展，领头人很重要。但是在实际中，集体经济"掌门人"却面临极大风险和困境。

很长时间以来，发展村集体经济得不到法律支持，破坏和侵占村集体经济得不到打击，集体经济正在"名存实亡"的边缘摇摇欲坠。在这种困难的条件下，集体经济掌门人不仅要坚持为公不为私，还要"路子活"能打开市场，还要具备组织群众的能力。在面对深刻的发展困境的同时，和民营经济掌门人相比，集体经济的掌门人既不能享受同等经济待遇，又不能享受同等政治待遇，更不能享受同等法律待遇。同样的经营行为，民营经济掌门人做就是"正常的"，集体经济掌门人做就是"不正常的"——他们时刻面临很大风险，党纪法规和民粹监督很容易让集体经济掌门人"失去自由"或交出企业管理权。

此外，村长几年一选，村长变来变去，争夺村集体经济掌控权是每一个村长"执政"的工作重点。而集体经济掌门人需要职业经理人，村长换，村集体经济掌门人也换，集体经济既难以持续发展壮大，遇到败家子村长，往往一卖了之，集体经济根本出不来职业经理人。

最后，类似于"村财乡管"的中国特色制度，因为没有设置清晰的"边界"，加上绝大多数乡镇政府都穷，集体经济组织的"自主权"被这类制度的滥用严重削弱，集体经济组织掌门人的自主性也在这个过程中被极大的限制。

总之，要解决集体经济掌门人的困境，就需要立法保护集体经济掌门人，纪检监察委也要起作用，要带头保护集体经济掌门人，避免出现有人举报就不管三七二十一把人拘走、集体企业垮掉也在所不惜，甚至让有心之人趁机夺取集体经济的收益成果。当然，也有一些集体经济掌门人不依法经营、或以权谋私，必须依法依规严肃查处。

（四）保护农民集体的建设用地指标

在扩大内需和城市化与逆城市化并行的双重背景下，在乡村振兴这一历史机遇中，中国农村能不能发展，还要看能给予其多大的发展空间：一是保护农民集体的建设用地指标，二是赋予农民"种厂子、种房子"的权利。原本我们搞的是市场经济，集体建设用地及其指标是市场要素，是属于农民集体的。如果集体建设用地及其指标可以买卖的话，售卖集体建设用地及其指标的合法主体只能是农民集体。而现在，属于农民集体的集体建设用地及指标的售卖主体基本上都是县市区政府，镇村集体对产权的整合和利用受到严重制约，要真正实现农村的发展，就要保护农民集体的建设用地指标，把发展权留在农村。实现这一突破，还有很长的路要走。

现在，发展壮大集体经济、走集体经济的道路逐渐成为共识，这是令人欣喜的第一步，但是这其中还有很多限制要突破，其中最重要的是保护农民集体自主发展权的问题。此外，当下的集体经济发展绝不是局限于农业产业，而是多元发展的。集体经济也可以办厂子、办园区、办保险、办银行……如果只允许集体发展农业产业，集体和农民是不会"富起来"的。

《摆脱贫困》一书中说，如果不发展壮大集体经济，农村改革所取得的成果也会消失殆尽……真正实现集体经济的重要作用，不仅需要文件强调，还需要一系列政策法规的跟进和实实在在的"放权"和突破！

集体的位置

陈晶晶*

摘　要：本文认为"集体"作为一套制度，是中国国家现代化转型过程中的一个产物。它跟村落、家国的传统有关系，又是社会主义制度建设的一部分。在新的发展阶段，城市化、市场化进程加快，集体面临新的转型。发展集体经济需要在县域范围内构造新的机制，重建市场经济条件下农民和国家的关系，而难点是人们脑中的意识。

关键词：村庄；集体经济；现代化

集体作为一整套制度，它是农业国工业化过程中民众和国家之间的一种中介。在乡村的现代转型中，村国同构，村庄和国家是一体的。从乡村的变化、乡村的建设我们可以看见新中国的兴起，但是村庄和农户在这个过程中是"被现代化"的，农民和乡村的权利无法彰显，这样的地位和不足也影响了农民生活的改善和农业可持续发展。在市场在资源配置中起决定性作用的社会主义新时代，农业农村现代化成为新的工作任务，"集体"的作用还有待生成。不管怎么样，"集体"是重要的，也是绕不开的，需要认真对待。

＊　陈晶晶，2005 年毕业于中国农业大学；乡村建设工作者，闰土工作室负责人。

一　从家、村到农民集体

村落是中国农耕地区安排生产生活的一种基本形态。北京大学的朱苏力教授在《大国宪制——历史中国的制度构成》中提出，村庄作为一个农耕共同体，它可以看作是一个更大范围的"家"，这种情况在南方单姓村较为突出。从这一视角回溯，很长的时间里，中国人的"家"从来不是指现代意义上的核心家庭，它是血缘和宗族联成的一个网络，是一个小的社会，和农业生产直接相关，是一个利益、文化和意义的共同体。"家"小的时候可能就在一个村庄内部；它扩大开来，也能跨出村庄的边界，乃至分布在城乡之间。在传统中国，陌生人的关系被转变为熟人的关系才可以被安顿。士大夫的家国天下是连在一起的，"家"居于承上启下的位置。它可大可小，跟"我"一样，也是像石头丢进水利池塘里形成的水的波纹，是一圈圈的，可以伸缩；它是一个熟人圈，包含了现代意义与政府、市场对立的社会。村庄可以看作一种集体，人们以村为聚点，以血缘为网络。安土重迁，生于斯长于斯，既受土地的滋养，也受土地的束缚。在和国家的关系上，"吏治不下乡"。官府的权力也是通过宗族地域的网络来管理和控制乡村的，从乡村汲取资源，为乡村提供秩序。除去气候变化和战争灾祸的扰动，以乡土为基本结构的小农经济的农耕文明形态是基本稳定的，包含着一整套习俗和文化再生产的机制。农耕时代传统的城市也是从乡土中生出来的，作为经济和政治的集结点，人口在这里聚集，新的技术在这里发明，城乡并不分裂，它们是联系在一起的，国家和市场在其间穿插。

在百余年的现代化的过程中，村庄和集体都是变化的。集体既是外来的，受苏联的影响和共产主义理念的指引，随着社会主义发展发生转变；它也不是外来的，有村庄家族共同体作基底，有救亡图存形成的共同体意识。村庄作为集体，可以从三个层面来看：第一，村庄首先是土地、房屋，各种作为物的自然资源，它们是生产生活的基础。第二，村庄又是一个小的意义和生活上的共同体，共同体里的人是在一起的。这些村庄是乡土中国的基本单位，内部有复杂的结构和互动来安排人与人的生活。现在常用的"社区"其实是对英文单词 community 的翻译，这个词在本义上首先是一群人，然后又包含了空间和区位的意味，村庄比城市的小区更符合 community 的原义。第三，村庄这个集体，还可以看成一套制度，一种结构。农户和政府靠它连接在一起，它的权利也随着国家现代化的进程发生转变。村庄集体和单位制或者个体化的城市不同，它有不同的生产的功能，不一样生活的形态。乡村和村庄的价值体现在它独特的功能上，在现代化的过程中，村庄和城市有不同的位置和权利。

当然，这个现代化是外来的。在日本全面入侵之前，中华民国有一个黄金十年，经济快速发展，工业和资本主义迅速推进。1936 年，是新中国成立前经济发展水平最高的一年：当年产业资本总额达到了 99.99 亿元，比 1920 年增加了 2.87 倍。在广西大瑶山做特种民族研究的费孝通回江苏吴江养伤。在开弦弓这个村子里，费先生看出最大的变化是"工业下乡"。吴江的开弦弓是水乡渔村，当地的乡绅请了江苏女子蚕业学校师生下乡改进缫丝技术，成立了"开弦弓有限责任生丝精致运销合作社"。这个事情的具体操办人叫费达生，她是费孝通的姐姐。因为从小看着日本资本的扩张，费达生立意办一个能为农民所有而不怕城市大工厂竞争的小规模的农民工厂。办合作社，把"丝业留在农村"，用来救济农村，同时跟日本人竞争。"合作社"是一个外来的架构，被国共两党共同视为改变农业农村落后面貌、教育农民的有利的工具。它被用来组织农民、改善治理、发展产业，对抗外来资本。这里，乡绅是自发的组织者。当时的合作社主要以资金为纽带，2/3 以上的合作社都有信用合作服务，另外兼以运销和技术服务。单纯搞农业生产的合作社比例很低。合作社是本地的乡绅和外部的教育技术精英共同协作，在国有金融机构的支持下发展新式工业的一个载体。它是在乡村发展实业，救国图存的一部分，希望能解决乡村在发展过程中的凋敝问题。这些合作社又是嵌入在乡土原来的结构中的，新的缫丝工业也是在传统产业的基础上通过组织的设立、新技术的引进发展出来的，这里并没有绝对的断裂。开弦弓村的这个例子里不光有新的技术应用、新的产业形态，更有村庄和人群在新条件下的调适，人—产业—资金—组织—技术是变化的一个整体。资金进城、工业下乡推动了村庄内部的转化，以应对外部挑战，建立新的村庄和外部关系，用以改善自己的生活。这是现代性入侵后，中国村庄的第一个有代表性的应对。

二 土地革命与集体的形成

当东南沿海传统手工业在外来冲击下向新的生产组织转型的时候，共产党领导的中部和西部农村根据地，正发生着减租减息乡土改造运动。在枪杆子的指挥下，农民和土地的关系被重新构造，新人在新社会的建造中迅速成长。新文化的力量和军队的组织能力被投入农业的生产改造中。为新中国成立后农村的大规模合作化改造积累了经验。在新中国成立前，老解放区已经有1.34亿人口完成了土地改革，到1952年，3亿多无地少地的农户无偿分到了7亿亩土地，实现了耕者有其田，地主土地所有制被废除。按照杜润生的看法，土地改革在改变土地占有关系的同时，更重要的是通过这一变革，农民取得了土地，共产党获取了农民的支持，又完成了对基层的重组，让现代政府的权力第一次完完全全进到了村庄。

工业化和社会主义建设需要粮食，但是通过土地改革，作为余粮收集者的地主阶层被消除了。陈云在当时的粮食会议上说，他身上挑着一担炸药，两头都不好选。搞不到粮食，市场就波动；对农民搞征购，又怕农民反对，都是很危险的。在这种条件下，粮食的统购统销体制建立起来，为以后全面实行计划经济奠定了基础。合作化运动和统购统销是相互加强的制度安排。"我们对农业实行社会主义改造的目的，是要在农村这个最广阔的土地上根绝资本主义的来源。""小脚女人"的合作化思路被批判。当时在认识上，认为通过解决所有制问题，可以大力发展生产力，市场经济需要在发展过程中被剔除，社会主义生产无需进行等价交换。是发展还是不发展合作化，这是道路问题，成为路线斗争的一部分，合作社规模被非理性扩大。"一大二公"的人民公社遇到重大挫折，也不再向全民所有制过渡，调整为"三级所有、队为基础"。中国农村的独特的土地集体所有制正式形成，农村的土地属于这个组织的农民集体所有。国家对农业生产实行指导，保障粮食供给。1978年粮食产量达到3.05亿吨，比1962年多了近一倍，其中有一部分村庄成为集体化时期的典型。以四川郫县战旗村为例。

20世纪70年代末，全村人口1403人，耕地面积1709亩，储备粮116890斤。村里有拖拉机7台，小队公房311间。完成征收任务后，村里每个社员能分到口粮600斤。分配最高的社员一年收入可达657元，比城市职工还要高，和后面搞"大包干"时期的小岗村形成了鲜明的对比。在这个极端，城乡是分割的。但村庄和国家的关系，因为新的集体的建立，反而紧紧地联系在一起。村庄是社会主义建设的国家里的村庄，农民是社会主义建设的国家里的农民，他们为城市和国家提供粮食和其他农产品，为工业化积累了资金。但农民本身长期处于贫困的低发展状态。

三 分田到户后的变化

当安徽小岗村村民以巨大的勇气摁手印搞大包干的时候，战旗村全村只有3户人家举手同意分田到户。等到第二年，看大形势挡不住，村集体才在党员的带动下把土地分到每家每户。不过村集体的储备粮、农用机械、公共用房等集体的资产并没有分光拆光，还是留在了集体，成为发展壮大乡镇企业重要的资产。1982年年底通过的《宪法》修正案，第一次明确了城市的土地归国家所有；农村土地为集体所有；人民公社被撤销，建立起乡级人民政府；生产大队改为村民委员会，实行村民自治；农村土地制度再一次发生了转折，重新回到了小农耕种的状况。但建立起来的村集体在治理和统筹上的作用延续下来，统的功能并没有消失，政府征粮收税的指令依旧能够完成。

包产到户、包干到户最重要的变化是农业生产经营活动从集体回到了家庭本身，这是符合小农经济条件下客观规律的。当时工业并没有普遍发展起来，农户还广泛处于贫困的状态，需要土地作为生产资料来满足生计的需要。配合已经建立起来的水利系统、良种的使用和化肥的大面积使用，粮食增产有了基本的条件。政府加价收购、责任制的实施，大大促进了粮食产量的提高：1984年粮食总产量为4.07亿吨，成为历史上的最高记录。分田到户这一制度其实调整的是"政府—集体—农户"的分配关系。分配和财产关系的调整，让生产的潜能迅速释放出来。随着市场的放开，副业也迅速恢复。部分村庄发展起来乡镇企业，为农村的剩余劳动力找到了就业机会。"离土不离乡"，乡村成为希望的田野。

20 世纪 90 年代是中国特色社会主义市场经济的形成时期。东南沿海经济迅速发展起来。随着城市的逐步开放、粮食体制的改革，越来越多的农民进城务工以求改善生活，逐渐形成了奇特的"民工潮"。农民的收入来源从务农和家庭经营为主转为以打工就业为主，农业为辅。小农户在城乡之间分据。但是农业部门主要在农村抓农业生产，以保证粮食供应，希望通过粮食增产来达到农民增收。乡村成为劳动力的蓄水池，为工业、建筑业提供廉价劳动力，也促进了资本的积累和经济第一阶段的腾飞。农民工因缺乏城市居民同等的权利，无法在城市落户，融入城市生活。村庄和集体成为农民和农民工的依靠，国家也不能为农民提供基本的社会保障，农地和宅基地成为保障的替代品。在经济危机来临的时候，农村成为避风的港湾，也为经济的平稳着陆、社会的稳定创造了条件。与此同时，国家发展投资的重点落在了城市，产业园区建设和招商引资工作成为各级政府工作的重点。城市和乡村、工业和农业的失衡严重，乡村日渐衰弱，农民负担加重，"农村真穷、农民真苦、农业真危险"成为社会的共识。2003年党中央提出要把解决好农业、农村、农民问题作为全党工作的重中之重，放在了更加突出的位置；2006 年 1 月 1 日，国家宣布取消实行了两千多年的农业税。国家和农民的关系实现根本性的转变。集体的收税护民的角色也转为完成国家对农投资，提供公共服务，新农村建设也基本实现了乡村地区水、路、电、农田水利的供给。2003 年到 2017 年，中央财政的"三农"支出从 1754 亿元增加到 17539 亿元，农村生产生活条件获得了极大改善，农村基本公共服务也有了历史性的跨越。精准扶贫政策的实施，也让中西部贫困地区的面貌发生了根本性的变化，达到了全国平均水平。

四 新时代以来的新趋势

第一，农民和土地的分离会进一步加速。从英国的"羊吃人"开始，资本主义的发展总是希望把农民和土地分离开来，好提高市场经济的效率，不过这个规律似乎在中国碰到了一些阻碍。农业和土地上还滞留了大量的人口，城市化已经过了人口快速向城市集聚的阶段，逆城市化的苗头已经出现，绝大部门农业人口并没有被无产化。在中国，"农民"不只是种地的人，也包含着一种身份，里面藏着一段长长的历史。新近的十几个中央"一号文件"，虽然反复强调粮食增产、农民增收，但其实粮食增产和大多数农民的增收关系不大，农民家庭主要靠出卖劳动力获得主要收入。搞产业振兴，打工是乡村最大的产业。土地变成一种资源，一类权利，一个自己和这个村庄和这块土地发生关系的凭据；它成了一种依托，并不完全是经济学上的生产要素，这个要素上是有人的。

与此同时，为了应对内外风险，中央把保护耕地和粮食安全提高到维护国家战略安全的层面来考虑。农业农村部一定程度上会退回到原先农业部的定位，会往农田基础设施、各类的农业产业园区做大量低效投资。中国农业现代化与美式大农场的不同，是可以分区、分类突破，但装备和技术、农业适度的规模、社会化服务和农业生产率的提高才是农业现代化的应有之义。可是土地又在小农户手里，这也是农业资本头疼又不得不接受的现实。从这几年玉米和生猪的情况来看，现代化的、市场化的、金融化的农产品的供给是高成本的，价格的波动程度并不因为小农的被迫离场而有所好转。

第二，人口进城和服务下乡会同步推进。县域会借乡村振兴迎来新的发展机会。按照经济学家的看法，城市才是文明之光，经济发展的引擎，包括人口等各种要素集中在城市才能更好地发挥效力。现在政策的走向是想在中国的地图上画一些城市圈，用它们来推动中国经济的发展。这里有经济上的合理性。需要担心的是本来要搞乡村振兴，却又是再来一轮整地拆房的运动。现在对城市化的理解，是人口进到城里去，买房、安家，促进投资，改善生活，比较少有人强调公共服务下乡这一部分内容。其实，"城市进村"是"农民进城"的另外一个趋势，农民享受城市的生活不一定非要农民拆了、卖掉自家的房子和土地不可。服务下乡也是另外可以做配套、促进城市化的办法。"十四五"规划里的新词——"乡村建设行动"就有在县域加强公共服务供给的意思。

第三，乡村的价值和功能会被更多的人认识。乡村是自有其功能的，和城市搭配着，组成一个复杂的系统，其实并不像原先很多人认识的：农村就是要搞粮食；农民就是得种地；把农民规定成种地，为国家种粮食，提供农产品当然是限制了农民的权利，是过去农民贫困的一个重要的原因。中国农业大学的朱启臻长期持"乡村价值论"，认为乡村包含了生产、生活、生态的价值，又有教化的功能，传承传统文化。在生态文明的视角下，乡村的价值是不可或缺的。城市可以求新求变，乡村可以适当保守一些。

现代很多人倒是苦于带着资本想下乡而不能。这又区分为两种情况：一种是要去村里过日子的；另外一种是要把乡村的资源拿到手上然后转手卖到城里，有投资、投机的可能。这里矛盾的地方在于，集体所有的绿水青山只有变成国家和城市的资产，才能变成金山银山。

第四，合村并居、"一肩挑"给乡村治理提出了新的挑战。"一肩挑"这块，2020年初的时候就有很多讨论。这个变化是和中央政策的变化连在一起的，就像村两委任期由三年调为五年，都是治理现代化的一部分。村内不再强调党政分开，不单独在村党支部书记外另选一人作村委会主任，自然是有好有坏。在有一些地区的一些村子解决一些问题，在另外一些地区的一些村子制造了不少新问题，产生的问题不一定会比解决的问题要少。这两年很多省的村党支部书记、社区书记都要陆续换届，他们一上来就要干五年，这批人的工作会决定乡村振兴的基本面。不知道政策上能给多少支持，让书记们的工作能干得更容易些。怎么在人身上花好钱，这是一个新的挑战。现在，乡镇在合并、村庄在合并、村主任和书记也在合并，这个合并的进程跟领导们主动加快的城市化，用治理城市的办法来治理乡村有多大的关系，还需要进一步观察、衡量。

第五，乡村振兴的主体问题。在新的发展阶段，村庄的主体性正日渐消失。从《乡村振兴促进法（草案）》来看，这个主体责任无疑落在各级政府头上。五级书记抓振兴，责任人是书记。这个法律也是要把政府开展乡村振兴的任务明确下来。乡村振兴是政府官员的乡村振兴吗？当然不是，也不能是。但要把农民作为乡村振兴的主体，实际上是有难度的。现在的农村已经不像20世纪80年代那样，有自己的干部，有自己的资源，有自己的能力再来创造出来中国的经验，推动中国的变革了。在顶层设计流行、城乡力量对比存在显著差异的情况下，估计在实际操作层面，也是要形成村内村外、政府市场复合的新的乡村发展的主体才行。这中间重要的是得有一个机制，形成一个类似乡村振兴的"社会市场"，让各个利益主体各得其所，发挥各自的优势。我们是不是能把村庄本身作为乡村振兴的一个主体呢？把农民的生活、产业的发展、环境的改善都看成村庄转型发展的一个部分？村庄本身是不是可以就是一个社会企业，有它自己的发展、竞争、调试和现代化？

五　发展集体经济的三个层级

具体到发展集体经济，首先是要发展集体，调整好"农民—村庄—国家"的关系，在良好治理的基础下，利用城市新的需求、互联网数字新技术新的可能性，为乡村新产业新业态的形成创造条件。在具体操作上，需要注意以下三个方面的工作。

（一）注重村庄集体和外部对接机制的建立

现在发展产业项目，农民的土地和房子多以出租为主，农民收益有限。出租这种方式，土地上的权利又不完整，导致资产的价值、后续的转让、交易、抵押等都受限。如果资产作"租改股"的试点，由股份经济合作社或农民专业合作社统一收储，然后以资产包的形式交由村庄内外的市场主体来经营，是有可能解决乡村产业发展的公平和效率有机结合的。村庄资源集体成员集体所有是最大的现实，但在经营上，又是私利的主体，要遵守市场经济的基本规律。在现有的生产技术条件下，只要改变资源、农民的组织方式，市场上组织起来的能力就能带来新的生产力的发展。农民合作社作为一种机制，农民自我组织的一个载体，有点像是提供了一张桌子，村内村外、农民非农民，大家坐在一起，商量可以一块做些什么事情。在村集体和外部企业合作的时候，需要特别守护好集体的优质资产，不做简单的一次出让或长时限低价出租。市场的增值会累积在土地、房产和绿水青山上，这些收益是长期和稳定的。随着乡村振兴持续推进，政府的投入会越来越多，这里会创造很多的就业机会。村庄集体成立的市场主体可以承接这些项目，为本集体成员创造就业机会，增加收入。财政公共投资形成资产要尽量多归到集体所有，形成的收益要由集体成员来分享，不能被少数人攫取。

（二）尝试在乡镇范围内协同多村庄发展产业，提高服务的规模效应

乡镇是传统乡村基本的社会经济单元，是熟人社会的空间载体，也是最基层一级的政府。发展县域经济，乡镇所在的中心村是最重要的节点。从现在看村庄之间的联合是一个大的趋势，既符合提高各要素在市场配置效率，也有利于政府提高公共服务的供给水平。山西永济蒲韩社区发展、浙江临安多个股份经济合作社共同成立集体经济公司的试点，四川郫都五村连片打造乡村振兴示范区的尝试，这些例子都展露出来这一方向巨大的可能性。当然村庄之间的协作难度大，成本也高，还要看实际的需求。协作的主体可以是党建联合下的村经济合作社，也可以是多股东的公司，还可以由国有平台公司、市场投资主体、互联网平台公司来主导，需要根据具体的条件具体安排。村庄的定位、产业的发展、公共服务的供给都需要在更大空间的范围内来安排，以县域为基础，以乡镇为试点，这是可以尝试的方向，这样也能提高财政资金使用的公平性，扩大受益的范围，避免搞装饰性、盆景式乡村振兴典型，也能为后续机制创新、人才培养、城乡互动创造条件。

（三）县域内设计集体经济新的发展机制

在完成村内的资源整合和乡镇范围的产业生成后，县域范围内集体资源和金融的结合就有了条件。这里集体资源在产权清晰基础上的标准化尤为关键，资本是有进村投资的需求的，各地也有国有农文旅平台公司投收储、收购村庄集体优质资源的例子。农户资源可以入股或托管给村股份经济合作社，再由合作社以资产形式交给国有的县域集体经济资产管理公司，公司对集体资产进行分类再组合，部分可以交给有能力、有愿景的市场开发商，部分资产还可以做成金融产品，发行债券，从而为县域乡村振兴募集资金。这里数字技术可以大有所为，为资源和农民资产的组织化、信用化开辟新的路径，减少组织的成本。集体资源的开发可以分步使用，不一次性投入市场，以防止短时期供大于求，造成价格低迷。如果村民集体所有的资产被经营后发生亏损，可在国有资本支持下，由村集体经济组织进行回购，以避免集体的破产。

六　重新理解集体

乡村的问题在乡村之外，变化的集体作为一种制度安排，也是这样，它又成为现代化进程中影响农民生活的基本秩序之一。现在，时势正发生新的变化，农民进城、城市下乡成为新的趋势，农户仍然在城乡之间分据。农业也不再是大部分农户的主要收入来源。农村常住人口比例持续下降，城镇化水平不断提高，城市圈成为经济发展的主要动力。乡村振兴战略提出来之后，壮大集体经济和加强基层党组织建设成为各级政府不得不完成的工作任务，但对集体的性质、位置却仍然存在很多的争论。就像《中国农村的社会主义高潮》按语里说的："社会主义这样一个新事物，它的出生，是要经过同旧事物的严重斗争才能实现的。社会上一部分人，在一个时期内，是那样顽固地要走他们的老路。在另一个时期内，这些同样的人又可以改变态度表示赞成新事物。"我们在农村、在文件里还存在的这个"集体"，它是新事物还是旧事物？"集体"从哪来，可能会到哪去？会在新的马上要形成的秩序占什么样的位置，都还有很多的疑问。

这种变化需要跳出村庄来建设乡村，需要在城乡之间，在农民和国家之间来看乡村振兴。现在农地、宅基地三权分置和村集体的股份制改革对村庄后续转型发展产生什么样的影响，还没法简单作预见。不过有一点是清楚的，农业农村的改革，首先要为农民、农民工追求更美好的生活服务。而乡村振兴是一种新生活运动，既能服务于农民，又能让城市的生活更美好。乡村振兴的目标是要能够形成多种样态的生活方式，让农民的公共服务、收入不比城里差，农民能为自己的村子自豪。其中的模式、做法和机制也不一定是一律的，可能多种多样。村庄集体作为一种中介或者工具，作为一种结构或者制度，是能够发挥它特有的作用，服务城乡人民对美好生活的需要。

新的集体还是有待生成的一个过程。现在，最大的困难却是在认识上。

百乡工程莱西研究

百乡工程——莱西研究项目一年总结

北京农禾之家咨询服务中心百乡工程

莱西研究项目院上镇试点工作小组*

前言

2019 年 9 月，百乡工程——莱西研究项目在莱西市展开。项目为期一年，核心目标是在乡村振兴实践中深化开拓 1990 年莱西会议经验，强化党在新时期对基层的领导力，探索壮大集体经济，推动乡村治理的具体路径，让莱西 30 年后再出发。项目由北京农禾之家咨询服务中心研究组（以下简称研究组）与莱西市委政府共同组织，围绕项目目标在院上、马连庄、南墅三镇和沽河街道进行实践研究。四地都建立小组，由研究组选派的资深研究员与镇街党委书记担任双组长，共同推动工作。研究组是以中国社会科学院社会政策研究中心为平台，汇集中国社会科学院各所以及中国人民大学和地方高校等多机构的志愿研究人员共组的非建制性研究团队。自2012 年以来已在多地以调研和试点为主要方式，推动农民合作组织的成长。

---

* 本文的内容和观点来自百乡工程——莱西研究课题组，经三次集体调研和三镇一街四个研究组多次实地调研和多次讨论。全文由中国社科院社会学所研究员、中国社科院社会政策研究中心顾问、北京农禾之家咨询服务中心理事长杨团执笔。课题组刘建进、郑易生、姜斯栋、全志辉、姚宇、曹斌、范洵、代富国及农禾之家葛宁、吕松波等参与修改；莱西市委市政府以及院上、马连庄、南墅三镇和沽河街道党委政府和课题组在地联络员张惠均有帮助核实材料，在此一并致谢。

一　研究实践的基本情况

（一）为什么选择莱西

首先，为了深化拓展莱西经验。

早在 1990 年，在莱西召开的村级基层组织建设全国座谈会上，莱西报告了自 1986 年农村经济体制改革以来基层出现的“包产到了户，要不要党支部”等困惑，通过 1988—1989 年的基层试点，总结出“以党支部建设为核心，做好村级组织配套建设；以村民自治为基础，做好民主政治配套建设；以集体经济为依托，做好社会化服务配套建设”村级组织建设工作法。会议形成的共识，是将“党的领导、村民自治、集体经济”作为中国基层组织建设的三原则。30 年过去，抚今追昔，在农村改革的长期实践中，这三个原则越发彰显其导向性。

自从 20 世纪 70 年代末到 80 年代初在全国推进家庭承包制以后，30 多年来，“三农”领域又经历了若干重大改革事件：1991 年“统分结合，双层经营”写入宪法；20 世纪 80 年代下半叶到 20 世纪 90 年代直至跨世纪的 2000 年代延续 20 多年的乡镇企业发展和消亡；2003 年农业免税和乡村两级财政体制变革；2005 年新农村建设；2013 年绿色 GDP 和生态文明倡导；2015 年财政资金大规模投入农业农村基础设施，同时推动农业现代化和土地流转；2017 年集中脱贫攻坚和精准脱贫，等等。党的十九大总结以往经验，首次提出乡村振兴、城乡融合是中国发展的长期战略，乡村振兴要以农民为中心，要壮大集体经济，加强党的政治领导，以县为单元，县委书记一把手做前线总指挥。尤其将小农的组织放在重要位置。未来几十年小农户仍是乡村的主体，他们能否组织起来，与现代农业发展有机衔接，是在新时期对党和政府能否创新生产方式，真正实践为人民服务价值观的重大考验。

莱西 30 多年前从实践中总结提炼的三条原则，在新时期的实践中有怎样的变化、发展和创新，这是青岛市委政府和莱西市各级领导、莱西市村民和市民们关注的大事。2019 年，青岛市委提出深化拓展“莱西经验”，提出抓镇促村的工作思路，力推全面优化农村基层党组织体系，以组织融合推进行政村规模调整优化。

我们研究组正好在此时机进入莱西做调研，于是与莱西市委政府一拍即合。我们共同认为，首先以发展壮大集体经济为目标深化拓展莱西经验，不仅对莱西也对全国在新时期如何激发乡村振兴内在动力，形成经济社会发展新动能具有重要意义。其次，莱西的资源禀赋对于研究新时期乡村生产方式具有典型性，因而对我们有吸引力。

莱西市位于胶东半岛中部，素有"青岛后花园"之称。莱西是国务院确定的沿海地区对外开放县市，进入了全国县域经济基本竞争力百强县。建设大青岛北部绿色崛起的典范之城是莱西在新时代的使命。莱西市委政府提出的四大战略为生态优先、创新驱动、人才支撑及融合发展，并以美丽乡村建设作为乡村振兴战略的有效载体。

莱西气候温和、适合各类农作物生长，不仅有小麦、玉米、花生等大田作物，还生产蔬菜、水果，养殖业也很发达，加上地势平坦，交通便利，生态环境好，大沽河贯穿全境，所以农业向工业和旅游业快速发展，形成了产业链。目前，牛奶、肉鸡、生猪、蔬菜、果品、花生六大产业链，肉蛋奶总产稳居全省县级第一，鸡肉产品、花生产品出口超过全国 1/4。除了传统种植的小麦、玉米、花生等大田粮油作物约占全市耕地面积多一半之外，蔬果种植渐成规模，全市果园面积 20 万亩，设施蔬菜 10 万亩。蔬果种植为农民增收、为莱西添彩，渐成莱西的新标杆，莱西利用地理优势，提出南菜北果的发展策略，但在提升蔬果质量和打造品牌上还有很大空间。

在莱西，现代农业机械使用率很高，大田机耕和机收水平分别为 99.5% 和 88.4%，不过，由于大部分耕地由小农户分散种植，大田被细碎切割，无法成方连片，农机只能到户分散使用，成本高、效率低、质量难保证。除了飞机撒药不涉及农机分户入田，因而规模化普及率较高外，耕种收多环节全过程的农机、农技服务并没有形成规模化的、稳定的高效率。解决这个问题的方式，一是土地流转，二是大田托管。前者与小农户彻底脱离关系，农机效率高但是土地租金高、成本高，后者无须土地租金只是为小农户提供服务，但是为农服务的农机、农技、农资加上农工，还是必须与小农户打交道，这就需要将小农户纳入农业社会化组织。很多大田托管者就是因为找不到与小农户有效衔接并具有公共性的组织经营方式而无法实现全过程托管，已经做到的托管服务也无法稳定。这不仅在莱西，全国各地尤其平原以大田为主的地区都是突出问题。

因此，农业门类十分齐全的莱西，对于研究多种农业生产方式和经营方式如何协调并存，如何以小农户的组织化，实现现代农业的有效规模化，是一个很不错的场域。

（二）主要思路

研究组以往曾经做过乡镇一级的农民合作组织研究实践。我们以往的研究成果运用到莱西，在项目酝酿阶段就明确提出此次研究实践的基点要放在乡镇，以乡镇为突破口，探索乡镇带村庄的新型集体经济组织。

研究组的思路得到了莱西市委政府的支持，经反复磋商，共同将莱西研究的主要思路定位于：以乡镇治理为枢纽，大力推进乡村治理体系和治理能力现代化；以镇、村一体化的新集体经济组织为载体，形成内外市场有别的平衡机制；以加强党对基层的全面领导为核心，把农村和农民组织起来，探索具备复制推广价值的现代农业、现代农村、现代农民高质量发展的新路子。

自2019年至今，三镇一街道均开展了研究性实践。各家都是以乡镇为核心探索"三农"高质量发展的路子，只是方式方法各异。尽管研究组提出了要以构建新型农村集体经济组织为突破口，强化乡镇党和政府的综合治理能力，带动本区域产业、生态、人才、文化、组织的全面振兴，形成以乡镇为基本单元的乡村长效振兴机制的基本路径，但是多数镇街并没有这样做。

这是因为，现实环境下人的意识比30年前发生很大改变，村民基本上靠自己而不是靠集体，除个别村庄外，九成多的村庄都很弱小，即便进行了产权改革清产核资，按照农业农村部文件都拿到集体经济组织登记证，但是登记证基本是一纸空文，多数村欠债很多，经营性资产几乎为零。在这种困境下如何构建新型集体经济组织？如何培育实用管用的微观机制，使其既能在竞争性的外部市场上集合发力又能维护小农内部市场的合作与公平？党和政府，以及社会资本、社会组织等各界力量怎样才能对准问题，进行统筹规划和政策选择？怎样在实践中鉴别政策优劣，让好的政策落地，让有问题的政策得到修正？其间，如何进行乡村内部各层级的组织？如何将乡村的组织和人力动员与乡村生产、生活的关键问题搭扣配套？如何在实践活动中持续地激发农民的主体意识和内在活力？这些成堆的系统性问题都没有现成的经验可供参考，这让参与研究实践的三镇一街很难办。而推动农业产业化发展以带动集体经济有路可循，所以朝此方向的探索更多。

（三）做了什么？

现将三镇一街一年来的做法简述如下。具体情况可见独立报告。

1. 院上镇

院上镇的项目探索有先行基础。2019 年，一个当地农民自发建立的玉米专业合作社自组织 30 多个村的村民，为分散小农户的 3 万亩小麦玉米成功进行统一飞机喷药的植保，降低了农户成本，保障了农民健康，得到农户称赞，被称为单环节的大田托管。

这个成功让镇党委和研究组都看到了以农民集体组织担当农业社会化服务的功能，在院上这个大田面积占 10 万亩的乡镇十分必要。为此，研究组密切配合镇党委，通过多次调研和反复推敲方案，提出要建立一个覆盖全镇农户，与村级合作社紧密衔接、服务于全镇两万多小农户的镇级合作社联合社的组织方案。经酝酿、组织发动、三级选举的阶段，历经 5 个月，联合社于 2020 年 4 月正式注册登记，社员为全镇范围的农户和符合一定要求的各类经济经营主体、个体和准社员。

院上镇联合社采取选聘分开、权能分立的原则，理事、监事由村民选举产生，并按照章程请镇党委政府派出独立理事和监事。总干事是专业经理人，聘请了院上镇的一位女企业家担任，由她组成团队全面担当经营工作。经镇党委政府、研究组与镇联合社共同磋商，决定以"轻资产、重服务、统资源、强组织"作为镇联合社运营的基本方针，尤其突出以服务为本，以产供销环节的组织化为手段，重实效，做平台，助增收。

迄今，镇联合社通过实施农业社会化服务项目为社员进行大田托管，实现小麦收割 5 万亩，小麦和玉米飞防两万多亩，农机化秸秆还田 1.6 万亩，为农户团购小麦原种 9 万余斤，受到农户和政府农业部门的肯定。

镇联合社接受镇政府委托，接管了近万亩的土地流转并进行全程托管。

在镇党委政府的支持和研究组帮助下，镇联合社开展对合作社理事及妇女骨干培训 4 次，参与培训人员 270 余人，线上参与培训人员 1638 人，其中对妇女骨干进行了 138 人次总计 14 天的培训。通过培训，激发了农村妇女建设家乡的热情，建设了巾帼志愿者服务队，成立了联合社禾力公益基金。妇女骨干们还共同讨论开发院上镇内部市场，进行农户之间的农产品换购。

在镇党委政府指导下，镇联合社对内将全镇种、产、销、社会化服务的四类专业合作社进行协调分工，镇、村、村组三层组织间的信息沟通和联动运行，对外，一个口子统一对接市场、联系企业，初步形成以联合社为核心，全镇合作抱团发展的雏形。

2. 马连庄镇

马连庄为了壮大集体经济，建立了镇一级国有公司——青岛马连庄农业发展有限公司。该公司一是与村集体合作，发掘土地资源潜力，以土地流转、托管、发包、股份合作等多种方式盘活土地；二是与镇内外的民营公司顺丰速运、丰诺农化合作，共同投资顺联达果品公司，购买果品分级洗选流水线，带动村民和合作社增收。目前镇国有公司流转的土地有将近 3 万亩，并通过获取政府政策资金和外来经营者注资方式得到了更有效率的利用。

研究组在马连庄的研究性实践，分三个部分。

第一部分，整体观察马连庄农业产业转型的政府作用机制和各方行为逻辑，从而深入理解马连庄模式得以出台、运行的原因。马连庄镇一年来坚持的是"资源资产化，资产资本化，资本市场化"，积极利用青岛马连庄农业公司平台，努力将镇域范围内的资源、资本、资产统一管理、统一运营、统一对外合作，构建农民土地进入市场的载体；推动农村土地的大规模流转、大片区开发、大项目运营，实现农业规模化、机械化和品牌化。同时对镇域优质农产品进行推广和销售，积极开展实体业务，进行市场化运作。探索建立了"镇农业公司＋村集体公司＋农户＋经营主体"的"四方"土地流转新机制，构筑了四方利益共同体。为切实提高土地流转效益，平台公司整合扶贫、乡村振兴和授信资本等资金，紧盯农业新旧动能转换，大力推进农业园区建设，先后建设了 8 个园区，切实做到对土地的高效利用。

为实现生产要素的集聚和经济资源的优化配置，推动新村集体经济，根据新村及下属自然村的资金、资产、资源和人口的状况及与现有资产的形态构成及形成过程，因村制宜、分类指导，搁置争议、共同协商。马连庄镇提出符合当地实际的三资融合具体方案并在洼子新村、军寨新村为试点，在全面摸清家底的基础上，探索盘活农村现有资产、资源，通过国有平台进行兜底，借助资源资产的收益等措施进行解决，进行合理配比，顺利实现三资融合，并以此为样本在全镇推进三资融合工作，在融合的基础上，充分盘活镇域资源，推动镇域集体经济发展。

第二部分，调研组通过深入细致的调研，对各个产业的情况进行了解，主要集中在水果业。通过分类别的了解，研究组认识到马连庄果业有着良好的基础，但是同时也面临着不少困难。

第三部分，研究组贴近马连庄发展模式的主要内容，尝试给予一些提升现有运作模式有机运行效能的建议。主要有：对作为三资融合的试点村洼子新村给出了"新村集体经济组织＋若干新村内部种植园"组建新村集体经济组织入股的专业合作社的建议；对甜瓜市场提出了重构市场管理主体、扩展市场批发品种的建议；对于某些农业作业季节用工紧缺，提出由镇农业公司或组织动员能力强的新村集体经济组织统筹用工的建议。

3. 南墅镇

一年来，南墅镇以农业产业化经营为引领，实施专业大户培植、家庭农场培育、农民合作社规范提升、龙头企业发展壮大四大工程。其中，以该镇东石格庄村为样板，推动农村集体经济发展。几年来，东石格庄村在村党支部领导下，以回收机动地、矿坑复垦、土地流转三种方式将本村的八成土地以及外村的流转地共 1500 亩集中到村集体统一经营，统一规划，分作物建立各园区，由党员分包，形成作业小组的微组织。合作社在种植、农资、农工工资上统一标准，同时给小组奖励资金自行考核发放。以有效激励的微机制，将个人利益与小组利益相连接，激发了小组农户的主人意识，也降低了合作社管理成本，增加了收入。2019 年合作社和农户分红收入达到 30 多万元。目前，南墅制定了镇一级"农村股份经济合作社联合社"组建规划，拟以农村集体经济组织为核心，吸纳同类农民合作社、家庭农场组建联合社，承担本地区化肥等农用物资统一购销，减低农资购入价格，推动农业产业化发展。

为推进土地托管服务，南墅镇一年来依托东鲁农业公司不仅帮助托管大户建设标准化生产示范基地，还建立了农业托管服务队，分区域为种植带头人提供技术托管、多环节托管、全链条托管三种服务，托管规模超过 2000 亩。

南墅还借鉴马连庄镇经验，成立平台型的镇资产运营有限公司收储土地，推动农业产业招商。为切实提高土地流转效益，平台公司大力重点引进产十销龙头企业。为解决南墅废弃矿坑的综合治理与生态修复问题，镇资产运营公司与中国五矿集团签约，实施 8 万亩的土地综合整治工程，提高耕地质量。为破解小农户农产品销售难、风险大的难题，在南墅镇党委、政府引导下，以镇平台公司投资支撑、专业公司资源链接的方式，分期建设大型农产品预处理中心，其中包括气调保鲜库及分拣包装车间，建成后，将为全镇林果产业标准化生产、品牌打造和仓储销售提供强有力的保障。

4. 沽河街道办事处

沽河街道地处城乡结合部，辖 99 个自然村，17 个行政村。因交通区位优势明显、食品特色产业集聚、生态环境良好，被农业部、国家旅游局评为全国休闲农业与乡村旅游示范点。一年来，该街道以老模范村后庄扶即 1990 年莱西会议中推出的村级基层组织建设典型为乡村治理试点村，总结出深化拓展莱西经验的 157 乡村治理工作模式：1（抓实党支部这一核心）、5（开好一个会、用活一个群、管严一个章、密织一个网、做实一个站）、7（瞄准村有收入、住有所居、学有所教、劳有所得、弱有所扶、老有所养、病有所医七个目标），探索了在村党支部领导下自治法治德治相结合、生产生活生态齐发展的治村之道，村民的获得感、幸福感、安全感显著提升。这个经验在 2020 年山东省乡村治理工作现场会上作为典型案例做了推广介绍。

后庄扶村在组织建设上，探索了加强村组建设的楼长制、街长制和网格化管理方式。在发展集体经济上，依托村庄和原村办企业九联集团实行村企合一、组织联建的方式，先后引导九联集团投入 1.3 亿元，用于村庄建设和改善群众生产生活条件。村庄为九联集团扩大生产提供土地、用工和良好的发展环境，促进了村企统筹推进、协调一致，实现了共建共享共赢，形成了抓乡村治理的强大工作合力。此外，还依托九联集团发展了餐饮、零售、交通运输等行业，通过创办村面粉厂、流转村土地入股、出租门面房等方式，积极推进第一、二、三产业融合发展，村集体稳定收入常年在200 余万元以上。

一年来，莱西供销社兴办的广大果蔬公司在镇党委支持下，与郭旺庄村合作，村委会以土地入股，广大果蔬出资，共建鲜食玉米与地瓜两个标准基地，以及鲜食玉米加工厂。两基地年内可以投产，为集体经济带来一定收入。这是村集体＋公司推动集体经济发展的思路。

二 试点的发现

（一）以乡镇为核心带领村庄，形成镇村一体的体制机制，对乡村振兴有长效作用，但是乡镇整合资源面临众多堵点和淤点

我们发现，乡村振兴要着眼于中微观并重，乡镇振兴带动村庄振兴。

首先，是因为村庄的各类资源不足或难以有效使用，需要扩大地域范围汇集资源。村集体的经营性资产多年来基本上损失殆尽；青壮年外出打工，村内老幼妇女留守，人力资源匮乏；自然资源固然不少，但以村庄的实力和能力都难以将其合规合理转化。

其次，是中国体制下的乡镇，在承载乡村经济、社会、文化的综合发展上起着越来越重要的核心枢纽作用。

作为一定自然地理环境下的地域，乡镇承载了特定自然生态下该地域范围内的产业和文化、生产与生活的全部；作为这个地域范围内的管理机构，乡镇党委政府对于所辖范围的经济发展和社会治理负有全责。乡镇还是村和县之间信息沟通、情况反映、资源调配、项目申报实施和政策贯彻的中间枢纽。尤其是 2005 年新农村建设，2015 年"十三五"规划提出补短板、促平衡、兜底线，2020 年实现全面脱贫，以及党的十九大以来，发布

乡村振兴2018—2020年规划，更是要求加快补齐农村基础设施短板，推动农村基础设施提档升级。还有最近的"十四五"规划，所有的任务都集中到县和乡，而以乡镇更甚。作为落实党和政府最基层的行政机构，工作的成效和困难在乡镇都表现得最为充分，难题集中、压力集中，但是资源难以集中。

在莱西，三镇一街一年的研究实践路径各异，遇到的难题却基本相同。尽管都非常努力地工作，但是想要完全按照乡镇的需求和规划整合资源，实现目标，却往往有心无力。乡镇推动集体经济和乡村发展难，难在制度性的淤堵点上。

第一个淤堵点是资金。集体经济和乡村发展需要的资金，一是投资性资金；二是经营性短期投入资金。这两块投资和资金投入的合法合规制度迄今欠缺，这给发展带来很大压力。

资金的淤堵点在政府财政和资本市场上均有表现。

政府财政每年有巨额资金以项目形式投入农村。但多年来的投向不是集体或集体性质的组织，而是私人公司和大户领办的私人性质合作社。这首先，源自"项目制"的国家扶持政策和产业资金投放方式，决定了能够承接项目的只能是大户等新型经营主体和农业企业。政策导向上将农业企业、大户、新型主体作为先进的、正面的、积极的评价标准，基层政府为了获取项目资金只能扶持他们，而作为"大多数"的小农户很难获得直接的政策资金支持。其次，现代农业体系，包括法律体系和金融、农业科技、市场流通、农业基础设施建设等政策体系，大都以规模经营为指向，以满足农业企业和新型经营主体需求为目的，较少考虑小农户的需求，客观上损害了小农户的利益。还有，产业资本承接的政策项目资金即便产生经济效益，也往往不能够留在农村地区实现循环拉动，对更直接、更广泛的农民增收作用有限。这些问题叠加，让国家支农资金投放力度与农村面貌改变程度不相匹配。

尽管这些问题在党的十九大以来有了很大变化，政策开始转为以集体和壮大集体经济为投入导向，政策项目资金也开始考虑要拉动农户增收，只是，现实中，有规模和有能力承担政府政策项目的乡村集体十分匮乏。因此要彻底扭转局面，必须两个方向一起使力：改变国家支农资金投放方式，建立能够更好地回应小农户需求的政策供给模式；大力发展乡村集体经济组织，建立一批镇村一体化、有规模有能力的合作社联合社或联合会，以集合力量，共同探求真正符合实际的小农户与国家政策的承接对接机制。

在这方面，莱西已经起步。院上镇联合社成立以来，已经两次承接莱西市农业社会化服务项目，将大田的托管扩大到5万亩。南墅目前也在做镇级联合社的筹建规划。不过，即便在莱西，迄今仍有多部门、多项目的财政资金并没有做到向集体经济组织或集体性质的合作社或合作企业倾斜。

而资本市场以营利为目的，淤堵点更多、更明显。例如，银行拼命吸储农村居民的存款，却少为满足农民的需要而贷款，更没有支持帮助虽然有资金却不会循环合理使用的农户和农民合作组织。这让农户存储的大笔资金或者被淤在银行，或者被放贷给所谓高风险、高回报的项目，或者被花样繁多、不断扩大规模的各种投资理财、保险、消费金融甚至违法集资所占据，农民与农民合作组织的真实需求却得不到重视和满足。显然，没有正常合理通畅的资金流通渠道，淤堵的资金就必然出现循环阻断和蔓延溢出。

要壮大集体经济，投资性的资金需求是第一位的。例如，院上七岁新村的大棚葡萄项目。① 该村是由4个小村合并的，整合各村资源形成了集体投入为主导的380亩遮雨大棚葡萄基地项目。这个规模化项目的固定资产投入从哪里来？首先是党和政府。政府直接建设和通过合作社项目拨付资金，莱西市委组织部投给各村支持集体经济发展的资金，还有农户主要是大户的投入。但是资金还是不够。该项目负责人、产业党支部书记姜训三年来就不停地用自己的钱垫支，款项太大才向银行贷款。由于银行现行制度不能给合作社、集体经济组织或村委会直接贷款，姜训只得以个人名义为集体贷款200万元。这种因集体资金筹措不足由带头人个人垫支或个人贷款的做法不仅在莱西，在全国也是常事。

壮大集体经济，经营性的短期资金是必不可少的。例如，覆盖全镇两万农户的院上镇联合社，从零起步，为农户提供农业社会化服务以及进行项目经营。它的经营团队的定位是为农服务为本，两三年后实现自负盈亏，自然无法马上、直接从经营中获利支付成本。起步资金哪里来呢？整合各

---

① 见本手册案例"莱西市院上镇的七岁村集体经济发展纪实"。

基层合作社的资源？不仅镇村一体的资源整合尚无先例，还面临村集体经营性资产极为匮乏的现状，甚至各村即便有资源按现行制度也不能融通。以集体资产为抵押向银行或政府借贷？无政策无先例，尽管有集体经济组织登记证，但是不能使用其做抵押。最后，联合社起步资金只能由总干事个人垫支。为解决这个难题，镇党委政府将已经租给某大公司，但是尚未使用的千亩土地暂交给联合社经营使用，让其以经营所得暂做支撑。尽管院上镇党委政府非常支持联合社，但在现行财政制度约束下很难有所作为。联合社的起步维艰，限制了许多重要功能的快速实现。

马连庄为探索镇村集体经济一体化的路径，成立了镇级国有公司，村集体以土地入股该公司，公司统一调配土地资源。不过，该公司以市政府调拨资金和贷款资金并举完成登记注册后，却因项目资金缺口太大难以解决而停滞不前。想要将收储土地在项目之外先做临时经营，又因本地经营团队未能建立和流动资金不足，致使临时经营也打折扣。

南墅镇解决资金缺口，主要通过市、镇政府资金加大社会资本投入。一方面推动镇级投资公司收储农地，通过统一规划、统一整治、统一经营，打造自然景观园区，发展农旅项目；另一方面设立大型农产品预处理中心，期冀用分级分类洗选农产品打通市场销售通道、增加农民经营性收入。但是丘陵地区小气候较多，本地蔬果类农产品种类多、规模小，导致招商工作进展受阻，资金筹措上其实也很艰难。

沽河的项目资金筹措也有问题。不过，它以工业尤其食品工业为主，投资几乎全部来自外来企业，在农业发展上，并没有上大项目的规划，所以相对压力小。为推动集体经济发展，新建的郭旺村鲜食玉米加工厂项目和两个农作物基地，是由村集体出土地、市供销社所属广大果蔬公司出资金合作建设的。

值得注意的是沽河后庄扶村。30多年前莱西会议期间介绍过他们的经验。迄今，他们仍坚持集体经济发展模式，即村委依托与原村办企业九联公司联营和自办村面粉厂，常年将村集体收入维系在200万元左右。村党支部统一实施旧村改造规划，本着村民自愿交回宅基地和自愿有偿购房原则，在九联公司和本村集体收入支持下，逐渐改变了村庄面貌。现在，全村人已经实现了住有所居、学有所教、劳有所得、弱有所扶、老有所养、病有所医。后庄扶的突出特点是在村党支部带领下，绘一张蓝图，定一个目标，依靠自己的能力整合村庄资源，奔着目标一步一个脚印走，一棒接着一棒干，常年坚持不懈。不过，后庄扶有个国内外著名的由村办企业改制的九联股份公司做支持，这样的独特优势其他村庄无可比拟。

第二个淤堵点是农产品经销通道。它不仅阻碍莱西农业的发展，也阻碍着全国乡村产业振兴的发展。现在，大部分地区农产品经销是依赖外来客商到当地收货。农民合作组织基本上没有农产品的定价权，多数情况下只能听凭外来客商喊价，价格随行就市，波动较大。又由于缺乏果品分级分类的洗选环节和设备，无法按质论价和形成品牌。农产品销售端无法把控，对生产端造成的影响巨大。这是农业尤其是蔬果产业长期在较低水平徘徊，难以走上高质量发展之路的核心障碍。

对于这一点，马连庄和南墅镇的党委领导早就有清醒的认识。他们都以不同方式打通农产品销售端的淤堵。马连庄镇国有公司与顺丰公司和镇内的民营公司丰诺农化共同投资，组成了混合所有制的顺联达果品公司，专事果品的分级分类的洗选环节。自建成投产以来，已经洗选1500多吨果品，提升了高级果的价格，仅此一项，就多获得300多万元的收入。再加上丰诺农化公司大力加强自己的销售渠道，与镇外经销商展开长期合作，使2020年比2019年销售季多售出800多万元。其中，帮助农户增收100多万元。南墅也正在建设包括冷库和分选设备的大型农产品预处理中心。

第三个淤堵点是农技推广与服务。目前它远远跟不上莱西现代农业高质量发展的需要。首先，引进的新技术新品种因缺乏技术配套和跟进，导致引进成功率低，种植方式和技术不统一、不标准，影响了农作物品种的产业化程度。其次，莱西大部分乡镇的农技推广站虽然体系还在，但是员工已经老化。例如，沽河站已经十多年没有进人，现有员工不仅年龄大，技术知识无法更新，而且日常以应付政府的各类杂事为主，没有时间余力从事农技推广工作。可是，莱西随着农业生产力的发展，农民对农业技术的需求越来越大，销售端的市场机制让农民充分感知到农业科技的重要性。

技术就是生产力，能直接推动增收，在农民那里已是确凿的事实。可是农户获取农业技术主要来自农资供应商。这些供应商虽然也带给农民一些技术，但却以赚钱为目的，大量抛售化肥农药，误导农民。另外，个体农机手形成了局部过剩的农业机械供给，整体上又不能形成规模化服务提供，使得无序竞争的情况不断加深。一些很有实践经验适合当地的农业技术也因组织成本太大和规模过小很难在当地推广使用。

第四个淤堵点是小农的组织化缺失。这是老大难问题。在莱西这个大田和蔬果几乎并驾的农业产业结构较为完善的地区，表现更为突出。莱西大田农机行业非常发达，金丰公社的农机设备在全国县市堪属一流。耕地收割的农机已可实现远程遥控监督，但是高质量高效率设备碰上被小农户承包而零碎分割的地块，效率至少降低一半，质量也不能得到保证。大田农业实现高质量、高技术的规模化经营，物质条件不是问题，焦点在小农户分散种植。例如，院上 15.5 万亩耕地，其中 10 万亩大田。大田土地流转 2 万亩，其中镇联合社托管了 1 万亩。还有 4 万亩大田是镇联合社做小农组织工作，与各家农业服务公司签约生产，实现分段的半托管，而由小农户完全耕种收的大田还有 4 万亩。还有，联合社的大田半托管方式尚未稳定，4 万亩半托管大田中的不少环节还得小农户自己面对机械化大生产。可见，要实现小农户与现代大田农业发展有机衔接，小农户的有效组织化还有待艰苦努力。

而蔬果产业的小农组织化较之大田更难。蔬果与大田耕作规律不同，市场需求和价格水平不同，对农技、农机、农工、农资的需求不同，即便托管，也往往不合适全过程实行。单环节特别是产品市场营销几乎是所有小农的最强需求。但是，缺乏果品分级洗选的预处理和必要的冷藏和运输，小农户依靠蔬果增收的愿望往往成了泡影。针对这个关键环节，莱西马连庄和南墅镇都在最近一年发展了果品预处理中心。不过，据马连庄镇顺联达预处理中心统计，2020 年比 2019 年销售季多售出的 800 多万元中，尽管有 100 多万元来自帮助农户提升的收入，但是这些农户中没有小农户，也没有村集体，几乎全是大农户。

可见，最有能力和最先利用先进技术和设备的，是知识和信息来源都较为充沛的大农户。小农户受制于知识、技术和流通信息不足和资金匮乏，往往没有能力进行蔬果修剪、品种的更新换代；品质参差不齐，产品质量不稳定，与经销商议价处于劣势，这是他们长期处于低端弱势地位的主因。党和政府为什么一定要推动乡村振兴，一定要用集体和集体经济组织带动小农共富，正是基于对小农弱势地位的深刻认识。已经消除绝对贫困的中国不能因小农户收入长期在低端徘徊而再次陷入相对贫困的局面。

小农户的比例有多大？其实不仅在中西部，就算在莱西，也还占多数。例如，院上蔬果面积5.5万亩，除了1万亩流转外，都是小农户在种。莱西农户增收主要靠蔬果，对蔬果投入的劳动量最大，期望值也最高，所以尽管有土地流转的蔬果产业园做样板，大多数农户还是自己耕作。

我们从莱西的研究实践中感到，小农的组织化只有与农业现代化相向而行、伴生而行，才可能实现农业农村农民的充分发展、平衡发展，才能形成推动农业现代化和适度规模化的强大动力。而小农户组织化并非是通过土地流转、全程托管让小农脱离生产只做监督员，只成为被服务的对象的。这样的观点是当下具有相当普遍性的一种发展预期，但其实陷入了不切实际的误区。

中国小农一个最显著的特征就是农业生产过程与农民生活过程统一于小农家庭。这种统一性成为支撑中国乡村最小社会细胞的动力；也构成了乡村社会传统文化积淀的载体，形成村社集体凝聚力的来源。

小农的耕作经验尤其在蔬果方面长期积累的农业生产技能是最可珍惜的宝贵的本土知识和财富。莱西南墅东石格庄村党员分包的果业作业小组，就是新时期互助合作性与经营效率性并存的新型生产组。他们不但完成作业任务，还交流生产技术知识和经验，促进技术推广，小组成员间相互支持相互帮助，关注家庭和社区。作业小组不仅是村集体经济最小核算单位也是村庄社区最具活力的微组织。它形成了农民之间，农民与集体组织之间，农民与市场之间的新型联系。有了这种微组织，基层的微机制就会自然成长。而这种微机制、微组织在乡村社区正是孕育新的社会基础最好的土壤。

东石格庄村的微组织发育源自该村的村集体，是该村的集体合作社带动了小农的组织化，创造了显著的经济效益和社会效益。2019年该村合作社和农户分红收入达到30多万元。而村集体持续多年的弱化趋势，正是中国小农组织化缺失的主因。

在南墅镇，据2018年统计，在75个自然村中，收入5万元以上的有64个，占84%，10万—50万元的有50个村庄，占66.7%。大部分村庄仅能维持村委会基本运营，很难为村民提供其他服务。从收入来源来看，自主经营性收入为 21.8 万元，发包收入 650.1 万元。大部分村集体经济组织主要收入来源为土地租赁费，包括村民土地承包费、企业占地补偿，只有少数村集体能够依靠矿产等收入。由于部分村庄在历史上存在过度开展基础设施建设的情况，缺乏资金，大多采取或者向村民借款或者由村民承担劳役的方式，造成村集体负债长期无法偿还，只能借支村集体机动地，用预期收益抵债，结果导致村集体长期收入乏力。

南墅在莱西并非集体经济收益最差的镇，相当一部分的村集体收不抵债，清欠后所剩无几。

从社会学视角看，农民个体与国家的连接，以及由农民个体经由一定的形式组成的农民群体或集体与国家连接关系的方式，是整个社会的基础，它直接影响中国农村现代化发展方向、模式和形态。[1] 乡村振兴不只是产业振兴，要做到人才、组织、文化、生态与产业的全面振兴，就必须重建中国农村基层的农民与集体、与国家的基本连接方式。而发展农村合作组织，重构农村集体经济，就是在调整和改变旧的相互关系模式，努力形成农村新的基本制度，包括多主体通过协同努力实现的多元化的乡村治理秩序、公私兼顾与互补兼容的观念世界、遇到大的挑战和风险能够一致行动能力的价值基础，等等。简言之，壮大集体经济和为之服务的农民组织就是中国乡村社会的基础再造工程。

第五个淤堵点是政策落地难，尤其在人才政策上。在乡村，真正想干事能干事而且能干好事的人才其实不多，大部分人是被形势推着走或者站在一边观望。无论干部还是农民，乡村人才的潜力远未发挥出来。其实，未能激发出乡村骨干的主人翁意识，影响到大部分村民的主体意识还在蛰伏状态，这是长期影响乡村振兴的严重的淤堵点。

对乡村人才的发现和扶持是中国共产党的长期任务。在这方面，再怎么强调都不算过分。十年树木，百年树人。

莱西研究实践中我们也发现，有的镇在这方面的探索初见成效。院上

---

① 王立胜：《从"社会基础"的独特视角透视乡村振兴战略》，2018 年 8 月 9 日，https://www.sohu.com/a/2461957。

镇的试点就尤为重视妇女。镇联合社理监事选举事先要求要有一定比例的妇女代表，镇党委大力支持研究组引入禾力乡工计划，专门培养妇女骨干人才，激发她们的参与意识，主动提出自己想做的项目，开展以妇女为主力的各类乡村活动。在妇女的带动下，一年来，全镇的精神状态都变得更加活跃、积极，镇联合社也因此获得农民的支持和拥护。以小见大，以无形带有形，农民与集体组织、与党和政府之间的淤堵点就容易疏通了。

最近中央领导同志提出，统筹考虑短期应对和中长期发展，既要在战略上布好局，也要在关键处落好子。要加快推进有利于提高资源配置效率的改革，有利于提高发展质量和效益的改革，有利于调动各方面积极性的改革，聚焦重点问题，加强改革举措的系统集成、协同高效，打通淤点堵点，激发整体效应。

在莱西研究中我们发现，资金、经销、农技、组织、政策这些集体经济和乡村发展的淤堵点，反映了乡村振兴在关键环节上的重点问题。要打通它就必须加强改革的系统集成，付出持之以恒的坚韧努力。当前，通过调研究分认识这些淤点、堵点到底淤堵在哪里，以及造成它们的体制和机制，是解决这些重点问题的必要前提。

（二）新时期党对乡村工作的领导权，聚焦于集体经济，体现在镇村一体的农民组织平台上

党的十九大以来，加强党对一切工作的政治领导，成为新时期的基本纲领。党的十九大报告提出，乡村振兴要五级书记挂帅，县委书记一把手，做前线总指挥，明确了党要牢牢把握乡村工作的领导权。而党对乡村工作的领导权，是一般性地促推 GDP 增长，提升地域经济发展程度和提升人均收入吗？尽管这也非常必要，但却不能解决新时期发展不平衡不充分的矛盾。

中国在发展新时期，最大的问题是城乡之间、乡村不同阶层之间的贫富差距随着经济水平的提升而不断扩大，尤其是占中国人口近半数的小农户，他们的收入在 20 世纪 90 年代以后就陷入停滞状态，即便继续外出打工，也无法阻断收入下降的趋势。尽管绝对贫困水平在全国范围内大大下降，但是相对贫困却在上升。由于中国人多地少、大国小农的基本国情和农情、地情，小农户家庭经营今后将与农业规模化经营长期并存。那么，用什么方式将背道而驰的这两种经营方式或者更准确地说是生产方式有机衔接，把小农户引入现代农业发展轨道，是对党和国家政治智慧的一种考验。

早在 20 世纪 90 年代，党和政府就提出以家庭联产承包经营为基础、统分结合的双层经营体制，是我国农村的基本经营制度，需要长期坚持并不断完善。但是 30 多年过去，我们看到"统分结合"中"统"的体制机制一直没有进展，小农户在全国经济大发展的 30 多年中已经被远远地抛在后面。这才痛感让小农户不掉队是巩固党的执政基础的现实需要。因为中国共产党的宗旨决定了始终把维护农民群众根本利益、促进农民共同富裕作为出发点和落脚点。而让小农户不掉队，跟上现代农业发展的步伐，就必须加强对小农户的农业社会化服务，这种服务只有将小农户组织起来才有可能。院上镇组织的 10 个新村合作社的联合社，就是将镇级联合社与村级合作社相配合，成功地为 5 万亩土地上的小农提供了小麦收割和玉米播种的社会化服务。他们的经验证明，乡村集体内部的互助合作，以及与外部市场的平等联合所形成的集体经济，是保护小农户平等利益和提升小农户市场能力的最有效的经济形态。这其实已经不是理论，而是被中国一批先行者的乡村实践所证实的事实。

这些事实说明，"统分结合"就是将集体的"统"与个体的"分"这两种不同的生产方式在同一地域内部，以互补的形式做适当的搭配和结合，以体现集体利益和个体利益同时并举、公私兼顾。这就是一种农民个体之间经由一定的形式组成合作集体的新型的生产关系，这样的生产关系与生产力配套，就可能形成新的生产方式。

我们发现，30 多年前莱西会议经验中，关于党的领导和村民自治阐释的就是适合今天新时期生产力发展的生产关系，而集体经济，就是将这样的生产关系镶嵌进新时期生产力的一种新型生产方式的体现。它与人民公社时期不同，无论生产关系还是生产力都发生了质的变化。新时期党的领导和村民自治也只有在新时期集体经济的生产方式中才能充分体现，同时新时期也在召唤新型集体经济这种新的生产方式的逐步成型和发展壮大。

从院上镇试点的实践看，这样的新型集体经济，建构在为之服务的具有社区性、综合性、平台性的农民合作组织上是较为合适的。院上镇联合社现在承载的不仅是乡镇产业发展，还通过镇村一体化的平台连接了部分社会服务和公益事业。镇党委政府还授权镇联合社一口对外，对接市场、联系企业，力图探索一种以镇联合社为乡镇平台，沟通镇内外市场的新型机制。镇联合社的加入让院上镇原有以行政为主导过于僵硬的治理结构发生了松动。未来有无可能以联合社为农民主体的代表，与党和政府部门的代表一起形成乡镇社区的新型治理结构呢？村民自治有无可能上升为乡民自治呢？我们认为这不仅是设想，更是看得见桅杆尖头的一只航船，是人们从未见过的一颗新生的嫩芽。

要让这颗嫩芽长大，成为树林，就需要松土施肥，积极大胆地创造支撑这颗嫩芽生长的环境——这就是新型的乡镇体制、机制。

如何建立乡镇新体系、新机制？

首先要以乡镇党委领导为核心，以组织和人才振兴带动产业、生态和文化的振兴。人是乡村振兴最可宝贵的资产。激发当地农民骨干的活力、动力，提升他们的能力，支持他们建立组织、自主决策，努力创造和创新。党中央历来特别重视人才培育，它也应当成为今天党的干部最大也是最为突出的政绩。

总之，党的领导、人才培育、农民自治与集体经济在镇村一体的新型农民合作组织平台上融为一体，推动新时期的乡镇治理形成整体效应，很可能是莱西经验 30 年后再出发的重要探索之一。

（三）壮大新型集体经济需要多主体、多方式

莱西试点工作的初期，我们曾认为壮大集体经济的主要方式就是要构建新型集体经济组织，并将其写入项目计划，还在院上镇试点中作为重中之重着力推进。我们想，国家都在《民法通则》和《宪法修正案》中规定了乡村集体经济组织是特别法人，那么我们就要在实践中做出来。

2020 年 1 月抗疫之前，院上镇通过小村、大村、全镇三个层级，选举出 103 名社员代表和 15 名理事、5 名监事，但我们把共同拟定的院上镇集体经济组织章程提交农业农村局和市场监督局审查时却未能通过。这时我们才明白，集体经济组织是组织的规定动作，与专业合作社完全不同。

它是在农村产权制度改革、清产核资后，按照农业农村部办公厅2018年10月下发的《启用农村集体经济组织登记证的通知》，通过集体资产和改革时点量化资产等信息的审查后在各地农业农村局登记赋码，而且必须将名称统一为某村股份经济合作社（经济合作社）。乡镇一级的集体经济组织必须统一为某乡镇股份经济合作社联合社。而院上镇在将103个村并为10个新村之前，清产核资和发放村级集体经济合作社登记证的工作已经做完，可10个新村要进行集体经济组织登记还必须经历小村并大村的资产合并、清缴和审查，更不要说镇一级的组织了。如果我们继续按原有的路走下去，可能至少需要半年甚至一年去做这些工作。重重困境下我们向市委组织部请教，最后经市委组织部负责同志提议，重新选择了方向——将镇的集体经济组织依照农民专业合作社法登记。

2021年4月，院上镇农民专业合作社联合社正式注册，下辖10个新村的农民专业合作社。为在农民专业合作社法的框架内实现镇级集体经济组织的内涵，院上镇党委政府与研究组找到市场监督管理局反复磋商，按他们的要求去掉了合作金融和农民教育的条目，从事农业第一二三产业乃至外贸出口、社会服务、文化服务以及农民能力建设等功能全被通过。尤其贯彻选聘分开原则，理监事选举、总干事聘任，总干事组成专职专业团队做经营的功能超越了合作社法也被接受。我们还将镇党委政府大力支持联合社发展，派员进入联合社理监事会等内容写进了章程。

章程就是联合社的大法。如今，院上农民联合社的理事长、监事长、总干事三巨头与镇党委副书记组成四人组决策，在院上镇党委政府和研究组共同商议下确定了"轻资产、重服务、统资源、强组织"的工作总方针。总干事带领团队执行联合社决议，一整套制度已经基本成型。

也就在最近，院上七岌新村经过20年发展集体经济的探索，在市委组织部和农业农村局支持下，以380亩葡萄园为基地登记注册的联村工贸公司，正在研究组帮助下设计新的股权方案，要将其建设为新村集体、专业合作社和农户共同入股的产权清晰的合作企业。目前看来，这个基地的发展势头很不错，院上镇联合社与七岌新村已经达成共识，将派人员参加七岌的联村工贸公司做独立董事，探索镇村一体、横纵连通、系统整合、壮大集体经济，提升整体效应的新路。

南墅的东石村，沽河的后庄扶村，都是在村党支部领导下，以自然村为单位，自主建立统筹村内资源，带动全体村民增收的同时壮大了集体经济。东石格庄村建立果品合作社，沽河建立村级面粉厂，常年坚持不懈，都做到了自负盈亏并有盈余。这两个村，都在为农户增收的同时扩大了集体资产，以集体资产更好地服务农户。

马连庄建立镇一级国有公司，其目的是为了壮大集体经济。镇级国有公司：一是与村集体合作，发掘土地资源潜力，以土地流转、托管、发包、股份合作等多种方式盘活土地；二是与镇内外的民营公司顺丰、丰诺农化合作，共同投资顺联达果品公司，购买果品分级洗选流水线，带动村民和合作社增收。

考察四个乡镇的试点，支持集体经济发展可谓多主体、多方式，既有村党支部直接领办例如沽河后庄扶村、党支部领办合作社例如南墅东石格庄村合作社、院上七岌自然村党支部领办葡萄种植合作社；也有院上镇党委支持下兴办的镇专业合作社联合社；还有马连庄镇党委领导下的镇国有公司，以及该公司与丰诺、顺丰一起成立的顺联达公司。至于院上七岌新村新设的联村工贸公司，以四个自然村合并后的七岌新村的集体资产、合作社资产、农户共同投资入股，并向银行贷款，应该算合作性质较强的股份公司。

这些选择不同经营管理方式支持集体经济发展的主体当中，既有村民和村民群体的代表村委会，还有村合作社、镇联合社、镇国有公司、镇民营公司，新村股份公司，他们都是以经营或者管理方式而非所有制方式确定其主体身份的。即便是国有公司，也是按照公司法注册，只是资产来源不同而已。

从研究实践看，乡村集体经济发展壮大是多主体全方位共同努力下展现的综合性效果，而不是哪一个规定性组织的规定性动作。

目前，依据文件规定的集体经济组织在实践中很难操作。原因一是门槛高，必须将所有资产清产核资、量化到户、做出标准文件后才能申请登记；二是资产少，尤其经营性资产十分匮乏，莱西组织部以特别补助的方式给每个村注入资产50万，这几乎成为各村唯一可用作经营的集体资产；三是经营难，集体资产无法抵押贷款，目前只能通过村支部书记个人贷款，而集体资产负盈不负亏，让压力集中到带头人身上；四是制度缺，迄今为止，尽管大部分集体经济组织已经按照股份合作社登记赋码，人民银行给开了账户，但是各类管理和监督制度尚未建立，尤其大部分地区的村委会就是集体经济组织的同义反复，所谓收入分账、政经分立的概念在实践中难以行得通。

现在村委会账目是村财乡管，集体经济组织与之统合，财务当然也归政府管辖。村委会的集体资产账目都在乡镇甚至县里，绝大部分的村对于本村已经登记造册的集体资产拥有情况都无法说清楚。这种状况下，如果集体经济组织要获得及时、有效的经营管理，要求财务分立或者独立，那么只有选择或合作社联合社或公司的方式——这就是目前符合规定的集体经济组织要想有效经营就势必会陷入的窘况。

作为独立的经济组织、法人主体，一定需要法律的保障。而迄今为止，集体经济组织登记赋码的法律依据只有农业农村部办公厅下发的 2018 年文件。它的法律地位，仅仅是法律体系中最低等级即部门的行政规章。但是要建立集体经济组织法，第一个绕不过去的问题，就是集体经济组织法的法律主体到底是谁？什么是法律定义的集体经济组织？

从莱西的研究实践中，我们体悟到，乡村的集体经济完全可能以多种组织形式多种经营方式去发展壮大。其首要关键在于全社会要树立发展集体经济的意识，或者说要树立集体经济和个体经济协调发展的意识。这几十年，个体经济或者私有经济获得了巨大的发展空间，释放了个体的活力，这是改革开放的巨大成绩，绝不容否定。但与此同时，集体意识衰落，为集体为他人多做服务和贡献甚至被社会的一部分人嗤之以鼻，称为"傻子"，腐蚀了社会环境。农村分田到户以后，小农户做不了做不好的事越积越多。而"统分结合"的"统"就是没人做、少人做。正是集体与个体之间的失衡，意识失衡、关系失衡、行为失衡，导致结构失衡甚至影响到经济发展出现不平衡。其次，度量的尺度或者标准要厘清摆正。衡量集体经济是否发展壮大，的确要扩大资产尤其是经营性资产，但是这个资产闲置或者失血，浪费或被贪腐就不但无利反而有害。所以盘活资产，运营资产，形成活力，做好管理，让集体和农户都能获益才是要义。

现在，社会弥漫一种思潮，要通过集体经济和集体经济组织将乡村潜在的宝挖出来。这个宝就是耕地、宅基地、荒地、林地的集体产权以及乡村的生态环境。一些人的关注点似乎就集中在这些资源的集体产权能否分解为可交易的产权尽快流转甚至上市交易，通过市场倒手产权、倒买倒卖的方式让买卖双方直接获利。这是一种试图脱离实体经济和实际运营而获利的危险思潮。这种思潮的泛滥，恰恰证明，聚集于农村集体经济领域的理论和实践的研究要比我们现在所能想象的广得多、宽得多、深得多。集体组织和集体经济所关注和追求的社区利益和成员福祉并不是都可以通过交易方式汇聚和分配的，我们应当十分警惕这种把集体利益只局限于可变现的交易上。

当下，在集体经济的理念把握、推行方式、成果标准、表彰传播等多方面，似乎都存在重资不重人，见物不见人，见上不见下，见大不见小，见规章不见行动，见有形不见无形等问题。而莱西研究的实践从各镇实际出发，通过多主体和多种方式壮大集体经济，不过分重视组织的属性，而是把着重点放在激发各类主体、各种组织的运营活力上，是比较有效的做法。当然，其间也不乏正在探索中尚无结论的很多思考。例如，院上和其他乡镇走的路径不同，没有从资金、资产和土地流转入手，而是从建立组织培训骨干提供服务和协调整合入手逐步发展镇村集体和集体经济。做人的工作看上去很慢，不像土地整理、资产融合、产业开发等方向似乎很快能看到效果。不过，很有可能，那种注重团结小农户共同走农业发展之路的做法，会在推动集体和集体经济发展上出现可持续的长期效果。对于院上试点而言，很多东西都是新生长出来的，它很稚嫩，其生长方式也与传统很不相同。马连庄大手笔推动土地流转和产业园建设，南墅用足废弃矿坑综合治理和土地复垦政策，也是因地制宜努力找准自身发展道路的探索。

总之，百乡工程——莱西研究在多镇街的多方面尝试，给我们提供了一个未来可长期观察跟踪和比较的样本。

（四）办好集体性质的农民合作组织，关键在于专业经理人和专业团队

我们在院上镇做集体性质的合作社联合社试点时，将公司的总经理制嫁接到联合社这种较大规模的合作组织中。公司运营的核心机制是总经理负责制，而合作社一般都很小，社员只有十几户、几十户，到了上百户之

后，往往在运营上出现复杂性而导致问题很多。这是因为合作社这种组织形式的核心机制是弱势群体之间互助性质的合作，而不是与外人、与市场的竞争博弈，因此合作社没有专门专职做经营的经理，往往是由社长或理事长直接兼任。在乡村变革的大环境下，他们当中虽然不乏全心全意奉献自己的优秀党员干部，但是更多的人是见利益才上，见困难就躲。这不能怨他们，因为在中国办好合作社实在太难了。由此可以解释为什么当合作社社员面对市场，经常不自觉地受经纪人、农资商或外销商的盘剥，即便知道受盘剥也只能忍了认了，因为没有他们就更没人提供服务了。无力无法打破弱势地位，这种无奈不仅社员有，合作社领头人更是感受深刻。

怎么让合作社强起来？

要够规模，要全力以赴带领工作团队没日没夜工作。在大田托管上，申请农业社会化服务项目，全力组织农户。4 月春季小麦植保服务，飞防12850 亩初获成功；6 月夏收夏种期间，联合社多次召开理监事会讨论，确定了组织村民将地块规模化，利用各村现有农机，由联合社总干事团队统一组织调度的方案。最终实现了小麦收割 5 万余亩、玉米播种 4 万余亩、秸秆还田 1.6 万余亩的好成绩。这次服务获得了农户交口称赞，为今后院上大宗农作物大田托管规模化服务打下了良好基础。

莱西市农业农村局十分肯定院上镇联合社的大田托管服务组织模式。尤其农民理事和监事参与全程并监督，联合社总干事团队不从托管服务中获取利润，最大限度地将国家补贴通过高质量服务受惠于农户社员，从而有效避免了商业化农机服务方式虚报数据骗取项目补贴资金等问题。

在院上镇党委领导和研究组支持下，镇联合社探索了理事会决策机制、总干事团队组织机制，大田托管的服务机制、受托管理土地流转的项目机制、巾帼志愿者服务队＋联合社禾力小基金的慈善公益机制，以及村民互换农产品和鼓励性积分的内部市场机制，例会、考勤、财务、社区活动等内部管理制度也基本成型。无论经济性还是社会性活动，联合社都力争以新村和自然村集体为网络节点，通过各村网络员带领的 400 多个微信群，直接发送到全体村民，信息的无缝连接与经常性多样性活动的组织让村庄增添了活力，也加强了对村民的凝聚力。

半年来，孙晓至和她带领的团队共同努力取得的成绩，已经证明选好专业专职经理人，建立符合市场规律的实用管用的运营机制，有利于将服务功能嵌入组织功能，让农业社会化的"统"的服务真正落地到"分"的小农户。这样的专业团队是实现"统分结合"的关键，对于办好有一定规模、乡镇一级农民合作组织起着决定性作用。那种认为小农会自动通过"半农半工"的机制，"有机"衔接到现代农业，自动发挥壮大集体经济的作用等观点其实是站不住脚的。

要特别说明的是，农民集体经济组织的专业经理人与公司经理名称上相同，但形同质异。最大的不同在经营理念和目标。首先，做好农民组织的经理人，就要带领团队服务所有成员，尤要帮助弱势小农。其次，在经营技能上，要掌握组织内外两个市场的规律，将互助合作市场的精髓与有序竞争、有效经营、配置资源、扩大影响力的市场理念和做法结合起来。再次，要不断启发和激励成员对集体和集体经济的认知和向心力。能让成员衷心拥护的集体经济组织不仅要有较高的投入产出效益，还要有保障人人公平获益和维系良好社会关系、社会氛围的能力。在院上，孙晓至这位女性总干事，同时兼任镇妇联副主席。她将联合社与镇妇联联手，组织妇女开展了一系列社区活动，探索以人为中心的联合社发展之路。镇党委政府、研究组和农禾之家执行团队都赞许并支持她。

不过，院上试点的体制机制探索目前还只处于初级阶段，还没有形成机制性头尾相接的有效循环。除了大田托管之外，大量日常工作还停留在各自独立、零散分散的项目上。目前还处于集中精力培育经营团队有效运转的阶段，理事会、监事会的功能如何健全发挥还需要进一步培育。还有，镇社与村社的紧密利益联系尚未形成，在产业上带动小农户的机制也未成型，应该说，目前还处于0—1的早期阶段。究其原因，不仅是联合社建立时间过短，运营组织、运营能力、运营机制和运营体制还不成熟，更深层的原因是资源配置并未跟上组织配置。总干事团队的定位非常清晰，工作非常出色，但是干这么多事情的专业经理人团队专职人员却很少，因为支持性资源严重匮乏。当优秀带头人长期处于困境和磨难之中，就难保事业不会夭折，在这方面，农禾研究组是有过经验教训的。这正是研究组忧虑的焦点之一。

三　需要进一步探讨的问题

（一）什么是集体、集体经济？集体经济组织？与合作社的联系和区别？

集体本是一个随着生产生活的演进自然发生的现象，人们聚集起来为了共同的目的制定大家共同遵守的规则并付诸行动，就成了集体。同样，这个集体为了达到共同目的，就要维系集体成员的可持续生存和集体活动的必要成本，这大概是集体经济有必要建立的缘由。这一点无论中外古今，大约都是成立的。

集体经济组织可能有狭义和广义之分，集体内的成员为了增进集体经济而组成的各类组织可能可以算作狭义的组织？集体内外的社会性成员组成的各种类型的农村经济体，在达到本组织目的同时也为壮大集体经济做出了贡献，其中具备一定条件者是否也可入列广义的集体经济组织？例如院上七垎新村的联村工贸公司，是新村集体资产与几十个村民合股的公司，还有不少村党支部领办的合作社。

集体原本的含义是为了一定的公共目的而形成人的组合，并不带有地域概念。而村集体、乡镇集体，是将地域性的社区概念带入人群，这类社区集体就拥有为社区发展谋利益的性质。我们现在认定的乡村集体经济组织都是地域性的。与合作社不同。合作社也是一种集体，只是不以社区为边界，这个集体一般是同类人群，以同一类生产或消费方式互助合作，实现单纯的经济目的。乡村经济合作社往往是弱势群体的集合，单纯，规模也小。若合作社长大，跨村镇、跨行业，综合化、复杂化，就需要专业经理人做经营管理。而这样的合作社其实已经变成协会加公司。协会是以人为核心的社员群体，公司是以财或者效益为核心的经营实体。如果合作社的成员都在同一地域，这样的合作社就具有一定的集体色彩。其中，成员组合类似协会性质的社团，经营运作类似合作企业。所以，社区社团加合作企业，即地域性社会企业有可能是理解和建设乡村集体经济组织的一种思路。尽管他们可能组织形式有所不同。例如，有合作社、协会和企业。不过，这种不同本质上是代表集体产权的主体例如村两委或者农业农村部规定的农村集体经济组织，与其他不同产权的主体例如合作社、协会、公司之间的不同合作形式。只要集体资产实质性进入这类组织，不仅占有一定的资产份额，而且具有组织的经营权甚至经营主导权，就可以视为集体经济性质的组织。

与此相关的问题有二。

一是集体经济组织难道只能框定在行政村，只能从事经济活动吗？面对乡村改革几十年来因人口、产业结构改变和生产组织方式变化带来的乡村治理的剧烈变化，我们仍然以行政村为社会治理单元，强调集体经济必须建在行政村，却很少顾及乡村经济发展的边界与行政边界、社会边界已经不能统一。尤其是我们期望集体经济组织并非功能定位单一的合作社，而是希望能以经济带动社会治理。在发挥集体经济解决农民就业、增加农民收入功能的同时，赋予集体经济组织担负一定的为本社区提供公共服务的职能，使农民共享集体经济的基础设施。同时，还期望集体经济组织能够支持所在地的党和政府，与企业和各类社会联动，在重塑农村居民的生活习惯、心理结构和精神面貌上发挥重要作用。也就是说，不仅集体经济组织的探索可能需要多样式，以行政村为单位不应是唯一形式，而且，还要探索能够发挥社会治理功能的农村基层基本治理单元的方式，甚至镇村融合、具有集体主义精神、体现社会支持、社会公益的新型农村生产生活共同体。

二是如何厘清今天的集体经济组织与人民公社集体所有制的区别。

所有制是以生产资料占有为基础的社会规范。集体所有制不仅要求集体成员共同占有集体的生产资料，还要消灭生产资料的个人占有。这让集体与个人之间形成利益冲突，成为对立的主体。

我们现在做的集体经济组织当然不是与农民对立的集体所有制主体，而是支持、帮助集体的每个个体成员走向富裕和自强，类似伙伴关系的协同性主体。20世纪80年代分田到户后，中央在讨论如何做统分结合时有句话说的很到位，谁来帮助农户，将他们做不了、做不好的事情担当起来？这其实就讲透了集体的作用。

凡是个体农民做不了做不好的事，都具有一定的公共性，凡是具有公共性的事，都需要社会来做组织。集体经济组织就是为这种需要而生的。所以，集体经济组织到底做什么，怎么做可能是最重要的，组织建立的方式和管理规制可能要服从实际。政府的确需要也应该对集体经济组织予以一定的指导和规范。只是，目前到底做什么、怎么做都还没有理得太清楚，就强制性地做规范指导，反而可能适得其反，对那些想要有所突破的组织和人员的活力和潜力有所压抑。

（二）新时期如何以党的领导统率和推动集体经济发展壮大？

如何推动，是方法问题，为什么一定要党的领导来推动，是方向问题。目前，方向和方法问题都存在，而且互相影响。所以，这个探索需要从两端发力。

方向的探索上，党的领导不是部门领导、行政领导，而是统筹的全面领导，尤其应重视政治引领。

方法的探索上，如何突破目前发展集体经济组织各种淤点和堵点，创新体制机制，特别是通过市场而非行政方式配置资源、衡量效益、激发集体带头人和全体成员的主体意识和能动力是最为重要的。

在这方面，山东烟台市委组织部做得尤为出色。他们将组织部的中心工作定位在党支部领办合作社、壮大集体经济上，坚持数年，建立了一整套、全方位鼓励、支持党支部领办合作社的政策和制度，实现了内部管理的章程审核、项目论证、分配规范、财务管理、社务公开、文档保管的六统一。并经小试 11 村社，中试 100 村社，现已推广到 3000 个村社。一个非常重要且影响深远的作用，是改变了轻视集体、轻视社会公共性的环境和舆论导向，创造了人人讲集体、社社干集体的地域氛围。

内蒙古赤峰市组织部最近三年推出以党建融合为方向、以加强基层党组织为民服务能力为目标的规划。在乡村地区，他们以乡镇党委为核心构建平台，将地区、县、乡的各类行政部门的党支部都纳入乡镇一级的非建制性党组。以各部门党支部为纽带，形成乡镇党委与各层级行政部门间为农服务的新型供需关系。乡镇范围农业、农村、农民的所有难题，无论资金、项目、人才、设施设备，都通过乡镇提需求清单，非建制党组组织各部门党支部一一对应提供供给清单予以解决。克旗经棚镇党委和镇联合会就受益于此。这种创新的组织方式大大突破了信息沟通障碍，不仅压缩了时间提高了效率。更重要的是，各部门通过这种为农服务的有效集合增进了感情，体会到了为基层解决难题的自我实现的价值。同时，的确给当地集体性质的农民合作组织、镇农业发展合作联合会及所辖村集体经济合作社解决了难题，促进了集体经济的壮大和发展。

我们研究组为做好莱西试点研究，努力学习各地党的组织部门助力乡村振兴的经验。以上就是研究组赴烟台和内蒙古赤峰市克旗学习考察的一点所得。

（三）如何解决阻碍莱西深化改革、推动集体经济发展的淤点堵点？

如前所述，资金、购销、农技、政策不仅是莱西，也是全国范围推动乡村振兴的淤点和堵点。所以，打通淤堵的方式方法的地方探索，是以局部带全局的突破。所以，既要充分了解造成地方淤堵的原因和体制、机制的问题，又要厘清造成这类淤堵的全国性的背景，尤其是各个时段的政策选择和政策执行的问题。所以，这并非可以一蹴而就，必须在长期实践中一点点探索和不断积累。

还有，这些淤堵点是浮在表层的现象，而且似乎可以分别看待。但是，造成这些淤堵的深层原因往往是联在一起的。找好突破口、主要核心和关键环节，这些淤堵虽不能说会迎刃而解，全面畅通，但其势头会削弱很多。这个主要核心和关键环节在哪里？我们认为，就在乡镇以财政自足为核心的治理体系。

我国的乡镇具有乡村自治的悠久历史传统，也是中国农耕文明维系千年，直到近代仍长盛不衰的根基所在。乡村自治之所以能够长期维系，根本点在于农耕社会以最小的社会经济成本维系和保护了众多村庄的生计和文化的长存。而最小的社会经济成本，就是依赖村和乡镇以自足为目标的自我治理。1949年以来，中国在乡镇一级做过不少制度构建，人民公社和乡镇企业是其中突出的两项。如今看来，这两项制度都有可发掘和部分继承的历史遗产。走入今天，尽管移动互联时代以前所未有的信息无缝对接、交通通达便捷的科技成果将所有地域的乡村城镇全部连接。不过，这也更加凸显了各地因地理环境不同、物产和文化不同的差异性。就是这种无所不在、遍布所有地方角落的差异性，成为丰富生活、快意生存的源泉，也让各地自觉不自觉地陷入使自己更加与众不同、获得更多赞誉、更多社会影响力的新时代市场竞争。

中国目前正处于传统时代向新时代过渡的时期，传统时代边缘地区和弱势群体的绝对贫困，正在走向新时代主要因发展阶段不同和创新思维不足致使资源配置困难导致的相对贫困。在这个过渡时期，谁能撬动乡村振兴的内生动力，谁就能站在潮头拔头筹。而撬动内生动力，一定需要适合创新、鼓励创新的思维方式和治理方式。

在乡村，以乡镇地域为范围，以财政自主的政府管理方式鼓励乡镇对镇内外各类资源进行结构性调整和创新组合，壮大地域优势，发展特色产业和特色文化，就可能上挂下连，充分激发镇村两级的发展动力，推动镇村两级的集体经济壮大，同时助力城乡融合的县域经济发展，这将为新时期中国国内大循环增添新动能。

而要启动乡镇的内生动力，让乡镇上上下下的农户和各级干部都拧成一股绳，为自己的家乡振兴而奋斗，就一定要在关键环节松绑，要改变目前乡镇一级严重存在的责任与权利不对等问题，启动乡镇一级全面的体制机制改革。

这个问题其实已是老生常谈，它属于组织管理的基本常识。即组织的管理者所拥有的权利应当与其所承担的责任和获得的利益相适应。农村税费改革后，"分灶吃饭、乡财县管"体制下的乡镇政府赖以生存的财政资金来源逐步断流和枯竭，财政收入大幅度减少，但是乡镇政府的事务不仅没有减少反而不断增加，权小责大、有责无权，财政艰难。目前。莱西各乡镇应上级要求全面清缴各个村集体的陈年欠账，但是各乡镇由于有些工作上级只下任务不拨付经费，工作落实很难，倒贴钱又无来源，只好扣发乡镇人员工资和长期拖欠镇内企业应付款。

去年6月，胡春华同志曾在一次全国会议上指出："要强化乡镇管理服务能力，切实把乡镇建成乡村治理中心、农村服务中心和乡村经济中心，使乡镇成为带动乡村的龙头。要建立完善保障机制，落实工作责任，形成工作合力，加强人才支撑和投入保障，因地制宜探索乡村治理有效实现形式。"

在履行乡村振兴重大战略的新时期，中央赋予乡镇这样重大的责任，当然是希望乡镇这个中国最基层的政权机构挺起腰杆干实事、出实效，带领全镇农民、居民、各类组织一道前进。我们常说要激发农民群体的主体意识和动力动能壮大集体和集体经济，而要真正做到这一点，首先要将带头的乡镇作为一个主体来打造，激发乡镇的主体意识和动力动能。让乡镇上上下下都知道，我们不是给别人干事情，是给我们自己在干，是为我们的今天、明天和子孙后代在干。

让乡镇具有主体意识，探索乡村治理有效实现的新形式，就要推动乡镇党委政府具有相对明确的财权、人权、事权，成为名副其实的治理中心。为此，有必要进行乡镇财税体制改革，恢复乡镇一级财政体制，赋予乡镇独立财权。还有，中央财政要按照人口比例加大对乡镇的转移支付力度，提高税收分成比例，以及与之配套的乡镇行政体制改革和人事制度改革，赋予乡镇必要的审批权和执法权，加强乡镇人大和乡镇各类组织的监督权。

显然，这样的变革是一揽子的系统改革，而要真正清淤去堵，则必须彻底。若进行乡镇体制机制改革，就必须着眼长远，重在系统化和整体效应。改革方案必须经上下左右多轮的反复论证，要选择合适的县乡，分阶段、分步骤的试点。

（四）农村集体怎样才能形成一个有活力的生命体，如何激发农民群体的主体意识，加强小农的组织化建设？

农村集体的形成与城市不同，绝大部分来自一定地域的原生的初级群体，村庄就是承载这种集体的地理标识。这样的村庄年代久远，人们一代又一代在此繁衍，生生不息，所以，村庄和它所承载的人群的社会文化集合，是一笔十分宝贵且不可再生的历史文化遗产。总之，是人和村庄，而不仅是土特产、手工制品才是历史文化遗产。这就是为何不能用行政手段下命令方式将其一股脑地合村并居的主要原因。

目前的问题主要是市场大潮冲击下，乡村颓败，人员流失，活力不在，人人向往城市，所谓乡村就地现代化难以实现，不仅是经济水平有差距，社会和文化的差距更大。而且后者的差距很难用数据衡量。

　　这个问题相当复杂，宏观领域涉及一两百年来人类实现现代化的理想和目标。工业化、城市化一直是以欧美为主体的早期发达国家的理想，工业化、城市化的前提条件或者衡量指标就是消灭乡村至少挤压乡村人口到一个最低的水平。而这次全球新冠疫情之所以泛滥成灾，很大原因是城市人口密集。当今和未来的世界会因为遭遇新冠而检讨其理想目标吗？会因为人类需要规避风险而重新思考乡村和生态的价值吗？我们不得而知。

　　当下世界的种种不确定因素，无论是农业污染、气候变化、疫情蔓延、巨灾频发，都与乡村联通，都与我们没能维护好乡村这个生命体有莫大的关联。所以，要农村集体形成有活力的生命体，就要激发生于斯长于斯的人们对这块土地和家园的热爱，从而一代又一代地建设它。生命不息，奋斗不止，就必须首先校正我们的头脑里存在的错误认知，轻视乡村重视城市，不惜以乡村的破败甚至毁灭换取城市的人头攒动、资源过耗和消费至上的种种误区。

　　历史分长时段、中时段和短时段。一两百年是中时段，短时段为几十年。短时段内的重点是政策导向和政策落地。党的十九大以来，党中央发布的乡村振兴战略，圈定了 2020 年、2035 年、2050 年三个时间节点，分别要实现脱贫收官、小康社会和中国现代化目标。我们目前正处于第一个时间节点的末尾。审慎考察以往的实践，正是为了吸取经验教训，争取未来比过去好、比现在好，稳步前行。

　　关于中微观范畴的思考，如何激发乡村集体成员的主体意识，前文多有提及，在此不再赘述。

莱西市院上镇调研报告

刘进建[*]

2019 年 10 月，莱西市委政府决定与中国社会科学院政策研究中心和农禾之家深度合作，启动百乡工程莱西试点项目。莱西试点项目的目标拟定为："以乡村振兴为导向，乡镇治理为枢纽，乡、村一体化的新型集体经济组织为载体，党对基层的全面领导为核心，探索具备复制推广价值的现代农业、现代农村、现代农民高质量发展的新路子"。院上镇被选定为莱西市的四个试点乡镇之一。

经过近一年的有序工作，院上镇试点工作克服了种种困难和突发因素带来的不利影响，坚持项目设定的初衷，成功组建了一个具有集体经济性质的覆盖全镇地域范围所有农户的农民合作社联合社。联合社以新成立的新村农民合作社为基础，在工商局正式注册登记。

一 镇农民专业合作社联合社筹建过程

院上镇位于青岛莱西市西南部，总面积 169.2 平方公里。目前正处在村庄合并的过程之中，在以往的 103 个行政村（自然村）基础上成立了 10 个

---

* 本文是百乡工程·莱西研究项目院上镇试点组的试点总结报告。院上镇试点研究小组由如下人员组成：双组长：褚方晓、刘建进；成员：杨团、吴建丽、史伟杰、范洵、代富国、魏丽莉。本报告观点经过研究小组讨论产生，报告撰写执笔人：刘建进。试点工作期间，农禾之家的葛宁、齐蕊、吕松波、吴明静和布瑞克公司张惠等工作人员做了大量的协助工作，在此一并表示谢意。2020 – 09 – 22。

新村，全镇共有人口 8.4 万人。地貌基本上为大小沽河之间的平原，耕地 15.5 万亩。院上镇是典型的农业生产区域。农业产业除葡萄、水果外，主要是玉米、小麦等大田作物。大田作物生产经营以小农户为主体，规模化农业生产的比例不大。农业生产劳动力的老龄化现象严重，基本上是中老年从事农业生产劳动，青壮年劳动力大多数以务工为主要收入来源。无法灌溉的旱地面积比例比较大，因此农户对大宗农作物的大田托管服务的需求很强。

2019 年，一个当地农民自发建立的玉米专业合作社自组织 30 多个村的村民，为分散小农户的 3 万亩小麦玉米进行统一的飞机喷药，降低了农户成本，保障了农民健康，得到农户的称赞。这种大田农业服务方式被称为单环节的大田托管。镇党委和研究组都由此看到了以农民集体组织为主体担当为农社会化服务的必要性和可行性。

为此，研究组密切配合镇党委，通过多次调研和反复推敲方案，提出要建立一个覆盖全镇农户，与村级合作社紧密衔接的镇级合作社联合社。2019 年，全镇各村的社员代表经过多次开会讨论，明确要求组建一个具有公共服务性质的农民合作社。2020 年 4 月，经过民主程序投票选举组建了院上镇农民专业合作社联合社，联合社在工商部门正式注册登记，社员为全镇范围的农户和符合一定要求的各类经济经营主体和个体与准社员。这个新组建的镇农民专业合作社联合社以新型集体组织为载体，以全镇农户为天然社员资格，具有集体经济性质。全镇域内从 103 个自然村选举出 219 名社员代表，并由此选出理、监事、理、监事长，聘任总干事、组建总干事团队，形成镇级联合社—新村农民专业合作社—农事服务小组的三级组织架构。

不过，原先被镇党委和政府以及试点研究组看好的一个农业专业合作社理事长，并没有顺利通过合作社代表大会按照章程设定的民主选举程序，成为新成立的联合社的理事长。尽管这个专业合作社仍然是联合社团体成员，联合社基本上是按照民主选举产生的理事会、监事会重新构建的组织架构。镇党委政府和研究组接受社员代表大会产生的选举结果。

二 镇农民联合社成立之后开展的活动

（一）服务农民的社会化服务

联合社一成立就遇到了新冠疫情。新成立的联合社总干事团队马上配合镇政府开展抗疫工作，迅速发动联合社的巾帼志愿者服务队投入到抗击疫情的斗争中。联合社以专项基金为依托，购买消毒用品为 100 余户贫困户送去抗击疫情消毒用品，同时在各村积极发动一部分妇女骨干帮助村民解决疫情期间生活物资购买困难等难题，并到院上镇内部门种植户内帮助他们销售滞销农产品。在疫情期间巾帼志愿者服务队成了一道亮丽的风景线。

在今年五月份爱国卫生月活动期间，联合社与北京农禾之家咨询服务中心联合发起了爱国卫生月专项活动。短短一个月的时间，镇域内农户的庭院卫生得到了大大的改观。联合社还通过专项基金积分超市的方式引导广大农户形成人人爱家的良好生活习惯，美化家庭庭院。联合社在开展各项工作的过程中，时刻牢记为农服务的初心，为村民提供全面的社会生活服务。而这些起步的公益性质工作也为联合社留下了好的口碑，为接下来的各项工作开展打下了良好的基础。

此外联合社还在积极拓宽为农服务的范围：组织妇女培训、通过联合社给镇域内外的企业招工帮助村民就业（如帮助新希望招工 150 余人）、养老扶幼等公共服务。

（二）农业生产社会化服务

在今年初小麦春季植保时期，联合社通过深入调研，最终选定镇域内的"老段农机"和夏各庄的"金丰公社"为本镇 103 个村的部分村民开展了小麦春季植保服务，共飞防面积 12860 余亩，极大降低了村民的劳动力和药费投入。市面上商业飞防服务公司一亩的价格在 20—25 元左右，联合社争取到农业农村局的项目，飞防服务费每亩才 7 元。联合社本着为社员服务的宗旨，没有从中赚取利润，农民获得了很大的实惠。

在今年小麦收割及玉米播种期间，联合社结合前期春季植保的经验，多次召开理监事会，研讨夏收夏种方案，最终确定联合社负责动员组织各村村民进行地块规模化，利用各村现有农机，由联合社统一调度进行夏收夏种，通过细致的规划共为农户提供小麦收割 5 万余亩、玉米播种 4 万余亩、秸秆还田 1.6 万余亩，本次夏收夏种社会化服务真真切切为老百姓带去实惠，也深得老百姓的认可。这次的夏收夏种大田托管服务，充分展现了镇联合社为农民服务的规模化优势和质量优势，为今后的大宗农作物大田托管规模化服务打下了良好的基础，获得了农户和政府农业部门的高度认可。莱西市今年 5.3 万亩的秸秆还田补贴项目有大约 30% 是交给院上镇联合社组织的机耕服务队完成的，这是因为政府农业部门看到了联合社组织的大田托管服务方式的质量可靠性和有效性。

目前联合社正整合全镇域内的农机资源，组建农机服务队，把农机社会化服务纳入常态化服务，最近已经开始试点果树种植的管理技术服务项目。联合社开展的农业技术服务规模正在不断扩大，服务方式逐渐走向成熟，服务效果也不断提高。同时，联合社还在镇域内挖掘一些种地能手、果树能手、优秀合作社带头人等组建农技服务队，为今后更好地为村民提供社会化服务做多种方式的探索。

（三）供销生产社会化服务

联合社通过深入的调研，计划通过联合社的整合功能帮助村民进行统购统销。

前不久开展了小麦麦种的统购，帮助村民买到质优价廉的农资。联合社通过多次的走访企业和农户，并多次组织一些社员代表开会研讨，最终确定济麦 22、烟农 1212、烟农 21 号三个品种，直接对接厂家、由厂家挑选优质麦种、正规包装提供给联合社的农户。市面价格 2.5 元/斤，提供给联合社的价格为 1.8 元/斤。各村送到农户手里，每斤提取 0.2 元/斤的服务费。联合社通过组织农户团购的方式帮助农户统一采购农资，一方面保质保量；另一方面还帮助农户节省费用，很好地体现了联合社的为农服务宗旨。

院上镇农民专业合作社联合社的总干事团队多次深入农户的田间地头，挖掘院上镇域内的特色优质农产品。院上烤鸡、王家院的油桃、岘古葡萄、大里寺的地瓜和板栗、七岌无核葡萄等特色优质农产品，联合社通过一一仔细摸底排查，了解清楚各个品种的具体分局、种植情况及产量。

联合社已经开始做规划，通过联合社进行统一品牌、分拣、包装走向外端市场，帮助村民增收。目前联合社已与青岛沧口街道开展初步合作，挖掘院上的优质农产品走进商超。8 月份帮助村民外销地瓜 20000 余斤，在沧口街道的商超很快卖脱销。联合社也以此为契机筹备开发更多的当地农产品走向高端市场，推动农户的农产品上行。

（四）承担政府项目，拓宽业务经营范围

院上镇人民政府考虑到联合社刚成立时没有自有资金，在各方面都会遇到困难，因此提供一些项目由联合社去经营，从而获得一部分经营收入。包括潍莱高速院上段两侧的林带绿化项目，联合社两侧 20 米林带绿化，完成苗木绿化 13680 棵，联合社通过这种代做项目的方式努力增收；联合社帮助政府托管服务土地，联合经营流转院上镇张家屯地片、汪家庄地片 1420 亩土地，进行高效农业种植开发。

联合社承接政府的退伍军人及残疾人信息统一工作，联合社通过组织一些假期期间的大学生及各村两委负责人，在半个月内的时间内完成院上 103 个村的退伍军人及残疾人信息的问卷调查及信息录入工作。联合社既能从中获得一些收入，也为补助政府部门和基础组织探索开展有效治理工作获得了经验。

此外，联合社还帮助政府承担了土地流转项目的农民意愿调查等服务工作，使得土地流转的工作顺利开展。

三 联合社目前开展工作的特点

1. 联合社是接受镇党委和政府领导的具备"姓农、务农、为农"性质的为全镇域范围内的农民服务的合作社组织，因此业务工作的开展会经常性地与镇党委和镇政府的相关部门密切沟通。镇政府派驻了一名工作人员进入联合社理事会和监事会，镇农民专业合作社联合会总干事团队开展的

工作也积极配合镇政府的工作。

2. "轻资产、重服务、统资源、强组织"的运行经营理念：

（1）轻资产：联合社本着平台化建设思路，通过对农民生产、供销、信用等环节的再组织化帮助社员增收，向市场要效益、向政府要资源、向农户要合作。

（2）重服务：联合社立足于以为农服务为核心，为社员积极探索生产、供销、信用、公益等各环节所涉及的服务需求，不断壮大联合社服务功能，在服务中创效益。

（3）统资源：联合社积极统合本镇及镇外各类资源，为社员提供生产、供销、信用、公益等各类服务，强化联合社为农服务的各种资源的统一协调利用，实现平台经济、范围经济作用。

（4）强组织：组建镇级联合社—新村农民专业合作社—农事服务小组的三级组织架构，强化镇、村两级农民合作组织，在社员提供服务过程中建立强有力的组织基础。充分动员和利用各种现有组织构架（新村一级和自然村一级村社组织和人员、网格员队伍、妇女组织等）开展有效服务。

目前，联合社几乎没有自己的实体资产，办公用房和办公设备是镇政府免费提供支持的。随着服务工作的不断开展和服务项目的增加，联合社通过自负盈亏的经营会逐渐形成自己的资产，但把服务农民社员当作首位目标的宗旨是不会改变的。

3. 集体经济性质。已经初步建立了依托新村的专业合作社基础上的联合社，社员为全镇范围的农户和符合一定要求的各类经济经营主体和个体与准社员。联合社的服务工作尽可能地为全镇域全体农户和农民合作社的利益着想。

4. 农民主体性。联合社章程规定了联合社的性质是党和政府领导下的农民组织，除理事会和监事会中各有1名政府派驻的指定代表外，理事会和监事会都要经过农民代表大会的民主投票产生，总干事经过公开竞聘面试产生，农民代表大会是最高决策机制。

5. 重视培训，注重激发妇女的参与精神和培养妇女骨干。联合社还在党委政府的支持和研究组的具体帮助下，对合作社理事及妇女骨干进行培训，参与培训人员270余人，线上参与培训人员1638人。其中对院上镇的妇女骨干进行 138 人次总计时长为 14 天的培训。通过培训，农村妇女建设家乡的热情获得了激发，建立和发展壮大了巾帼志愿者服务队，形成了联合社禾力公益基金，还进行了农户相互交换农产品、计算积分的内部市场机制探索。目前，初步形成了理监事和妇女志愿队两支人才队伍。

四 项目试点工作中的发现

1. 农民仍然具有为农服务集体组织的需求，希望集体经济组织真正姓公，而不希望这种为农服务集体组织由过多地代表私人利益的商业主体来主导。在合作社筹建的讨论中，农民代表希望通过选举产生理事监事和公开招聘总干事。同时政府在理事会和监事会有天然一个席位，保证党和政府的引领与监督作用。农民代表们都对这种做法表示接受。

2. 目前农村集体经济产权改革中仍然存在不利于发展壮大集体经济的制度障碍。虽然院上镇原来的各行政村都已经按要求完成了集体经济资产清理和产权明晰的改革工作，集体经济获得赋码，试点研究组也希望以此为基础构建能够有效开展经营的集体经济主体，但发现现有的制度构架和财务管理规定仍然无法让集体经济组织在市场上成为有效经营的主体。因此，试点工作只好让每个村级集体经济在工商部门重新注册专业合作社，在专业合作社的基础上成立镇一级的专业合作社联合社。

3. 尽管镇政府非常支持联合社，但目前的乡镇一级财务制度没有资金用于支持联合社运营的启动工作，只能够找出一些适当的项目让联合社代理运作，以这样的方式间接帮助解决合作社的运行资金欠缺问题，联合社的运行起步艰难，限制了许多功能的快速实现。

4. 乡镇一级的合作社组织能够达到的服务规模和开展的服务内容有非常深厚宽广的空间，未来能够开展的服务功能会随着联合会的发展迅速增加。联合会成立后只经过半年的时间，运营经验就逐渐积累，不断有新的业务项目进入接洽。

5. 各种技术人才培训非常需要，激发妇女的参与意识和开展以妇女为主力的项目活动很受欢迎，而且效果好。未来还需要在培训和妇女参与方面多开展工作。

五　目前还在进行的工作和未来的展望

联合社刚成立运作半年左右的时间，经过摸索试探，已经进入较好的正常运行阶段。目前还存在一些问题，主要表现在经营的业务范围和业务量还不够，开展活动以服务农民为宗旨，最大让利给农户社员，通过承担服务政府的项目和服务经营获得一定的收入，但还不能完全满足总干事团队开展设想的工作计划。

发展壮大村级集体经济是推进乡村振兴的动力源泉，是一个渐进的过程，需要逐步积累，多措并举。院上镇打破"穷家难当"、"巧妇难为无米之炊"等制约农村经济发展的瓶颈，依靠农村生产力的自我发展和外部资源的综合利用，变"输血"为"造血"，变"大水漫灌"为"精准滴管"，探索出一条强化基层党组织引领促发展、发展产业助党建的良性循环发展路子。未来我们将继续在联合社现有的构架基础上探索如何让院上镇农民专业合作社联合社与新村集体经济互相联动协调，更快实现农业现代化规模化经营和技术与小农户有机衔接的实现路径，也要在联合社的社会经济和管理技术服务功能进一步完善的前提下探索如何把一部分政府事业部门服务农村社会的功能更多地分解落实到联合社上，实现政策落实执行从上到下和信息反馈从下到上的"一口进出"，避免"政出多门""各自为战"的低效延滞，达到精兵简政和提高社会治理能力的目标。

如何组织开展新村一级的合作社和集体经济的双层经营活动还在探索。目前已经有了一些帮助新村和自然村组建专业合作社的设想和工作计划，尚待落实。

我们设想，一个重要的探索方向可能是帮助新村共同构建新型集体经济，真正实现三资融合基础上的以公司和合作社以及混合经济形态形成的新型集体经济构架，发挥镇一级集体经济与新村一级集体经济的优势，为实施乡村振兴战略探索壮大农村集体经济和小农有机衔接现代农业发展的实现路径。试点研究小组有构建院上镇联合社与七岁新村集体经济组织相互有机嵌合的构架作为近期进一步试点工作的设想，探索全镇范围内的多种方式经营、统分结合的集体经济组织构架。

如何发挥理事会和监事会的功能，健全联合社组织功能和制度建设，培养联合社的独立能力和主体性精神，使组织建设发展具备良好的可持续性，也是未来需要考虑的。

另外，如何通过各种培训活动和制度建设，吸纳本地乡村技术和经营人才，让农民集体组织拥有蓬勃的生命力和成长性，也是需要进一步考虑的。

莱西市院上镇七岌村
集体经济发展纪实

杨　团[*]

　　山东青岛地区莱西市院上镇七岌村，是明朝永乐年间姜姓人来此建立的。因村北有 7 座小山，传说每座山上有 1 只金鸡，故村名为七岌村。

　　七岌村在院上镇西 6 公里，小沽河中下游东岸，交通发达。土地总面积 3500 亩，其中原有耕地 2800 亩，荒地 200 多亩。村宅基地 500 多亩；居民 480 户，1570 人；村党支部委员 3 人，党员 38 人。

　　七岌村有一个显著特点，即村集体经营的预留耕地有 750 亩，占全村耕地四分之一。集体预留耕地有如此规模的，不仅院上镇，即便莱西其他乡镇乃至全国大多数村庄都很罕见。长期拥有相对充足的集体土地资源，不仅提高了村集体的收入，更重要的是让村两委拥有了引导村民发展生产的话语权和推动集体经济发展的实力。

　　自 2000 年开始，七岌村党支部就开始引领农户建设克瑞森无核葡萄产业园，历经十多年的坎坷，终于从 2018 年 5 月到 2020 年 5 月，以村集体和农户土地合作的方式，建成了 380 亩克瑞森无核葡萄避雨设施产业园区。该园区每亩产量控制在 4000 斤，预计 2020 年产葡萄 30 万斤左右，纯收入 120 万元；2021 年年产 80 万斤，纯收入 400 万左右；2023 年进入盛产期，产业

---

　　* 本文系百乡工程——莱西研究项目院上镇研究组的案例调研成果之一。作者为中国社科院社会政策研究中心顾问、中国社科院社会学研究所研究员。姜训接受作者多次访谈，代富国为本文多方核实资料，一并致谢。

园的纯收入能达到 600 万元。2001 年全村人均收入 6000 元左右；到 2013 年，葡萄种植户人均收入达到 12000 元左右；2020 年，全村人均收入达到 20000 元左右。

2019 年 4 月至 2020 年 7 月，七岽村与周边东老庄村、西老庄村、荆家庄村合并为七岽新村。七岽新村是莱西市第一启动、第一表决、第一个挂牌的新村。2019 年 7 月七岽新村完成"资产、资源、资金融合"，2019 年 8 月筹备建立新村党委领导下的七岽新村经济合作社，2020 年 7 月 20 日成为莱西市首个集体经济合作社赋码颁证的新村。

新村成立后原村庄的债权、债务由七岽新村承担，集体资产统一经营，土地资源更多，使用更加灵活。新村村委做出再次发起集中土地建立葡萄产业园的决定，提出了逐年扩大无核葡萄避雨设施产业园的三年规划，将以产业为牵引集中土地，用集体土地与农户永久承包地置换的方式逐步实现集体土地化零为整，集中连片，以产业党支部＋公司＋专业合作社＋农户＋基地的方式，将葡萄产业园基地扩大到 1000 亩。目前已经申办国家地理标志还将打造驰名商标，申请恒温库项目，向高质量、高标准绿色无公害无核葡萄产业和出口加工基地的方向前进。

一 整合耕地发展葡萄产业，服务农户村集体聚拢资源

1998 年年底，七岽村民姜训回村担任七岽村主任。他发现七岽农业主要种传统大田作物小麦和玉米，是农民收入低的主因，于是他就开始琢磨如何调整产业，种果蔬促增收。当时正值全国二轮土地延包，莱西市政府在国家二轮土地延包政策文件的基础上补充了一个针对莱西市的土地延包政策文件：一轮土地承包合同到期后，其中承包给村民的林果桑地可由集体收回运营，并由各村自行商议决定。刚结束打工生涯返乡的姜训，立即感到这是一个加强集体经济实力的机会，就召开村两委会议和村民大会讨论通过，将 600 亩林果桑地的承包权收归集体。而将其余的 2000 亩耕地，按照每人 1 亩 3 分地均分给了全村村民，这叫人口地。而其他村除了保留原

有5%的机动地外，并没有收回这些林果桑地。

七岌村收回林果桑地并非仅仅为了增加集体土地的承包收入，而是为调整农业产业结构，壮大集体经济做准备。自2001年始，七岌村开始调整农业产业结构。姜训带领村两委干部和骨干村民多次外出考察学习，选定了葡萄产业。这一是因为该村老一辈村民种过葡萄，二是当时莱西日庄镇有些村庄开始引种克瑞森无核葡萄。这个品种主要集中在10月份前后上市，正好是葡萄市场空档期，市场发展空间不错，七岌村两委就决定引进这个品种。

不过，当时日庄镇部分村庄葡萄产业主要是个体农户分散种，连片的葡萄园也是农户各自的园地。姜训想到的不仅是发展无核葡萄这个特色产业，还有如何通过葡萄产业园的设立将零散的集体土地集中连片。

七岌村两委准备好方案，召开村民大会宣布，要集中100亩土地统一种植无核葡萄，所有在这块地上的农户要将零散种植的各种作物都换成葡萄。并且说明，种克瑞森无核葡萄，只要管理得好，三年回本，第四年净赚，按当时市场行情，村民每亩收益可达到1万元左右。村两委将为葡萄种植户提供统一引种、统一施肥、统一管理、统一销售的全过程服务。这块地上的农户，凡是不愿意改种葡萄的，可以用集体的机动地置换土地。最后100亩土地中约30亩是用集体机动地置换过来的。这种方式农民满意，自我选择，公平补偿，对集体有利，可将小块机动地整合成连片地。

在村党支部带领下，葡萄的收成不错。农户看到了效益，乐意多种植葡萄。村两委借势扩大葡萄园。自2004年开始葡萄园逐年扩展，到2009年，成方连片的葡萄园有500亩了，其中200亩是农户与集体进行土地置换的连片集体土地。置换方式和100亩时一样，凡土地圈在500亩葡萄园内的农户，不愿种葡萄的，可在村机动地和林果桑地块中任意选择，与村集体进行土地置换。当时，除了集中地块，不少农户利用自家承包地分散种植葡萄，2010年前后，全村葡萄地超过600余亩，七岌葡萄产业已成规模了。

自2001年以来，七岌村两委不但集中土地种无核葡萄，还推动了苹果、桃、甜瓜以及种桑养蚕和养殖产业等多种农业，基本实现了农业产业转型，从小麦玉米转为果蔬产业，大大促进了农民增收。

七岌村两委明白，农业产业转型除了选好产业、产品品种外，关键在于提供农户所需要的产供销一体化的社会化服务，葡萄是个新产业，农技指导必不可少，还有肥料农药采购、葡萄销售，以及必要的贷款，都很需要。2001年，村党支部成立葡萄技术协会，在民政局登记注册，说是技术，但是产供销都管。2008年，这个技术协会转为青岛莱西市七岌无核葡萄专业合作社，为种葡萄的农户提供统一的社会化服务。当时，最受农户欢迎也和农户利益最密切相关的是销售服务。

历经几年的发展，到2009年，七岌村克瑞森葡萄已经有500亩，成为当时青岛地区最大的美国加州优质无核葡萄基地。每年葡萄收获时节，各地客商都纷纷到七岌拉葡萄。村合作社就在每年10月中旬，根据当时的市场价，与客商确定葡萄的分等级价格，并且按照双方议定的规则执行：一是当年价格确定后不能变动，不可再涨价或跌价；二是收货客商要先缴定钱；三是缴了定钱后可以选果农和户数，而且选定后不能变动；四是客商先到先选，先选先得；五是果农必须按先选先得的规则将果子供给选果客商，不可自行变动。这些规则相当于合作社与葡萄种植户为供给方，与收货客商签订预售购销合同。有了这套规则，葡萄销售的基本秩序就建立起来了。当时七岌葡萄每亩最高产量控制在4000斤，品质高、甜度高，每斤收购价达到8元左右。合作社在每斤葡萄售价中提取1角钱，作为劳务费分给有关管理人员。

可是，为了多挣钱，有些农户打破合作社的规定，任意扩大亩产，每亩葡萄6000斤、8000斤，甚至1万斤，导致质量急剧下滑，葡萄甜度下降，口碑不再，客商不来了。2013年之后，七岌葡萄产业出现波动，到2015年，葡萄卖不出去，很多人改种其他，甚至将500亩葡萄园里的葡萄树连根刨了，改种其他作物。村合作社因农户不听招呼，质量无法保证，销售陷入困境，自2015年起，停止了葡萄销售业务，葡萄园内的100亩集体土地也改种蘑菇了。

在2013年以前，村两委调整产业结构，引入克瑞森葡萄，又支持农户开发多个果蔬品种，开展多种经营，实实在在促进了农户增收，所以农户感谢村两委，年年都按时足额缴纳集体土地的承包费。而且承包了30亩集体土地的葡萄种植户，都按规定，加倍上缴承包费。即原本每亩承包费200元，种葡萄的地上缴400元。

其他村庄多年收不上机动地承包费，七岔却能全额收回。750亩土地的承包收益每年可达15万元。再加上30亩地每亩多缴200元，每年土地收益15.6万元。

但是2013年至2017年，七岔的葡萄产业陷入低谷，农户收益下降，也不再按时足额缴纳土地承包费了。一荣皆荣，一损皆损，村集体与农户的命运紧紧相连。七岔村两委反思以往，找到了病根，这就是忽视了农业生产才是销售兴旺的根基，好产品、高质量，才能卖好价，而好产品、高质量还要成批量，就一定需要标准化的农业生产管理，这后来成为七岔重新打鼓另开张，打造新葡萄产业园的宗旨。

七岔村两委汲取以往的经验教训，于2019年4月份成立七岔新村，在新村党委的领导下，再次发起集中土地建立集体葡萄产业园的行动。两年间，建立了380亩成方连片的克瑞森无核葡萄避雨设施产业园区，其中农户永久承包地100多亩，占大头的200多亩地，是集体土地，是按照2001年的模式，用集体机动地和林果桑地与380亩葡萄园的耕作农户以土地置换的方式得来的。这种以产业为牵引集中土地，用集体土地与农户永久承包地置换的方式逐步实现集体土地化零为整、集中连片的方式，七岔新村还准备持续做下去。

2019年4月份，七岔村与周边三个村合村为七岔新村。新村总人口约2600人，耕地近4000余亩。2020年春天，各村的村民代表一起丈量土地，开村民代表会集体讨论，纠正了2019年各村产权确权登记时的错误，厘清了各村土地亩数、荒山、荒滩和各村固定资产的真实数据并予以公布。仅原七岔村，就多量出200多亩地，耕地总亩数就从2800亩增长到3000多亩。新村将继续发展葡萄产业，还需要进一步整理土地。

二 科技创新葡萄产业发展，集体托管 提升产品品质

七岔村的克瑞森无核葡萄已经有了较好的技术和市场基础，如何将其做强，形成适度规模，实现集体经济壮大的梦想，是姜训和村两委一直思

考的问题。

自 2010 年始，姜训就尝试用"公司＋基地"的模式办出口业务，希望通过出口提高葡萄售价，再与农户商议提高土地承包费和销售管理费。当时曾与山东一家（齐鲁泉源供应链有限公司）出口贸易公司协商，用公司贴牌方式出口销售，最后由于农户种的葡萄质量下滑，达不到出口公司技术质量要求，最终未成。但从那时起，七岌就有了做葡萄出口贸易的梦想。2010 年出口贸易谈判失败，与 2015 年葡萄质量大面积下滑，农户放弃葡萄种植，外出打工、土地部分撂荒的教训一起，让七岌村两委认识到葡萄种植的技术开发和高品质管理才是发展葡萄产业的必由之路。

克瑞森无核葡萄是美国品种，栽培技术要在莱西落地生根，必须适应莱西当地水土环境。莱西在葡萄挂果时期经常下雨，露天不行，需要建设避雨设施大棚，还有土质和水文条件也要相配合。而从外地购买的葡萄大棚和薄膜并不适合当地，水文条件也不能配合。姜训租了村集体的两亩葡萄地，针对性地做开发性试验，终于形成了三类自主研发的葡萄大棚设施技术和用水技术，在 2018 年后全部用于新设立的 380 亩葡萄大棚。

这一类技术是避雨葡萄棚设施技术。姜训发现江苏等地的葡萄棚骨架强度不够，塑料老化很快，在生产中经不住风雨，甚至一年就得更换。他就下决心自己配料，他找到自己曾经做过塑料加工业务的企业，要求按照自己琢磨的塑料配方生产塑料大棚膜。葡萄棚的骨架是镀锌层厚的，他也是根据自己多年摸索的经验，要求铁管供应商必须按国标供货，水泥杆、压簧、电焊技术等都要求高质量，再到葡萄园做试验。从 2013 年到 2020 年，避雨设施骨架和薄膜改进了 6 次，终于找到了最佳方案。现在七岌的葡萄园设施完全是自主开发的，冬天葡萄树不用土埋，减少劳动力投入，又能防大雪、防大风；春天可防倒春寒；夏天防雨、防冰雹，减少打药次数；秋天防霜降，使葡萄树延长生长期，提高了无核葡萄的质量。七岌自创的葡萄棚设施避雨设施骨架能用 15 年以上；大棚膜可以使用 6 年，最长可使用 10 年。

二是园内用水技术。每垄葡萄树的垄头都安放一个大水龙头，与滴灌的小水管配套，大水浇灌两垄中间的条状地，让葡萄树苗在冬天能浇上防冻水，开春时再灌 2—3 次大水。这还有利于条状地上的草不断生长，方便小型机械进入不断割草进行秸秆换田，草就成了葡萄树的有机肥料。

三是坪塘水的暖土技术。葡萄园过冬，深层土壤温度太低，影响来年葡萄长势。七岌向市水利局申请了葡萄园坪塘水利项目，在葡萄园中间开辟坪塘存水，不仅可提升葡萄园内的土壤温度，还能用坪塘的温水浇灌葡萄树，温水比冷水更有利于葡萄树的健康生长。

在葡萄设施技术达到标准化之后，葡萄栽培和管理的各环节也必须实现统一标准。七岌以往的经验教训就是土地虽然集中了，但是小农户各自耕作管理无法达到一致化、标准化，不仅达不到批量出口的技术标准，还会导致无序扩大产量、品质下降。

农产品的高品质化有两类模式，一是有专长的小农户自己栽种熟悉的农作物，品质虽高却产量有限，适合对固定的客户群出售，靠电商无目标销售不稳定且不可持续。二是稳定的有批量的高品质农作物，它需要形成一定生产规模并采用统一的农业科技管理技术。七岌要做的是后者，生产高端的无核葡萄，深加工出口。为此，找到能够支持高品质标准化生产和规模化出口的技术管理者是关键。

莱西马连庄丰诺农化公司做农业已经二十多年，十多年前从单纯的农资公司转型为第一、二、三产业融合的公司，他们已经有了葡萄生产技术管理的成熟经验。七岌就和丰诺农化签约，以购买该公司的农肥农药，换取由其全程托管的标准化技术指导与管理。

丰诺农化派出技术员常驻，全过程跟踪指导葡萄产业园的栽培技术。技术管理成套化、标准化了，就进一步确定员工劳动规则、工作程序，实现科学化的工序管理。例如葡萄株掐尖工序，上下两层掐尖，原采取一个人同时掐，后来发现按照用时统计，上层与下层分别由两个人执行要远远优于一个人，就把工序改过来了。在丰诺公司技术人员指导下，葡萄园内的长工和短工统统按照标准化程序操作，彻底解决了小农户种植标准无法统一的问题。此外，姜训还在葡萄产业园区的种植模式上设置了机械耕作通道，帮助机械进行施肥、打药、除草等，节省劳动力投入，提高耕作效率。在种植灌溉条件上安装肥水一体化设施，利用智能手机等现代科技手段。

现在七岌葡萄产业园生产的精品无核克瑞森葡萄，由于颗粒大、甜度高、耐储存，很适合加工出口，预计出口价格可提升到 15—20 元一斤。为让好产品卖出好价格，自 2019 年开始，七岌就在办理无核葡萄地理标志。2020 年经莱西市人民政府同意，莱西市工商局正式向国家知识产权局申报，预计明年可以拿到国家批复。同时，莱西市市场监督管理局帮助七岌申请中国驰名商标，市农业农村局支持 3000 吨的恒温库项目，为出口贸易做好准备。

不仅 380 亩葡萄园基地，七岌村民在分散地块也建起了避雨葡萄大棚，截至 2020 年 5 月，全村无核葡萄大棚已达 1200 多亩，这是七岌村两委连续 20 年引领无核葡萄产业的成效。

三　探索集体经济组织，尝试混合产权结构

自 2001 年以来，七岌村两委尝试了组织村集体经济的多种方式。

2001 年至 2007 年，是通过村两委和村民大会两个层级直接组织的，2008 年 2 月 27 日，成立了青岛莱西市七岌无核葡萄专业合作社，126 户农户参与，其中约 80 户是葡萄种植户，其他种植各种果蔬。村两委以合作社名义与外来客商签约，组织骨干为农户免费提供生产和销售的统一社会化服务，但是 2013 年至 2017 年，因葡萄产业走入低谷，合作社未能持续开展业务。

2018 年村两委重启葡萄产业园，除青岛莱西市七岌无核葡萄专业合作社外，又成立了青岛江文缘果蔬专业合作社、青岛姜小龙果蔬专业合作社，这两个合作社都在葡萄产业园中担任角色，分别争取了 30 万元和 20 万元的项目给新生的葡萄产业园。

2019 年七岌新村在新设立的葡萄产业园项目上，开始尝试股份制的组织方式。产业园 380 亩地，其中 200 多亩是集体土地，100 亩是农户永久承包地。按照两亩地一股，一股折 1000 元，100 亩农户土地折股 50 股，共 5 万元。集体土地 200 亩，折股 10 万元。

葡萄园的总投资截至 2020 年 5 月为 600 多万元，主要是设备投资和葡萄园运营资金。资金来源为三个部分：一是莱西市委组织部的扶持资金。

莱西市委组织部有村庄扶持政策，每村50万元。七岌新村的扶持资金总共150万元，再加上组织部要求七岌带领其他村谋发展的30万元（这30万元的缘由是组织部给予6个村每个村50万的扶持，村集体的资金共计300万元，这6个村政府觉得他们接不起来这部分资金，就规划把这笔钱以借贷的方式支持七岌新村产业的发展，但目前只收到了30万元）共180万元。二是政府农田水利项目和水肥一体化项目的支持，市水利局投入葡萄园坪塘水利项目38万元；两个果蔬合作社申请水肥一体化项目资金共40万元，青岛江文缘果蔬专业合作社、青岛姜小龙果蔬专业合作社各申请了避雨设施建设50亩项目支持资金20万元，用于七岌新村葡萄产业建设。三是银行贷款，七岌葡萄园与丰诺农化签署购买农肥农药和技术托管协议，一年需要180多万元，是由银行贷款出具的。

2019年5月，七岌新村登记注册了青岛联村工贸有限公司，注册资金300万元。业务范围不仅有果蔬种植、销售，还有加工冷藏和货物出口。该公司是七岌与东老庄、西老庄、荆家庄四个合并新村的村集体，与在葡萄园拥有永久承包权的20几户农户合股组成的有限责任公司。村集体的股份占大头，从而结束了以往只能从土地承包费中得收入的历史，可以名正言顺得到集体股份分红了。不过，目前该公司的股权架构还需要进一步设计，研究组希望七岌联村工贸公司能走促乡村合作企业的一条新路，设想通过土地、资金和技术管理三方面要素都占有一定股份，且集体占大股，又给优秀技术管理人员的加入留有配给原始股的空间，努力激发生态资源、社会资本和人力资本为集体经济多做贡献的动力和能力。

其中，村集体占股除了自有土地和组织部的扶持资金外，还有一块资源需要厘清，即集体拥有的物资资产如何评估、入账，需要订立规则，据实执行。例如，七岌村集体有工程用的沙子上百吨，数百棵银杏树，三个水利灌溉站，还有七岌村原供销社和农技大院等集体建设用地等。这些集体资产有600万元左右，扣除200万债务，应实有400万元村集体固定资产，这些资产如何核算如何盘活，不容轻视。目前这类问题在中国的村庄普遍存在。

四 整备土地就地现代化 合村并居共建新家园

2013 年，莱西院上镇组织各村村支书到潍坊参观学习。姜训发现那里的村庄已经变身为聚集性社区，拆旧房建新楼，村民都上楼了。他当时就感到青岛农村与潍坊农村差了一个档次。潍坊拆房是因为房子不值钱，搬迁去新楼，老百姓愿意。但是在七岌这样做，可能会有问题。不过，姜训从中似乎看到了七岌今后的发展趋势。回村后他就召集党员干部和村民代表讨论畅谈七岌未来的发展规划。经党员干部和村民代表同意，就下发了村两委对全体村民的通知：不允许盖新房、不允许扩建房，不允许返建房屋。并且在村民住房前后栽上绿化树木，为的是给未来聚住性社区的绿化打个基础。当时，村两委还规划了一个占地 8 亩的农机大院，存放村民的农机工具。当时七岌村委还向政府申请批复了一期 80 亩规划用地，其中 30 亩地（一般农田）准备就绪。80 亩规划用地上禁止村民种植果树或大棚，以便未来征用时减少资金赔偿。在这些行动之外，七岌村两委还采取了其他村庄都不会做的措施，即将市里要求发放到户的宅基地产权证集中在村委会暂不发放。当然，姜训采取这个行动之前给上级打了报告，得到了批准，而他的想法，就是为了减少今后拆迁工作的困难。

在当时，中央、省、市政府都下达文件，利用土地增减挂钩政策鼓励乡村建设聚住性楼房，村民拆迁房屋后所倒出的宅基地可作为建设用地。有土地证的，一亩地国家给补贴建设用费 30 万。姜训看到文件后算了一笔账，七岌村如能置换 500 亩的建设用地，按照政策国家应给的资金就是 1.5 个亿。这笔钱如果由七岌村委精打细算，可以建好全村的新居。

全村不足 500 户，建 5 万平方米够了，一平方米的基本价是 2000 元，1 个亿就能解决住房建设费用。剩下 5000 万可以做水电设施建设，按照这个如意算盘，只要本着节约原则做好整体规划，仅靠国家给的建设费用补贴，就能全部解决老百姓住新楼的问题。

于是，七岌村丈量了全村各户的宅基地，按面积大小确定了未来的公平分房细则，95% 的农户都签了字表示同意，大家对村两委充满了信任。

当时，姜训拿着山东省、青岛市、莱西市的关于利用土地增减挂钩政策来发展聚住性社区建设等文件，找建委、土地局等部门。但发现各部门之间信息不沟通，缺这个少那个，政策完全不配套。的确，这些政策只有红头文件，没有实施细则。况且，后来的政策又否定了前面的政策，七岌想依托国家政策自主盖房的设想落空了。

2019 年，莱西市启动合村并居工作，七岌村在 2013 年就开始规划的 80 亩建设用地立即用上了。这 80 亩地作为建设用地的审批手续即将落地。

七岌能与周边的荆家庄、西老庄、东老庄合并建立七岌新村，源于十多年前七岌与这些村庄共建的联合党支部。当时，七岌周边很多村庄由于管理混乱、帮派体系明显、干群关系矛盾、上访不断，甚至各村没有党员愿意担任村支书。自 2009 年开始，上级党委就要求姜训担任周边十几个村的联合党支部党总支书记。姜训担任总支部书记期间，将七岌村整合土地、调节产业，发展无核葡萄等技术做法都传授给了周边的村庄。

现在，七岌新村设立了产业党支部，统领新村的产业振兴工作。姜训是产业党支部书记。他们将合村并居与新村产业规划相连接，拟在七岌村的集体建设用地上不仅为七岌还为合并进来的三个村村民建设居住房，形成集中到七岌新村聚住区。同时，三个并入村的宅基地就可以腾出来，成为新村的集体土地。再通过土地复耕后集中发展避雨设施无核葡萄产业园500 亩。这就将现有的葡萄产业园从 380 亩扩大到 800 亩甚至 1000 亩。而扩大部分的产权将全部归新村集体所有，未来可给新村集体经济带来每年1000 万元的收入。集体经济壮大了，就能给新村村民在物业、水电、养老、助幼等社区公共服务方面带来更多实惠。

案例点评：

七岌村原党支部书记姜训是改革开放大潮中涌现出来的有智慧的实干家。他很早就悟出在中国乡村必须强化集体的重要性，而且运用各种政策机会壮大集体土地和为集体增收。1998 年，他运用政策将 600 亩林果桑地收归集体。2001 年村委会决定集中 100 亩地种葡萄时，又采取了将集体机动地与农户永久承包地置换方式，让村集体可经营的土地化零为整，集中连片。这些自主采取的土地整理方式在全国都是比较早的。而且，以集体经营的葡萄园引领全村产业结构调整，从小麦玉米为主转为果品业和养殖业，让七岌村民收入快速增长，比周边各村提早富裕了。

而在集体经济组织的探索上，七岌曾走过弯路。2001 年他们就建立了村级葡萄协会，2008 年转为葡萄专业合作社，从小变大、从弱到强。但在葡萄产业几乎达到顶峰时，因社员不听招呼，以利润为导向，为了多挣钱，打破一亩出 4000 斤葡萄的质量硬杠杠，硬是产出 8000 斤、1 万斤，质量下降，口碑不再，客商锐减。而村集体合作社的统一并没有形成产业链的硬约束，尤其集体收入并没有与社员收入和经营实效挂钩，并非统一收购社员产品统一向市场要价，而是向采购商收取服务费为集体增收，导致主导权分散在社员和采购商手里。结果质量下滑让社员和集体共同受损，到 2015 年，合作社名存实亡了。

姜训从十多年的经验教训中认识到，做好农业一定需要将生产营销形成产业链，一定需要土地、人力、科技与资金的系统化整合。小农户往往只顾及眼前利益，一定需要有长远眼光又真心为大家办事的人将资源整合在一个组织里带领大家做。他愿意做这样的人。

2018 年，他将村集体 180 亩地和本村、外村小农户的土地整合到一起做了 380 亩的葡萄产业园，把自己十几年精心研发的葡萄种植技术植入其内，外请技术公司指导内部员工集中生产管理，最后集中统一销售，结果管好了生产，保证了质量，销售价格也上去了，三年就见了效。而现在只是见小效，未来将见大效。村集体、农民、政府和外部企业，大家都信心倍增。

姜训的实践与党和政府倡导的并村以扩大经营管理范围的想法不谋而合。他提前就通过产业牵引将周边的几个村的部分土地集中了，所以，他比较快地得到了政府的支持和肯定。

这个案例说明什么呢？

一是农业适度规模化的高质量生产需要适当的组织形式。

村合作社规模小，分散小农户难以遵照质量要求集中生产，果品质量参差不齐，无法适应大市场的需要。七岌选择的组织方式是村集体建立公司的模式，依托新村的联村土地，建立联村工贸公司。

这种组织形式将村集体人的集合与公司专业的集合连接在一起。集体将土地资源集中，产权明确，入股公司，公司负责做产销一条龙的产业链上的生产经营运作，公司等于是为集体的组织化打工者；做好了，集体和公司都得收益；做不好，双方都受损。所以，在基本组织架构确定之后，经营者最重要。这类由集体资产产权控股的公司如何经营得好，如何解决职业经理人，以及团队员工的激励问题，即不是为私人资本而是为集体经济的壮大和集体成员多获益而努力，是未来需要特别研究的问题。

二是集体经济组织不宜按文件的硬性规定，实践中展现的多主体、多样式应予以认定。

乡村实践中已经展现了集体经济组织的多种样式。例如，七岕在2001年就成立的村级葡萄协会，2008年转为葡萄专业合作社，都是集体性质的，是村两委直接举办和经营管理的。但是并非全体农户都参加。再如联村工贸公司，是集体和农户共同注资，党支部领办的，为了集体经济的壮大，也应属于集体经济组织。集体经济组织范围到底狭义还是广义对壮大集体经济有利？自然是后者。至于广义的范围如何确定，可以商讨。

不同形式的集体经济组织，实质上是代表集体产权的主体与其他不同产权的主体之间的不同合作形式。最高的合作形式是集体资产实质性进入合作组织，不仅占有合作组织的资产份额，而且具有组织的经营权乃至经营的主导权。七岕建立联村工贸有限公司，就是试图达到这样的目的。当然，要实现这个目的，公司股权架构和完善的组织运营管理制度的建立是必要条件。

三是优秀领军人才的最大贡献是为集体创造性地利用资源、整合资源。

以什么来判定乡村人才是否优秀？最重要的标准就是：无论在什么样的大环境下，都心系集体，以创造性的思维和行动，利用资源、整合资源，为集体做贡献。七岕的姜训，20年来不仅在土地整理上创新，产业引导上着力，还在农业技术上刻苦钻研，成为行家里手。这样的实干家，农民信得过。

类似姜训这样的优秀领军人才，我们在中国大地上认识了许多。他们（她们）不仅有梦想、有远见、有毅力，还很有能力。这份能力不但是动员农民、组织农民的能力，市场经营的能力，把握方向、领悟政策的能力，在乡村，还有一条非常重要但常被忽视的，是干农业、钻研农业技术的能力。要让小农户真心实意跟着他们走上与现代农业发展有机衔接的路，这些能力都必不可少。

这样的人，站在村党支书位置上，能带活一班人，坚持走壮大集体经济的路。而发现、培养、激励、任用这样的人才，以培养本土人才（不论文化水平，甚至也不能唯职务论）和以支持他们创造、创新为目标的制度化建设怎么强调都不为过。而现在对这一点的认知还很不够。其实，造就这些农村优秀人才的主因，是中国改革开放的大环境。我们发现，包括姜训在内的一大批人，都曾有过多年外出打工甚至自办企业的经验。返乡后，当他们带领农户做集体性的合作社和合作企业时，就能将多年积累的经济资本、社会资本、管理经验与家乡的乡土资源、信任关系很好地结合，将经营成本、道德风险降到最低，实现地缘、血缘、业缘纽带的充分联结，实现"资合"与"人合"的内在统一。实践证明，壮大集体经济，推进集体经济组织发展，这批人起着核心作用。乡村要振兴，最重要的因素是人不是物，是优秀人才，不是资本资金。所以，发现他们、理解他们、支持他们、提升他们，让他们放开手脚，创造性地带领乡亲们奔小康和建设就地现代化的乡村，是党和政府的职责所在，也是夯实中国乡村社会基础的重要工程。

四是合村并居不能靠行政命令，农民最从实际出发，农民愿意是根本原则。

的确，七岌的经验证明，促进集体经济在一定范围内有序有效发展的要素之一就是合村并居。七岌村 3000 亩耕地，1560 人，其他并入新村的三个村总共 800 人左右，耕地 1850 亩，宅基地 200 亩左右。在 20 年当中，七岌周边的三个小村都向七岌学习种葡萄，规模和产量上去了，但是质量亟须提升。这三个小村的集体经济差，负债多，虽与七岌紧邻，但是村民生活水平与七岌相比差距明显。七岌新村成立之后，各村的资产、负债、所有者权益合并，集体资产由新村统一经营，原村庄的债权、债务由七岌新村承担。其他村的农民自然乐意。而七岌自然村也因为合村并居后腾出的宅基地可按政策成为可复垦耕地，可成为扩大产业园，增加集体土地、集体收益的主要支柱，自己当然也得益。新村成立各方受益，农民满意。而且在政府 2019 年提出合村并居之前，七岌村和周边村就有类似动议。

　　可见合村并居并非是脱离乡村振兴尤其是产业振兴的孤立事项，而应成为推动乡村振兴的方式之一。要从当地实际需求出发，制定符合村民发展经济、共同富裕愿望的规划，尤其重视产业引领，富村带穷村，互助互补的方式，并召开村民代表大会通过。应该相信，对农民现实利益和长远利益有益的规划，一定能得到村民的真心拥护。

游耕与集中：莱西市农户调研[*]

达林太[**]

一　调研基本情况

2019 年国庆过后，笔者与北京农禾之家咨询服务中心研究组的专家们一道，前往山东省莱西市调研。在农业区调研不是第一次，但以经济作物为主的农户的生产经营调研却是第一次。村村通乡村小道非常逼仄，预示着这里的土地资源非常稀缺。多年来的田野调查，和担任多家大型农业公司顾问的经历，我对这样一种农户生产体系特别地小心。只要有机会，就用一些工具对这里农户、合作社、公司做一些评估。几天下来，感觉有很多疑惑或不理解：（一）这里种植水果蔬菜农户经营，已经达到了农业生产效益的极限，农户还有合作需求吗？（二）在这里发展集体经济，哪些经营主体应该为主？切入点应该是经济合作还是社会合作？

调研结束后，带着以上的疑问，决定对该地农户生产经营体系做进一步的社会学调查。于是，就有了 4 次前往该地区的社会学调研。4 次访谈

---

* 本研究为教育部人文社科重点研究基地重大项目"内蒙古农牧业产业组织体系研究"（项目批号：2016JJD8008）和教育部人文社科重点研究基地重大项目"内蒙古蒙古族人口问题研究"（项目批号：15JJD850003）中期研究成果。

** 达林太，蒙古族，研究员，内蒙古大学蒙古学研究中心研究员，内蒙古楚日雅牧区生态研究中心主任。研究方向：资源与环境经济、经济社会学。

4个乡镇（办事处），共调研了合作社3个、公司2个、村委会1个、社会化服务组织1个，调研农户47户。下面重点就农户调研做一些简单汇总分析。

47户农户中流转土地21户，包含完全流转土地7户，游耕的14户（土地置换）。其中近十年来游耕过3次的2户，农户应对土地流转，采用土地置换式的游耕策略。[①]调研农户中种植大田作物占比超过70%的农户4户，其余的主要以经济作物葡萄、水果、蔬菜等为主，辅助种植自食的小麦、玉米和花生。

表1 　　　　　　　　莱西市调研基本情况2019年（10—12月）

分类	人口（人、岁、%、m²）				融资（元）		规模化经营（%）	
	人口	年龄	常住人口	住房（m²）	银行贷款	民间借贷	土地流转	合作社
均值	2.31	52.2	47.1	211	912	67	29.78	25.53

2019年10—12月调研汇总

调研农户土地均值为8.886亩，其中上水农田占比均值为74%。调研农户户均人口2.31人，平均年龄52.2岁，常住人口占户籍人口47.1%。调研农户户均银行贷款912元、户均民间借贷67元。调研种植农户融资主要是来自家庭成员，家庭小额资金需求，多来自外出打工子女。家庭社会分工较明显，住在城镇的子女，提供一些简单市场信息，居家的父母负责生产。调研有12户参加了合作社，其中参与合作社管理的农户4户，其余的8户农户和合作社处于弱关系，农闲时参与合作社的一些外宣活动，不参与合作社管理和分红。调研农户平均住房面积211平方米（包括庭园），调研农户大多数安装了水冲卫生间，但使用者甚少，农户感觉浪费水。调研种植农户有63.83%在城里购买了房屋，有的是自己

---

① 规模经营需要土地连片集中，不愿意流转土地的农户，流转土地的经营者，在另外的地方流转一块土地，建立一个和过去类似的生产体系，就把农户置换到另一块土地上生产，这样一种流转方式类似草原地区的游牧，这里称为游耕。

住，有的是孩子住。

二 农户家庭经营模式

调研的 47 户中种植经济作物的农户有 39 户，种植大田作物的有 4 户。其中种植大田作物的农户，也经营部分经济作物。完全流转土地 7 户农户，有 2 户退休养老，其他的 5 户给周边的农户打工，工资 80—120 元/天。每年葡萄打岔和苹果套袋，由于季节性强和时间紧，工资每天 120 元；劳动强度较大，一般雇用年龄较小的农户。年龄较大的一般选择打杂，每天 80 元。也有极个别比如更换大棚的塑料膜，每天 200 元，这类的劳动一般有专门的社会化服务组织来完成。当地的老年劳动力市场较丰富，调研农户反映，有一些活自己不愿意干，可以雇工，这也是这里农户经营并没有受到劳动力老龄化影响的原因。

（一） 调研农户的收入

表2   农户收入 （2018）   （单位：元、%）

	总收入	种植业收入	养老金	养殖业收入	打工收入	财产性收入	其他收入
收入	140022	128757	3850	2724	2681	1189	821
占比	100	91.95	2.75	2.00	1.94	0.85	0.59

2019 年 10—12 月调研汇总

2018 年种植业收入占调研农户总收入的 92%，农户出售葡萄收入在 8 万—12 万元之间，桃子（苹果）出售在 2 万—3.5 万之间。留守农户有很大一部分达到了法定退休年龄，开始领取农村养老金，调研农户养老金均值每月 600 元左右，每年都在上涨，养老金占总收入 2.75%；养殖业除了一些合作社（公司），规模化养殖奶牛等草食家畜外，农户响应政府的生态需求，都拆除了猪圈，选择在自家的桃树地养殖鹅等家禽，供自家和子女自食，养殖业的非现金收入占总收入的 2%。农户的打工收入占总收入的

1.94%，调研农户一般在村社内部打工，打工年龄最大为 71 岁。

调研农户的财产性收入主要是土地流转费，也有农户把自家土地流转给公司（合作社），公司（合作社）统一建造大棚，农户再从公司（合作社）转租大棚。这类农户一般缺乏资金建设大棚，收益也比自家建大棚的少 1/3 多。农户其他收入主要是政府的转移支付和集体收益分配。

（二）调研农户的生产支出

从事种植业农户种植结构一般是"442"模式，即总土地的 40% 种植葡萄、40% 种植桃子或苹果，20% 种植粮食作物。种植葡萄的大棚，大都是简易棚，当地人称为"崂山棚"。在桃子或苹果种植园内，农户往往要养殖鹅等家禽。农户的粮食种植也往往选择"442"模式，调研种植农户往往会预留两亩多一点土地种植粮食作物，种植 1 亩左右小麦、1 亩左右的玉米、5 分地左右的花生。

葡萄、桃子（苹果）经济作物出售换取现金，家禽一般供家庭（成家子女）消费。玉米用作养殖家禽饲料，小麦用作家庭（成家子女）消费，花生换油用作家庭（成家子女）消费。几个村子就有一户小型小麦加工和榨油的小作坊，农户一般采用换购的方式加工粮食和油类。

表3　　　　　　　　　　　农户生产支出明细（2018）　　　　　　（单位：元、%）

	总支出	生产资料折旧	生产耗材及电费	雇工	有机肥	化肥和农药	社会化服务
生产支出	28177	9317	7121	6233	2245	2120	1148
占比	100	33	25	22	8	8	4

2019 年 10—12 月调研汇总。

2018 年生产支出中，占到第一位是生产资料折旧，占总支出的 33%，主要是葡萄大棚等设施折旧，农户一般不会把折旧项计入生产支出，是笔者按照农户生产设施投入折算的。其次依次为生产耗材和雇工，葡萄的雇工比桃子（苹果）要多一些。亩均化肥使用量约 140 公斤，这里农户计量化肥一般是按照多少袋计量的。葡萄化肥需求量比较大，有机肥主要是用于粮食和葡萄的种植，每个家庭每年购买有机肥平均 30 多袋。有机肥和化肥差不多均价为 80 元每袋。有机肥的成分组成，一些农户描述，好像类似于农家肥。社会化服务主要是粮食种植耕种、收割等购买的服务。玉米和小麦种植是 40 元一亩、收获 100 元一亩。大田种植还需要喷洒农药，据农户反映，由于秸秆还田，每年的农药比以往多喷洒 1—2 次。

调研 47 户农户（包括 5 户完全流转土地的农户）2018 年的纯收入为 140022 元 – 28177 元 = 111845 元，人均纯收入为 48417.75 元。调研 5 户土地完全流转户的收入为养老金、土地租金、打工收入、政府的转移支付和集体收益分配等。

表 4 　　　　　　　　**完全土地流转农户家庭收入（2018）** 　　　　　　（单位：元）

	总收入	男家庭成员打工	女家庭成员打工	家庭养老金收入	土地租金	其他收入
收入	42421 元	130 天 × 100 元/天 = 13000 元	120 天 × 80 元/天 = 9600 元	11000 元	80000 元	821 元

由于农活的季节性和适宜老年人的乡村公益岗位的缺失，完全流转土地的农户存在隐形失业，外出打工又受年龄的限制，人均纯收入为 18364.07 元，比种植农户的收入要低一些。在当地种植农户的眼中，他们往往会被看作不善经营或懒惰的人。

三　农户的生活消费

调研农户 2018 年生活消费总支出 26754 元，排在第一位是旅游支出，约占生活消费支出 15.78%，粮食消费占比为 14.27%，以往在其他地区调研非常高的礼金支出，在该地区排在第 8 位，全年支出均值仅为 2230 元。

表5 农户生活消费支出（2018） （单位：元、%）

生活消费支出	总支出	旅游支出	粮食支出	穿衣消费	日用消费	教育支出	肉食消费	礼金支出	医药费	电费支出	燃煤支出
	26752	4232	3814	3718	2881	2813	2300	2230	2140	1608	1016
占比	100	15.78	14.27	13.90	10.77	10.52	8.60	8.34	8.00	6.01	3.8

调研中针对礼金支出比其他地区少这一现象，和农户做了专门的讨论。大多数农户认为这一地区过去礼金就比较少、基数也低；孩子们成家较早、已经过了还礼期；没有时间去参加婚礼，接到请帖通过微信转两三百元就可以了；邻里之间不攀比，也不太在乎礼金的多少。这一现象值得深入研究。这里的种植农户大都有随团旅游的经历，最多一户老两口去过 14 个城市，去过新疆和西藏旅游的有 4 户，完全流转土地的农户有 1 户外出旅游。

调研 47 户农户 2018 年净储蓄为：111845 - 26752 = 85088 元；完全流转农户净储蓄：42421 - 26757 = 15664 元。从调研农户的收入和消费看，这里基本没有贫困户，部分农户基本达到了小康的水平，完全流转土地的农户纯收入也很可观。

四 公司、合作社和社会化服务组织

本次调研两家农业公司，这两家公司负责人是当地的能人，在其他领域有另外的投资。一家由于连年的亏损，准备要退出农业经营。另一家准备要大量流转土地，储备土地，等待乡村振兴的到来。负责人非常自豪地说："中国下一个发展机遇，谁得到了土地，谁就会成为未来的马云。"问到他土地储备途径，他说会通过一些中间人流转土地，不会通过政府和村委会。这两家公司和中国大多数农业公司一样，农业经营不太景气，等着政府的项目扶持。

调研了 3 家合作社，这些合作社基本上和其他地区合作社一样，外生性收益很难支付内生性交易成本。比如，一年十多万元的公关费，就消耗了很多的业绩和效益。这里每年水果收购季节，村外收购水果的大车，在道路上排的队有好几公里，无论价格如何波动，农户都不会惜售，农户已经习惯了价格的起伏和波动。本土的中间商和外来的商贩相比，也没有太多的优势，农户更愿意卖给外来的商贩。这可能源于中国乡土社会的熟人社会不去做生意的传统；还是社会学的获益能力强弱关系。比如，在信息非常发达的当下，不存在信息不对称，在本土上和外人做生意，农户的获益能力更强。基于农户不愿意把产品卖给本土的中间客户，流通领域的统购统销在这里没有太大的市场。

调研了 1 家社会化服务企业，这家企业为种植大田作物提供社会化服务，干多少活，收多少钱，收益来自于服务收费和成本的差价，在当地又属于垄断地位，永远不会亏损。这家企业和农户或流转土地的合作社，基本属于市场交换的合作服务关系。当调研问道他们愿不愿意流转土地，帮助农民发展集体经济，回答是否定的，他们说没有能力去帮助农民，自己经营土地没有农民专业，农民都挣不了钱，他们就更没有希望了。

调研了一个村委会，领导属于外出打拼积累巨量资本的企业家，这类企业家在中国的乡村很多，也属于地方政府重点扶持的对象。从中国当下的乡村社会治理的视角看，他们属于团结的对象，还是属于高度警惕的对象，有待社会学家们深入地研究。

五 一些简单的发现和建议

通过本次实地调研，后期研讨会同专家们的讨论，以及调研后期针对发现的问题，和研究组老师们个别讨论，形成了如下的一些简单发现。莱西市种植水果蔬菜的农户，和中国其他地区种植大田作物，完全生产公共用品的农户相比，他们生产的产品具有公共用品和商品的两重属性，这可能是他们比其他农户收入更可观的一个重要条件。农户收入高，决定了农户对外谈判获益能力的提升，同时土地收益高，也决定了土地地租也会水涨船高，对土地的集中形成了一定的制约，就形成了土地流转的游耕策略，这也是多方博弈的结果。

农户内部生产组织，最大降低风险的资源配置，比如"442"的种植结构，是农户多年来生产经营摸索出来的，也是应对国家产业调控最好的生机安排，更是规避市场风险最有效的策略。从国家的视角看，中国有一半人口收入在 1 万元左右徘徊，农产品供给过剩价格下降是国家需求，过高的价格必然会导致低收入群体，消费不起水果和蔬菜，就会影响稳定。所以，农产品不是商品，有时候体现的是人权。一味地希望通过规模经营，到达更高的收益，是对中国国情的苦衷和无奈不了解。从调研结果分析，莱西市这种农户经营应该列入当地"十四五"规划，作为集体经济的一种类型重点扶持。至于如何发展为集体经济，有待学者们进一步跟进研究。

农户家庭的融资模式，市场信息收集和生产的分工，也决定了外出打工的孩子，是认可父母家庭生产经营的先进性，这对产业后续发展和继承，起到了可持续的保障作用。也为中国乡村应对老龄化提供了可借鉴案例，有待进一步研究。

基于公共用品和商品之间的农户经营的土地集中经营，必然会是高成本的交易行为。未来该地区的集体经济发展，要回避经济合作这一切入点。基于该地区乡村经济发展和公共用品供给不匹配，公共服务缺失，劳动力市场存在一定的饱和，大量的年轻人回村就业机会仍旧贫乏等一系列公共服务缺失的问题。未来的集体经济发展，应该是为农户提供公共服务的公共领域合作，比如，养老、抚育和文化产业等，综合农协式的合作发展模式和该地的需求高度契合，如何协同发展，有待于进一步深入研究。

烟台经验研究

"烟台经验"的普遍意义[*]

江　宇^{**}

摘　要：新时代中国农村呼唤新变革，习近平总书记多次发出"走农业合作化道路"的号召。2017 年 4 月以来，烟台市在全国率先提出并施行"党支部领办合作社"，做实党对农村经济的全面领导，成为全国首个在全市范围发展壮大农村集体经济的地方。"烟台经验"为新时代乡村振兴打造了一个可复制、可推广的样板，揭示了中国特色社会主义乡村振兴道路的三个基本特征，即坚持党的领导、坚持土地集体所有制、坚持共同富裕。同时，烟台经验也从更大范围内回答了如何坚持党的领导、党的政治领导和经济发展是什么关系等关系全局的问题，证明了加强党的建设有利于修复经济增长带来的矛盾，形成新的生产力，让经济发展回归到满足人民群众的真实需要；展示了党在长期传统中形成的红色基因以及思想理论建设、选贤任能、群众工作等优良传统，在当前仍然是卓有成效的领导方法。

关键词：烟台经验；党支部领办合作社；农业合作化；党的领导；党建

　　2017 年 4 月起，山东省烟台市在全国率先提出并施行"党支部领办合作社"。在烟台市委特别是市委组织部推动下，做实了党组织对农村经济的全面领导，把农民重新动员和组织起来，成为全国首个在全市范围发展壮大农村集体经济的地方，不仅完整地回答了"中国特色社会主义乡村振兴

---

　*　原文发表于《开放时代》2020 年第 6 期。
　**　江宇，男，1981 年生，安徽人，经济学博士，现任国务院发展研究中心宏观部副研究员。

道路"是什么，同时也以小见大，回答了如何处理好党的领导和发动群众、生产关系和生产力、"抓党建"和"抓发展"之间的关系，如何发扬党的传统优势打赢新的斗争等涉及新时代全局的问题，是具有普遍启示意义的新时代改革先锋。

一 回答了"中国特色社会主义乡村振兴道路"是什么

改革开放以来，在新中国前 30 年打下的基础上，全国农村实现了温饱，但还必须完成乡村振兴和缩小城乡差距、消灭城乡差别的任务。这是一切发展中大国都尚未完成的课题，也是中华民族伟大复兴和展示社会主义优越性必须交出的答卷。

因此，党的十八大以来，习近平总书记高度重视乡村振兴，多次在关键时刻校正了农村工作的方向。2013 年 3 月，在十二届全国人大一次会议的江苏团会议上指出："改革开放从农村破题，大包干是改革开放的先声。当时中央文件提出要建立统分结合的家庭承包责任制，但实践的结果是，'分'的积极性充分体现了，但'统'怎么适应市场经济、规模经济，始终没有得到很好的解决。"[1] 2016 年 4 月，在安徽省小岗村又明确指出："不管怎么改，都不能把农村土地集体所有制改垮了，不能把耕地改少了，不能把粮食生产能力改弱了，不能把农民利益损害了。"[2] 这是对一度流行的依靠提高农村土地商品化程度甚至实行土地私有化、瓦解集体经济主张的明确否定，为农村改革划出了底线。

自 20 世纪 90 年代以来，在市场经济条件下通过恢复和重建农村集体经济，实现乡村振兴的努力，在全国各地不断出现，但主要是以个别"明星村"的形式出现的，还没有一个地方以党委政府的名义全面推动农村走合作化道路。党的十八大以来，农村发展实现邓小平提出的"第二个飞跃"，

---

① 陈林：《统分结合，三位一体 习近平的"三农"情怀》，载《人民论坛》2013 年第 13 期。
② 习近平：《农村改革要坚守"四个不能"底线》，《人民日报》2016 年 5 月 25 日。

走合作化、组织化的道路，条件已经逐步成熟，"烟台经验"的出现，终于填补了这个空白。

2017 年以来，烟台市委组织部在落实中央和山东省关于加强农村基层党建的工作中意识到："村级集体经济'空壳'，政治就会'空壳'，党在农村的执政就会'空壳'。所以发展壮大村级集体经济，不是单纯的经济问题，而是重大的政治问题。"并明确提出："抓集体经济是组织部门的主业，村党支部不带领群众发展集体经济就是失职缺位。"①

"党支部领办合作社"是烟台的创造，其含义不同于简单的"党支部书记领办合作社"，也不同于"先有合作社、再把党支部设在合作社上"，而是通过一套完整的制度体系，把党组织的领导全面融入农村经济发展和治理，将党支部的政治优势、组织优势同合作社的经济优势以及群众的能动性相结合，由村级集体经济组织或者由村党支部成员（原则上由党支部书记）代表村集体注册成立农民专业合作社，村集体和群众以集体土地、资金、劳动力等入股，重新把分散的农民组织起来，重新构建村集体与农民群众新的经济联结纽带，重新把碎片化的资源要素整合起来，抱团发展、规模经营，走共同富裕之路。

同其他模式相比，"党支部领办合作社"的显著特点是：一是党支部主导，先有支部，后有合作社，而不是先有合作社，再建党支部。二是党组织和合作社高度融合，政治、经济和社会功能高度融合。三是普遍参与，村民无论贫富都鼓励参加，促进共同富裕。从 2017 年 11 个村试点起，到 2020 年 8 月，全市已经有 2779 个村实现了党支部领办合作社，占全市村庄总数的 42%，入社群众超过 35 万名。党支部领办合作社巩固了党在农村的执政地位，全面带动了产业发展、基层治理、环境整治，乡村面貌焕然一新。

"烟台经验"的第一层普遍意义在于：为新时代"中国特色社会主义乡村振兴道路"打造了一个可复制、可推广的样板。同改革开放前"大集体"的模式相比，同其他合作化模式和主张相比，烟台的"党支部领办合作社"

---

① 于涛：《组织起来，发展壮大集体经济（上）——烟台市推行村党支部领办合作社、全面推动乡村振兴》，《经济导刊》2019 年第 12 期。

有三个最鲜明的特色，对应着中国特色乡村振兴道路的三个特点。

（一）坚持党的领导，党组织全面融入乡村发展和治理

农业合作化本质是把农民组织起来，更好地参与市场竞争和实施乡村治理，维护农民利益。烟台市提出一个公式：党的有组织 > 资本的有组织 > 小农的无组织。① 党组织必须承担组织农民的责任，才能充分动员群众走合作化和共同富裕道路，才能确保合作社姓公不姓私，真正为最广大农民利益服务。

首先，党组织是合作化的发起者和"凝结核"。2017 年烟台党支部领办合作社的不少试点村，都经过了这样的认识过程。例如，衣家村党支部书记衣元良在担任支部书记后就发现，大部分合作社是由三五个"种粮大户"办的，"这三五个人往往是村里最有本事的人，当干部的、做生意的，这些人掌握了资源，其他人怎么办？这是少数人富裕，不是共同富裕"②。出于这种认识，烟台市委组织部在试点的基础上，要求由村党支部书记担任合作社理事长。支部书记代表的是集体，而不是个人行为，这作为一条铁律，真正把"党对农村工作的全面领导"落实。党支部领办合作社能够通过股份合作，重建党支部与群众的经济联结纽带，把集体和群众紧紧连在一起，群众也就增强了对集体的依赖感，这样就改变了一盘散沙的局面，可以巩固党在基层的执政基础。

其次，党的政治定位才能确保农民成为农村发展的主体。其他发展中国家和我国一段时间以来的发展模式，都是把农村作为城市的附属，主要职能定位于为城市发展提供原料、资金、人才等生产要素。对农村来说，这是一种依附式的发展，而没有让农村和农民成为发展的主体。而如果由资本来组织农民，虽然有利于生产要素下乡，但是并没有改变分散的农民作为生产要素的弱势地位。因此，唯有党组织领办合作社，才能真正确保农民成为发展的主体，合理分享发展的收益。烟台市"党支部领办合作社"

---

① 于涛：《烟台"党支部领班合作社"的探索与创新（在中信改革发展研究会 2020 年年会上的发言）》，2020 年 9 月 6 日。
② 2019 年 6 月作者对衣元良的访谈。

提倡，资产固然重要，但更重要、更宝贵的是广大人民群众联合起来，共同通过劳动解放生产力，共同分享发展的成果。因此，同其他类型的合作社相比，党支部领办合作社更加强调以劳动联合为主、资本联合为辅，最大限度吸收群众以劳动力入股。同时，集体占股类似于金股，以确保集体股权持有人在特定事项中能够行使否决权和决策权。

最后，党的组织和制度是保证合作社规范运行的保证。我国历史上农业合作化走过的一些弯路，以及当前专业合作社存在的一些问题，一个重要原因是管理粗放、运行不规范，容易产生经营风险甚至化公为私。合作社规范运行要靠制度保障，这个制度就来自党支部的领导，来自党的制度建设延伸到合作社。烟台市委组织部牵头出台文件，在合作社注册、经营、分红等各环节，形成科学规范、闭环监管的内部治理体系，把党的制度建设延伸到合作社，确保规范运行。

同时，烟台市还通过加强领导，营造了有利于合作社发展的政策环境。过去一段时间，农村集体经济之所以发展缓慢、农民从产业发展中获益不够多，同政府支持农业的政策主要集中于面向龙头企业、种田大户，而忽视了对合作社的支持是有关系的。烟台市委和组织部门协调各部门，创造了有利于农村集体经济发展壮大的政策环境，帮助合作社进行合理规划布局、选择适宜的产业项目，整合涉农资金支持合作社发展。

（二）坚持土地集体所有制，解决"统""分"不平衡的问题，实现产业升级

农村坚持公有制主体地位，是我国基本经济制度决定的，是我国人多地少的基本国情决定的，也是维护农村稳定和有效治理的需要所决定的。

第一，坚持土地集体所有制，才能体现规模效应，实现产业升级。党支部领办合作社，实现了生产关系的变革：巩固和加强了集体所有制，有利于在更大范围优化配置资源。有利于加强土地集约、改善水利土壤灌溉交通等基础条件、延长农村产业链、推进多种经营，这些都有利于从总体上提高集体和群众收入。

第二，坚持土地集体所有制，才能实现农村内部细化分工、实现多种经营。农村要富裕，必须突破单一农业经济，实现第一、二、三产业共同繁荣。而当前城市产业和资本过剩、农村生态资产升值空间大、国际环境要求我国实现内循环为主等因素，都为农村第一、二、三产业升级提供了很大空间，但当前"统"的问题没解决好，导致交易成本过高，压抑了生产力。党支部领办合作社后，打破了以往村集体简单发包租赁、群众单打独斗的低层次、低水平增收模式，通过唤醒沉睡的资源、整合分散的资金，由党支部重新优化配置，既让群众参与到了合作社全产业链增值收益，也使集体经济发展有了源头活水。

第三，坚持土地集体所有制，才能有效实现"资本下乡"。一段时间以来，人们对资本冲击小农的危险并没有充分重视，相反仍然存在着主张资本下乡、土地私有化的主张。中国同西方不同，西欧和美国等发达国家的农村人口已经充分转移到城市，而中国即使到2030年，城镇化率达到70%以上，也还会有4亿—5亿人生活在农村。如果放任资本下乡圈地，在人多地少的前提下，必然会导致大量农民失去土地、流离失所。然而，如果为了维护农村稳定，一概限制资本下乡，则又走向了另一个极端。怎样做到既利用资本，又限制和约束资本？唯一的办法就是在党组织领导下把农村组织起来。烟台的党支部领办合作社，之所以要"党支部领办"，就是因为在党组织带领下，才能改变农民无组织的状态，容纳资本进入农村，同时又利用党的组织优势，充分保护农民的利益。

（三）坚持共同富裕，在分配和再分配中缩小收入差距，改善农村民生

农村实现共同富裕，是一个世界难题。从全世界范围来看，欧美国家几乎不存在"三农"问题，因为他们有丰富的资源和较少的农村人口。而人口众多的发展中大国，还没有一个成功实现了城乡协调发展和共同富裕。"三农"问题，是实现中华民族共同富裕必须跨过的关口。世界和中国的全部经验教训都证明：组织起来，发展壮大集体经济，是实现共同富裕的必经之路。

党支部领办合作社，从入社资格、股权设置、收益分配等方面，充分体现了共同富裕的导向。同其他模式相比，党支部领办合作社，能牢牢掌握分配的主动权，真正把饭碗端在自己手里，把未来土地和产业增值的空

间留在集体和村民手里，避免了土地和产业收益被资本一次性买断，农民只能获得少量租赁费用和打工收入。合作社流转农民土地后，农民既可享受基础股金，又可以享受二次分红乃至三产融合中的多次返利，还可以到合作社务工、按劳计酬，实现多门路增收。烟台市设计了一系列机制，保障群众利益。

共同富裕还体现在合作社为农村社区提供公共服务上。"组织起来"能够大大地降低社会治理、养老、养小的成本。群众把土地流转到合作社后，无需劳作就可获得稳定收益，特别是对丧失劳动能力的群众、老年人和贫困户来说，这是解决老龄化问题、脱贫攻坚最见效、最长久、最根本的途径。

二 回答了在新时代"抓党建"和 "抓发展"是什么关系

党的十八大以来，党中央高度重视党的政治建设。抓党建和抓发展是什么关系？政治和经济是什么关系？对此一度有不少模糊认识。烟台经验用实际行动证明：在政治和经济中，经济是起基础作用的，政治是起引领作用的。党支部被推到乡村振兴的第一线，在教育群众、服务群众、组织群众中，党建做实了，党的执政基础也做实了。

（一）"抓党建"有利于缓解和修复经济增长带来的矛盾，让经济发展回归到满足人民群众的真实需要，启动农村这个最大的增长潜力

政治经济学认为，社会主义生产目的同资本主义最大的不同就是，生产是为了满足人民的真实需要。当前，在城乡资源流动中，呈现"城市强、农村弱"的局面，优质人才、土地、资本等生产要素总体呈现由农村向城市流动的局面，弱化了农村的内生发展能力。启动乡村振兴，不能走其他发展中国家搞土地私有化、跑马圈地、竭泽而渔的老路，必须在党的领导下走新型集体化道路，让农村集体经济组织成为农村各种资源和资产的经营主体，让广大农民充分占有农业农村资产收益。

(二)"抓党建"有利于变革生产关系,从而促进生产力发展

抓党建就是抓生产关系。如果把乡村振兴的发力点全部用在发展产业上,也可能短期取得一定效益,但群众没有组织起来,经济发展也不可能有长期动力,这种"物本主义"和"以人民为中心"的发展理念是不符的。党支部领办合作社,本质就是通过党的领导优化生产关系,形成新的生产力,为党组织和群众切身利益之间建立了联系,让党组织找到了群众,让群众找到了党组织。把党支部政治优势、组织优势同合作社的经济优势、群众的能动性相结合,走出一条既强村又富民、以组织力提升促乡村振兴的共同富裕道路。

(三)"抓党建"降低经济运行的交易成本,集中力量突破发展瓶颈,形成新发展动力

我国自1949年以来形成"集中力量办大事"的优势,从根源上说来自中国共产党的统一思想、严密组织和高度组织纪律性,这是世界上任何组织难以比拟的。过去,农村经营过于分散,极大地增加了交易成本。在党支部的领导下,群众抱团发展从"多条心"变成"一条心",有事共商、有难共担、有利共享,矛盾摩擦不断减少,从而实现过去一家一户难以形成的合作,这就是通过生产关系变革产生新的生产力。

三 回答了在新时代怎样激活党的优良传统、加强党的领导

烟台市是全国第一个在全域推进党支部领办合作社的城市。从一开始少数村庄的自发探索,变成全市各级党组织、广大农村干部群众的自觉行动;从少数先进分子的认识,变成越来越多干部群众的共识;从一开始,几乎没人了解、没人认同,到现在,烟台市、县、乡、村各级干部和许多群众,拉着你说党支部领办合作社如数家珍、滔滔不绝。烟台的实践证明了,在市场经济条件下发展壮大集体经济,并不是个别"明星村"才能做

到的事情，而是可复制、可推广的，是大部分普通村庄都能做到的。

这就提出了一个问题：发展壮大集体经济，是党中央提出的要求，为什么这个要求是在烟台率先实现的？答案是，烟台在短短时间里，在全市范围里统一思想和凝聚共识，让这项新生事物成为广大基层干部和群众的共同行动，得益于他们充分激活了党的优良传统，用好红色基因，在广大党员干部中形成了正确的世界观和方法论，从而解决了"桥"和"船"的问题。

（一）红色基因：用革命传统为今天的斗争照亮道路

烟台是烈士鲜血浇灌的土地，是富有红色基因的城市。2016 年以来，烟台市委组织部做了极大的努力，挖掘、保存、整理胶东历史文化和红色文化资源。时任烟台市委组织部长于涛在多次党课中，讲授了"烟台的历史证明，社会主义道路是时代的必然、先烈的追求、人民的选择"。烟台农村集体经济的壮大，和一大批干部深受革命历史教育，坚定不忘初心有密切关系。一位村支书曾对笔者说："习总书记上任之后，党风和以前不一样了。以前集体经济改制，问题很大。改来改去，改到私人口袋里了。要是好好经营，怎么会垮呢？1997 年，我也有机会把村里的企业改制，可是我在山上躺了一天，思考了一天，觉得还是要搞集体经济，现在不是搞好了？"烟台施行党支部领办合作社，发展集体经济，实现共同富裕，也就是要唤起初心，是对革命历史的继续。

（二）思想领导：做一项工作，首先从理论上讲清楚

习近平总书记指出，我们党是高度重视理论建设和理论指导的党。在推动工作之前先统一思想，而不是靠行政权力和命令，是中国共产党重要的制度优势。2017 年时，烟台市委组织部提出"党支部领办合作社"的设想，全市上下的认识很不一致，甚至顾虑重重、质疑重重。烟台市委组织部以《塘约道路》这本书为切入点，县、乡、村三级书记人手一本，进行思想动员，点燃了大家头脑中的火种。经过这些思想建设，烟台各级党委许多干部从理论上想清楚了：今天走新型集体化道路，跟过去"一大二公"的集体化是有根本区别的；党支部领办合作社，是加强农村集体经济的必

由之路；党支部领办合作社，是党领导和组织群众的平台和抓手，是把基层群众组织起来、落实党的群众路线的需要，可以更有效地推动脱贫攻坚、共同富裕……正因为从理论上想清楚了这些问题，所以烟台涌现出一大批主动作为、创造性落实政策，而不是被动地依靠上级的指令、督查进行工作的干部，这对于调动基层干部的积极性是有普遍启示的。

（三）组织建设：发挥党选贤任能优势，打造一大批"梁生宝"

关于农村集体经济，一个重要的争议是，能不能找到一大批合格的集体经济带头人？烟台的经验表明，只要发挥党选贤任能的优势，充分发动群众，重视在实践中培养，就能涌现出一大批"梁生宝"一样的优秀乡村干部。为了实现"好人里面选能人"，市委组织部提前介入村党支部换届。设置了村党支部、村民委员会"两委"候选人的正面清单和负面清单。经过严格考察的村支书候选人，得到村民的高度认可。出台《从严管理村干部三十条措施》，指导基层制定合作社规范管理措施。通过领办合作社，党支部有事可为，村干部的精神状态焕然一新。不少村支书反映，自从领办了合作社真正找到了"当家人""领头羊"的感觉，这是他们多年以来没有体验到的一种荣誉感和成就感，在群众中也有了威信和话语权。

（四）群众路线：站在群众中做工作，充分说服和教育群众，而不是强迫命令群众

中国共产党和其他国家执政党一个重要的不同是，中国共产党执政不仅依靠自上而下的强制力，而且依靠正确的政治路线、依靠自下而上的发动群众、动员群众。首先让群众认识到自己的利益所在，然后自觉地团结到党的周围，为自己的利益而奋斗。

2017年起，面对上上下下的不同看法，烟台各级组织部门通过深入细致的思想工作，充分说清楚为什么要发展集体经济、发展集体经济不是走回头路，先在干部中统一思想，然后按照"入社自愿、退社自由"的原则，充分宣传群众、动员群众，强力推进而不强迫推进，坚决不设置100%入社的数量指标，坚决不搞"一刀切""大呼隆"，通过党支部成员示范带动以及外出观摩、集中培训、入户动员等方式，帮助群众算清入社前后的对比

账，讲清一家一户单打独斗的瓶颈弊端，以看得见的利益提高群众入社率。其中有许多感人的故事，有的党支部书记为了吸引群众入社，无偿贡献了自己的资产；有的为了一家入社，三顾茅庐做工作。从2017年试点到2020年全域推进，做到每一名入社的群众，都是自觉自愿的。莱阳市西石河头村，90%的群众都加入了合作社，从以前干旱时抢水浇地、大打出手，到现在发扬集体主义风格，先浇集体的地，再浇自家的地。有其他投资者给出更高的报价想流转群众的土地，但是没有群众加入。因为他们从党支部的行动中看到了为民干事的决心，坚定了跟党走的信心。在管理上，合作社的设立、章程的制定、分配方法的选择，都由入社群众讨论决定，这是社会主义协商民主在农村的体现，也是私人领办的合作社做不到的。烟台推动工作的过程说明了一个道理：基层干部群众中蕴含着组织起来的巨大潜力，只有让农民切身认识到合作的好处，合作社才能有稳固的基础和长远的发展。

烟台经验令人振奋的，不仅仅在于找到了党支部领办合作社这个模式，而且还在于，他们找到了一条把群众组织起来的工作方法。回答了在当前的条件下，如何真正把"顶层设计"和"摸石头过河"结合起来，共产党还该不该组织和发动群众、如何组织和发动群众的问题。这不仅对于农村工作，而且对于全党的各项工作，都是有普遍意义的。

烟台三村调研

杨 团

摘 要：烟台市福山区南庄村，海阳县向阳村、邵伯村都是烟台市委组织部推动党支部领办合作社的试点村。这三个村的党支部带领群众，将土地资源重新集中起来，兴办集体资产与个体资产合作的新型合作社、联合社和集体企业，发展草莓、大樱桃、软枣猕猴桃等高附加值的新农业，建冷库，开发营销渠道，以第一、二、三产业融合发展推动农民共富，走出了个体经济融入集体、充分发挥统一功能的新型集体经济发展之路。事实证明，村集体只要带领农民共富就能重新得到农民的信任。村党支部有很多办法，让集体在富起来的同时老百姓的腰包也能鼓起来。

关键词：烟台经验；党支部领办合作社；新型集体经济；新型集体经济组织农民组织化

调研说明

2020 年 5 月 31 日至 6 月 1 日，北京农禾之家咨询服务中心百乡工程·莱西研究项目组一行十余人，在结束莱西调研后，专程赴烟台市调研党支部领办合作社，促进新型集体经济组织带动小农户壮大集体经济的烟台经验。项目组在烟台市委组织部吕永杰副书记全程陪同下，走访了海阳县向阳村、邵伯村、西远牛庄村、朱吴镇，福山区南庄村、西汪格庄村，并和烟台市委组织部于涛部长等一行座谈。本报告在实地调查福山区南庄村、海阳县向阳村、邵伯村的基础上，收集历史资料，持续跟踪发展，在 2021 年 5 月底成稿。调研组对于以于涛部长为首的烟台市委组织部、海阳县委、福山区委组织部的全力支持，尤其南庄村村支书彭利民、向阳村村支书王进山、邵伯村村支书宋立元三位同志在持续交流、补充核实材料中付出的大量辛劳，特致以衷心谢忱。

第一村　烟台市福山区门楼镇南庄村
十年奋斗，集体经济统分结合走出新格局

烟台市福山区门楼镇南庄村，是烟台市委组织部推动党支部领办合作社 2017 年 11 个试点村之一。2020 年，该村党支部被评为山东省创业干事好班子。魅力南庄合作社被授予山东省、烟台市合作社示范社称号。

南庄村位于烟台福山区门楼镇镇政府驻地南，是紧邻门楼水库的一个小山村，20 世纪 50 年代由南庄、南沟两个自然村合并而成。村民 270 户，753 人，党员 28 人。南庄行政村原有耕地 1800 亩，除掉修建公路国家征用地和盖回迁楼的用地，剩下的耕地不足 1000 亩。

十多年前，这个村是福山区有名的穷村、乱村，两个自然村矛盾大。村民一天到晚到镇里上访。在外打工的人都不愿意提自己是南庄人。村党组织一直处于软弱涣散状态，村集体没有任何资产，连办公室都只能借用民房。2009 年是南庄蜕变的起点，门楼镇党委请外出打工的企业家彭利民回来任南庄村党支书。2010 年，他又被选为村委会主任。彭利民带队 12 年来，以壮大集体经济为目标带动全村农户共同致富，让小山村发生了翻天覆地的改变。

2014 年，村党支部带领部分村民建立了集体企业——兴农农业经济开发中心。2017 年，该企业转为村党支部领办的魅力南庄合作社，全体村民都入了社。2019 年，山东省委、省政府将南庄村树为齐鲁样板示范村，之后，整合了周边 26 个村的合作社，成立了魅力南庄联合总社，覆盖 9 千户。12 年来，村集体大力发展以美早大樱桃为主产业的各类经济作物，并利用靠近城区主干道，有山有水有果的区位优势打造生态农业，村集体创造的经济收益超千万元，助力农民年人均收入提升到 3 万多元。

截至 2020 年年底，村集体依靠集体滚动积累投入 600 多万元，政府项目支持将近 500 万元，彭利民为集体垫支 800 余万元，合计约 2000 万元。而形成的集体资产按市场价估算 3500 万元左右，其中仅林果产业资产估值就超过 1700 万元。出超的 1500 万元都是资产的市场增值。自 2017 年以来，南庄的发展势头越来越好，不林果产业大丰收，为果品储藏提升价格空间的冷库项目已经启动，南庄田园综合体项目中的垂钓乐园、樱之恋广场、幸福水街、上山观光道路均已建成，花海项目和绿化美化项目全面竣工。

集体经济兴旺发达带动了村庄公共福利。合作社年收益的 30%—35% 用于集体福利。村内各类活动设施全由集体出资；小孩上托儿所、幼儿园的费用由村集体包干；高中生考上大学的，村里一次性奖励 3000 元；还将 75 岁以上的百多位老人养起来了。

经过 12 年艰苦奋斗，今天的南庄村彻底结束了无启动资金、无集体资产、无优势资源的旧貌，成为提前实现"产业兴旺、生态宜居、乡风文明、治理有效、生活富裕"20 字总方针，在乡村振兴奔小康路上一颗闪亮的明珠。

一 提升党员意识带领群众化解内斗 齐心聚力共谋集体发展

彭利民是南沟村人。自 2009 年他回村当书记之前，南沟从没有人当过村支委，更没有村书记。两个村的矛盾缘于不同的宗族，也因缺乏能够秉公办事、统领全局的内部力量。

彭立民回村后做的第一件事，就是用三天的时间，挨家挨户拜访了全体党员，初步了解了村里的大体情况。第四天晚上，他召开了上任后第一次全体党员会，统一了思想：南庄内斗了这么多年，越斗越穷，再不团结起来搞发展，还会继续受穷，将来我们都是南庄村的罪人。党员的思想认识提高了，群众就好带动了。村党支部以团结为纲，发起了一系列行动。

第一个行动，向荒山要地。2009 年，全村党员和群众出义务工，垦荒拓田。半年时间开辟荒地 60 亩，外运渣土 7 万多方，全栽上了大樱桃。

第二个行动，结合政府启动的绿化、硬化工程整治人居环境。拆除违章建筑，彭利民要求从南沟村做起，而硬化道路先做南庄。领头人先人后己的举动让村民感到温暖。

第三个行动，建设毓安阁。毓安阁位于南庄村丘陵地带的中心。现在，站在毓安阁前，可极目远眺南庄四周山峦、果林和村庄。可在当时，南庄山上光秃秃，只有一个三米见方蓄雨水的土坑。彭利民在外承包过工程，他回村后考察资源，站上山顶就畅想未来：要能将这个土坑建为扬水站，山下的水抽上来灌溉山上绿化的果林，不但可以形成水循环，还能成为山水林草融为一体的景观。他拿定主意无论如何也要干，没人设计他自己设计；没钱他垫上；没施工队，他发动党员和村民一起背石头上山。2012 年，南庄不但完全依靠自身的力量建起了高耸入云、十分壮观的毓安阁庭院和水循环设施，还在共同的集体劳动中，增进了村民之间的互相理解。尤其看到彭利民这样一心为公的好带头人，怨言和意见也减少了。庭园建成后，取名毓安阁，其中蕴含着两个村的村民互信互爱、安定团结的寓意。这含义深远的毓安阁从此成了南庄村的地标。凡到南庄者，无不登上毓安阁一览众山小，南庄人为此深感自豪。此后，再也无人上访告状了。

第四个行动，迁坟。当时，村东山峦上漫山遍野散落着 470 口坟。为建坟占山争地，是导致两个村不团结的重要原因。迁坟触及内斗的病根，痛定思痛，要痛下决心。2012 年，村委会召集两个村的村民代表，集体决议迁坟到村西设立公墓。迁坟工作前后 53 天。首先培训党员，每个党员要负责做自己家族的工作。最后除了 4 口无主坟、后人在境外的 5 口坟之外，全部迁走。到 2018 年年底，这 9 口坟也统一迁走了。

迁坟行动不仅最终纾解了两个村长期存在的矛盾，而且大大密切了党支部和群众的关系，大家白天晚上集体讨论，为南庄村发展出点子，在交流中拉近感情，消除矛盾，凝心聚力谋发展。

迁坟为集体腾出了 80 亩林地，再加上党支部 2009 年带领大家开荒的 60 亩地，这 140 亩集体土地全部栽上了大樱桃，增加了集体资产，壮大了集体经济，也为而后村集体进一步整合土地、发展生态旅游做好了准备。

为了促进村民团结，彭利民还事事注意一碗水端平。重建村委会要选址，他刻意选在两个村的正中间，让村民到村委会办事行走的距离差不多。

二 为壮大集体经济不懈探索

彭利民上任后就发现，承包到户的这些年，村民和党支部、村委会脱节了，农民单打独斗，年复一年，力没少出，钱不多挣，青年在村里待不住，农村缺资金、缺技术、缺人才的状况愈演愈烈。怎样才能打破僵局，让南庄真正发展起来？

彭利民带领村两委成员和党员反复讨论，多次外出学习。最后根据村里的实际情况，决心要向荒山要财富。这就需要选好产业和解决土地分散、个人承包效益低的问题。2009 年，南庄村邀请福山区农博园专家研究本村的山地土壤、气候等因素，找到了适合本村发展的樱桃产业，又通过土地入股、集体反租的方式，整合土地资源开始集中经营。

2009 年，开垦荒地 60 多亩，种植了大樱桃 2000 余棵，迈出了南庄村集体经济发展的第一步。

2010 年 11 月，南庄正式注册了福山区兴农农业经济开发中心这个村集体和村民合股的企业。项目启动后，几年间陆续流转和整合土地。2014 年，以每亩 1000 元的价格从农户手里流转了 300 多亩地，其中专门开辟了 50 亩的开心农场，种植绿色无公害蔬菜。不过，村集体从土地集中到经营管理集中，走过了一段困难的路。尤其头几年投入大，产出小，经营管理也缺乏经验，甚至增产不增收。直到 2016 年以后集体的经济效益才慢慢好了起来。

在引领小农户走集体经济的道路上，南庄党支部已经探索多年，也摸出了一些门道：集体开荒种树、建设公共建筑、设立集体企业、成规模流转土地、申请政府项目支持，兴办福利事业等。不过，彭利民告诉我们，那时候他认准的是村集体就要为村民谋利益，要让群众满意，凡事就要自己和党员一起带头干。可是，干什么，怎么干才能让全村拧成一股绳，让村集体成为全体村民的共同体？他说："2017 年以前，脑子没清醒，思路不清晰，马马虎虎往前走。是组织部点醒了我们。"

2017 年，烟台市委组织部提出，要以党支部领办合作社的方式发展壮大村集体经济，要从中探索发展新型集体经济的道路。这让彭利民豁然开朗。他认识到，新型集体经济不仅要提高村民福利，更要通过提高农民的经济收益提升其社会政治地位，还一定要维护好乡村的生态资源，让集体成为维护乡村公共资源、公共利益的主要支撑。

他从自身经历中也感受到，新型集体经济就是一个能够承载乡村政治、乡村经济、乡村治理和文化等多目标多功能的整体事业，需要既能高屋建瓴又能脚踏实地，超越功利性和单一性，能担当总体方向指引又能协调各方利益的组织，这就是上级党组织支持下的基层村党支部。村党支部领办合作社，发动全体党员、带领全村村民谋全村的整体利益，是壮大新型集体经济的必然要求。所以，他们经过村民代表大会通过，于2017年将兴农农业经济开发中心由企业性质转成集体经济性质的合作社并重新登记。迁坟腾出的80亩林地，也作为集体资产股权进入了合作社。在党支部领办下，南庄合作社千方百计扩大集体收益，不仅南庄美早大樱桃远近闻名，在集体收益中占比很高，出售成品果树和旅游门票也成为重要的收入来源。2009年至2015年在林果业上的大量投资终于有了丰硕回报，2016年以后集体收入逐年增长，2018年以来，每年集体经济收入都提升到200万元。

但是，只做林果业，开辟采摘园，收旅游门票就够了吗？

南庄村背靠南山，面向门楼镇，还处于千年古刹和当地名胜狮子山的主干路，依托良好的区位优势和丰富的林果资源，周末短途"微旅游"很红火。中国烟台大樱桃节，自2016年在南庄举办，也打响了南庄的社会知名度。汇聚农文旅，兴生态体验经济、观光旅游和户外野营训练，成为南庄经济新的增长点。2017年《塘约道路》作者王宏甲教授到村调研指导，受王教授的启发，彭利民将2010年就有动议的魅力南庄田园综合体项目做了进一步规划，描绘了4个经济作物种植基地，1个养殖基地和1个休闲娱乐区的远景蓝图。2018年，南庄聘请了上海圣博华康创意公司为魅力南庄田园综合体做总体规划，确定了"五福"功能板块及19个项目。在是否实施这个方案和资金来源问题上，经南庄党支部多次召开党员会议、村民代表会议反复讨论，最后决定稳步推进。资金来源以向政府申请和社会融资为主，村集体的积累是否用于这个方向还要谨慎考虑，尤其不能举债经营。

而在林果业发展上，村民大会很快就统一了认识。南庄的美早大樱桃已经声名远播，外来客商的批量购买价已经高出市价 2—3 元，达到每斤 30—35 元。可是客商对外批发价是每斤 60 多元，高出南庄价格一倍。为了让自己的好产品卖出好价格，同时解决部分劳动力就业问题，南庄村民大会决定以集体的积累投资建冷库和以樱桃为原料的加工厂，充分发挥樱桃产地加工成本低的优势，提升大樱桃和其他林果的附加值。2021 年，冷库建设已经启动。南庄林果业正在走向第一、二、三产业无缝衔接、紧密融合的新格局。

三 统分结合的新型集体经济经营方式

统分结合、双层经营是写进中国宪法的集体经济组织的经营方式，但是多年来集体经济非常弱小，无力统合，大部分地区只分不统，集体经济的经营方式只有原则无法落地实施。

南庄村党支部自 2009 年以来就带领村民走集体经济综合发展之路，在实践中趟出了集体发挥统的优势，并与个体生产经营相结合的多种经营管理方式。以大樱桃产业为例。

在技术标准上，南庄坚持集体统一规范。无论生产技术推广还是产品销售，都必须按照统一标准。而这个标准是村集体专设团队参照市场质量标准制定的。这方面，只能统不能分。

在品种改良上，也坚持集体发挥统的功能。农户往往只顾眼下效益，不愿意更换优良品种。改良品种必须要做出样子，典型引路。开始试种的大樱桃优良品种"美早"因为销售业绩很好，被农户接受而推广。为了进一步培育优良品种，2020 年，合作社特地将 2014 年开办开心农场 50 多亩的蔬菜基地改为苗木优良品种培育基地，获得全体村民一致通过。

在产品销售上，由村民代表组成的理财小组，入户对小农户生产的樱桃分品种分等级进行评估定价，再由合作社统一收购。在收购中合作社坚持质量标准，质量达不到要求就拒收。合作社还组织农户实行分级分拣和包装，既让一部分闲置劳动力有了增收门路，又提升了优质樱桃的价格。显然，在收购产品和分拣加工环节，都体现了统分结合。2020 年以来，合作社还成立了电商销售团队。返乡的四个大学生尝试网上销售，销售量占到总量的一成还多。这个电商团队还让合作社与外部市场的信息联系无缝衔接。网上、网下，集体、个体，共组了统分结合、相互促进的营销系统。

在产品定价上，合作社与客商签署协议，并设专人了解市场行情和价格信息。按照协议，美早大樱桃 500 筐中抽检 3 筐，都合格就要按照协议价，每斤高出市场价 2—3 元付费。而客商专门欺负小农户。美早的市场价是 30 元一斤，不管质量多好，客商给小农户的价格都是 26—27 元，一斤就差了 3 元。可见，在市场定价博弈中，集体发挥统的功能的经济效益很大。这样的定价也有一定合理之处。因为大规模销售和零散销售的包装环节不同，客商的包装筐一个样，前面的客商把空筐撂下，装实了，谁着急谁先走，直奔市场，这在集体为单位的销售中很便捷。但是小农户的货往往装不满筐，一倒筐就降低了出货效率。质量好、规模大，再加上转运方便，让南庄合作社在产品营销上底气很足：协议价就是要高于市场价。

南庄合作社原本只对集中流转的 400 亩地的大樱桃统一管理和销售。由于合作社的出售价格高，吸引了承包地的小农户也要求合作社代销产品。合作社提出，只要同一品种按照合作社的统一质量标准，无论南庄承包户或周边村合作社以及农户，都可纳入南庄的统一销售市场，享受同等价格。这就在产品销售市场上形成了以统带分、统分结合的方式，大幅度拓展了南庄大樱桃市场收货范围，推动南庄成为当地最大的大樱桃露天批发市场，同时也让南庄村集体经济获得额外的经济利益。彭利民说，南庄就是这样挣发了的。灵活运用统分结合的营销方式，是南庄村合作社集体收益自 2017 年后稳定增长的一个重要原因。

在团队分工上，南庄村在 2014 年组建合作企业时，就按照经营的不同功能分设小分队，当时 6 个队，转为全员合作社特别是建立 26 个村的联合总社后，6 个队变成 13 个队。这 13 个队，涵盖了合作社和所有产业，并按照一二三产功能划分为管理果园、品种培育、技术推广、农资购销、农产品线下销售、电商，旅游采摘，后勤保障等。每个队都配有党员，起到骨干作用。2020 年合作社统一引入滴灌设备，用农业机械化代替了人工，大大节约了人工成本。过去果树浇水要用 30 人，现在 2—3 人就够了。2020 年的工资和管理成本也因此从 130 万元降低到 80 多万元。这是集体力量发挥统的作用的直接效果。

在区域化农民合作组织上。2019年10月，魅力南庄合作社更名为魅力南庄联合总社，这是南庄周边26个村合作社的联合社。彭利民担任社党委副书记，书记由镇政府下派的挂职干部担任。各村社自主经营、独立核算，总社目前只负责统一采购农资和销售农产品。不过，可以想见，南庄果品加工产业成型之后，冷库和加工车间形成的生产能力一定会首先用于联合总社。26个村联动的联合总社就是区域化的乡村集体经济合作体。总社与村社都是法人主体，将在更大范围实现统分结合的经营方式。

综上可知，高附加值果品产业与大田农耕产业有着不同的发展规律，它是技术与资金双密集的产业。这类产业又称为新农业。在新农业发展中，新型集体经济组织在技术、品种、营销、定价和组织化上，都具有远超小农户的显著优势。这就是新型集体经济组织带动小农户与现代高标准农业发展相衔接的实际事例。也说明小农户只有紧紧依靠新型集体经济，成为其不可分割的组成部分，才有持续发展的空间。

四　民主管理、公平分配让南庄合作社走上可持续发展道路

彭利民从2009年进村开始，就坚持一个信念，村里的大事一定要大家说了算。十多年来，村里形成了核心群工作模式。核心群是党支部、村委会、党员、村民代表、理财小组，还有村里有威望的老人共30多人，重要的事都在核心群先商议，拿出方案，再经过村民代表大会讨论通过。

2014年建合作企业时，37户村民以土地和小部分资金入股，大部分资金是彭利民个人为村集体垫资，算作村集体的大股。在村民大会上，彭利民立下军令状："我带领大伙今后要是没赚到钱，这个钱就算是我孝敬南庄老少爷们了。在我的任期内绝不会给南庄村增加一分钱的外债。"2017年，全民入社的魅力南庄合作社设立。合作企业改为合作社后，股权结构发生转变，从集体控大股、37户村民控小股，转为村集体占小股，村民占大股。村民理财小组对这37户的土地和地面附作物一一评估。土地租金按1000元

一亩计，光板地（熟地，无须投资）6000元一亩，地面附作物参考市场价格进行评估。经公平折算，37户股民的原始股份为2511股。为全村753人每人分配5股共3765股，股民股和村民股合计为6276股。村集体的土地和其他资源折算为3800股。全村总股份为10076股。

经村民讨论通过，年终分红的三成收益用于村庄福利和村的管理费用，七成分给村民。不过，这些分红多年来却并没有直接发放到户，而是存在合作社账户里，推动集体经济滚动发展。这个重大决定是经村民大会充分讨论后慎重做出的。大家通过算细账明白了：各人将分红取回就是存银行，一年只能多得几百元利息，而用在合作社集体产业发展上，每年产生的效益远大于个人存行利息。分红是存是取完全由个人自愿决定。有十几户村民为给孩子盖房等也提取过自己的分红，但95%的户都坚持把分红长期存在社里的账户。这主要还不是出于算了账发现提取分红会减少本金、影响下一年分红，而是村民对于村集体和未来发展前景信任有加。村理财小组和村会计一起严格管理监督合作社和村集体的账目，分得清每一笔款的用途和去处并且向全村透明公开，还建立了让原始股民与全体村民都能公平分红的股份和分红的计算方法。再加上村里的每个决议和措施，村民代表、党员都先拿出方案再征求全体村民的意见，80%以上的人同意才能执行。彭利民说：重要事情大伙儿说了算，大家意见占最重的分量。这就是新的村规民约。

例如，2021年春，当地农行分行到南庄考察，看到漫山遍野的大樱桃树，决定以农作物为抵押，给南庄贷款最高额300万元。他们到省行汇报后，贷款额又增了一倍达600万元。这在山东省乃至全国都很罕见。因为银行从来不给村集体贷款，认为村集体没有可控可信的抵押物。可见银行被南庄农业发展的效益所折服。可是，南庄村召开理财小组、党员会直至全体村民大会充分讨论后，决定不要这笔贷款。大家认为，要贷款就要付利息。与其每年付这么多利息，不如用我们自己的分红额，靠自身的能力慢慢发展。

其实，锦上添花不如雪中送炭。南庄创业时期，2009年至2015年的资金非常拮据，贷不到款又必须用款时，是彭利民将自己的个人积蓄倾囊而出。2016年后，大樱桃等果品进入盛果期，集体有了稳定收益，资金就不再紧张了。2021 年，村民大会决议要建南庄冷库和加工车间，预估需要 470 多万元。他们的计划是，上级政府支持三四成项目经费，其他由合作社筹集，除了运用村民未取走的分红款之外，还准备向村民直接招收 300 万元的项目股，主要依靠自己的力量筹措资金，让南庄人觉得更稳妥，心里更踏实。

村民能当家做主了，这让人心越来越向着集体聚拢。人心齐，泰山移，昔日内斗不止的南庄，如今真正走上稳定发展之路，靠的就是所有村民的意思表达都得到尊重。将每个村民自我实现的意愿都融入集体意愿，集体意愿成为村民意志的集中体现。

南庄的民主管理建筑在村社财务上一体化统一管理的基础上。村两委干部进入合作社领导班子，村民代表选的理财小组成员也进入合作社班子。合作社财务由村会计统一记账、统一管理，村集体和合作社不做分账处理。南庄人对此的解释是："我们村全员入社，分不分账没有本质上的区别。""村集体与合作社挂的是两个牌子，不过，合作社也可以看作村集体的一个企业。""你要问两者关系？村党支部对合作社起引导和监管作用。"

在南庄，村干部吃苦在先享受在后，以志愿精神为集体做管理工作，不拿津贴，没有任何特殊待遇，也没有年终奖。这也是村民信任村干部，乐意将年终分红用于集体发展的原因。彭利民说，现在南庄集体经济的实力还不够大，等今后再壮大一些，会考虑在分红中增加给村干部的退休待遇。

南庄的民主管理还扩张到 26 个村的联合总社。他们在 26 个村中选择 10 个村建立了志愿服务队。鼓励有威信、有思路的人做队员，专门一起讨论联社范围内的难题。例如物料选购，各村发展方向等。他们是不拿任何报酬的非正式组织。团队的组织与分工，本属于统一经营方式的范畴，但是增加了志愿服务队之后，就显示出即便统一经营也可能有多种方式。志愿服务队就是联合总社的一种内部创新机制，不仅激发了农民自我实现的意愿以不断提升自己的能力，而且为超越村庄范围的未来正规化的农民自主、自治做了先期演练。

第二村　烟台市海阳县辛安镇向阳村
农工并举壮大集体经济，产业振兴三年见效

山东烟台海阳市辛安镇向阳村，是烟台市委组织部推动党支部领办合作社 2018 年"百村示范行动"示范村之一。2020 年，村党支部被评为山东省创业干事好班子。党支部领办的草莓专业社被授予烟台市级合作社示范社称号。

在辛安，草莓和针织产业是传统产业，针织产业历史上就有出口业务。

向阳村 765 户，2086 人，党员 87 名，耕地 3100 亩，林地山峦 100 亩，养殖水面 1000 亩。种植草莓有 20 多年历史。只因技术和管理水平不强，销售价格较低，种植户并不多。村支书王进山一直琢磨如何从草莓入手发展农业生产，2016 年做了初步尝试，2017 年经村两委和村民会议讨论通过后，党支部代表村集体，与 192 户农户合作，集中了 80 多亩土地，成员出资 100 万元，注册了海阳市向阳村草莓种植专业合作社。

三年来，向阳村的草莓产业大发展，700 户中有 600 多户种草莓，还直接影响了周边村庄和乡镇，形成了以向阳草莓为中心的 800 多亩草莓产业集中区。2019 年，向阳村被确定为国家级农村综合性改革的试点村。几年来总计得到国家综改资金 600 多万。这些资金主要投入村集体兴办的针织厂和冷藏厂，推动向阳形成了农业与工业两业并举的新格局，集体资产和收入都大幅度增长。村集体的年收入原来只有 10 万左右，2019 年，纯收入达 40 余万元，2020 年达 55 万元，集体资产也达到 668 万元；2020 年 5 月，向阳村联合全镇 13 个党支部领办的村级合作社成立了镇级联合社，利用新创建的"辛礼德"电商平台，主推草莓、黄瓜等农产品及镇域针织等特色产品，并开始塑造自主品牌。

一　党支部领办村合作社，突破关键环节，
　　促草莓产业规模经营

2016 年下半年，在烟台市委组织部指导下，海阳县在向阳村率先推

出党支部领办合作社的先行试点。向阳村没有合作社，海阳县委组织部就与向阳村商议，从土地入手建立土地股份合作社。即党支部委员带头，动员农户将承包地交给合作社统一生产经营。村民的疑虑是：把自家的土地拿给集体经营，能不能挣到钱？能挣多少？挣了钱会不会到不了自己的手？村党支部体会到，领办合作社千难万难都不算难，最难的是如何获得农民的信任。村党支部调整了动员方式，不但土地可以入社，资金也可以，还有，愿意由合作社帮助统一销售产品和购买农资的户也可入社。最后，入社的农户193户，土地入社82亩。其中，村集体机动地42亩，农户承包地40亩，全部种了草莓。集体的两个大棚和5万元农户的资金也入了社。

2017年4月，向阳草莓专业合作社正式登记注册。村党支部憋足了劲头带着社员干，做给社员看。2017年年底，社员分了红，之后年年分红。合作社土地入股，一分地为一股。2019年每股分红是89.8元，一亩地10股，898元。土地入社的村民，每亩地得到的总收入是土地租金1000元加分红共1900元。各家各户的分红收入由合作社在村头张榜公布，还留下影像资料，透明公开，长期备考可查。农户对合作社和党支部的信任逐渐培育起来了。

为什么向阳村合作社效益稳定，能年年分红？主要是合作社发挥了集体统合资源的功能。82亩入股土地统一种上草莓、统一营销；入社但土地未入股的112户社员在192亩露地上种的草莓也由合作社统一销售。再加上集体所有、个体承包的两个草莓大棚，298户村民各自建的298个草莓大棚也都由合作社统一销售，基本上将全村草莓产业纳入合作社统一管理了。向阳村由此成了远近闻名的草莓专业村。

向阳草莓产业之所以形成规模，打出品牌，是因为合作社突破了种苗、种植管理和产品营销三大关键环节。

向阳草莓8181是烟台宏顺公司提供的好品种，口感好，产量高。普通品种露田种植亩产为3000斤至5000斤，合作社草莓基地2019年平均亩产达7000斤。其中，育苗是关键技术，也是发展草莓产业的第一个关键环节。合作社抓住种苗环节，从烟台弘顺有限公司成批购进种苗，再用类似红薯压藤技术将种苗翻几番分给农户。并明确只有使用合作社提供的种苗，合作社才帮助销售。而种苗提供，不仅打通了销售环节，而且将技术指导、施肥、撒药等生产全过程都统一到合作社了。草莓生产实现了全过程统一的标准化。

合作社与弘顺公司签订销售合同，是所有进入弘顺的草莓的代理商。这就为合作社管理散户的生产质量奠定了基础。凡是不按照统一规程，图便宜乱打农药的，质量不合格的散户货品，合作社就拒收。弘顺也会进行质量抽检。曾发生过散户草莓农残超标，累及一整车草莓都未能销售的事件。合作社还被扣除了这一车的代收费。之后，合作社在监管散户草莓上更加恪守规则。

要实现好产品卖好价，生产环节是第一道关口，其次就是营销环节。向阳村历史上种过草莓，但是小农户分散经营，没有统一的营销通路，致使二道贩子挣钱——本地和外地的采购商到田间地头低价收购、加价卖出。村支书王进山自从担当试点村的重任后，就下决心以村集体的力量打通营销渠道。他千方百计联系了具有出口贸易资格的烟台宏顺有限公司。向阳合作社的草莓技术和质量获得对方认可后，集中种植的这 82 亩田就被弘顺认定为草莓基地。该公司设有冷库，将检测合格的产品出口日本。弘顺与合作社签订了草莓销售协议价，合作社生产的草莓不低于每斤 1.6 元。由于合作社严把质量关，得到了弘顺的信任，双方合作关系良好。例如，2020年市场大盘价格走低，潍坊等地的草莓大都烂地，弘顺却将向阳基地的草莓底价升至 2 元，并给合作社代收的本村邻村散户的草莓，维持了 1.6 元的保护价。

宏顺公司在海阳设有冷库，合作社负责将基地自产和散户种植的草莓运至宏顺冷库过秤、抽检、计价、收款。弘顺公司为合作社提供每斤 2 角的代收管理费。2019 年合作社为弘顺代收了 100 吨草莓，代管费有 8 万多元。

草莓合作社的经营实践证明，尽管单纯种植环节上合作社的种植成本要高于个体成本，但从整体运营效益看，合作社的统合效益要远远超过个体经营，而且让社员、非社员、合作社和集体四个主体都获益。

二 合作社注重经营和质量管理，慎重处理 集体和个人的关系

有了弘顺公司的营销通路，向阳草莓有了扩大规模和提升专业品质的动力。

目前，向阳村的草莓产业形成了从种苗到施肥打药、田间管理采摘、储存、销售一条龙的产业链。合作社为本村400多户草莓种植户无偿提供技术指导和销售服务，未收取一文，利润全部让给村民，管理成本和代收代销草莓的费用都从与弘顺签约的代收代管费中出具。

合作社制定了清晰的规章制度和财务账目。社员193名选举出社员代表，社员代表再选举理、监事，成立5人理事会和3人监事会，这些人都是村两委成员，重大事项由社员代表大会决议。账目定时定期公开，聘请县振华会计师事务所监管。

土地入社的农户将土地交给合作社统一规划、经营，获得的是一年每亩近2000元的稳定收入。不过这比起合作社代收的散户草莓收入要低不少。只是，草莓种植户劳动强度大，劳动时间长，一年到头挣的是辛苦钱。土地入社的农户不但有合作社给予保底收入，更重要的，是解放了自身的劳动力，方便自己自由安排其他活计。例如，到合作社的集体草莓地打工拿小时工资等。所以年龄偏大的农户，算了账下来，认为还是土地入社比单干合算，付出少，收入稳，这让最初对集体办合作社有疑虑的农户全都安心和放心了。

合作社实行民主管理，重大决策大家讨论、投票决定。在要不要扩大合作社草莓规模的问题上，通过仔细分析，大家统一了认识，即不再扩大种植规模，而是持续做好全村草莓产业的技术引领和管理组织。这是由于，尽管成方连片种植草莓、集中统一管理的确可确保草莓的高质量，理论上也可降低成本、提升收益空间，不过，一具体分析就发现不少阻碍。一是合作社现在的草莓基地设施够用，但是再扩大规模，要土地连片就必须与分散的土地做置换，还得增加沟渠等农田基本设施，这需要很多繁复的工

作和不小的投资。二是合作社集中种植的成本实际算下来还是偏高。目前合作社每亩成本约 3000 元，其中肥料农药约 600 元，与散户相同，但是土地流转要支付 1000 元租金；每亩还需长工和短工，人工成本是不小的一笔，再加上农业雇工不比工业，难于管理，出工不出力的现象一直存在，不像散户那样为自己劳动能尽心尽力。细算账的结果，散户草莓的种植成本仅仅是合作社的 60%。三是农技和管理人员不足。扩大种植规模需要人员进行全流程标准化管理。但是合作社缺乏这样的人才，短期内也无力招聘合格的适用人才。四是技术难题。草莓种植质量和土质直接相关。散户的草莓地土质不同，产量质量差距不小。而合作社的集体草莓地已经连续种了 4 年，必须换茬了。这类技术改造需要上项目。如果没有政府投入，仅凭借合作社加村集体的努力，的确难以扩大规模。

村党支部与村民代表大会最终决定，主要精力放在设冷库、延伸草莓产业链，而非扩大草莓集中生产的规模上。村里私人建的冷库闲置，他们就与之协商，最后以 200 万元的价格谈定产权转让，其中的 188 万元来自申请政府农村综合改革项目资金，12 万元由村集体出资。疫情期间，该项目已经落地。2021 年，项目注册为向阳冷藏厂，已经投产出效益了。

三　集体办厂，就近就业，活跃乡村社会经济

开办针织厂是海阳县 20 世纪 80 年代以来的传统，自县城到村、乡，大大小小针织企业开了很多家，还有不少家庭式小作坊。30 多年前，向阳村就有不少针织小作坊，主要依靠镇域针织厂做来样加工，大部分出口，小部分自销。所以向阳村会踩缝纫机的人很多。只是小作坊订单不稳定，村里的针织工都到镇或县城打工了。向阳村党支部领办合作社种草莓成功后，就琢磨壮大集体经济得进军加工业，而开工厂最便捷的路子就是做针织厂。村里正好有个废旧的针织厂房，村委就向政府申请农村综合改革项目。获批后的国家项目将 388 万元投给村集体，用于改造废弃厂房和购买新设备。村集体也因此有了一笔经营性集体资产。

2019 年春，村集体企业——向洋针织厂注册成立，签下外贸出口的第

一张订单。一年来企业经营运作顺畅，疫情期间订单也没受影响，只是价格有所降低。订单维持来自外贸出口。他们认准了向洋针织厂是村集体企业，讲信誉。短短一年，到 2020 年春，该厂毛利 210 多万，纯利 20 多万，初步建立了向洋针织品牌。截至 2020 年 5 月底，向洋针织厂缝纫车间 27 人，包装 20 人，裁剪 4 人，管理 4 人，共 55 人。到 2021 年 4 月二期项目投产，技工增加到 32 人，全员达 75 人。工人中有不少外出打工后再回村的妇女，青年也不少。男青年种大棚，做养殖，女青年进针织厂。全村外出打工回乡的青年现在占到全村青年总数的三四成，约一半外出打工的青年返乡了。过去年轻人离村的原因之一，是即便在村里挣上钱也找不到媳妇。可现在村集体经济多业发展，村庄面貌改变很大，针织厂窗明几净、电动缝纫机卡卡响，露田和大棚的草莓源源不断从田头运到县城。向阳成了海阳县人流密集之地，男青年再也不愁找不到媳妇了。人群聚集的地方就有生机，回村的男女青年们让向阳呈现出生机勃勃的景象。

向洋针织厂是村办集体企业，利润分配实现三七分成，企业占七成，集体三成。集体所得与合作社的集体分成汇聚一处，用于改善村容村貌，支持公共设施、公共服务以及给全体村民发福利。

向阳工人按计件发工资，平均月工资 4000 元左右，快手能挣到 6000 元。工人们说，比起给私人针织厂的老板干，一个月能多挣出七八百元。这与集体资产来自国家项目支持有关，也与企业职工多，接单规模大有关。向阳的订单都是几十万元一单，规模生产带来了规模效益。再就是订单大都是经外贸出口的海外合同，有一定的利润空间。

疫情期间，出口外贸的单价降低了不少，利润被大幅度压缩。为了让职工安心生产，维持收入，向阳村党支部决定扩建二期工程，将规模扩大一倍，以争取大订单维系利润。为此，村党支部向国家综改项目申请 40 万元盖厂房，自己又筹集了十几万元买设备。

短短三年，向阳村集体新增经营性固定资产 668 万元。2021 年 5 月，冷库建起来了，掣肘草莓全产业链运行的冷链加工的设备问题已经全部解决。可以预期，只要加强以质量为中心的全面管理，向阳的产业就会稳步发展。

四　向阳村集体的产业组织、作用和难题

向阳村集体的产业，在 2017 年以前只有两个大棚和四五百亩虾池，都承包给个体，每年收取承包费。自 2017 年成为烟台市党支部领办合作社试点村以来，向阳建立了村集体与个体合股的草莓专业合作社、集体办起了向洋针织厂和向羊冷藏厂。2020 年还投入十六七万元建立了蓝莓葡萄园，预计今年投产，三年见效。这四个产业组织中，两家企业和一个葡萄园，都是集体全资投入。草莓合作社是混合所有，集体经营。两家企业都是从私人企业手里购买再加以整修的。两个项目都报上了国家综合改革项目资金。最终拨付的项目款以评估报告为依据，达不到私人企业的要价，所以差额部分得由村集体填平补齐。综改项目拨付给向洋针织厂一、二期工程 428 万元、冷库 188 万元，村集体填平补齐的差额分别为 40 万元和 12 万元。

从调研中，我们感受到，村支书和村委会代表的村集体才是村级集体经济实际的支撑性主体。无论集体企业、集体果园还是混合型的合作社、都是由村两委规划其组织、运营和分配活动，进行筹资、建设并落地的。各类经营性组织遵循不同的法律成为不同的市场经济主体，不过都是村党支部领办的。村党支部和村委会在各个经营性组织中担任其主要领导角色，负责其经济活动，并通过这些生产和分配活动，发展壮大了集体经济。所以，这四个组织都应该视为村党支部和村委会孵化的集体经济组织。

四个组织的区别只在于资产构成不同，分配上也有所不同。集体全资的两个企业和一个果园，盈余都归集体。集体和个人合股的草莓合作社，年终分红分配比例是 4∶4∶2，即合作社与村集体各拿四成，二成给社员分红。合作社 2019 年盈利 25 万元，合作社和村集体各得 10 万元，社员分红 5 万元；2020 年盈利 24.8 万元，分红也与 2019 年类同。合作社的分红用于发展经济，村集体的分红用于村庄公共设施维护和人居环境打造。

我们也真切地体会到，发展产业需要相当规模的资金，集体经济组织的年终分红大部分还是要用在村庄维系公共事业、公共服务的管理和运行上，没有能力对产业发展做规模化投资。作为全国农村综合性改革试点镇

辛安镇所辖的向阳村，已经得到两个国家综改项目共 616 万元，的确不算少，而且由于购买旧厂房设施，实现了当年投资，当年见效，也快速提升了村集体资产总额，为村集体经济可持续发展奠定了基础。这些事实证明，政府为乡村产业振兴投资是很必要的。但是，政府不可能包打天下，一定需要社会资本和金融业的支持。向羊冷藏厂尽管已经开工，不过，必须增添的设备费等 200 万元还是没有着落，银行又不给村集体贷款。在政府支持下，王进山已经办下了 100 万元的个人贷款，以个人征信请省农商行做担保。为此，村支书王进山背负了很大压力。他明白，开弓没有回头箭，政府已经帮助很多了，自己无论如何也要带领支部一班人和全体村民，做好经营管理，让向阳村慢慢富起来。

向阳村的这四个产业组织，无论农业还是工业，都为当地农民创造了就业机会，目前常年就业村民已超过百人，还主要是年轻人，未来随产业发展还会增加。同时，这些集体经济组织的盈余还支持了更多村民得到为村集体打零工的机会。2020 年度向阳村村集体工资支出就达 61.5 万元。领取工资的 128 人中除了村干部，主要是村里的老人。他们给村里打零工，打扫环境，生态整治和便民服务。看来，乡村工农业不但提升了村级范围的生产力水平，带领小农户对接大市场，还可以放水养鱼，让乡村公共事务和乡村治理得到来自本土经济的支撑进而维系村庄公共事务和公共福利。

向阳的实践证明，村庄是一个整体，是大社会的微缩景观，涵盖了大社会的一切要素。是村集体经济支撑了村集体在经济、生态、社会、文化等方面发挥综合性的统合功能。如果我们轻视村庄社区自身的建设和对此的政策支持，只是一味强调固化、静态的村集体经济资产确权登记量化到户的政策，特别是不问实际情况，要求村两委和集体经济合作社完全分离，那就会弱化了真正担当村级综合事务的村集体。

第三村　烟台市海阳县二十里店镇邵伯村
引进新农业，汇聚资源壮大集体经济

海阳县二十里店镇邵伯村，是烟台市委组织部推动的党支部领办合作社 2018 年"百村示范行动"示范村之一。2020 年，邵伯村集体合作社被评

为山东省合作社示范社。

邵伯村位于海阳市二十里店镇西,是海阳市十大古村落之一,村内有明万历年间栽植的雌雄两棵古流苏树,至今超过500年,还有7眼老式古井和50多栋古民居。明洪武年间(1368—1398年)祁、宋两姓来此地居住建村。因建村处被山峦环绕,满山的柏落、柞树、扫帚条,故将村名命为扫柏,后演变成邵伯。每年"五一"前后,流苏古树鲜花盛开,八方游客慕名赏花,便有了流苏花开四月雪的美称。

邵伯村狭长,东西向三里地,四面环山,九顶莲花山植被茂密,冬无严寒,夏无酷暑,平均12度,具有独特小气候。邵伯村的耕地坡地2520亩,山地5000余亩,全村440户,1117人,党员55名。

这样一个具有悠久历史文化传统的古村落,却因坡地土层薄,碎石多,难于耕种,自然风光虽好,农民收入却较低。2018年人均收入8000元,其中农业收入2000元。

自2018年下半年以来,在村党支部带领下,全体村民加入了海阳二十里店邵伯果蔬专业合作社,村集体以合作社方式收回集体林地1300亩,置换耕地36亩,形成1300亩连片农业产业园,引入软枣猕猴桃产业,村集体统一开发、统一经营。邵伯还与周边的东上、崖底两村的合作社组成联合社共同开发软枣猕猴桃产业。2020年,邵伯村自行贷款500万元,建造自动化控制的气调库,为明后年软枣猕猴桃盛果期的高品质保鲜,让好产品卖出好价格做准备。山东最大的软枣猕猴桃产业基地正在快速形成中。

邵伯村集体还与社会资本合作,规划收购村内部分民居,建设融合人文地产景五种地方优势的乡村旅游综合体。二十里店镇西南片正在形成产业振兴和乡村治理蒸蒸日上、一二三产融合趋势的新格局。

一 因地制宜选产业,党支部带领村民二次创业

邵伯是个山村,利用山地资源靠山吃山是这里的传统。

20世纪70年代农业学大寨期间,邵伯村老支书宋奎带领大家凿山开路,种了一山的板栗、核桃。这是邵伯的第一次创业。老书记说,让大伙

儿都能吃到栗篷饼子（板栗粉做的面点）核桃酥。当时靠山果产业的确不仅养活了村里人也发展了集体经济。80年代的邵伯村集体就有30多万元存款。但是，随时间流逝，树的品种老化，而市场上板栗、核桃太多，价格下滑，销路不好；加上耕地、山林都分到了户，2018年集体收益只有6000块钱，连给收果小时工的工钱都不够。

2005年上任的村支书宋立元，在2018年之前，紧跟党的政策，通过村村通公路、打造美丽乡村，一步步改变了该村村貌。但是村集体还是穷，大量耕地抛荒、农户靠外出打工挣钱，青年人不回村，这些乡村普遍存在的问题邵伯一样不落。村庄怎么才能发展起来，村两委怎么带动村民共富，让祖上留下的邵伯发扬光大，是宋立元苦苦思索、纠结多年的揪心难题。

直到烟台市委组织部推出党支部领办合作社的道路，他作为被选送的100名村支书之一，去浙江大学参加村党支部领办合作社发展集体经济专题研修班之后，才大彻大悟。他们去了安吉、余杭和富阳的很多村庄，登门入户，详细考察，深有感慨，他说："原来对习主席提出的绿水青山就是金山银山这个话理解不透。我长在农村，我们邵伯有山有水，但水质差、山秃、没有钱，怎么就成金山银山了呢？出去学习让我的脑子当时就转了，原来绿水青山变成金山银山是这样做的。我心里有底了，回来就开会传达，下定决心搞二次创业，用村党支部领办合作社，再次开发九顶莲花山。"

的确，做集体性质的合作社，集中土地壮大集体经济，首要难题在思想认识。一开始做动员工作时，村里的老人们说，你这是吃大锅饭，走回头路。宋立元说，我不是。海阳市首先召开党员大会，邵伯开了党员会又开村民代表大会，讨论为什么新时期要走集体经济的路，村两委成员利用晚上时间，挨家挨户上炕头去做工作。聘请老师在村广场讲前景讲政策，讲为什么要做合作社。

党支部领办合作社，关键是选好产业。

宋立元知道，为邵伯第一次创业立下汗马功劳的板栗老树种早就该淘汰了，关键是找对替代产业和品种。

2018年9月3日，宋立元在央视新闻中看到丹东软枣猕猴桃的宣传，就与对方紧急联系。10月2日，他带领两委成员直接去丹东实地考察，发现丹东的软枣猕猴桃尤为适合邵伯的地理条件。软枣猕猴桃形状特别，又像枣又像桃，口感酸甜适宜，维生素 C 含量是苹果的 80 倍到 100 倍，还可以治糖尿病，淘宝商市场售价 158 元一斤。而且不用打药，用工极少，比苹果、桃子都好管理，于是村两委就选定了软枣猕猴桃做主打产业。但是，要种软枣猕猴桃，一要土地，二要资金，三要技术。只有以最小的代价同时解决这三个问题，这个新产业才能立起来。宋立元与村两委讨论，土地要动员大家往出拿，资金和土地绑起来一道解决，技术问题找丹东专家指导。

为了激励全村村民投身二次创业，村党支部带领大家选产业、画蓝图、立项目、讲前景、算大账：一亩地栽 83 棵软枣猕猴桃，三年后结果，一棵树结果 50 斤到 100 斤；一亩地，亩产 4000 斤到 8000 斤，就按一斤 20 元计算，一亩地每年最少收入 8 万元。如果种 600 亩，4800 万吧？按照 4000 万算，村集体占比 49%，大数就是 2000 万。其中村集体留一成到一成半，每年就有 300 万—500 万元收入，其他都均分给全村 460 户，户均分红 3.04 万元。

这个蓝图和愿景极大地激励了全体村民跟定党支部上山穷干、苦干。

从 2018 年 10 月开始，近两个月内，党支部带领全村农民男女老少，以愚公移山的精神义务上山修路，立桩、开山平地，砍掉老化的板栗树，修了 3 公里的盘山路，两座蓄水池，出动机械 200 多班次，人工 2000 多人次，挖石 6 万多方，立水泥桩两万多根，这些水泥杆当时全是人拉肩扛上山的。为了铺设种猕猴桃的藤架，村民将 50 吨钢角铁丝线靠人工拉上山。

2019 年春天，一期产业园动工，在 600 亩的土地上挖坑、施肥、填土，栽种软枣猕猴桃 3 万多棵，梨 1 万多棵，石榴 3000 多棵。山坡的原生环境碎石居多，土壤存量较少，且土壤土质不满足生长条件，为有利于软枣猕猴桃的生长，邵伯人调制了土杂肥 3 万多方，靠人拉肩扛背上山的。实践证明，山越高、土的透气性越好，猕猴桃长势就越好。现在已经看到初步成果，去年在山势高处栽的软枣猕猴桃今年都开花挂果了，三年后会大见成效。

在村党支部带动下，全体党员上山，带头的有在北京刚做完大手术，85 岁的老党员宋新，还有年岁最大的 94 岁老党员。宋立元一再劝阻老人回家去，这位老党员说："我在这儿帮你，能多种一棵就多种一棵，这样能保证成活率。"宋立元深受感动，觉得冥冥之中有双巨大的手推着他往前走，他告诫自己，一定不能停，就是要一股劲地干！只要干不死就一直干下去！

这样热火朝天的全村奋战，已经几十年没出现过了。村里的老人感慨地说，当年党领着我们战天斗地的日子又回来了。

一直到现在，村两委成员天天上山看猕猴桃树已成习惯。一天不上山大家心里就不舒服。遇到急活，大家就一起上。为了做好新产业，大家心往一块想，劲往一块使，有问题一起和群众商议，党群关系自土地承包以来从没有这么密切。

为了形成以软枣猕猴桃为主业、林果花木多业多品种并举的农业新格局，邵伯党支部在党和政府支持下，邀集多方农业科技专家支持指导，做出了邵伯村集体产业规划。一期 1300 亩地分种植区、花木育苗区和采摘区。种植区有 800 亩软枣猕猴桃，还有 500 亩大红袍花椒（无刺花椒）。还有光伏 200 亩。二期工程在村集体的 500 亩荒山上栽果树，不需调整村民土地。

二 集中土地，改善民居，做大集体资产

在党支部领办合作社之前，产权确权登记后的邵伯村集体资产有 280 多万元，而经过一年多努力，目前集体资产已经增长到 1500 万元，其中主要是产业园的设备设施，预计到 2021 年年底，冷库建成后，村集体经济资产将增长到 2000 万元。

邵伯做大集体经济资产主要有四种方式。

第一种方式，是自然资源变集体资产。

邵伯多山地，曾经以集体发包的方式，在 1998 年将九顶莲花山的 1300 亩山地发包给 16 户农户承包。2018 年年底，村集体为开发软枣猕猴桃产业园需要土地连片，经全村农户讨论同意，一期工程 1300 亩、二期工程 500 亩承包山地均交回给村集体。其中，村集体在一期产业园工程中还以机动地置换了部分农户的山地 36 亩。村集体拥有了一期 1300 亩和二期 500 亩共 1800 亩土地的所有权和经营权。

第二种方式，是将农户闲置房变为集体的可经营资产。

这又有两种方式：一是村集体以每间房 1.5 万元的价格买断农户的闲置房；二是村集体与农户签订为期 10 年的房屋经营权转让合同。再以村集体旅游公司名义，将这些房屋作为集体可经营资产与外部资本合作，外部资本承担房屋购买、室内设计和修缮费用，招徕客户，村集体负责经营，利润五五分成。

邵伯已经摸准 200 户民房可采用集体买断方式，正在与多家社会资本谈合作。

第三种方式，是建设村服务中心，使之成为集党建、村务、便民利民、人才培训、产品展销、对外合作等多功能的平台。

第四种方式，是与周边的村庄以党支部连建的方式投资大棚产业，形成连片生产经营的集体经济产业园。

邵伯村为这四种壮大集体经济资产的方式到底付出了多少成本呢？

最了不起的，是第一、二种方式中的土地和房屋村集体并没有直接支付资金成本，而是通过给农户画蓝图、算大账的方式，将其直接收回集体经营。第三种方式是党委政府出资 70 万元，村集体出资 230 万元共同建设的。

土地资源集中，村集体并没有像国内大多数村庄那样支付资金。主因是村民承包的山地多年荒芜，并无收入，而交还给村集体集中种植软枣猕猴桃，根据测算，三年后每户农户都能得到至少每年 3 万元的稳定收入。另外，邵伯村历来根据生丧嫁娶的人口变动对承包地进行年度调整，将死亡人口的土地调整给新出生人口，这让村两委获得了农民群众的信任，知道村两委说话算话。

宋立元书记告诉大家，大河有水小河满，咱拿出土地给集体，连了片的土地种上软枣猕猴桃，每家每户才有稳定的农业收入。全村形成了集体性的公众舆论，认同党支部的土地规划，这让村两委做承包户工作有了底气。1300 亩地涉及村里的七八十户，这些户当中有 50 多户承包的林地没有种植，就说服群众交回村集体直接集中，原定的承包合同经双方同意作废。20 多户承包的是耕地，村集体就拿出机动地做置换。对这 20 多户要不要另外给报酬？村两委提出，村集体合作社在分配上对所有户籍农户一视同仁，不应另外支付报酬。大家也都同意了。

2021年春，邵伯人又上山了。这次是将500亩山地建成二期产业园，育苗专业化基地。现在，全村除了30多亩零碎地在承包农户手里之外，其他承包的耕地和林地全都回到村里，由村集体通过合作社进行统一规划和经营。

邵伯村集中土地资源没有花一分钱，主要是荒地收回和好地置换，而这都是村党支部挨门挨户做群众工作，让所有农户都知晓和支持村集体产业发展愿景的结果。

而邵伯与外村合作，建软枣猕猴桃大棚的用地支付了地租。可见，在土地归村集体所有的基本制度下，村庄是土地市场的重要分界线。村庄内外的土地市场可以不同。村内土地资源能否整合，以什么方式和需要付出多少成本，取决于村党支部能否让村民认识到，村庄是以本村整体土地为基本资源的利益共同体。由村集体统一经营和发展适合的产业，不断壮大集体经济，才最符合全体村民的最大利益和长远利益。

三　与邻村合办联合社，共创党建融合区，带动周边共富共荣

邵伯村选产业、上项目，带动全村老少走农产业致富路的做法在当地十分轰动：一个没有平地的穷山村都能致富，那么，土地平坦的村不是更有条件吗？在市委和镇党委的支持鼓励下，邵伯村利用现有的产业和技术优势，联合周围的邻村——东上庄村、崖底村共同成立了党支部领办的联合社，带动这两个村一块儿干。一个村在傍路的平地建大棚种植软枣猕猴桃；另一个村在山地种植无刺花椒。无刺花椒的收益也不错，一亩地有1.8万元。联合社在东上庄和崖底村流转了280多亩土地，建立了高7米、宽22米、长150米的大棚1个，栽上了软枣猕猴桃，还发展了100多亩的无刺花椒。目前的联村规划中已经设计了采摘路线，准备做民俗旅游。

现在的联合社与各自村的合作社在土地使用上集中规划，产业种植上

集中部署，技术管理上统一指导，生产安排上分头操作，宜统则统，宜分则分。

邵伯周围的靠山、崖底、南姜格庄、孙格庄、西上庄五个村，也以邵伯村党群服务中心为依托，形成了党建融合发展区。

四　以高品质为中心的全产业链管理

软枣猕猴桃作为从丹东引入的新农业品种，在山东扎根不仅要遭遇环境气候的考验，还有生产技术管理，加工和销售环节等产业链上的多环节，邵伯一一破解难题。

在生产技术上，他们与丹东宽甸龙成集团签约，专为邵伯人开设网上直播技术课，每晚至少两个小时。邵伯党支部组织党员群众听课，每人每晚缴纳一元听课费给丹东公司。听了技术课后邵伯人明白了，软枣猕猴桃是长白山野生果，零下40℃下大雪都冻不死，这比源自南方的猕猴挑更适合邵伯小气候。但是，东北进货的树苗有抗逆性，要长远解决技术问题必须自己育苗。村党支部邀请技术专家作育苗指导，在改良邵伯土质上和技术管理上出方案。

在技术管理上，邵伯村审慎对待这个刚引进的新产品。坚持选人建团队，村民经考核编队上岗，专业技术队集体劳动，严格执行技术规程。2020年的长工53人，短工只用于摘果子。每年需要100万元用于发工资。

邵伯农民在丹东技术员指导下成效斐然。2020年第一批1万斤果实成熟，卖出了150元一斤的高价。2021年成熟果实可达3万斤。2022年进入盛果期，可收获几十万斤。

要想在盛果期将软枣猕猴桃卖出好价钱，就要延伸产业链，做好冷藏加工，宋立元了解到气调库的保鲜时间是冷库的3—5倍以上，还有加湿系统，可保持果品原品质。经气调库储藏的果子升值空间很大，销售价可比现在的价格翻几倍，就下定决心建设气调库。但是汽调库需要500万元，银行不给贷款，以果树作抵押也不行。宋立元就以个人征信找担保公司担保，个人名义贷款。宋立元说，为了全体村民的利益，为了兑现对村民的承诺，我只能背水一战。预计气调库 2021 年 10 月就可完工投产，这为 2022 年盛果期的收益提升打下了物质基础。

在销售环节上，邵伯也摸索了新的路径。他们不与外部营销企业合作，而是以电商为主要手段，目标瞄着北上广深，尤其是爱吃甜食的深圳人。同时村集体与外贸企业对接，为出口早做准备。除了销售鲜果，剩下的残果也已经物色了加工企业准备生产面膜，为打出品牌，自 2019 年起邵伯就参加全国年度创富大会做产品展销产品，还在 2020 年完成了产品绿色认证，拿到了证书。

现在，邵伯人满怀信心，要让丹东原产地软枣猕猴桃产业在山东扎根，在全国获得最高品质、最大规模的经济效益。

五　汇聚各方力量，共建新邵伯

邵伯村 1117 人中，有 300 多人在外打工。看到村里发展势头很好，有些年轻人动了心，想回村。有人问："我回村找个地方盖房行不行？"宋立元说："盖房子不行。土地资源金贵，不能随便盖。你回来可以修修老房子，参加村合作社的集体事业。"为了吸引年轻人回村，村党支部承诺给青年人上社会保险，让他们安心在村里创业。

面对农村老人多，高龄老人多，花不动钱，做不动饭的现实困难，邵伯将老村委办公室翻盖成大食堂，给 80 周岁以上的老人，以及五保户、低保户提供免费的一日三餐，老人行动不便的，党员志愿者就把饭菜送到炕头上。

邵伯的本土资源非常丰富，但以往"养在深闺人未识"，是 2018 年烟台市委推动党支部领办合作社的集体经济振兴运动，撬动了成千上万的村庄，也包括邵伯。而集体合作的发动轮一旦启动，就引来多方资源加盟、汇聚，形成一股不可阻挡的发展势头。先是丹东的软枣猕猴桃公司，后是济南大学，还有为邵伯民居投资的北京企业，以及周边的多个村庄合作社。

为了充分利用邵伯的古村落资源，村党支部专门聘请济南大学的师生做旅游开发设计。第一个项目就是设计村党群服务中心。政府给予部分资金支持，加上村委会筹集的资金共 300 万元，于 2019 年年底建成了占地 1600 多平米的党群服务中心。这个中心多功能并举，既有便民利民功能，还有特色产品展销、历史文化展览和多媒体学习室等旅游文化的功能，同时可用作游客接待中心。

到 2020 年 5 月，项目设计还在进行中。老粮仓一分为二，村史馆和胶东博物馆。邵伯和胶东村庄家庭妇女的各类手工艺都会在这里展示，游客甚至还可动手生产、做体验式活动，成为民俗文创的园地。

济南大学将邵伯旅游规划设计定位为后备箱工程，即推出一批乡村旅游优质农产品，鼓励和支持农民将当地农副土特产品、手工艺品通过自驾车旅游渠道就地就近销售。而宋立元的思路似乎比后备箱工程更开阔，他正在做村内闲置房屋变身民宿客栈的规划，想让游客来了有吃有住有玩，走时再带走特色产品，特别是要能赏析邵伯古村落的历史文明、邵伯古树、古井还有抗战故事。

2019 年 9 月，邵伯村党支部领办合作社通过验收评估后，被评为海阳市党支部领办合作社"十佳品牌社"，海阳市委给邵伯村发了 30 万元奖补资金。

2020 年以来，邵伯通过省乡村振兴服务队争取到连续两年每年 50 万的项目，2020 年上的是产业园滴灌设备；2021 年在建的是种植软枣猕猴桃的暖式大棚。

短短三年时间，一二三产融合的规划蓝图已经在落地实施了。现在，邵伯人还在思考，用优惠价的软枣猕猴桃给民居合作企业作制度化的分红设计，以形成邵伯自产自销、与所有相关利益人共建共享、各类产业融合发展的新经济。

邵伯的确走上了组织振兴带动产业振兴，产业振兴带动全面振兴，穷村打好翻身仗的新路子。

才不过两三年时间，邵伯就展现出这样极为丰富又富有长远潜力的成效。他们的经验证明，党支部和村委会是乡村集体和集体经济的主体，只要在方向上明确，政策上支持，信任和放手让他们带领一班人去实干，他们是有很多办法让集体富起来的同时老百姓的腰包也鼓起来的。

现在，邵伯党支部的凝聚力和号召力更强了，党员的带头作用更明显了，农民的生活更有奔头了，大家心情舒畅，一致认为党支部领办合作社的路走对了。村民祁洪祥写诗咏志："荒山变成金银山，绿水浇出幸福园，支部领办合作社，手握金树摇金钱，小康路上跟党走，日子一步一层天。"

烟台三村壮大集体经济的启示

杨 团[*]

摘 要： 烟台经验之所以重要，是因为它击中了新时期乡村发展的痛点，即农村长期缺乏强有力的领导农民组织化的力量，发展农村经济缺乏支撑。烟台三村的实践证明，新型集体经济，即集体经济中融入了个体经济的，有多种表现形式的村支部为领导核心的经济，是有效带动小农户走向现代农业的经济形式，是发展农村经济的支撑。

关键词： 烟台经验；党支部领办合作社；新型集体经济；农民组织化；农村基层党建

增强集体经济发展活力和实力是党中央自十八大以来提出的乡村振兴的重大方向，2018 年中央"一号文件"尤其提出，要"探索农村集体经济新的实现形式和运行机制"。烟台地区的村镇，在烟台市委组织部领导下，自 2017 年以来，坚持从试点村起步，在全地区探索农村集体经济的新的实现形式和运行机制。到 2020 年年底，已经覆盖了全地区大部分村庄。本文记述的这三个村庄是烟台市委组织部 2017 年的试点村和 2018 年的示范村。分析总结他们的实例，可引发更深入的思考。

首先，烟台经验之所以非常重要，是因为它击中了新时期乡村发展的两大痛点。

第一个痛点，农村长期缺乏强有力的领导农民组织化的正面力量，这

---

* 杨团，中国社会科学院社会学研究所研究员，北京农禾之家咨询服务中心理事长。

是导致"集体穷、支部弱、群众散、产业差、合作社乱"普遍存在，人心涣散，信任不再的主因。农民专业合作社本质上属于私人和私有性质的，领头人即便是村支书或村委会主任，依据法律也只能以个人身份和个人资产加入，集体和集体资产不能进入合作社。① 但是，没有执掌公正的集体力量做组织导向，合作社极易沦为下乡商业资本的俘虏。合作社法颁发十多年来的实践充分印证了这一点。

改革四十年的历史经验教训证明，小农必须组织化，结成利益共同体，才能彰显自己作为一个整体的主体性，改变市场弱势地位，通过谋求共富取得与社会各阶层的平等地位，彻底扭转中国新时期社会的和经济的发展不平衡、不充分。

但是小农组织化靠谁来实现？农民专业合作社做不了，商业企业以盈利为目标做不到，现有的村集体组织行不行？

改革开放以来，解散了人民公社及其生产队之后，乡村没有了集体经济组织，除了阶段性土地发包外，全国绝大多数地区的村集体几乎再没有一项实际的经济功能，集体经济名存实亡。

烟台市委组织部在这种严峻态势下举旗迈步。他们以党支部领办合作社为工作方式，明确提出村党支部是村域小农组织化的领导力量，明确要求党支部带领村委会将村集体资产进入合作社，利用农民专业合作社的形式，将私人性质的合作社改造成为集体性质的合作社。在此基础上，重建中国乡村的集体经济组织制度和经济功能，重建合作社的领导机制、运营机制、监督和分配机制，使其成为带领农民共富的新型合作社也即新型集体经济组织。

为了实现这个历史性目标，烟台市委组织部为基层党组织授权增能，夯实基础。他们编写教材、培训干部，将农村集体经济的组织工作引向体系化的专业道路，要求每个村党支部都要学习和掌握领办合作社、带领农民共富的整套本领。

---

① 按照合作社法规定，企事业单位和社会组织可以加入合作社，但是，"具有管理公共实务职能的单位不得加入农民专业合作社"，这意味着村委会、党支部作为"具有管理公共实务职能的单位"，不能依法成为合作社的股东。

烟台三村乃至烟台地区快速推广党支部领办合作社的大量事实证明，烟台市委组织部的方向是切实有效的，得到了广大基层党组织和农民的衷心拥护。

第二个痛点，怎样才能推动农村经济真正发展起来？

首先，烟台三村以及烟台整个地区党支部领办合作社的经验证明，集体经济必须聚焦产业经营，盘活资源，真抓实干。目前有一种偏向，比起集体经济组织的实际经营功能，政策更加重视的，是集体经济组织的静态资产，甚至政策要求以资产确权和是否量化到户、红利均分来定义集体经济组织。为了执行政策，基层村镇做了大量形式化工作，却叫苦不迭，不清楚这样的集体经济组织就算赋码登记，到底有什么实际用处。烟台三村的实践证明，集体经济组织不见得必须固定在某一种形式上。选对产业，踏踏实实做好生产经营，推进和发展村庄社区的实际利益，才是人间正道。而产业经营靠谁做？是村集体还是只突出商业化功能的公司型合作社？还是下乡的工商资本？有舆论认为，乡村现有的经济资源既然已经零碎分散，农民和村集体又缺乏整合能力，不如谁能做就让谁做，从而交由各类资本下乡重构重组。这种让村集体直接出让乡村主体性资格的想法，是中国乡村现在和未来可持续发展的大忌。我们必须明白，在当下，倡导和鼓励村党支部领办合作社做经营，壮大集体经济，不只有经济意义，更有修炼内功、强化村庄内部的组织，加强基层治理，从而增进国家治理能力的意义。

其次，烟台三村的实例，对于帮助我们认识实践中正在发生和发展的中国农村新型集体经济有重要启示。

一、新型集体经济与传统集体经济最大的不同，是集体经济中融入了个体经济，实现了多年来只说没做的发挥集体统的功能，带动小农户与现代农业发展有机衔接。

二、新型集体经济的主体是村党支部领导下的村两委。村支部书记兼任村主任，党政一肩挑。村党支部领办合作社，领办村集体企业，领导一班人为壮大集体经济殚精竭虑。三个村的实例都证明：合作社账目由村会计统一记账、统一管理是有效的。其中，南庄和邵伯村都是全员入社，所以合作社与村集体财务不做分账处理。向阳村合作社是部分村民参与，所以合作社与村集体是分账的。

三、新型集体经济组织有多种表现形式。三个村都有专业合作社，资产都是集体和众多村民合股的，运营都是由村党支部带领的专业专职团队主持的。三个村都有以该村为核心将周边村庄合作社连接组建的联合总社。总社和村社分别核算。三个村也都办了集体企业。其中，向阳村办了针织厂和冷藏厂，南庄和邵伯都办了冷藏和加工车间。看来，集体经济组织无需规定集体资产必须占百分之百，而是要看村集体是否在其中发挥公共主体的作用，在决策、投资、分配等重大事项中发挥应有的作用。

最新出台的《民法典》规定：农村集体经济组织和城乡合作组织都是特别法人。只是，在国家还没有通过集体经济组织法之前，农村集体经济组织法人是相对模糊的概念。而党组织领办的合作社在县镇两级政府支持下，将村集体和村民以及内外企业共建一个生产经营的利益共同体。对内，可解决村民如何在党的领导下团结起来，充分运用集体资源产生效益和公平分配的问题，村庄治理和协调村民利益关系的问题；对外，于城乡融合、国家治理具有深远的战略意义。

最后，应将支持农村基层党组织在乡村振兴中发挥引领作用提上国家政策议程。

建设新型集体经济需要小农重新组织化。而小农重新组织化首先不是市场经济下的产业化，而是能表达小农群体意愿和利益的村庄内部的组织化。起码在当下，这类组织化无可替代地只能由村镇基层党政组织来完成。这就必须将多年来被虚化、被行政化的村党支部、村委会的领导力重新焕发出来。为此，国家亟须制定专门的整体性、系统化的政策给予乡村基层以强有力的支持。它应包括但不限于村镇党组织和集体经济组织，以及组织人才和团队的培育，金融、信贷、信托、税收、社会服务等政策的支持。尤为重要的是，在村镇两级建构和实现农村新型集体的基本权利，彰显村民在产业组织、经济分配、决策参与、财务监督、自主创新等方面的集体性权利，让村庄内部的组织化形成整体力量，与外部市场的公司和商业力量、社会力量搭扣、衔接、协同，推进符合中国乡村振兴内生逻辑的能量生发和成长。

　　烟台三村的实践也反映出一些亟须解决的事项。项目资金不足的问题最为突出。银行落实不了抵押物，就不给村集体贷款，导致村干部只能个人借贷，给他们带来很大压力。政府项目招投标水分大，成本高，相当多的资金被形式主义挥霍，导致部分资本虚置。冷链加工作为快速提升果蔬农产品销售价值的关键而进入集体经济组织的工作范围，迫切需要政府协调相关部门，在其规划、投资、贷款、运营、产能跨村镇有效利用等方面，给予整体性的通盘指导和切实的具体安排。此外，集体性合作社在评定不同类资源使用权价值的占股及公平分配上尚缺科学、统一、稳定的标准，需要在方法上有新的突破。还有，目前做得好的村集体经济已经跨出了村域边界，纷纷设立联合社，但是其功能远不能满足实际需要。这说明农村集体经济探索正向深度和广度进军。

　　建议烟台地区抓住时机，在总结村党支部领办合作社经验的同时，汲取境内外的历史经验和现实经验，着力培育乡镇党委领办的乡域集体经济组织，突出其整体性、综合性、正规性，在县、乡、村三级组织建设和功能连接上迈出新步伐。

中国扶贫基金会案例解析

研究说明

2020 年 9 月，为将脱贫攻坚方面深耕多年的经验在乡村振兴事业中弘扬光大，中国扶贫基金会委托北京农禾之家咨询服务中心综合农协研究组，在扶贫基金会两大品牌"善品公社"和"百美村宿"中各选一个项目做深度调研，将总结提炼的经验撰写成案例报告。

在中国社会公益领域，中国扶贫基金会是支持脱贫攻坚、乡村振兴的排头兵和领军机构，尤其在如何发挥农民合作社作用，树立合作社在乡村的主体地位以推动三农事业发展上，他们进行了长达 20 年矢志不渝的探索。自 2013 年雅安灾后重建始，他们开发了以"善品公社""百美村宿"品牌扶持村合作社成长的项目实践。至今，这两个品牌项目已经覆盖全国十多个省和百多个村庄，形成了在中国独具特色的社会资本助力乡村振兴的恢宏事业。

北京农禾之家咨询服务中心综合农协研究组是一个由专业志愿者组成的推动三农事业发展的思想、理论和政策研究集群，十分理解和支持中国扶贫基金会，双方组成了项目团队，共同在"善品公社""百美村宿"品牌中各选了一个村，四川石棉县坪阳村和河北涞水县南峪村进行深度案例调研，并约定调研成果分别以教学案例报告和研究案例报告两类形式呈现。2021 年 3 月底，两个深度调研的教学案例在四川蒙顶山合作社学院以案例教学的形式进行试讲、组织讨论，并在课后进一步修改。本书呈现的是最后的修改文本。

这一成果是中国扶贫基金会善品公社和百美村宿两支优秀团队与北京农禾之家咨询服务中心综合农协研究组通力合作的结果，也是项目地四川石棉县坪阳村、河北涞水南峪村的党支部和合作社全力配合的结果，在此一并致谢。

北京农禾之家咨询服务中心综合农协研究组

2021 年 5 月 3 日

善品公社以"互联网＋扶贫"引领坪阳黄果柑农民专业合作社全面发展推动石棉县黄果柑产业走向高品质[*]

杨团执笔

摘　要： 本教学案例揭示了中国扶贫基金会品牌项目"善品公社"在四川石棉县产业扶贫与开发的实践。他们以坪阳合作社为组织基础，善品公社为统一品牌，电商销售农产品为支点，加工中心为基础设施，形成品牌、品控下的高质量产业链，以点带面推动当地黄果柑特色产业走向品质农业。善品公社石棉样本构建了"政府＋社会力量＋合作社＋农户"的合作机制，整合了各类外部主体、撬动了各种资源进入乡村产业，结成共同推动产业振兴的共同体。证明了公益组织在将小农户与大市场紧密衔接当中具有独特价值。

关键词： 中国扶贫基金会；善品公社；农民合作社；产业振兴共同体；公益扶贫

＊ 2020年9月，中国扶贫基金会委托北京农禾之家咨询服务中心综合农协研究组就善品公社石棉坪阳案例和百美村宿涞水南峪案例做深度调研和提炼总结。此文为石棉坪阳教学案例的二稿，由中国社科院社会学所研究员、北京农禾之家咨询服务中心理事长杨团执笔。农禾之家研究组刘建进（中国社科院农发所研究员）、仝志辉（中国人民大学教授）、吕松波（农禾之家研究组干事）、杨润峰（中国人民大学博士生）作为项目团队，共同进行了自案例调研到资料整理、撰写、定稿全过程。案例调研和写作中，王光远（善品公社原首席运营官）、冯忠德（善品公社现任首席运营官）、王志伟（石棉县坪阳黄果柑农民专业合作社理事长坪阳村前党支部书记）给予了重要帮助，特此致谢。

导言

中国扶贫基金会自1989年设立以来，一直在探索社会组织如何助农脱贫，改变乡村面貌，推动中国三农事业走上可持续发展之路的方式方法。进入21世纪以来，他们在全国各地尝试组织农民合作社，助力农民产业脱贫，取得不少经验。自2015年起，他们组建了以善品公社为品牌的公益电商运营团队，全力探索"以合作社为组织基础，善品公社为统一品牌"的产业扶贫模式。

他们以电商销售农产品为支点，撬动合作社和农户，帮助生产者建立农产品标准意识和品牌意识，将生产环节的品控延伸到初加工环节，以提高优果率，卖出好价钱。这是一条生产者和销售者紧密衔接，精诚合作的路，是通过组织村民生产高品质农产品，以互联网营销撬动终端消费者，实现农业高质量发展的路。

善品公社一经设立，就选定石棉县为项目县，石棉黄果柑为善品公社品牌打造和品控的第一个产品，石棉坪阳黄果柑农民专业合作社为善品公社助力的第一个示范合作社。

目前，石棉县已经成为中国优质黄果柑生产第一县。到2020年年初，石棉黄果柑产业种植面积达4.5万亩左右，产量约6.6万吨，产值突破3个亿，给种植户带来户均9000元左右年收入。石棉黄果柑销售遍及全国，声名鹊起。六年来，石棉黄果柑公共品牌的社会影响力有了显著提升，据市场第三方发布的评估报告，2016年石棉黄果柑这5个字的公共品牌估值4.42亿，到2019年年底估值8.82亿，提升了一倍。

石棉坪阳黄果柑农民专业合作社（以下简称坪阳社）已成为覆盖4大村7小村共2000多农户的区域性合作社。2018年，坪阳社被评为四川省农民合作社示范社，四川省农民合作社百强社，2020年，坪阳社获评国级家示范社，这也是截至目前善品公社累计扶持的上百家农民合作社中第一家国家级示范社。同年，因"助力脱贫攻坚，带动农户增收致富：多元合作，创新治理，赋能山区产业振兴"，入选农业农村部办公厅第二批全国农民合作社典型案例。

可以说，善品公社的第一个试验地——石棉项目是成功的。它超越了最初设定的公益电商运作模式的目标要求，发展成为产业链扶贫赋能的系统化创新模式的石棉样本。其中以合作社为产业链的主要载体，帮扶合作社通过组织和制度建设提升产业经营和管理能力、拥有推进产品标准化、品牌化的设备设施能力，以及建立多渠道，多方协同，扩大公共品牌的社会影响力。石棉试点，堪称从单纯慈善救济方式转向公益市场方式助力产业扶贫的有效尝试，它也是中国扶贫基金会这类社会组织主体如何参与乡村振兴的一个典范之一。公益组织参与乡村振兴，一般都是进行单项的资金捐赠，而中国扶贫基金会通过善品公社的石棉实践，与农民合作社、地方政府、企业等协力打通产业链淤堵环节，结成推动产业振兴的事业共同体。

经历六年的锤炼，截至 2020 年年底，善品公社实现了与全国 19 省 81 县的 99 家合作社共 100 个原产地的协同合作，扶贫产品涵盖水果、粮油、禽蛋、饮品、干果、农特产 6 大类 50 款产品及农副产品，建立品控管理覆盖基地 195329 亩；累计帮助 36347 户农户，其中精准扶贫 23685 户 7 万多人，参与支持的消费者超过 50 万人。与此同时，品牌传播量突破 5 亿次，还被第五届（2020）中国公益年会授予"2020 年度中国公益企业"荣誉称号。在举国抗击新冠疫情之下，善品公社还联合石棉县人民政府向湖北 4 所医院赠送新鲜采摘的黄果柑 10 万斤。

一　善品公社为什么选择石棉县和坪阳社？

善品公社落地石棉县，是瞄准了中国扶贫基金会在善品公社初建时提出的目标："要寻找有需求、有基础、有介入价值的地方，开发独立运作的工作模式并形成完整的验证过程。"石棉县同时具备了黄果柑这一优势地方特色产业，和推动产业发展、在全县居领先地位的坪阳黄果柑农民专业合作社（以下简称坪阳社）这两个基础条件。

（一）选定石棉县，天时地利人和

石棉县是中华人民共和国成立后的新建县，也是全国唯一以矿命名的县，因境域富藏优质石棉而得名。该县地处雅安、凉山、甘孜三市州交汇地带，是内地通往云南、西藏两省区的重要通道。全县幅员面积 2678 平方公里，辖 11 个乡镇、1 个街道，总人口 12.88 万。这里生态资源丰富，森林覆盖率 68.53%，境内有贡嘎山、栗子坪两个国家级自然保护区，是长江上游重要的生态屏障，是全球 25 个生物多样性保护地之一，是国家重点生态功能区。

石棉县位于青藏高原横断山脉东部，大渡河中游，地貌以高、中山为主。属中纬度亚热带季风气候为基带的山地气候，是以高、中山为主的小流域区域，县内水资源丰富，全年干湿分明，气温年较差小，日较差较大，全年日照时数长，无霜期长，石棉县独特的生态地理环境和山地气候濡养了这里土地、人口和作物。

石棉黄果柑是石棉县的特产。它由橘和橙天然杂交形成，是中国目前唯一具有自主知识产权的杂柑。现存于石棉境内的黄果柑古树，其树龄至少有 300 多年，至于是否如民间传说于清代康熙年间湖广填四川时移民带来的果苗，也未可知。黄果柑属于晚熟柑橘品种，从结果到成熟，需要度过漫长的 12—13 个月，要到种植期的次年 2—4 月才基本成熟，3—5 月开始采摘。其独特的成熟时间、酸爽口感以及自主知识产权都使得黄果柑成为石棉县的特色产品，并于 2010 年获得国家批准的农产品地理标志。

善品公社团队还了解到，为将本地特色的黄果柑做成产业，石棉县的科技人员自 1954 年起就开始了对黄果柑的研究。1983 年，石棉县农业局调查果树资源和区划，在原新棉镇礼约村发现 7 株黄果柑古树，之后经过四年的品种观察，于 1987 年以古树为母本，抽取古树的穗条，在现有果树上进行换头嫁接，快速改劣换优培育了 50 亩优种树。1987 年，石棉县进入黄果柑全县推广阶段。县委政府积极出台多项扶持政策，邀请四川农业大学专家指导，开办黄果柑技术培训班，引导果农成立专业合作社，每年举办石棉黄果柑节等。到 2015 年，石棉黄果柑已经发展到约 4 万亩。尽管产业规模上去了，但要实现高质量发展面临很多组织、技术、销售难题。

善品公社的雏形始于"4·20"芦山地震灾后产业重建。彼时，一方面，中国扶贫基金会已经拥有近15年农村产业扶贫实操经验，逐渐摸索形成了以农户抱团合作为基础、提供优质产品和服务为关键、有效融入市场为方向的基本策略和路径；另一方面，从2014年9月10日灾后重建团队首次试水"互联网营销"开始，也具备了将近一年的电商营销推广实操经验。这些，构成了接入石棉黄果柑产业和坪阳村另外两个重要的要件。

（二）选定坪阳社，有基础有共识有队伍

好的生产环境和独特产品固然是产业选择的基础条件，而谁来做，怎么做，能否找到突破口，选择能够与善品公社达成合作伙伴关系的农民合作社，对于探索互联网＋产业扶贫模式而言，是更为具体和真实的需求。

石棉县有个坪阳村，地理和气候条件都适合黄果柑生长，1987年就在时任村党支部书记的袁正堂领导下，以集体经济的资金购买黄果柑树苗分发给农户，在黄果柑规模化种植上，领先于全县。

善品公社团队发现，坪阳村有一个2010年建立的农民专业合作社，农户每户缴股金100元入社，合作社提供免费的技术服务，统一供应农资、统一销售。2011年年底换届选举选上了村党支部书记、退役军人王志伟做理事长。2012年，县、乡政府推动黄果柑产业上规模，以各项政策支持农民专业合作社做大做强。坪阳村党支部以村组干部和村民代表为骨干，动员农户入社，很快就发展成为484户社员的跨村大社。

坪阳社的主营业务是农资统购统销，年营业额达200多万元。自2013年起，坪阳社开始尝试黄果柑直销业务，统一收购社员的黄果柑运到攀枝花批发市场进行销售，后因入不敷出只好放弃。黄果柑销售亏本的原因何在？理事长王志伟认识到不仅是长途运输成本高，更因为果品不进行分类分级、按统货销售拉低了价值。2014年，坪阳社向县农业农村局申请果品分拣线项目，用项目获批的17万元加上自筹的4万元，建成了坪阳社果品分拣线，当年就签了两笔大额订单。历经周折，2014年坪阳社实现订单销售140万斤，农户增收，合作社也有了盈余。

可以说，在善品公社进入之前，坪阳社在村支书王志伟理事长带领下，

已经初步形成村社一体、具有集体性质的黄果柑产业合作社，形成了一定的产业规模，开始走上生产—加工—营销的全产业链之路，基础很不错。同时，在如何形成黄果柑产业发展的内生动力、团结广大农户，提升合作社的经营能力，让农户与合作社利益均沾、风险共担上，在如何提升黄果柑的品质，打造品牌、加强黄果柑产业链的体系化上，坪阳社有迫切需求。理事长王志伟在善品公社未进入坪阳社调研前，就已闻风而动，自己找到善品公社寻求支持。

综合自然环境，特色产业，政府支持和合作社基础几方面条件，中国扶贫基金会做出了决定，将善品公社的第一个项目地放在石棉县，并将推动坪阳社进行组织改革，开展品控管理，整合销售渠道，做电商推广等重要试点内容，列入了与石棉县政府签订的"互联网＋扶贫"的战略协议。

二　善品公社石棉探索中的三大动作

2015 年 7 月，在石棉县农业局、原宰羊乡政府的推荐下，善品公社负责人王光远等进入坪阳社调研，9 月，明确了以坪阳社为石棉县黄果柑产业试点地，推动"互联网＋扶贫"的示范县建设。一开始，善品公社就明确了工作策略，即以培训方式加强坪阳社生产技术管理和品质控制方面的能力，再经由善品公社的互联网销售渠道体现成效、打造石棉黄果柑品牌影响力，第三步，是以坪阳社的生产营销成果撬动全县，逐步实现石棉黄果柑从生产、加工到销售的全产业链的品质提升，落实产业扶贫目标。

所以，要理解善品公社产业扶贫石棉模式，就要以坪阳社为切入点，系统了解善品公社如何将坪阳社打造成为推动石棉黄果柑产业高质量发展的领军机构。

而善品公社经过调研，于 2015 年 10 月，决定与坪阳黄果柑农民专业合作社进行战略性合作，以其为基础，打通石棉县黄果柑全产业链，实现以互联网销售推动产业扶贫的目的。

善品公社从互联网电商销售切入，引领带动一系列以坪阳社为中心的重要举措，包括组织建设、设备设施建设、经营管理制度建设、人才团队建设，还扩大坪阳社的覆盖面，推动坪阳地区 9 个村共同加入坪阳社，形成区域社与村社的双层结构，同时促进村集体经济与村社紧密相连。六年间，坪阳社发生了巨大变化。

善品公社怎样引领坪阳社走向快速发展呢？主要是通过以下三个大动作。

（一）第一个大动作：以电商销售打开局面

善品公社是中国扶贫基金会为产业扶贫打造的公益电商，其主营业务是以互联网渠道助力小农户组成合作社的农产品销售。首战就选了石棉县黄果柑产业，而产品的唯一供应商，就是坪阳社。

全面整顿，优化管理　选择诚信农户，建立服务站

为做好黄果柑电商销售的准备工作，自 2015 年 10 月起，善品公社团队就扎根坪阳社，做了一系列深入细致的工作。当时因为条件不成熟没有采用对合作社一步到位的直接改革，而是选择了"在不动大盘的情况下，择优选择种子选手先行启动"的方案。善品公社支持坪阳社整顿内部管理，对章程、制度、管理运作模式、品控管理、生产技术规程等进行优化完善并增添了办公设备；并以品控为重点统一对社员进行生产技术培训，外出参观学习，还组织服务队统一开展冬剪；统一按每亩两吨的用量补充土壤有机质，改良果园土壤。而各类准备工作中最重要的，是在坪阳社 484 户社员中选择了 85 户作为"诚信认证农户"、150 亩黄果柑作为示范基地，其间还规划了 6 个示范点。以点带面，为全社做示范。除了农技方面，在农资方面，善品公社助力坪阳社建立了正规的综合服务站，实现了农资统购统销，确保用药用肥安全。综合服务站还签约农资县级代理商，获得农资出厂价，扣除运费等必要的运营成本后直接返还给农户，降低农户农资投入成本。

首品触网销售"惊险的一跳"

2016 年 3 月 9 日，中国扶贫基金会、石棉县人民政府联合苏宁易购、摩根大通在北京国家会议中心组织"有滋有味·柑谢有你"发布会，现场发布"善品公社"电商扶贫模式及首品推广石棉县黄果柑线上销售。3 月

18 日下午 6 点 41 分左右，腾讯公益使用公众号头条发文《因为这种味道，雅安又上了头条》，面向全网推广黄果柑，善品公社还邀请杨幂、刘恺威、朱丹三位明星助阵。最终，用时约 151 分钟，10 万斤优质黄果柑售罄。公益义卖金额 801463.75 元。一夜之间，雅安市几乎无人不晓善品公社。第二天即 2016 年 3 月 19 日，2016 四川花卉（果类）生态旅游节分会场暨石棉第六届黄果柑节在石棉县安顺场开幕。而头天晚上的黄果柑互联网推广，成为这届黄果柑节的背景加持和最大亮点。

当月，在苏宁易购、腾讯公益等网络平台协助下，善品公社实现了线上销售石棉黄果柑 16.8 万斤，交易额 128.86 万元，仅此一举，为坪阳社 85 户社员人均增收 600 元。

2016 年 3 月 18 日，是黄果柑真正意义上的"首次触网"，这一天是个标志性事件，这"惊险的一跳"，让石棉县、雅安市农产品真正开启了"互联网品牌营销推广"之门。对于善品公社自身建设，无疑也具有历史性意义。

设定产品标准 酝酿全面改革

善品公社因势利导、乘胜追击，一方面将网上销售的黄果柑主要标准定为 65—75 毫米、采购价格 3 元/斤，经此一战，农户直观意识到"原来好的黄果柑能卖出好价钱"，如何让农户具有品控管理的内生动力这一困扰善品公社多年的难题也似乎"迎刃而解"。当期营销推广结束后，善品公社协调相关方启动了坪阳黄果柑合作社真正意义上的改革。

在 2016 年 3 月 27 日的首品推广活动总结会上，中国扶贫基金会刘文奎秘书长、王军副秘书长对这次活动予以充分肯定，并明确了今后的四点方向。

1. 农民合作社是黄果柑产业链的组织基础，坪阳社是善品公社黄果柑供应的唯一来源。合作社与善品公社必须成为利益共享风险共担的利益共同体，才能共同打造助农共富的黄果柑产业链。为此，善品公社要与合作社形成战略性合作关系，以团体成员身份战略入股合作社。

2. 石棉黄果柑要成为石棉地域的农户、善品公社及其他合作伙伴与消费者的共享品牌，就需要加强品牌策划能力，加强各主体之间的互动，共同珍视和呵护品牌。

3. 品质控制流程需要完善和稳定，溯源、农户互相监督、抽检、机构检测等要严格把控。

4. 合作社要建设一支统一思想、互相欣赏、积极进取的工作团队，提升团队能力是未来工作的重点。

这次分析总结会，成为善品公社在石棉县委政府支持下，推动坪阳社进行全面改革的契机。

（二）第二个大动作：坪阳社股份制改造

善品公社统一认识，以坪阳社为试点建立利益共同体

2016 年 3 月善品公社电商销售首战告捷，大大增强了当地政府、合作社和农户的信心，更增进了对中国扶贫基金会善品公社的信任。4 月 4 日，善品公社将合作社改造优化正式纳入重点工作议程，提出了《合作社改造方案（初稿)》，并且明确了善品公社新的整体定位，就是善品公社与合作社形成利益共同体，为产业链赋能，助力产业脱贫。会上，善品公社负责人王光远提出，合作社改造的设计主要围绕加强双方合作关系、利益捆绑机制和建立产品销售壁垒三个方向。善品公社可参股合作社、自建基地，或不参股合作社、共建基地，还可以市场和标准为导向代生产制，即参照行业认证和采购产品的标准，结合自身品牌定位，制定一套认证体系和标准，以发展条件成熟的合作社、基地作为产品供应商。

不过，对于善品公社与合作社建立利益共同体的落脚点到底是对现有合作社进行股份制改造，还是牵头与认证果农联合成立新社，善品公社内部并未取得一致意见。王光远提出，我们到农村去，到合作社农民那里做调研，找答案。于是，善品公社派出多人在雅安境内多家合作社调研了一个月，结果石棉县坪阳黄果柑专业合作社脱颖而出，坪阳社领导班子团结、产业基础好，黄果柑作为善品公社首品推广成效明显，农民群众有改革意愿。这让善品公社下定决心，以坪阳社为试点，提供示范，为探索形成善品公社基地合作社股份制改革完整模型打好基础。

为统一善品公社团队的认识，王光远多次明确，合作社股份改革工作是善品公社的第一要务，是所有工作的重中之重，比产品扩点和推广等其他工作都更重要，它对于善品公社的发展具有深远的战略意义。善品公社下大力气做合作社，核心目的有二：其一是为农村发展、产业发展培育新型经营主体；其二是全面落实品控执行工作。只有合作社股份改革完成之后，善品公社模式才算有了完整的实践基础案例，否则仅仅得到部分的实践验证，不能说是成功的实践项目。

多方研讨　聚焦如何提升产业链能力

自2016年5月至7月底的三个多月时间里，善品公社团队集中全力，与雅安市、石棉县乡两级政府和农业农村局等相关部门，坪阳社以及相关村的村委会和村民，共计召开了17场讨论会，还以召开小型调查会议、入户家访调查和电话沟通访问三种调查方式做了摸底调查，准备了新坪阳社的章程、《投资入股协议书》、财务模型等关键性文件。

当时的分析聚焦在善品公社如何助力石棉县全面提升黄果柑全产业链经济效益和经营竞争力，石棉县依托坪阳村黄果柑专业合作社怎样做才能与"互联网＋扶贫"示范县基地的要求相匹配。

首先，大家认定，善品公社的主体业务是市场营销，处于产业链下游，这正好弥补坪阳社在专业性市场化营销方面的弱项；坪阳社组织农户进行黄果柑的生产，处于上游，是在一定条件下实现规模生产、提高生产效率、保证产品质量的实操者。善品公社与坪阳社就是产业链上下游的合作伙伴。而黄果柑产业的规模化和标准化的控制阀是在产业链的上游。只有处于上游的坪阳社做好了，实现了下游开拓市场所需要的生产规模和品质控制的基本条件，善品公社才能施展为石棉黄果柑产业链赋能增益的方案。

当时的坪阳社尽管有484户社员，2000多亩黄果柑，但是合作社组织社员的能力很弱，没有建立有效的专职生产经营团队，在为社员农户组织规模化的农资合买合销、把控生产品质、组织农产品运销等方面都力所不逮。在2016年3月善品公社首品推广坪阳社黄果柑时，就出现了合作社收购社员的黄果柑品质不一的现象。这当然也与坪阳社分级分类的果品洗选设备和设施不完善有关。这让合作社不能按照善品公社的网上订单及时提供满足品质要求的够量的产品。供销衔接不流畅，瓶颈制约明显。

更严重的问题是合作社产权和权责不明，社员集体意识淡漠。早期合作社积累的17000万元资产因社员要求被全部分光，后入社农户缴纳的股金也从500元退回到100元。换届选举前，合作社账上的注册资金仅有25万元。坪阳社的产权不明，就很难调动每个社员户的积极性，也不能提升作为一类集体性经济组织的合作社的资产实力，也就不能与善品公社战略性合作这一要求相匹配。善品公社要以团体成员身份战略入股合作社，合作社就必须进行产权明晰、责权对等的股份制改革。

合作社股改方案获准　坪阳社启动全面改革

善品公社团队针对合作社股改中的各类问题，与雅安和石棉党政部门深入沟通交流，获益良多。其中，当地领导提出"合作社是改革主体，地方政府和善品公社都仅仅是外部协助和支持者"，"不能反客为主，要给农民充分的改革理由和动因；改革方案必须由合作社理事会自我推动，否则农民会有疑问"；"须召开各级有关政府部门领导参加的协调会，形成会议纪要，有了政府的同意和支持，风险就可控"，"须分区分组召开股改动员会对原有484户社员宣传到位，保证每个老社员知情，最好全体社员签字认可"，"成立财产清查小组，做好合作社原有的财产清查，给老社员一个交代，坚持入社自愿退社自由的基本原则"，"明确说明合作社股份改革后，目的是加强善品公社与果农的利益共同体，目标是解决优果率低、供应不足、思想意识、诚信等问题"。

2016年8月6日至8月10日，坪阳社发出公告，愿意入社的农户重新办理登记，入社股金为1000元。到登记截止期，坪阳村75户，三明村52户，总计127户登记入社。到8月26日，登记的社员达到140户。9月13日，坪阳社新一届股东大会召开，选举了新一届的理事会和监事会，王志伟当选理事长。9月16日，坪阳社宣布顺利完成了股份制改革并成立经营管理团队。缴纳1000元资金入股的社员为148户，纳入精准贫困户41户，合计189户，社员覆盖坪阳村、三明村、碾子村、马富村。11月10日，合作社在石棉县工商行政管理局正式完成了营业执照变更登记，变更了《章程》及成员花名册、法定代表人、成员出资总额、业务范围等关键信息。合作社变更股权结构后的注册资金为180万元，与后来善品公社投入160万元的战略性合作项目投资额度基本上匹配。

合作社股份改革之前在工商局注册业务经营范围仅为：蔬菜、水果种植；销售。股改之后合作社注册业务经营范围扩大为：组织采购、供应成员所需的农业生产资料、果苗、农业机械；组织收购、销售成员单位生产经营的产品；开展成员所需的农副产品的储藏、加工、包装服务；引进推广新技术、新品种，开展与水果经营有关的技术培训、技术交流和信息咨询服务；蔬菜、水果种植，批发零售。经营范围的扩大也为合作社未来在产业链上加强赋能打下了基础。

伴随合作社股份全面改革的同时，合作社内部经营管理运行的构架和规章制度也进行了改革和优化完善，合作社要建立经营团队，把监事会、理事会和经营团队区分开。主要分为农资销售和技术服务团队与黄果柑销售中心团队。每个团队都明确了经理和员工的职责，经营管理和经营收入分配方面的规章制度。

直到坪阳合作社全面改革成功获得社员认可通过，社员注册资金增加，合作社建立起新的制度构架和经营专业部门分工和经营团队，坪阳黄果柑专业合作社开始有能力匹配善品公社的战略性投资，与善品公社签协议进行黄果柑生产、服务、销售的全产业链方面的投资建设和实际经营，并且在与村集体和生产小组之间明确建立了经营管理和利益分配的规章制度建设，至此，善品公社与坪阳合作社的第二个大动作可以说基本完成，合作社的资产规模和经营能力达到全面提升，全产业链赋能的行动开始着手进行。

如果说善品公社与坪阳合作社合作的第一步是通过电商销售撬动起合作社动员起内部的资源和力量并成功地吸引了政府和社会力量的关注，那么第二步就是重新构架了合作社的股权结构，并且对内部管理运行制度进行了规范，开始着手上游前端的品控安排。接着的第三个行动就是在已经构架好的合作社框架上对合作社的生产能力和管理能力进行赋能，并且引入政府和社会部门的资源，做大做强合作社。

（三）第三个大动作：建设仓配中心

统货销售和传统流通方式的弊病

在石棉，黄果柑销售主要是收购商包括外地客商从农户手中直接收购，方式有四种：1. "统货"。不分级别，大小都有，这种方式对农户来说最省时省力，是农户最愿意的。2. "尾货"。在销售季的尾声，农户手里只剩一些之前被淘汰下来特别小或者特别大的果子，尾货的销价将会低于"统货"。3. 优质溢价果。数量达到一定规模且大小均匀的优质果，可获得高于"统货"1—2 分钱的溢价。4. 错峰溢价果。位于中山地带的果园因气候原因，水果上市可晚于销售季一个月左右，可以获得显著的溢价。收购商收果后，会进行分级分类洗选，再以不同价位销售。

可见，要提升果品的价格，重要环节在于收果之后的分级分类，人工选果不但费时费力，还达不到所要求的标准，所以果品农产业加工都采取购买分拣设备实现分级分类。

改变传统方式　筹建仓配中心　社员筹资入股

助力坪阳社建立以果品分拣为主要功能的仓配中心，是善品公社为产业链赋能的关键步骤，为了全面落实农产品的品质管控，除在合作社生产环节即产业链上游进行农业技术的推广运用外，在生产与销售相连接的加工环节，通过分拣设备和仓配设施进行科学控制，实现果品的产品化和商品化，最为关键。

坪阳社对此早有认识，2014 年曾通过争取政府项目的资金方式建了一条分拣线，但是设备老旧，只能做初级的分级分类，建立起够规模、保质量的分拣洗选流水线，一直是坪阳社和善品公社的共同意愿。2017 年初，坪阳社还贷款 90 万元，从江西引进了一条高水平的选果分级生产线，立即投入当年黄果柑销售季的果品筛选。为了黄果柑产业的长远发展，坪阳社提出要自建黄果柑产业基地。而建设加工洗选基地，实现果品分级筛选是当务之急。

经与善品公社、县乡政府讨论商议，这个想法获得多方认同和支持，2017 年年底，迎政乡农业园区为坪阳社建立加工洗选基地即仓配中心提供了 9300 平方米土地，以 1800 元/年/亩的价格租给合作社。坪阳社每年缴纳土地租金 2.52 万元。

为支持仓配中心建设，中国扶贫基金善品公社率先投入资金 160 万元。坪阳社在政府和善品公社支持下，面向社员，以基本股、发展股、集体股的形式进行了三轮筹资，基本股为一千元一股，共 32.5 万元，"发展股"为一万元一股，共 146 万。为填补资金缺口，又发动村干部再次筹资共 70 多万元，发展股总计为 221.5 万元，坪阳村集体还从政府拨款 100 万村集体经济建设资金中提取 30 万元作为村集体入股资金。至此，自筹资金达 284

万元，加上善品公社投入的 160 万元，共计 400 多万元。

2017 年 12 月 3 日仓配中心项目正式开工建设，2018 年 3 月 11 日建设完工。3 月 17 日第一车黄果柑出货，该年仓配中心分选黄果柑 2100 吨，收入 20 多万。2018 年、2019 年、2020 年分选的果品分别达到 1100 吨、2800 吨、2200 吨。

撬动政府资源　合作社增资扩产

自 2018 年始，坪阳社在仓配中心内部上马 8 间共 800 吨的冷库项目，总投资 134.34 万元，合作社自主投入 81.59 万元，向四川省申请项目补助资金 52.75 万元。该冷库项目分别于 2019 年和 2020 年建成投产。政府投入的这笔项目补助资金与中国扶贫基金会善品公社投给仓配中心的 160 万元中的 128 万元，均按照合作社法平均量化给坪阳社的 325 户社员。即产权确权给社员，但是不进入社员分红，社员退社时，也不能带出、卖出或兑现。善品公社 160 万元投入中的 32 万元，作为仓配中心的经营费用。

2020 年 3 月，经第三方机构评估，坪阳社的固定资产价值 797.78 万元，其中包括仓配中心及其冷库的固定资产 546.34 万元，坪阳社多年积累的机具，叉车，果筐和第一条生产线共 40 多万元，另外，200 万元的固定资产来自仓配中心投资额与市场估值的差，这部分来自仓配中心建设过程中没有招投标找施工队，而是由坪阳社发动社员农户出劳力以低廉的劳动力成本合作共建的。

当地政府在仓配中心外延投资建设全县农产品展厅和智慧电子运营系统，总投资 200 万元，占地 200 多平方米，交由合作社经营管理。同时，为合作社仓配中心配置了一台价值 270 万元的光谱无痕分拣机，可以进行黄果柑、枇杷等水果的分选和甜度测试。产权归石棉县沃丰生态农业有限责任公司，由合作社经营、管理，向供应商收取每斤黄果柑 0.35 元的服务费。坪阳社提供收果、运输、分级分类等服务，成本每斤分摊 0.15 元，利润每斤 0.2 元，沃丰生态农业有限责任公司与合作社五五分成，合作社可从中提取 0.1 元。

明确优果标准　引领行业品质　打造优势品牌

善品公社推动坪阳社建立仓配中心，重点在于进行品质控制，即在黄果柑全产业链中，善品公社担当销售商角色，与担当供应商、在加工环节实现黄果柑分级分类的坪阳社实现分工协作。从品质控制的角度，善品公社与坪阳社合作的最大价值，就是从坪阳社获得优果率很高的产品。而善品公社提出的优果标准，自2016年3月19号出台黄果柑采购标准，规定黄果柑优果的直径为65—75毫米，在坪阳社增添光谱无痕分拣机之后的2018年以后，又增加了甜度为12度以上的第二标准。

善品公社自2016年以来的电商销售标准，引领了整个石棉黄果柑行业。之前农民卖黄果柑不分大小，统货连锅端，后来开始分大小，也是直径55毫米，坪阳社为善品公社收购的黄果柑收购价每斤高于市场一元以上。统货是每斤1.5元，按照善品公社的标准，最低价是每斤2.5元。这导致收果子时合作社就要求农户提供好果优果，次果差果就很少，加上善品公社还提前给坪阳社提供了预估的损耗费。以保障合作社不损伤果农利益的前提下，尽量减少次果和烂果率。优品率的标准化起到了规范黄果柑生产、加工环节的指导作用，给合作社和农户都带来了不菲的经济效益。而在果实成熟后执行这个标准，则需要坪阳社经营管理人员、各小组的组长与农户之间的相互信任与密切合作，还有就是充分利用分拣设备，严格按操作规程进行。

应该说，优品率标准下沉到合作社和农户，是善品公社支持坪阳社建立仓配中心并发挥其技术经济效益的第一价值，善品公社找明星代言，做品牌平台推广，做石棉黄果柑公共品牌的影响力。

坪阳社在善品公社的引导帮助下，自2016年以来，逐渐建立了优果一定要有标准，一定要经过流水线分级的新理念，摒弃了只要树上掉下来的果子装到背篓里就去卖的传统理念。合作社将黄果柑以直径55毫米为界，超过的一个等级，不足的一个等级，而善品公社则是好中选好，优中选优。为在采摘过程中推广标准化，坪阳社于2017年创造了"一果两剪"的农户采摘法，减少了80%的采摘损伤率，这套技术方法已由坪阳推广到石棉全县。

在坪阳社与善品公社的鼎力合作下，石棉黄果柑产业有了采摘标准、收购标准和市场优果标准。不仅如此，善品公社还要求自己收购的黄果柑须按照食用A级并逐渐过渡到AA级的绿色食品标准使用肥料和农药，对285项有害物质进行的质量检测均为零。

善品公社以标准为核心，以坪阳合作社为基地，以合作社负责生产的理事、品控负责人和农事小组长、县乡技术特派员组成品控执行小组和支持小组两支团队，建立了关键农事节点管控，生产全程跟踪服务和终端产品检测的完整品控系统。他们通过生产周期计划、月度计划、示范户品控培训、关键节点现场服务，使用钉钉系统记录，建立各类生产记录台账、支持小组定期评估执行效果等方式，形成了品控关键节点技术服务的整套机制。这套机制又与合作社的农资销售相衔接。这让小农户的黄果柑生产环节成为质量可控的体系。执行小组负责生产技术提升，支持小组负责监测评估，合作社综合服务站负责农肥农药销售。坪阳合作社规定奥迪斯品杰杀虫剂每季最多使用一次，残留周期中安全间隔期为 7 天。通过农资销售台账记录社员土地亩数和使用间隔时间，由合作社配发适量农药，有效防止了过量使用农药。

在坪阳社仓配中心建设之前，石棉县共有 19 条果品分拣流水线，但是设备相对陈旧，生产能力不足，也缺乏可检测甜度的设备。而坪阳仓配中心建设了两条流水线，其中一条是可测甜度的自动流水线，这填补了石棉县这类设备的空白，也让坪阳社果品分拣设备能力达到全县最高值，年分拣能力可达 4000 吨。

三　善品公社石棉样本的成效

经过 10 年探索，坪阳社已经发展成石棉县规模最大的区域性合作社。325 户社员跨坪阳村、三明村、碾子村、马富村四个村，黄果柑种植面积1771 亩，合作社拥有 9300 平方米仓配中心的自有资产，经评估达 797.78万元。2019 年，合作社各项收入 1100 万元，利润 77 万元。自 2016 年起，合作社连续 4 年分红。

2020 年 5 月，经村级建制调整，原属宰羊乡的坪阳村与隔壁贫困村马富村合并为新坪阳村，划归新成立的美罗镇政府管理。村域面积 11.4 平方公里，辖 9 个村民小组，752 户，共 2385 人。截至 2020 年，全村黄果柑种植面积达到 4000 亩，年产量在 8000 吨以上，产值 2400 万元。

经营业绩

善品公社以互联网做黄果柑品牌推广，这个动作引发了坪阳社首轮股份制改革、仓配中心设立和二轮带动集体经济发展的改革等一系列重大举措，也带动了合作社组织和制度发展、管理团队的培育和农技人才队伍的建设。六年来，在善品公社的引导支持和帮助下，坪阳社获得了巨大发展。

据不完全统计，截至 2016 年 12 月 31 日，完成销售黄果柑共计 320 余万斤，产值 600 余万元，销售范围覆盖全国二十余省市。参与合作社的 85 户认证果农户当年人均增收逾 2000 元。

2017 年的黄果柑通过线下销售黄果柑 306 万斤，实现利润收入 12.24 万元，互联网线上销售 27 万斤。合作社社员每千元股金实现分红 108 元。

2018 年累计线上销售黄果柑突破 47 万斤，带动线下销售突破 400 万斤。8 月份合作社获得"四川省农民专业合作社省级示范社"荣誉称号。

2019 年合作社线下农产品批市场销售 521 万斤，销售额 960.4 万元，互联网线上平台销售 42 万斤，销售额 177 万元。坪阳村实现集体经济收入 15.6 万元。

2020 年 3—5 月，尽管受到疫情影响，但坪阳社经过努力，完成线下市场销售约 435 万斤，销售额 1080.75 万元，互联网线上平台销售 16 万斤，销售额 83.98 万元。

坪阳社的收入来源除黄果柑销售外，还有农资销售、冷库出租，农技农机服务。

2016 年以来，坪阳社每年都实现了盈余。其中，2017—2019 年，每千元股金的年分红额分别达到 216 元、100 元和 105 元。

截至 2020 年年底，坪阳社成为拥有固定资产 800 万元，年度经营收入过千万的石棉县黄果柑产业的领军机构。

股份分红和扩大连接

2016 年以来，坪阳社都如约进行了股份分红，按照 2016 年首轮改革的要求，股份分红要按照自筹股金总额的 10% 提取并分红，这就意味着，284 万自筹资金，每年的分红额是 28.4 万元。

坪阳社由于还在壮大发展中，无论设备设施更新改造，还是流动资金，人员开支都需要钱，所以尽管每年盈余，但是在提取公积金公益金和扶贫基金共12%之后，剩余的资金是用于分红还是建设，常常会产生矛盾。这也是需要解决的问题之一，不过，坪阳社很清楚未来的方向，这就是增质提效，向产业规模化、高品质化要效益。

在推动坪阳社发展壮大中，作为兼有坪阳社理事长和坪阳村党支部书记的王志伟很自然地就将坪阳社的发展与坪阳村集体经济壮大连在一起。2019年11月，坪阳村委会在工商局登记注册了村集体资产经营管理有限公司，这是石棉县首个有资质的村集体公司。王志伟兼任公司总经理。在他的主导下，坪阳村与坪阳社结成了战略合作伙伴关系。村集体公司，将公司资金入股合作社，以收取股份分红的方式在帮助合作社的同时也让自己获利。目前，村集体公司注册资本120万元，其中100万元是中央、省、市于2019年下拨的支持村集体经济建设的资金，另20万元来自村集体历年的节余和房产的租金。村集体公司将30万元资金入股了仓配中心，70万元入股坪阳社综合服务站。

为了扩大增收渠道，也为了锻炼坪阳社的农技队伍，自2019年始，坪阳社积极参与雅安市的农业招投标政府购买服务项目。努力运用政府购买的项目资金，实现合作社以农技农机推广来提升黄果柑生产品质的设想。2019年，坪阳社中标了政府购买的3个农肥项目，金额170万元。2020年，又中标了石棉和周边一个县总共6个农业社会化服务项目，金额300万元，主要承接土地托管中部分生产管理、农机施肥、打药及果树套袋等。坪阳社算了一笔账，扣除设备材料和人工成本，能为合作社赢得10%的利润。即2019年盈利17万元，2020年盈利30万元。2021年，坪阳社打算将参与招投标的视野从雅安市拓展到四川省，为合作社增添新业务、新收入。

组织人事和待遇、激励

坪阳社经营团队的带头人是坪阳社理事长、退役军人王志伟。他自2003年回村，从民兵连长到村委主任，自2011年担任合作社理事长到第一轮改革已经6年，自与善品公社进行战略性合作到2020年年底又是6年，12年来，他带领合作社一班人努力开拓，在实践中不断提升能力，是被农民和政府一致公认的好带头人。2020年7月，王志伟应聘到石棉县沃丰生态农业有限责任公司任负责经理，同时兼任坪阳社党支部书记和理事长。

坪阳社组成了共 8 名专职人员的经营团队。其中，4 名理、监事分别担任部门经理，张洪斌（三明村支部书记）负责仓配中心，徐登文（坪阳村原主任）负责农资销售，裴树林（坪阳村三组组长）负责农技农机服务，曹志强（原马富村主任，现在坪阳村）负责财务。另外，办公室、会计、出纳和门卫四个岗常年聘用人员分别负责。这 8 个人由坪阳社财务发工资。自 2019 年还为这些常年聘用人员购买了职工养老保险。

关于经营团队的待遇和激励机制，早在 2016 年坪阳社第一次改革时，善品公社就与新上任的理监事一起做过详细讨论，并形成了共识。当时考虑，如果只给每月三五百的补贴，可能大家会和以前一样，不愿全身心地投入，但每月两三千元的补助，可能利于调动骨干的积极性和责任意识，但对合作社的压力太大，合作社相对稳定的收入来自农资经营，而当时农资经营年利润在 15 万元左右徘徊，不能覆盖高人工成本，何况坪阳社股改之后还要做年度分红。大家最后决定，参照石棉县村干部的补贴标准，经理和各业务部门负责人每月补贴 1300 元、监事每月 500 元，并通过岗位绩效发放。15 个生产小组长按照服务联系的社员户数，按每月每户 15 元补贴发放，奖金与农资采购与黄果柑销售等绩效挂钩。所有补贴平时记账，到年底财务年度统一核算，若年终亏损，各部门都不能领补贴，年终盈利，补贴与分红一起发放。坪阳社的总经理和 4 名部门经理，2016 年上任直到 2019 年，都是拿每月 1300 元补贴，2019 年以后经营状况好转，每月补贴提升到 2000 元。

除了 8 名经营团队常年从社总部拿工资之外，坪阳社根据业务情况，采取项目制管理方式，由部门经理在主持部门业务时，独立核算、自负盈亏。将本部门的人工成本打入本部门的总成本进行摊销，自我平衡。而各部门必须有盈利，如果亏损，按照制度，连自己的工资都拿不回。农资购销、仓配中心、农技农机服务板块，都是按照这种方式核算的。例如，黄果柑销售季即每年 3—5 月，仓配中心要聘用 4 名管理人员和雇请百多名短工。他们在每斤 1.5—2 元的收购价中提取 0.24 元，作为给采购客商提供从摘果到洗选全过程的服务费，其中 0.19 元/斤可覆盖包括人工成本的所有成本，利润是 0.05 元/斤。而善品公社要求的直径为 65—75 毫米的优果，采购价为 3 元/斤，采用可测甜度的光谱无痕分拣机，服务费为 0.35 元/斤，其中成本 0.15 元/斤，利润 0.2 元/斤，此外，善品公社还为坪阳社预留了 0.1 元/斤，用作二次返利。可见，善品公社给坪阳社的利润为 0.3 元/斤，是市场收购商的 6 倍。

推动二轮改革

党的十九大提出的乡村振兴战略要实现产业、生态、组织、人才、文化五个振兴，面对这样系统性且涉及乡村治理层面的新要求，坪阳合作社如何团结最广大的农户，形成带贫益贫机制，与村集体经济相融发展，成为重大命题。加之 2020 年石棉县实行合村性质的村建制变化，坪阳村等一大批老村都被并入了新的村，国家要求调整后的新村要带动村集体经济发展。

新形势推动坪阳社的领导层深入思考，在市、县、乡三级领导的启发、鼓励和支持下，2020 年 4 月 4 日，经坪阳社理监事会讨论决定，要推动坪阳社的二轮改革，将坪阳社原来 4 个小村的覆盖面拓展到 9 个行政村、15 个自然村。

二轮改革新方案充分整合各类社会资源，以"股权清晰、治理健全、管理有效、财务规范、社区融合"为目标，以"党建引领、股权调整、治理优化、业务深耕"为方向，力图将坪阳社建设成为跨美罗、迎政两个乡镇的 9 个行政村、15 个自然村的区域社，试图让区域社与行政村结成既独立又联合的双层关系，区域社对 9 个行政村实现黄果柑产业链上各环节的全统一。包括统一采购农资，统一提供农技服务、农机服务，统一对果品分级分类，统一利用销售渠道等。而各行政村在充分依托坪阳区域社的设备设施能力和经营能力的同时，也依据股份合作制特别是增设的集体发展股、集体特别股，为各村的集体经济发展做出贡献。

截至 2020 年 12 月 31 日，9 个行政村中的 4 个村即坪阳村（由坪阳和马富村合并）、三明村（由三明和保卫村合并）、方元村（由方元和坪头村合并）和碾子村同意该方案，与老坪阳社签订了入社入股合同，另外 4 个村即山泉村、八牌村（八牌与三和合并）、新民村（新民与前进合并）和狮子村（狮子与红旗合并）还在观望中。

四　善品公社石棉样本的启示

自 2015 年初发起到 2020 年年底，中国扶贫基金会设立善品公社已经整整 6 年。从善品公社石棉样本中，我们可以得到哪些重要信息和重要启示呢？

（一）善品公社创造了独特的价值

6 年前，中国扶贫基金会希望通过石棉试点，开发出一套善品公社这个公益电商品牌运营商的独立运作模式并形成对这一模式完整的验证过程。这个目标现在可以说超额完成了。

石棉样本最大的成功，是佐证了农业要发展，农民要共富，就必须用组织技术、模式创新等手段将小农户与大市场紧密衔接这一基本规律。

我国是农业生产和农产品消费大国，蔬菜产量约占全球总产量的 60%，水果和肉类产量占 30%，禽蛋和水产品产量占 40%。但是，生鲜产品的主要流通方式依旧是以城镇农贸市场为主导的传统模式，经过农户、产地、采购商、中间商、批发市场等多重环节，流通环节繁多，供应链冗长，大大降低了生鲜商品的流通效率，并增加了产后的损耗率。据测算，我国农户水果、蔬菜的产后损失率分别为 15%—20% 和 20%—25%，远高于发达国家平均 5% 的损耗率，折算经济损失达千亿元以上。

如何解决我国生鲜行业在大市场运行中发生的产后高损耗率这一最大痛点？主要方式不外三点：压缩流通环节，实现产地直销；用分拣设备实现产后初加工的标准化处理技术；建立冷链物流以保障流通环节的品控。但是，要实现这些，需要设施、设备，一整套标准体系和贯彻执行的标准化技术，更需要产品的供应方和销售方的紧密配合。这三个必备条件是对中国广大农村小农户生产方式导致的生产布局分散、规模小、种类多，初加工设施十分简陋的现状的巨大挑战；也是改革开放四十多年来，农业发展走过粗放阶段，进入到高质量的品质农业所遇到的最大障碍。

迄今，我国的许多农产品出现滞销，在市场上无序地低价竞争，原因概由于此。显然，要走上高质量发展的现代农业，要实现好产品，卖好价，小农户不实现合作化、组织化不行，有合作化、组织化但没有产品和操作规程的标准化不行，有了标准化但没有能够保障执行的必要设备设施和人的科学管理不行。人、物、技术以及三者之间的再组织与管理，在产业链中周而复始的流动，借助货币资金形成市场交易价格，并以此为指导推动人流、技术流、资金流持续流动。要实现这一套图景，整体思路、整套部署和持之以恒的实际操作过程都必不可少，它是系统工程。

善品公社在石棉样本的探索中，不仅消除了传统流通体系的繁多环节，以网上直销方式，将黄果柑产地与销售紧密相连，不仅提出黄果柑优果标准，更以一整套合作社组织化、标准化技术和资金投入助力坪阳社建立仓配中心，在人的组织化基础上进一步实现了人和设备设施的组织化配置和科学化管理。他们尤为重视本土人才团队的体系化培育，在坪阳社看来，善品公社是合作社的引领者、规划者、投资者和陪伴者，是伙伴更是老师。

善品公社构建了"政府 + 社会力量 + 合作社 + 小农户"的合作机制，整合了电商销售企业、咨询公司、调研机构、公益组织等外部力量进入乡村，与政府行政部门紧密结合，还撬动了环境生态、农业和农技等功能部门和机构。在深耕上游，赋能黄果柑全产业链；整合利益相关方资源，提升黄果柑影响力；以合作社为核心，带动小农户与现代农业有效衔接以更多分享增值收益上，善品公社团队做出了重大贡献。

善品公社在石棉样本的创造中，与当地政府、农民合作社和地方企业结成了黄果柑产业共同体。他们严格遵循农业产业发展的科学规律，坚持将整套科学管理程序引入合作社，坚持从方案设计、实操到反馈修正的全过程管理都亲力亲为，以求达到预期目标。这样一种公益组织发起的以目标为轴、结果导向的系统性、综合化功能的独立运作模式，是迄今为止在全国公益组织中独有的，它具有独特价值。

善品公社石棉样本表明，只要方向对、方法对，坚持实施，完全可能以极小的代价，从一点上突破，对全局造成重大影响力。

这个影响力不仅表现在农业产业全产业链赋能和推动合作社建设上，还颠覆了盘踞在人们头脑中存在的某些传统价值。例如，电商与合作社之间是采购商和供应商的关系，是一种市场交易关系，电商让利销售，不过是一种商业技巧，是为了更多更快地获利。而在善品公社与坪阳社之间，完全不是传统的市场交易关系。善品公社花大气力，帮助合作社进行组织和制度改革，投资设备设施，制定优果标准，收购价中专门给合作社预留二次分红的份额，这显然不是为在市场交易中自己多盈利，而是真心帮助合作社增强能力，增加合作的价值，增进对社员的吸引力和组织的凝聚力。

再如，公益组织支持农村，一般都是先设定乡村社区服务项目，再争取社会捐赠资金按期限支付项目成本。这种项目制导致农村出现很多"半拉子"服务。项目期限到了，资金花完了，但是效果没出来甚至效果不好，都不是公益组织的事。这些组织走人了事。善品公社也做项目，每个合作社都是一个项目点，但是他们摒弃了自西方学来的公益项目制的刻板，以高度的责任心和娴熟的工作经验找到每个合作社独特的问题，从实际出发循序渐进。坪阳社首品推广活动之前，他们曾想做整体改革并提出了方案，但经调研发现当时并不具备整体改革的条件，最后重新研究，采取以少数认证农户做典型示范的新路数。他们不是不做乡村社区的生活和文化项目，而是将重点坚持放在支持合作社自行造血，自我增值，产业扶贫，人才培育和提升能力上。因为他们相信，只要合作社建设好人才团队，提升了能力，将资产建设、产业建设和农户的紧密关系视为源头活水，就能和农民团结一致，就能倾听农民的呼声，就会在自我造血之后，主动去做那些以消费为主轴的社区公共服务。

对于中国公益组织而言，要抛弃谈经济色变，一概斥之为"牟利"，将经济价值与公益价值完全分离的这种传统价值观，还很不容易，非短期能实现。而在国家提出乡村振兴战略之后，支持乡村振兴的公益组织必须尽快转型。仅此一点，中国扶贫基金会的善品公社的理念和运作模式就具有毋庸置疑的时代价值。

（二）善品公社形成了独特的性质

善品公社是品牌也是机构，它不仅是卧在中国扶贫基金会内部，以产业扶贫部的名义存在的内设机构，还是中国扶贫基金会全资投资、登记注册为北京中和农道有限公司这个独立法人的工商企业。其工作人员分为两部分，一部分在基金会内部，由基金会发工资；另一部分在中和农道公司，由公司发工资。而这两部分人马都头顶善品公社这同一个品牌，对外也宣称是一个机构，就是善品公社。

要明确善品公社的性质，根本点在于实践。善品公社与坪阳社之间的关系对确定善品公社的性质有重要意义。从业务角度，两者之间的关系类似产品的供应商和采购商，但其实它们之间并非是完全的供应商和采购商的市场交易关系。哪个采购商能将供应商的组织建构、能力提升视为自己义不容辞的责任呢？从经济角度，善品公社与坪阳社销售黄果柑过程中有利益分享，销售利润有一部分返还合作社。善品公社又是合作社的战略投资者，共同投资合作社销售中心的冷藏库和洗选分拣线。善品公社还代表中国扶贫基金会对合作社的制度建设和所在乡村社区的社会文化建设提供支持，培养合作社发展和社区发展的人才，支持公益项目，促进社区发展。

这样的善品公社，用一个时髦的词概括就是社会企业。但是，它与西方传来的社会企业概念又不太一样。西方社会企业是在公司注册的独立机构，不允许横跨公司和公益组织两类性质完全不同的主体。可见，善品公社既不是独立于公益组织的西方类型的社会企业，也不是完全独立于企业的中国话语体系下的公益组织。它其实是公益组织与工商企业互相套嵌的一种特殊机构。那么，如何概括其独特性才能逼近真实呢？

我们以中国的基础文化原理去观照它，发现它是体现中华文明义利一体价值的创新组织体。所谓义利一体，与家国一体、公私一体同属中国的基础文化原理的表达方式。《易经》上说，"利，义之和也"。即人与人之间、人与物之间要相适宜的和，才能得到真正的利。又说，"利物足以和义"，即益于万物的选择足以让各方事物各得其宜，不相妨害。南宋时期的永嘉学派以经世致用的目的做研究，崇尚事功，反对空谈；提倡"以义和利""义利并立""义利双行"的互不偏废之道。这也是中国的中道。而将义利结合为一体，同时展现义和利的价值，就是义利一体同构。善品公社就是新时期中国社会经济领域出现的义利一体同构的范例。

尽管这类机构无法套入现行法律、政策和体制的框架，被认为是"非驴非马"，但是它在实践中行得通，走得快，为何不能给予它特殊的肯定呢？中国自改革开放以来，进入飞速发展的转型期，很多新事物纷纷涌现。出现了一些性质处于两者之间的组织，并不止善品公社。这类组织的关键是要看能否满足社会需求和守法运行。善品公社则正是因为"以义和利""义利并立",才能满足政府、合作社和农户要振兴产业的迫切需求,才能以电商为支点,撬动了合作社和政府推动黄果柑产业走向高品质。所以,义利一体同构是中国扶贫基金会善品公社独特性的合理表达。

至于善品公社未来的发展前景,要由中国乡村振兴的需要来决定。2021年,是中国脱贫收官后全面转向乡村振兴的转折点,中国50多万个村庄,5万多个乡镇,2000多个县嗷嗷待哺,急需振兴乡村的操作路径和具体指导。因此,将善品公社历经多年实践形成的理念、规则、运作模式和类似石棉这样的典范案例通过系统整理形成教案,与全国的农民合作社和县乡政府切磋,正是中国扶贫基金会未来能为乡村振兴做出更大贡献的方式之一。

在四川省雅安市委市政府及各类合作伙伴大力支持下,中国扶贫基金会支持建设的四川蒙顶山合作社发展培训学院已经矗立在田野乡间,按照计划,将在2021年7月正式投入运营。

(三)树立品牌,建立标准才能推动地方特色农产业高质量发展

石棉县黄果柑产业在善品公社到来之前,就已经成型,石棉县政府从历史文化中发掘,以科技力量培苗育种,一届接着一届干,积20多年之功,让这个地方特色产业形成了规模。但是,产业发展尚处于单纯追求产量的阶段。是善品公社的到来,与石棉县进行战略合作,推动黄果柑产业开始迈入追求品质农业阶段。

中国扶贫基金会在善品公社设立之初,为探索互联网撬动产业扶贫的路子和模式,设定了"有需求、有基础,有介入价值的地方"这一试点地选择原则,在大量调研中敏锐地发现了石棉黄果柑这个地方特色产业有巨大潜力和品牌提升价值,从而下决心与石棉县签订了战略合作协议。有了善品公社的加盟,加速了石棉黄果柑产业从粗放式的规模化发展转型为标准化、追求高品质的农业产业。

善品公社推进石棉黄果柑产业转型,是以打造地方区域性品牌为纲,以保障优果率即质量安全为核心的品牌化战略而实现的。为此,他们以电商销售为引子,深耕产业链上游,引领试点的坪阳社树立增强品牌意识,

从销售终端倒推生产前端，建立优质黄果柑标准和农户认证标准，在农户中全面推广先进的农业生产技术，以分拣设备进行品牌质量控制。坪阳社又带动了石棉县的黄果柑产业走向标准化和品质化。

石棉样本证明，品牌就是信誉、就是信用、就是市场。地方特色产业要走向高质量发展之路，就要打造具有市场影响力的地方区域品牌，而品牌打造的基础是建立产品标准和加强标准的宣传推介。而标准的实施就要依靠能够适度规模经营的合作社，让他们成为带动农户建立农业生产规范，按标准生产的主体。

（四）提升产地商品化处理水平是农民专业合作社的发展方向

农民专业合作社发展的钥匙在哪里？提升优果率。那就需要在生产端的采收、种植、品种上做质量控制，在产地初加工上提升商品化处理水平。农产品产业链中，产地初加工起着承上启下的作用，向上延伸至生产端，向下推动精深加工、储运销售。它是农业现代化的重要标志，统筹城乡发展的重要环节，也是实施乡村振兴战略的重要措施。

建设果蔬采后预冷、分级、清洗、包装、信息化等技术集成的果蔬产地加工中心，是推进我国农业现代化进程中的一个重要举措，目前已经在各地实施。这个建在产地的中心，目前大都由各类公司投资建设，政府给予补贴。目前，中央财政为此已经投入了不少补助资金，农业农村部也于近期发布关于加快农产品仓储保鲜冷链设施建设的实施意见，以鲜活农产品主产区、特色农产品优势区和贫困地区为重点，支持村镇加强仓储保鲜冷链设施建设。不过，据有关统计，这方面的缺口巨大，已经落实国家补助政策的省区新建储藏、保鲜和烘干能力不足实际需求量的10%。全国农产品产地初加工水平仍然很低，已有能力远远不能满足实际需求。

能不能由地方发动各方的多主体力量来满足需求呢？坪阳社仓配中心建设模式给我们提供了一个重要范例。它的长处十分明显，首先是成本低，较之市场建设成本起码降低了三成。二是激励了农户主动参与的积极性，形成以农民群体为投资主体和分红主体的设施。坪阳社动员352户农户共出资284万元，占到总投资的一多半。三是农户、合作社、政府、企业、基金会等多主体形成建设共同体，这不仅有利于多方合作和长远的利益协调，而且有利于未来拓展的乡村的合作治理。

盘点一下坪阳社仓配中心这个建设共同体，资金来自善品公社投入和农民合作社社员自筹，建设用地来自乡政府农业产业园的出租地，大型高水平高投入的分拣设备来自地方国企沃丰公司，公司以其所有权与坪阳社的经营使用权签订契约的方式平分纯收益。而这些主体形成共建格局，来源是善品公社最初投入仓配中心的 160 万元公益基金。

善品公社以公益资本之力不仅撬动了农户和合作社，还撬动了地方政府和地方国企，形成仓配中心的建设共同体。而仓配中心的建成和成功运营，让政府看到了现代农业产业走上标准化、品牌化、品质化道路的希望。县政府在 2019—2020 年，投资 200 多万元，将全县的农产品展销厅配上电子系统，建在仓配中心外延场地。而产权交给沃丰公司，由沃丰公司与坪阳社签订合同，交由坪阳社管理。再加上政府投给坪阳社仓配中心的自动化分拣机 270 万元，以及冷库的 52 万元，不算租给仓配中心建设用地，政府总投入已经超过 520 万元。

（五）农民合作事业向广度和深度持续拓展

今天的坪阳社已经从一个村级水平的专业社拓展为石棉县黄果柑全产业链服务的区域性综合体，一个集农技农资农机作业、果品分拣加工、冷库储存、人员培训等多种服务功能的区域性、综合性的农业社会化服务中心。

这固然应归功于石棉县乡党委政府、坪阳村党支部乃至雅安市和四川省内高校和研究力量的经年累月的支持，也不能不承认，这样的成就与善品公社以质量兴农、品牌强农为纲，农产品优果率为目标，6 年来对坪阳社在组织建设、生产经营、设施装备、科技支撑、人才支撑和体制与机制保障等多方面出手出力的支持和培育直接相关。

最可贵的是，善品公社在产业扶贫全过程中，始终将合作社作为农产品产业的生产经营主体，始终将赋能合作社骨干和广大农户摆在所有工作的首位。为增强合作社和农户发展品质农业，与消费者合作共赢的紧迫感和自觉性，他们不遗余力地与政府、农业技术、农产品供应链、渠道和品牌等众多相关方建立对接和合作关系，加强统筹和协同，认真组织和努力调动社会力量支持合作社和农户，推动黄果柑产业再上台阶。

坪阳社快速发展，在产业振兴的同时实现了合作社的组织建设、资产建设和人才振兴的事实，进一步证明，在中国的广大农村，党和政府依靠基层社区党支部领办合作社，带领广大农户走出高品质的现代农业发展之路，是完全可能的。任何外部资本只有与本地合作社等生产经营主体结合起来，才能在本地扎根。只有本地的广大农户认可了、支持了，愿意跟着走了，农村的产业和事业才有可持续的根。而根就是本，要培根育本、固本强基，才有发展的未来。

未来坪阳社的发展还要向深度和广度进军。尤其是合作社与村、乡集体经济的协同与合作。让合作社成为与新型集体和新型集体经济紧密相关的重要主体，在合作社发展的同时壮大新型集体和新型集体经济。这是今后坪阳社乃至石棉县发展中面临的新命题。

破解这个新命题，意味着石棉乡村将不仅在黄果柑产业兴旺上，更在乡村全面治理和改善农民生活环境，提升生活品质上开疆拓土，获得高质量发展。

善品公社——石棉坪阳研究案例

"善品公社"

——石棉案例的关键事实、重要启发和深度思考*

杨团执笔

摘　要：本研究案例阐释了中国扶贫基金会善品公社石棉黄果柑项目的关键事实和重要启示，提出这个以农民合作社做龙头，带动地方优势产业走向现代品质农业的经验全国罕见。它揭示了在目标、支撑点和做法上都不同于资本下乡的公益扶贫模式。它证明，公益资本最不同于商业资本的特征，就是在撬动合作社资源的同时具有可内化到合作社之中的机制，强化了合作社的地位，让政府资源配置愿意朝向农民合作、集体经济的方向推进。本研究还分析了案例的主角——石棉坪阳合作社二轮改革的创新和难点，并从石棉案例延展到乡村振兴需尊重本土知识，发掘多元价值，以及小流域特色产业以生态为纲的可持续建设。

关键词：中国扶贫基金会；善品公社；农民合作社；公益资本；产业振兴

---

* 2020年9月，中国扶贫基金会委托北京农禾之家咨询服务中心综合农协研究组就善品公社石棉坪阳案例和百美村宿涞水南峪案例做深度调研和提炼总结。此文为石棉坪阳研究案例二稿。由中国社科院社会学所研究员，北京农禾之家咨询服务中心理事长杨团执笔。农禾之家研究组刘建进（中国社科院农发所研究员）、仝志辉（中国人民大学教授）、吕松波（农禾之家研究组干事）、杨润峰（中国人民大学博士生）作为项目团队，共同进行了研究案例的讨论、撰写、定稿全过程。

2015 年，中国扶贫基金会善品公社进入石棉县，以石棉黄果柑地方特色产业为目标，以坪阳黄果柑农民专业合作社（以下简称坪阳社）为战略合作伙伴，与石棉县政府签订了"互联网＋扶贫"的示范县建设协议，开始了"以合作社为组织基础，善品公社为统一品牌"的产业扶贫模式新探索。

迄今，6 年过去，石棉县已经成为中国优质黄果柑生产第一县。到 2020 年初，石棉黄果柑产业种植面积达 4.5 万亩左右，产量约 6.6 万吨，产值突破 3 个亿，给种植户带来户均 9000 元左右年收入。石棉黄果柑公共品牌的社会影响力有了显著提升。据市场第三方发布的评估报告，2016 年石棉黄果柑这 5 个字的公共品牌估值 4.42 亿，到 2019 年年底估值 8.82 亿，提升了一倍。同时，善品公社着力打造的坪阳社成为石棉县黄果柑产业的领军机构，已成为覆盖 4 大村、7 小村共 2000 多农户的区域性合作社。2018 年，坪阳社被评为四川省农民合作社示范社，四川省农民合作社百强社，2020 年，因"助力脱贫攻坚，带动农户增收致富：多元合作，创新治理，赋能山区产业振兴"，列选农业农村部办公厅第二批全国农民合作社典型案例。

一 石棉案例的关键事实

善品公社作为中国扶贫基金会探索产业扶贫的公益品牌运营商。在与石棉县签署示范县协议推进石棉项目的进程中，他们以扶持坪阳黄果柑农民专业合作社为切入口，以一系列持续的关键行动推动石棉黄果柑产业走向更具竞争力的现代产业体系。

善品公社的关键行动即石棉案例的关键事实有四。

（一）帮助坪阳社启动股份制改革，进行合作社重建

自 2015 年 10 月筹备到 2016 年完成，这一年改革进程又可分三段。一是设示范基地、培育种子社员成为诚信用户，建立综合服务站，完善黄果柑产业的生产体系，为打造品牌奠基。二是善品公社作为坪阳社的战略合

作方，进入坪阳做摸底调查，并与农户、合作社、各级政府通过 17 场讨论会充分磋商制订改制方案。取得一致意见后清查资产，发布公告，社员重新登记，规定每户入社股金 1000 元。完成营业执照变更登记，《章程》及成员花名册、法定代表人、成员出资总额、业务范围等关键信息均做了变更。此举让坪阳社建立了新的股权制度和组织制度，组建了农资、销售、技术管理等多部门的经营团队，还依托果农社员所在区域形成分区的十几个生产小组，统管从农资购销、农技推广到果品采摘的生产全过程。三是为筹建仓配中心，面向全体社员，以基本股、发展股、集体股的形式进行三轮筹资，共筹措 284 万元资金，这部分资金都列入坪阳社社员的股权。章程规定每年分红股金的 10%。自 2016 年以来，坪阳社坚持每年给社员分红总额 28.4 万元。

（二）明星助阵，黄果柑首品触网销售

2016 年 3 月黄果柑销售季，中国扶贫基金会先是与石棉县政府联合苏宁易购、摩根大通在北京组织黄果柑发布会，现场发布"善品公社"电商扶贫模式及首品推广石棉县黄果柑线上销售。接着又以腾讯公益头条发文和善品公社邀请杨幂、刘恺威、朱丹等明星助阵全网限量推广黄果柑。结果用时约 151 分钟，10 万斤优质黄果柑售罄。再接着，是首品推广的第二天，石棉第六届黄果柑节在石棉县安顺场开幕。通过这一系列策划，成功地强化了石棉黄果柑公共品牌的社会影响力。

（三）撬动仓配中心建设，加快形成黄果柑产业链

为全面落实农产品的品质管控，需要在黄果柑采收后，通过设备设施而不是传统人工对果品进行分级分类。这个产地初加工环节的建设，是迄今为止全国各地的特色农产品的薄弱环节。在 2016 年，善品公社就矢志推动坪阳社建立果品分拣中心，为实现产业链的连接进行必要的现代农业物质技术装备建设，他们以 160 万元捐赠资金，撬动了数倍于 160 万元的坪阳社仓配中心，占地 14 亩，内设两条生产线和 8 个冷库建设。该中心于 2017

年初一期投产，2020 年全部投产，土地所有权是乡政府的农产业园区，租给坪阳社使用。设备既有坪阳社的投入，还有政府委托国企所有使用权让渡给坪阳社。所需资金，来自合作社股金筹集、村集体经济投入、善品公社支持和政府乃至当地国企的支持，确实构成了多元主体共建共举现代农业设施的新格局。

仓配中心建成后，拥有年处理果品 4000 吨的分拣能力。这对推动石棉县果品生产走向商品化，加快生产体系现代化和整个产业体系现代化都起到作用，并为坪阳社社员和石棉县的果农增收带来实效。

（四）支持村集体经济与合作社联动

善品公社的行动不仅撬动了坪阳社和农户，还撬动了石棉县乡政府和农业农村局，在仓配中心建成投产后，县政府紧邻仓配中心建设电子化农业展厅，通过国企沃丰公司将管理权交由坪阳社。另有一条智能果品分拣流水线也是政府投资，沃丰公司拥有所有权，坪阳社有经营权，利润五五分成。

2020 年，县农业农村局出台农机政策，将几十台山地农机的所有权交由坪阳村等 9 个行政村，将使用权交给坪阳社。而坪阳社组织了十几个人的农机服务队，为各村农户提供农业社会化服务，获得的收益不仅支持坪阳社，也以设备租金方式支持了这些拥有所有权的村集体经济。

还有，县相关部门还以 50 万元项目资金支持坪阳社与周边行政村的集体经济合作，形成区域性的村集体与合作社联合的新型经营主体，推动合作社与村集体经济共同发展。

2019 年 11 月，坪阳村成立村集体资产经营管理有限公司，成为石棉县域内首家具有合法资质的村级集体经营公司，与合作社并轨运行，并为合作社经营团队 7 人购买了职工养老保险。

可见，方向对了头，一步一层楼，善品公社的成效，不仅在于产业扶贫模式的成型，更在于不断拓展合作社的实力，促进集体经济壮大发展。

二 石棉案例的重要启发

（一）特色产业发展经验可供中国西部借鉴

类似石棉县这类以山区为主、地处偏远、耕地少、人也少，城镇化程度低，以往长期处于贫困状态的地理区域，在中国西部，尤其云、贵、川三省是常见的。而这些区域尽管山高石头多，却历经漫长年代的地理文化的濡养，一般都存留类似石棉黄果柑这类几乎只在当地出产的特色产品。发现这些地方特色产品，以适当方式组织起来生产—加工—营销的全产业链，依托当地合作社为产业载体，培育合作社的经营管理人才；让产业的可持续发展与农民和农村的成长相互促进；在获得产业经济效益的同时也获得乡村社区的治理效应和人才培育效应；通过推动地方特色的产业振兴，带动本地域的组织振兴和人才振兴，这样的做法，符合党中央十九大以来提出的乡村振兴的国家战略，也为中国西部贫困山区探索出一条可持续的综合发展道路。

石棉县发展黄果柑产业有哪几条经验呢？

首先，发展本地特色产业，政府的作用最为关键。

石棉县政府极为珍视本土特色，将历史文化的发掘与农业科技结合，发现、培育本土产品，将其建成支柱产业。

石棉县曾经国富民穷。因当地盛产石棉矿，1952年国家为开采石棉矿而建县并命名。尽管后来石棉矿枯竭，又改换开采其他矿藏，国家收入曾在一段时期下滑。20世纪80年代国企改革，财政也有过一段困难时期，不过，迄今为止，该县的财政仍然较周边县份较宽裕。石棉是个工业县，山多地少，人均耕地不过亩，农民过去一直依靠种水稻、玉米的微薄收入谋生。农民为脱贫渴求找到致富出路。改革开放初期，石棉县政府和农民一起选定当地特产黄果柑作为当地农业发展的支柱产业。

黄果柑具有悠久的栽培历史。自古以来，在我国西南、华南及长江流域一带山地就有野生柑橘类自然生长，金沙江、大渡河上游河谷地带一直有黄果（甜橙）、碰柑、马蜂柑等大片原始生态群落景观，石棉县尤以野生柑桔树多。石棉县一带原是蛮荒之地，无人居住。明末清初年间，湖广填四川，两湖两广的大量移民涌入四川，其中部分移民翻山越岭来到石棉县一带居住下来。据说，是他们带来了柑橘种，长年繁殖形成了桔橙天然杂交的黄果柑。

1983年，石棉县农业局进行果树资源及区划调查时，在原新棉镇礼约村发现7株黄果柑古树，在四川农业大学的支持帮助下，对其进行了长达4年的品种观察，并于1987年选择其中综合表现较好的一株作为母树，采穗条嫁接高换该品种50亩，之后进入了全县大力推广的阶段。政府连续多年投入巨资发展黄果柑产业，给农民打开了一条致富路。20世纪80年代中最早引种黄果柑的坪阳村及其周边的村民，每家每户依靠黄果柑每年净收入高则十几万元，低的也有7万—9万元。经过数十年发展，石棉已经成为黄果柑产业的优势区，成为石棉县农业支柱产业和农民增收致富的保障。

其次，打造品牌、实施标准，建设产地初加工中心，形成全产业链运营力，凸显优势。

石棉县在与善品公社合作之前，就有黄果柑品牌，但是只局限于当地，社会影响力不大。这与黄果柑生产销售均为粗放式、缺乏生产标准、机选分拣环节未能配套直接相关。自2016年3月善品公社将黄果柑首次触网，成功销售之后，由坪阳社带头在生产全过程中贯彻优果标准，建成仓配中心，补齐短板，提升了分拣果品的能力和水平，从而形成黄果柑产业从果品生产到加工再到销售的全产业链的效能。再加上石棉县建成了与仓配中心成犄角之势的全县农产品展厅，将产业链再延伸至展销传播，推动了石棉黄果柑特色产业优势区的建设。这些行动的综合效果，是"石棉黄果柑"公共品牌的社会影响力快速拓展。据市场第三方发布的评估报告，2019年比较2016年，品牌估值提升了一倍。

最后，多主体共建优势互补的产业联合体，是快速高效发展地方特色产业的必由之路。

石棉黄果柑产业之所以在较短的时期内形成优势和品牌，重要原因是形成了政府、合作社、村集体、农企、果农与支农公益组织的黄果柑产业联合体。在这个联合体中，政府担当产业规划和资源的总体配置职责；企业（国企）作为政府授予的国有资产持有者，与合作社签协议委托合作社经营和共享经营受益；善品公社作为扶贫基金会下设的组织，以公益资本捐赠给合作社，同时支持合作社组织建设、经营运作和品牌构建；村集体支持资金、人力和房屋设备；农户入股并担当生产功能。

在仓配中心建设中，合作社成为公共资源和私人资源的集大成者。他们将政府支持的土地，政府、善品公社支持的资金，村集体支持的房屋和资金，国企支持的设备产权，农户社员入股的资金全部集中起来，投入仓配中心建设。仓配中心起到了连接生产端与销售端的作用，让黄果柑产业链完整地连接起来。

当前乃至今后一段时期，强化产地初加工环节的设备设施建设，是让地方特色农业走上高质量发展之路的关键。2021年1月13日，农业农村部副部长刘焕鑫在国务院新闻办公室举行的新闻发布会上，特别将"加强现代农业物质技术装备建设，加快生产体系现代化"作为今后一个时期加快推进农业现代化建设的三大体系建设之一。

（二）善品公社石棉模式具有推广价值

善品公社产业扶贫的石棉模式，就是以农民为主体，合作社建设为目标，品牌为导向为地方优势产业的全产业链赋能，就是集合各类资源，各类主体，形成社会市场上共同发力的产业联合体。

这个模式与资本下乡建产业园，农户打工的模式完全不同。

目标不同。善品公社的产业扶贫与资本下乡的产业扶贫不同。不仅要扶产业，更要扶助产业的主要载体——农民合作社，所以，产业扶贫的目标中要有组织目标，这就是以人为本。

支撑点不同。资本下乡的支撑点就是资本，而善品公社和产业扶贫的支撑点是农民合作社，在产业扶贫过程中，始终以农民合作社为中坚，以提升农民合作社的组织、经营、管理能力为主干。

做法不同。对于产业链上必需的环节如仓配中心、电商等，下乡资本的做法是：以资本赚取的利益为本，而善品公社是以合作社、农户获得的收益为本。善品公社的做法是：以一己之力撬动各类主体，整合各类资源共同助力合作社，实现组织、制度、机制、设施、人才与品牌互嵌互联的全产业链打造。

让农民合作社做龙头、做主干，带动一个大规模的地方特色产业走向现代品质农业，这样的经验在全国也很罕见。实践证明，这个做法是高效的，是能够得到党和政府的理解、肯定和大力支持的。2016 年 3 月，石棉县政府为支持善品公社擦亮石棉黄果柑这一公共品牌，和善品公社签订了销售 100 吨黄果柑资助 100 万元资金的协议。之后，还启动当地国企沃丰公司以大型设备设施产权所有、使用权让渡坪阳社的方式支持合作社做好产业链。在中国，离开了党和政府的支持，社会组织、社会企业会一事无成。善品公社石棉模式就是善品公社与政府、合作社、企业等多主体共同创造的，是一种共建模式，它体现了多主体优势互补，合作共赢的特征，走出了一条快速高效推动产业振兴，发展地方特色产业的新路子。这不仅是中国扶贫基金会以大视野、大格局助力西部农村脱贫的一个成功实践，也是乡村振兴战略实施中，以多元合作、融合性发展赋能山区产业振兴的成功案例。

善品公社在石棉案例中还创造了一种以公益资本为支点的资源撬动机制。善品公社不仅撬动了多主体优势互补的产业联合体，更重要的是这个产业联合体的核心——坪阳社，是在善品公社的引发和培育陪伴下成长壮大的。

善品公社本身就是公益资本的产物。善品公社为坪阳社进行组织制度、生产标准、人才队伍、经营运作、品牌和投资等全方位的赋能，不仅让农民对好产品卖好价有了信心，积极带资入社，让合作社有了经营动力，推动经营团队的能力提升，还让政府看到合作社的成效，增强了合作社推动农民组织化和形成产业链的信心，愿意向合作社持续投资、购买合作社的农业社会化服务，赋予设备产权给村集体经济的同时明确规定由合作社经营使用。可见，善品公社最初对坪阳社的赋能已经在资源撬动上产生了持续放大的效果，甚至可以说，正在形成一种合作社与政府之间资源配置互促互配的机制性作用。

善品公社石棉样本的实践证明：公益资本最不同于商业资本的特征，就是公益资本在撬动合作社资源的同时具有一种可内化到合作社之中的机制，而内化的效果，是强化了合作社的地位，让资源配置愿意朝向农民合作、集体经济的方向深入推进。

（三）乡村振兴需尊重来自生命经验的本土知识，发掘多元的普遍性价值

乡村振兴中，农业、农村和农民的发展是不可分割的整体。农村离不开农业，农民离不开农业和农村。各地域因自然环境地理条件不同，其适合当地条件的农产业不同，农产品大类和品种不同，必须因地制宜。而中国的农村是祖辈人为了讨生活而自由选择的迁徙、聚集和繁衍生息的居住地，它必须具有养活这些村落人口的农业生产能力。这让中国的农村村落和村民拥有了世代相传的生产生活的历史记忆和源自他们生命经验的知识累积。

例如，坪阳村 67 岁的袁正堂，就以亲身经验阐明了黄果柑为什么不适合在 1200 米以上的高山种植，而黄果柑品质最好的种植区域是坪阳 15 队上下 100 米，左右 1 公里的的金凤凰地带。这也被四川农业大学的汪大华教授证明。袁正堂是当地具有本土丰富农技经验的老农的代表，他自 1987 年担当坪阳村村支书起就开始了对黄果柑产品的农技试验，在我们的访谈中提供了从本土经验出发非常重要的产业发展建议。

无论学界、社会组织还是企业界，都应当尊重这些来自当地农民生命经验的知识，将帮助他们记录、整理、总结和传播这些知识视为自己的责任，给这些源自实践的知识以登上大雅之堂的重要位置，将这些积累与现代的行动知识互联互通，交流和互惠，不仅助力农户摆脱贫困、获得尊严，还要以这样的来自农民的知识为思考的基点，摆脱西方一元化的普遍性叙述理论，重建中国自己的具有多元普遍性的价值理论。

三　从石棉案例看小流域特色产业以生态为纲的可持续建设

小流域通常是指一个县属范围内的流域。近年来，以小流域即县属地域为单元，在全面规划的基础上，合理安排农、林、牧等各业用地，因地制宜地进行小流域综合治理，采取工程措施、生物措施和农业技术多管齐

下的方针，开发利用水土资源，建立有机高效的农业生产体系成为国家保护自然环境、实现乡村振兴中生态振兴的主要政策。

石棉县属于中高山地形，境内有水，正是这种山地小流域自然环境哺育了黄果柑这个中国唯一拥有自主知识产权的天然杂柑品种。石棉黄果柑目前发现的古树有300年树龄，现在还挂果。1991年，四川农业大学汪大华教授到石棉考察，发现这个品种的优势，后定名为石棉黄果柑。2020年，石棉黄果柑种植面积达4万亩。

黄果柑的形成历史有不少传闻，据说是太平天国时代，甚至更早即清代康熙年间兴起的湖广填四川移民潮年代，由湖北湖南移民带进四川的大袍柑在当地经自然演化、进化形成的品种。

1982年石棉实行联产承包责任制以后，县委政府进行产业结构调整，提出发展梨、花椒、蚕桑，还有黄果柑，最后通过农民自主选择，选了黄果柑。这是因为，黄果柑是一种无论生产、销售还是食用，都贴近大众需要的比较皮实的产品。甜度不很高，但是口感好，价格适中；高坐果率、高产量，生产管理不复杂；果期长，从年尾12月到来年4月，有利于市场销售打时间差；果子好保存，利于运输和家用；还有，每亩收入按平均价计算相当于水稻的四倍。这么多长处，在分田到户由农民自主选择种什么的年代，黄果柑成为传统大田作物水稻玉米的主要替代品。

而黄果柑成为石棉县主打农业产品，是种植形成规模以后。1998年的石棉县，黄果柑种植面积只有一两千亩。那时不愁销售，本县自己就消化得差不多了。到2009年有了万亩规模，大车来不够拉，小车拉不完，背兜背不完，销售也开始出状况，就到石棉周边的汉源、雅安和西昌等地销售，但是产量上升却导致价格下降，从早期一斤1元7、8角钱降价到8、9角。迄今为止，黄果柑销售还没有真正走出石棉县，基本上在石棉和附近的县就全部卖完了。

据调查，主要原因是黄果柑要走出石棉，就必须实现产业高品质、规模化发展。而限制产业高品质发展的有两个主要原因：一是黄果柑种植区的海拔高度与品质相关。石棉海拔1200米以上的高山区，由于气候条件不适宜，果子品质差，甜度不够。盲目追求规模化的结果，是不同海拔地域、自然品质不同的果子被混搭销售，致使即便采用分类洗选设备也难以达到市场分级标准。二是黄果柑及嫁接新品种多而杂乱，缺乏长期眼光和科技投入。这在市场销售上就较为纷乱。

石棉黄果柑产业要实现高品质、规模化发展就必须解决直接影响品质的高海拔地区种植和品种杂乱两大问题。前者指的是海拔 1200 米以上的石棉县高山区，因气候条件不适宜，种出的果子品质差，甜度不够。将不同海拔地区产出的黄果柑混搭销售，致使优劣不分，直接影响了品牌的口碑。后者指的是黄果柑正在嫁接的新品种多而杂，口味和价格不同，也导致销售的混乱。

解决上述两大问题，需要政府出台适当的产业政策和科技政策。

淘汰 1200 米以上不适应的高山地区种植的果园。由政府出资补偿这部分被淘汰果园的农户的损失。据调查，高山区的黄果柑种植面积约为总面积的两成，而若能因此整体提升黄果柑的品质，提升其品牌效应和市场价值，那么通过一定的政策设计，其增加的利润部分，是有可能抵销其补偿的部分的。

当然，补偿不是消极的，也不适宜长期补偿。所以需要以科技开发和创新，找准适合高山地带的农作物，继续通过合作社促其形成产业链。当新的作物的经济价值能与黄果柑持平甚至超越时，问题就解决了。总之，让高山、中山、河谷不同地带的农产品种植都适合当地条件，各地域的农户才能各得其所，共同致富。

选育黄果柑新品种，提升其品质。这需两类科技政策同步：一是坚持不懈选育新品种；二是将现有黄果柑做成优质果。

选育新品种已经是箭在弦上不得不发了。目前黄果柑与其他品种嫁接已经出现了一些新品种，有些品质较黄果柑更好，但是管理更为复杂，而且并没有获得像黄果柑那样普遍的消费者认同。还有的不如黄果柑，容易出病害。因此，新品种选育需要相当长的时期，调研中有老农告诉我们，一个新品种至少需要 5 年以上的时间才能稳定。目前的石棉黄果柑是大众消费产品，属于中低端，而未来要想取得更好的经济效益，就要培育能走入高端市场的更好的品种。这就要在品种培育的科技投入上，下大决心，建设柑橘品种实验园区。柑橘试验园区毫无疑义是公共产业，需要政府投资，引进和研发新品种，同时指导广大农户推广使用。

调查中得知，石棉县农业局拟议建 30 亩园地，对黄果柑的母本进行保护，并由国企沃丰公司进行经营管理。只是，母本保护固然重要，却与支撑黄果柑产业长期可持续发展的品种试验和推广基地还有很大距离。为了石棉黄果柑产业长远的可持续发展，石棉县政府需要审时度势了。

将现有黄果柑做成优质果，是在黄果柑新品种大面积推广之前必须要做的过渡性政策。鉴于品种选育需要坚持多年才能出效果，被大众广泛接受也需要时间，所以，在今后相当长时期内，只有将现有黄果柑品种做成优质果，才能维系石棉黄果柑产业的可持续发展。这就与第一个问题，即淘汰1200米以上不适应的高山地区种植的果园的政策相接了。

调查中，还有一点对我们的启发很大。我们在美罗镇坪阳村袁正堂所在的15小队调研时发现，黄果柑的确具有特殊的生长规律。该小队上下100米左右，左右在一公里范围，是被川农大的汪大华教授认定的发展黄果柑的金凤凰区域。主要是海拔高度、气候条件和土壤最适宜黄果柑的生长，更高和更低的区域种植黄果柑都容易失水和变质，而且，这地方挂果期还可以延长到5月份，较之其他地区有一个月的时间差。类似这样的特殊区域，政府在科技政策上要予以特别专注。

四 坪阳社二轮改革创新和难点分析

（一）为什么要进行二轮改革

经过10年探索，坪阳社已经发展成石棉县规模最大的跨村合作社：325户社员跨坪阳村、三明村、碾子村、马富村四个村，黄果柑种植面积1771亩，合作社拥有9300平方米仓配中心的自有资产，经评估达797.78万元。2019年，合作社各项收入1100万元，利润77万元。自2016年起，合作社连续4年分红。

已经成为跨村合作社的坪阳社为什么要进行二轮改革？

首先，坪阳社经多年建设，其生产能力已经远大于本社社员的需求。坪阳社在多方支持下建成的仓配中心，拥有年处理4000吨果品的生产能力，而该生产能力发挥最好的2019年，处理果品的总量为2800吨，还有三分之一的空闲能力未能实现。在这2800吨处理量中，坪阳社社员约占一半，另一半为周边各村农户的产量。同样超范围服务的另一项目是综合服务站的农资购销。2019 年服务站购销的农肥已经达到 800 吨，其中也有约一半的农肥购销是服务于非社员农户。还有，坪阳社组建了十几个人的农技农机服务队，为农户喷药防病虫害，进行小型机械的山地服务，不但不限于坪阳社的社员户，还将服务范围拓展为石棉县以及周边县。显然，坪阳社超范围的农业社会化服务，证明这类服务是不可能按照地域划界的，只要具备设施设备和经验，农业社会化服务就天然具有扩张的本能。尤其是这类服务在市场上是收费的，只要上规模，就能降低成本，获取利润。例如农技农机服务队之所以要到外村外乡甚至外县去扩张，就是因为可以赚取利润，提升服务队人员的收入水平。不仅服务队，要落实坪阳社经营骨干团队的收入激励机制，也需要扩大规模。多年来，团队经理级成员的月工资都按照国家对村干部的补贴标准 1300 元发放，2019 年提高到 2000 元。这些成员懂得，发展生产才能保障供给。所以，扩大坪阳社的社员规模，提升生产力，降低单位成本，获取更多收益，符合坪阳社以及经营骨干团队的利益。这是坪阳社理监事会一致同意进行坪阳社二轮改革的主因。

其次，村镇行政区划调整是推动乡镇和村干部产生改革意愿的又一个原因。二轮改革方案拟将原本跨 4 个村的坪阳社拓展为将周边 15 个村连片的区域社。这正值石棉县开展行政区划合并调整的时机。2020 年 5 月，石棉县进行村、镇建制调整，原坪阳社覆盖的坪阳村、三明村、碾子村、马富村四个村除碾子村外，坪阳与马村合并为新坪阳村，三明与保卫合并成为新三明村，周边的方元、山泉、八牌、新民、狮子也都成为合并村。新建制的 9 个村包含了原来的 16 个行政村，而且隶属于新设的美罗镇和迎政乡。村镇建制调整，将人口较少的小村并入大村，方便乡村生产和生活治理。这对于村镇干部是有利的。而坪阳片的这 15 个调整前的村庄中，有 4 个村是坪阳社覆盖的，加上并入新坪阳和新三明的两个村，就有 6 个小村。这 6 个小村已经合并为 3 个行政村，就在坪阳社范围之内。即 15 个连片小村合并成的 9 个行政村当中，已经有 6 小村 3 个行政村进入了坪阳社，要看另外 6 个行政村的意愿了。

2020 年 4—5 月，坪阳合作社的改革方案历经了多轮多次的会议切磋和讨论。广泛征求了各级领导和相关部门、企业、社会组织的意见。9 月，坪阳社二轮改革协调会在美罗镇召开，县农业农村局、美罗镇和迎政乡的领导和9个行政村的党支部书记都出席了会议，县、镇、乡的领导都表示支持改革。会后，除了已经进入坪阳社的3个行政村外，由方元和坪头村合并的方元村明确表态进入坪阳社，而其他的几个行政村还在观望中。

（二）二轮改革的创新

坪阳社二轮改革在思路上的创新，是将村集体经济与区域社联动，试图通过区域社赋予村集体经济以经营权和经营功能，从而盘活村集体经济的资产，使其通过合作社经营获得资产增值。这个思路不仅符合乡村振兴战略和壮大村集体经济的目标，更重要的是，似可突破村集体经济因缺乏经营性功能和经营性组织从而守着集体资产却无法运作的难题，如果坪阳的二轮改革成功，就可成为壮大村集体经济的一种创新方式，甚至还可能形成村社联动的统分结合新模式。

这里必须谈到一个重要背景。2016年年底，党中央、国务院发布了全国农村村集体资产产权改革的文件，全国统一进行，每个村都由党和政府按照统一规则盘点村集体资产，且分为资源性资产、经营性资产和非经营性资产。之后，农业农村部于2018年发布了农村集体经济组织（股份合作社）登记证，2020年发布了农村集体经济组织示范章程，力图以此促进农村集体经济组织的发展，规范集体资产管理，维护全体成员的合法权益。全国经农村产权制度改革的盘点和统计，至2019年年底，全国拥有农村集体资产的5695个乡镇、60.2万个村、238.5万个组，共计299.2万个单位，共有集体土地总面积65.5亿亩，账面资产6.5万亿元，其中经营性资产3.1万亿元，是集体经济收入的主要来源；非经营性资产3.4万亿元。集体所属全资企业超过1.1万家，资产总额1.1万亿元。[①] 但是，由于村集体缺乏市场运作经验和经营管理能力，这些资产迄今大都停留在账面上，并没有盘活，甚至还出现流失现象。按照目前的规定，村集体经济组织的主要功能，是对集体经营性资产进行组织转让、出租、入股、抵押等管理性工作，并非做具体经营。同时，依农民专业合作社法的规定，农民专业合作社法人

---

① 《全国农村集体家底，摸清了》，《人民日报》2020年7月13日。

可以从事农资购销、农产品销售等市场经营，但是不能从事集体土地的组织发包、出租、入股等。

而坪阳社二轮改革恰恰要突破这种村集体做资产维护、合作社做市场经营的两分法，让合作社渗透到村集体当中，让合作社的市场经营为村集体经济带来可持续的收益。二轮改革的构想是，9个行政村由村党支部带领加入坪阳区域社，由区域社对其实现黄果柑产业链的生产经营全统一：统一采购农资，统一提供农技农机服务；统一进行果品分级分类；统一利用销售渠道等。而各村在充分依托区域社的设备设施和经营能力的同时，通过加入坪阳社的集体发展股和集体特别股，获得合作社经营收益的股份分红。

（三）二轮改革的难题

与首轮改革相比，二轮改革的目标更具复合性，处理的关系更加复杂。如果说坪阳社的首轮改革要处理的仅仅是农户个体与合作社集体的关系，二轮改革则上升了一个层级，要处理的关系不再只是村社与社员的关系，而首先是区域社与村集体的关系，而村集体与村民的关系则由村集体去处理。这就形成了区域社与村集体、村集体与村民的双层关系。这让新坪阳社首先面对的是村集体社员。从老坪阳社与单个社员的单层关系转化为多村村集体合作形成的新坪阳社片区集体、与各村之间的整体与部分的关系。

二轮改革的第一个难题，就是如何处理这种整体与部分的关系。在坪阳，二轮改革被称为是9＋1方案，即9个村集体加1个合作社。9个村集体是行政建制上的平级，1个区域性合作社是经济建制，要在经济上统合9个行政村，建立经济合作上的整体与部分的关系，首先触及的是行政与经济两个不同体系的体制性矛盾。

面对这个问题，二轮改革方案试图采用党的一元化领导的方式解决矛盾，即乡镇党委领导合作社党支部，将加入合作社的各行政村作为坪阳区域社的党小组统一领导，但是，这需要在现有党委建制下，新设一种非行政建制的区域性党组，来领导非行政区划的片区经济工作，这就必须打通党、政、经三个体系，进行以党的领导横切两个纵向体系的创新制度设计。

二轮改革的第二个难题，是合作社如何给村集体提供足够的激励。

二轮改革方案公布之后，除了原来就进入坪阳社的坪阳村、三明村和碾子村之外，只有方元村同意加入坪阳区域社，而其他的 5 个行政村都持观望态度。其中主要原因是方案设计中对于村集体加入坪阳社的激励不足。二轮改革与首轮改革的最大不同是社员结构以及相应的股份结构的改变。首轮改革是村民以个体农户名义入社；而二轮改革则要增加村集体法人入社。二轮改革完成后，社员结构是包括首轮改革的 325 名农户自然人社员和愿意加入坪阳社的 9 个行政村的村集体法人社员，共 334 名社员，即个体农户与集体社员地位等同。在股权设计上，设有基本股、集体发展股、集体特别股三种形式。村集体加入坪阳社和首轮改革自然人入社一样，均缴纳1000 元的基本股股金。而集体发展股则是要各村自行自愿缴纳给坪阳社的。坪阳社在建设仓配中心时，坪阳村的村集体投入 29.3 万元，之后又以政府奖补资金 55.5 万元纳入村集体的入股资金，所以，在坪阳社的股权结构中，坪阳村拥有 84.8 万元的集体发展股。但是，除了坪阳村之外，其他行政村都没有向合作社入股，所以其他村的集体发展股等于零。

为吸引其他行政村加入坪阳社，二轮改革专门设计了项目化的集体特别股，采用雅安市扶贫开发局支持石棉县美罗镇、由美罗镇定向支持合作社发展的 50 万元，全部作为"集体特别股"，依照各村人口规模和贫困户数按比例分配到 9 个村。不过，这笔资金各村不能动用，只有全部投入坪阳社的农资服务站业务，才能形成项目的股权。其股权收益取决于坪阳社农资服务站为各村服务产生的利润，利润的四成归坪阳社，六成作为集体特别股的收益按照各村的股权做分配。二轮改革方案对这个项目做了十分详细的设计，要求各村都要成立农资经营团队，卖肥料多的村集体团队可得到特别奖励。但是，9 个村分 50 万元的集体特别股，每家分得很少，只有从 2 万元到 8 万元不等。各村以很少的资金投入坪阳社农资销售项目，获利水平得取决于坪阳社农资服务站和村集体农资经销团队的协力。这导致村集体必然多加盘算，自身出力不小，收益未必大。况且各村的黄果柑种植面积不同，使用肥料的总量不同，坪阳社根据往常核算，销售每吨肥料一般可得 600 元利润，各村则以此为依据预算所得，考量是否合算。而为什么9 个行政村中有 4 个村愿意加入二轮改革，很大原因在于其中 3 个村的 325户农户在首轮改革中入了社，而且这些村的村支书都在坪阳社担任理监事，有的还兼任了经营团队部门经理。他们自身的利益早已和坪阳社绑在了一起。其中，只有方元村与老坪阳社没有直接联系。

所以，各村的村集体加入坪阳社，在经济上似无明显所得，更大的效益是给早已成型的坪阳社的影响力添砖加瓦。因为坪阳社二轮改革，已经进入"2020 年雅安市扶贫开发局扶贫合作社质量提升改革试点合作社"，改革案例被推荐到荷兰农民生产者协会全球案例库、四川省蒙顶山合作社发展学院案例库。

为增加坪阳社对 9 个村村集体的吸引力，政府做出了多项努力，除了雅安市扶贫开发局支持改革投入 50 万元之外，石棉县农业农村局为支持坪阳社二轮改革，将几十台政府出资购买的农机设备所有权分给这 9 个村，而规定使用权给坪阳社的农技农机队。该团队作为坪阳社的项目部门，在社内外广揽业务，并将使用设备的租金交付给各村村集体。还有，石棉县银行为支持坪阳社改革，也给坪阳社农资服务站项目下拨 50 万元贷款。

尽管政府支持改革已经不遗余力，不过，坪阳社二轮改革的期望值即周边 9 个村集体加盟以扩大合作社经济体，并未实现。这种加盟并非是行政化合并，决定性的因素显然不是政府的良好意愿，而是村集体从自身利益出发的仔细考量。而当经济利益不足且利益格局不平衡时，想要将多个村集体的多主体统合在一个合作社经济体当中，困难是显著的。可见，村社合作思路虽好，但这是在创建一个新型主体，必须考虑结构创新，其中，尤其需要以利益尤其经济利益为本，进行组织结构、利益结构和制度、机制的创新设计。为此，厘清村集体主体与合作社主体的相同与不同，建立在乡村振兴中能够长期稳定可持续存在的村社联动的新结构、新体制和新机制，势在必行。

五　对村社联动发展农村集体经济的深度思考

（一）合作社/村集体，合作经济/集体经济，专业合作社/集体经济合作社的异同

合作社和村集体是不同的主体

凡将全体村民登记造册组成的集体合作社，是最符合政策规范的集体

经济组织。但除了超级村庄外，绝大多数的这类村集体经济组织只有架子，不做运营，等着"天赋资产"落下来按股分红。

集体原初含义是为了共同目的而聚集的人的集合，并不带有地域概念，而村集体将地域性的社区概念带入集体，就成了在本社区内的人们为社区利益而聚集的集合体。合作社也是一种集体，是人的自愿组合，没有地域和财产限制，是以互助合作的生产或消费方式分担成本，实现利益共享的一种经济组织。村集体是以国家法定的土地集体所有权为前提，以地域为界限而形成的特定人群的集体组织。两个主体的相通之处在于都是人的集合而非物的集合，资本的集合、部门或者制度的集合。

另外，两个主体的经济形态都属于乡村的合作经济。值得一提的是，党中央在 1983 年和 1987 年的文件中，没有提集体经济组织，而是采用"地区性合作经济组织""社区性、综合性""乡村合作组织"的提法。这明显表达了中央当时想用合作经济改造公社集体经济、合作组织改造公社集体组织的政策构想。可以说，两个主体都为了相似的合作创富的共同目的而聚集。只是，合作社的共同目的是要以合作社成员群体分担生产或消费成本获得比个人单干更高的经济利益。村集体的共同目的，是维护村社区的整体性利益，不仅有经济利益，还有社会和文化利益，甚至还有政治利益。所以，村集体的共同利益是系统性的，具有多维性和层级性，而合作社的共同利益是比较单纯或者单一的，就是经济利益。

尽管都是人的集体，合作社是单纯经济组织，其成员可以跨村甚至跨县，依据产业的不同，社员可进行纵向结合，人与人的关系可能并不密切。而作为社区组织的村集体，成员依社区利益形成横向结合的集体，朝夕相处，人际关系是比较密切的。

随着时代的进步，合作社成员的内涵已经扩大。不再局限于能力相差不大且从事同一产业生产的人们，甚至也不再局限于同产业和同一产品生产方式。即便按照农民专业合作社法的规定，"农产品的生产经营者或者农业生产经营服务的提供者、利用者"即农业产业链上的相关主体，都可自愿联合成立合作社，也已经突破单一的专业生产。另外，随着经济实力的发展和经营活动与技术的提升，合作社规模扩大，走向复杂化和多面性。而由于合村并乡迁居，扩张的城镇化改变了传统地理结构和社会结构，农村集体尤其是村庄集体有的消失，有的改观，其成员和资产都发生了很大的变化。

合作经济与集体经济的异同

关于什么是合作经济、它与集体经济的异同，一直存在争议。有人说合作经济是私有制，集体经济是公有制，两棵不同的树结不出同样的果实。不过，合作经济产权的理论研究既有个人所有的私人产权说、社员共有的集体产权说，又有个人产权与集体产权复合而成的复合产权说。[①] 而集体经济在历经 20 世纪人民公社集体的失败之后，早在 60 年代就有了摒弃人民公社"一平二调"错误，走向"三级所有、队为基础"的村组集体经济。改革开放 40 多年来，在珠三角和长三角一带新兴的村级集体经济也出现了新的格局，集体经济中也含有合作经营的成分。而依据实践经验，无论合作经济还是集体经济，都存在普遍的公私融合关系。这种关系是人与人的关系，而非物与物的关系，与企业的物权或者产权关系很不同。甚至，由于中国乡村社会结构是典型的差序格局式，西方的个人之私很难生存，私人经济也非单纯的个人产权经济，而是与家庭、家族、亲友密切相关的关系经济。而且，因由私与私的关系连带还可形成一种具有共同性的"公"，我们也可将其称为中国的"集体"。这方面，沟口雄三关于东西方甚至中日两国的合作机理因"基体"不同而不同的观点很值得关注。[②]

从实践的视角比较，合作经济与集体经济属于具有相似性的经济形态。它们都有追求自身经济利益的目标，都在市场中运作，遵循市场运作的规范。而且，从公私经济的分野上看，合作经济与集体经济都与私人经济有本质不同，也与全民所有的公有经济不同。更合适的概括，可能是共有经济。即生产资料不是私人占有而是共同占有，用人方式不是雇佣制而是协商制，经营与管理方式不是依赖资本而是倚仗合作经营、民主管理。分配方式不是完全的按资分配，而是按劳分配、按资分配和按权利分配（给贫困户、老人多分）相结合。就此点而言，合作经济与集体经济都具有社会性，这也是这两种经济有可能融合、联动的基础。

① 欧阳仁根、陈岷等：《合作社主体法律制度研究》，人民出版社 2005 年版。
② 参见沟口雄三《作为方法的中国》，生活·读书·新知三联书店 2011 年版。

— 219 —

合作经济与集体经济的差异，一是共有程度不同；二是经营方式侧重不同；三是产权规定不同。在私人经济到公有经济的连续统中，共有经济居于中道，而合作经济作为互助性经济较之集体经济更靠近私人经济，集体经济的共有程度要超越合作经济，更靠近公有经济。经营方式的侧重上，合作经济侧重成员之间相互扶助，强调互助合作，按交易量分配。集体经济侧重成员的整体意识和综合利益，强调集体共建按成员权利分配。在产权规定上，集体经济的产权尤其是土地，按国家规定属于村集体所有，集体产权可以量化到个人，对个人收益产生增益作用，但是不能转移出售给个人。合作经济的产权是很多个人投资形成，也就是私与私连带形成的共有产权，个人可自行取舍。

当下，随着经济发展、技术进步和经营性功能的成熟，合作经济的范畴在延伸，不再是原初的单纯和单层的互助性经济，而演变为包含集体经济和私人经济的多元混合体。集体经济的内涵也发生变化，演变为涵盖私人经济、互助合作经济、公益经济等主体多元、形式多样、组织多种的综合性社区经济。而且，这类综合性社区经济关注的不仅是产业活动，而是包括生产、消费、社区建设、成员福祉和人际关系等都在内的系统性、整体性的社区治理。还有，集体经济不仅在乡村，在城市也有长足的发展。城市社区的集体经济形态也出现多元化、多样化的特征，集体经济成员也没有像农村集体经济那样有地域的明确限定，而是更多与社区组织密切相关。总之，现代社会中，合作经济与集体经济的相契性在增加，在一定条件下两者可以交集。

专业合作社与集体经济合作社的异同

我国目前的合作社成为统称。按照现行法律规定，农村集体经济组织也称为集体经济合作社或者集体经济股份合作社。而社会一般所称的合作社并非指上述农村集体性质的合作，而是农民专业合作社。这两类合作社无论从法律规定还是功能运作上都有明显区别。

农村集体经济组织目前没有成文法。2020年年底，农业农村部颁发了农村集体经济组织规范章程，是当下阐释农村集体经济组织最系统和完整的法规。其中规定，农村集体经济组织要以"经济合作社"或"股份经济合作社"的形式设立。其设立目的，是"促进集体经济发展，规范资产管理，维护本社和全体社员的合法权益"；基本原则是"实现共同富裕，坚持集体所有、合作经营、民主管理，实现各尽所能，按劳分配、共享收益的原则"；主要职能，是"管理集体资产、开发集体资源、发展集体经济、服务集体成员"①。按照现行农村集体经济组织规范章程，农村集体经济合作社主要做三件事：保护管理土地资源，经营性资产和非经营性资产，运用集体资产对内经营和对外投资；给社员提供生产和生活的公共服务。

2007 年颁发实行，2018 年经修改后再度实行的《农民专业合作社法》规定，"农民专业合作社，是指在农村家庭承包经营基础上，农产品的生产经营者或者农业生产经营服务的提供者、利用者，自愿联合、民主管理的互助性经济组织"。成立目的，是"规范农民专业合作社的组织和行为，鼓励、支持、引导农民专业合作社的发展，保护农民专业合作社及其成员的合法权益，推进农业农村现代化"，基本原则是："成员以农民为主体；以服务成员为宗旨，谋求全体成员的共同利益；入社自愿、退社自由；成员地位平等，实行民主管理"，主要业务是"从事农业生产资料的购买、使用；农产品的生产、销售、加工、运输、储藏及其他相关服务；农村民间工艺及制品、休闲农业和乡村旅游资源的开发经营等；与农业生产经营有关的技术、信息、设施建设运营等服务"。在出资规定上，农村集体经济合作组织（合作社）可以集体资产对外出资，用地出让，对内组织集体成员的土地发包、出租、入股，没有个体对合作社集体出资的规定。而农民专业合作社的成员个体，可以对合作社用货币出资，也可以用实物、知识产权、土地经营权、林权等非货币财产，以及章程规定的其他方式作价出资。同时，农民专业合作社对由成员出资、公积金、国家财政直接补助、他人捐赠以及合法取得的其他资产所形成的财产，享有占有、使用和处分的权利，并以上述财产对债务承担责任。2018 年的新法还拓展了农民专业合作社的组织和功能范围，为扩大生产经营和服务的规模，发展产业化经营，提高市场竞争力，"农民专业合作社可以依法自愿设立或者加入农民专业合作社联合"，"可以依法向公司等企业投资"。

---

① 农业农村部：《关于印发农村集体经济组织示范章程（试行）的通知》，2020 年 11 月 13 日。

由上所述，按照目前的法律规定，农民专业合作社与农村集体经济合作社是两类不同的合作社。他们的共性，是都具有合作经济、民主管理的特质，他们的不同，归根结底是以农户个体为本还是以农户集体为本。农民专业合作社是农户个体与其他多元主体进行产业互助的经济组织，农村集体经济合作社是农户集体为维护集体的综合利益进行社区治理的综合性组织。现在的问题是，以农户个体为本的农民专业合作社拥有比较彻底的市场运作功能，可不断拓展市场经营的空间，而以农户集体为本的农村集体经济合作社却被规制为只能对内做成员间土地资源管理，对外做土地转租和资产投资，并不具备生产、供销、加工、运输等全方位的市场经营功能。

那么，农村集体经济资产要保值增值，集体经济要壮大发展，集体成员生产和生活服务要不断提升其水平，所有的资源从哪里来呢？难道主要来自国家财政支持以及企业和社会组织捐赠吗？

有没有办法对这种农村集体经济合作社资产维护，农民专业合作社市场经营的二元论做突破和创新呢？

只要有阻碍就会有突破，摒弃各执一端的二元合作社理论，将其互嵌和联合，正在成为目前各地探索的地方实践。内蒙古赤峰市克什克腾旗经棚镇，通过建立全镇的农业发展合作联合会和县、乡村党支部的党建联合体，将全镇13个行政村的村集体经济合作社吸收为联合会成员，为13个村建立村会合资的综合服务站点，推动农资和消费品下乡、农产品上行的大流通，实现了村集体经济和联合会收益双增长，也将分散在全镇的6600多户农牧民，连接成为以乡镇为本的农户集体。山东青岛莱西市院上镇，在镇党委政府的支持下，建立了全镇10个行政村两万多农户的农民专业合作社联合社，推动大田托管、农产品销售、社区妇女、儿童服务，将农民专业合作社的市场功能与农村集体经济合作社的部分功能统合了。

那么，坪阳社二轮改革的9＋1方案有没有可能以村社联动、功能互嵌为目标，设计更为合理的吸引村集体加入的方案呢？这应该是石棉案例今后持续探索的方向。

（二）对专业合作社发展趋势的探索

专业合作社走向公司化

迄今为止，中国现存的约 300 万个专业合作社，其中发展好的和比较好的社，大都是长大了的社，成员跨村甚至跨镇，专业不再是单一产业，尤其是类似坪阳社，建立了产地初加工的分拣果品的设备，有的还在镇、县设立了产品销售门市，成为跨行业、综合化的经济组织。当经济规模做大，经营门类增多，就不可能依赖初始时期劳动力互助合作了。合作社的业务进入市场，就需要经营管理，就要有专门从事经营管理的专业经理人。还要有在其麾下的专业和专门的经营团队。这样的合作社必然走向部门制。各部门需要制定业务目标，需要对投入产出做经济核算，养人的成本起码分摊在业务中而且一年到头一定要有所盈余。这样的经营已经和公司相去不远。如果说有区别，主要在目的目标上而不是方式方法上。所以，这样的合作社内部的经营团队或者称总干事团队，实质上是借用了公司市场经营方式和市场经营机制。这类合作社在条件成熟的时候，可以将合作社的内部部门半外部化或完全外部化。半外部化指的是部门独立核算，例如坪阳社就是将仓配中心、综合服务站、农技农机队独立核算，等于半外部化。完全外部化就是设立独立的法人机构。例如，以仓配中心为基础，有可能建立起坪阳地区农产品标准化基地，那么通过法人化的方式可以进一步释放其潜在的生产力。

内蒙古克旗、山东莱西和烟台的经验

在内蒙古经棚农业发展合作联合会中，也有一个规模较大的超市中心，不仅负责经棚地区城乡居民的消费品采购和分销，还因为建设了冷库，联合会又注册几个农产品特色品牌，未来在冷链物流上可能有新的拓展，这个未来可能发展为农产品上行，消费下行的基地，也有可能独立注册，成为镇联合会的支柱产业。那么，镇联合会的组织架构就会成为协会加公司，即协会是以农户个体成员和村集体组织成员共同加入的以人为本的集体性社员群体，公司是协会集体作为投资方并按照投资比例获利的以资产为核心的经营实体。

如果将镇联合会换成镇联合社，其性质大同小异。联合社作为人的组

合，性质类似协会类社团，作为财的组合，性质类似有集体资产进入的混合制的合作企业。将这两类功能统合于一个组织体系中，这类联合社虽然顶着农民专业合作社联合社的名称，不过，其实质已经演化为能在市场上经营运作、具有综合功能的农村集体经济合作社联合社了。

至于仅从事同一产业，十几户、几十户的小规模农民专业合作社，最大的难题是规模过小打不起秤砣，在市场上从事农资购销、农产品营销的收益往往不敷成本，致使合作社领导者和骨干经年累月陷在经营上紧紧巴巴甚至时常入不敷出的尴尬境地。这类的专业合作社要么需要找到可签订农资和农产品销售长期订单的客户，要么就要与更高层级的农民合作组织联合起来。

小规模村级合作社的另一出路，是走烟台地区村党支部领办合作社的路子，将本村的专业合作社视为集体经济合作社的变种，以专业合作社承接地方政府对集体经济和村庄社区治理的政治经济社会文化的全方位支持。这条路，最大的亮点是将农民专业合作社的经营功能与集体经济合作社和管理功能合二为一。它的重要意义是将市场体制下的村庄，筑牢为充分发挥村庄社区集体优势、推动内外合作、实现自主运营的社会基层细胞。走这条路的主要困难，是需要一批通晓全局、有奉献精神，能长期坚持苦干的村支书和村委一班人，以及党和政府大力支持他们，为其进行所需各类资源的配置和管理监督。

坪阳社走专业产业公司之路？

坪阳社二轮改革似可从上述的做法和思路中得到启发。即走专业的路还是走综合的路？即便走专业的路也可考虑走产业协会加产业公司的路。

坪阳社是以黄果柑为专业产品组建的农民专业合作社。它以黄果柑生产技术推广和产品加工、销售为主营业务。作为农业产业，与工业产业的不同在于农产品的季节性和自然性，导致风险首要源自自然界，虽然也可能发生资金链断裂的危险，但不至于因工业产业上下游供应链断裂而造成颠覆性毁灭。坪阳社走专业产业化发展之路，就要在黄果柑新品种培育、标准化基地建设、生产端选优劣汰、提升产地初加工质量、产品批发市场构建等一系列做强产业链上狠下功夫。这条路是通向产业公司之路。合作社或者变成专为产业公司做某些必要环节服务的经济组织，或者成为投资产业公司与之合作的经济主体。那么，合作社更像是一个有农户个体投资入股建立的私人股份公司而并非互助性合作组织。同时，村集体投入合作社或者投入产业公司的资本仅仅起到投资作用，集体资本选择更有利于增值的项目或者组织以求获得资本收益。显然，坪阳社二轮改革中众多行政村的村委会不愿加入坪阳社，就是资本收益上缺乏确定性。

坪阳社走村社结合的区域合作体之路？

区域合作社顾名思义，成员范围不局限于个别村而是相连片区的一定范围，这个范围可能是行政区划的乡镇，更可能是跨村和乡的非行政区划。坪阳社的社员最初局限于坪阳村，后来社员覆盖了周边4个村，在为仓配中心筹措发展股时，在4个村的189户之外，又吸收了4个村原来没入社的136户村民成为坪阳社社员。二轮改革除了原来的325户社员之外，又增加了好几个村集体作为法人社员，如果9+1的目标实现，坪阳社就成为覆盖周边两乡镇、9个行政村16个自然村的大社，这样的范围，是非行政区划的专业性区域合作社。

坪阳社若选择村社联动的区域合作社模式，就要朝向上述内蒙古克旗、山东莱西和烟台的方向，进行深度思考，就要重新端正目标，不仅考虑坪阳社的利益，而是将坪阳社放入9个行政村村集体连片形成的区域性农村集体利益之中，以坪阳社的市场运营能力和黄果柑产业已经形成的经营性资产的能力，撬动9个村村集体的存量资产，让其在市场中发挥效益，形成更大的经济利益。此外，运用9村连片的区域性集体的势能，加大与市县政府多部门的联系，争取在农村社会、文化治理和人才培育上增加投入，获取区域化的公共服务效益，为片区的农户增益。那么，这就是一条村社联动、综合性的合作社或者合作体之路。它所获得的经济成效，不是单一产业的，而是9村片区内的范围经济的成效。范围经济不但包括黄果柑还有枇杷、核桃等多产品、多品种，还可能有供销部、民宿、餐饮、城乡融合的体验经济等。

（三）关于股份制

股份制源自商业经营中不同利益主体为追求共同经济目标而对各自经济利益进行明确界分的需要，成熟于工业社会的公司法规定的股份制度。

农民合作经济和集体经济中的股份可分为三类。

第一类是出资股。这是合作社成员以出资作为自己参与合作的契约象征物。合作社成员的出资，都要记账，作为成员资格股。它不是为了营利而投入，而是为成就合作事业，所以，出资是出于明确的非营利目的。出资后的分配，是按照合作社惠顾返还盈余的原则，即将成员利用合作社的程度以交易量来度量并按其多少做分配。这不仅是欧美，也是东亚农协（农会）和中国有史以来民间小规模合作经营的传统出资和利益分配形式。沟口雄三甚至将这种"股"区分于现代语当中的"股份"，说它更类似于江户时代同业公会的"株"。株是指职业、营业上的特权。沟口提出，这种类似于"株"的出资股入合作社里，是"暗含了个人所有权的共同财产，或者说是一种不允许买卖的株"①。

第二类是投资股。这是以营利为目的的资金投入，合作社社员内部投资给合作社的项目，而盈亏要自担风险。集体经济合作社可将集体资产投资到集体内外的项目，也要自负盈亏。集体举办一项事业，可以采用多元筹资方式包括吸引社员个人投资，同时要按照股份制的方式计算股权和收益。这个收益就是投资收益，而非合作社社员按照交易额分配的互助性收益。

第三类是分份股。这是中国农村集体经济合作社或者股份制合作社的创新。它源自集体的产权是大家努力形成的，就要给所有集体成员带来可见的资金收益。但是并不计量每个成员的贡献大小，而是将所有集体资产无论存量还是增量都将其总量厘清后按照集体成员的人头折股量化，将量化的股份作为计量成员个人在集体资产中收益权的工具，集体成员不用做任何努力，只要在一个集体中，就能按年得到一份成员所持有的集体股权的收益。

至于合作制是不是股份制，集体经济和合作经济是不是都属于股份经济，合作制是否一定走向公司制，或者公司制是合作制的最高表现形式等问题在现实中大有全面混淆的趋向。

一是将出资股与投资股混为一谈。20世纪50年代初，农民以土地、农

_____

① 参见沟口雄三《作为方法的中国》，生活·读书·新知三联书店2011年版。

具、牲畜等生产资料折股加入初级社，统一使用劳动力，民主商定生产和分配大事，按劳、按股分配。这个股就是劳力股和物资折算的出资股。我国供销社、信用社早期都有不多的社员出资股，资产的积累是靠后来的集体经营。可见，出资股是个人参与合作事业的凭证，而投资股是针对项目的个人商业投资，常用在合作金融和加工事业上，社员自愿投股，自担风险，自负盈亏。健康发展的农民专业合作社常常看准市场需要与社员联手投资项目。例如，坪阳社建设仓配中心就是一种项目投资，但是待商榷的是，他们将这种项目投资扩张为对合作社的整体投资，而且将基本股即资格股也纳入对合作社的整体投资范畴并进行年度分红。结果，混淆了社员为了互助目的的出资和为了营利目的的投资。不仅如此，还加大了合作社分红的负担，合作社仓配中心尽管经营上有一定的营利，但是根本无法承担投资社员要求年分红 10% 的水平，结果导致坪阳社只能用其他项目的营利支持年度分红，给合作社的整体经营带来了困难。

二是将股份合作社与股份公司混为一谈。股份合作社是合作社的一种特殊实现形式，在西方国家，它必须按照"成员民主制、按惠顾返还盈余和资本报酬有限"[①] 这 3 条国际合作社联盟百年未变的原则行事，否则，就必须转为股份制公司注册。例如，如今西方国家普遍改传统合作社为"股份合作社"（stock co-operative）。对社员发行普通股、对外发行优先股（投资股）以克服融资难，而内部业务、分配和治理上还是遵循了 3 原则，所以国际合作社联盟还认可他们是合作社。这类合作社在西方国家已经相当普遍。美国的农场主合作社中，大约占 80%。

但是若用这 3 原则衡量中国的实践，违反者颇多。例如农民进城，按照原来村建制形成的城中村股份合作社，成员不参与劳动，因"天赋资产"就可坐享其成，何来按惠顾额分配？资本报酬有限这一条更不合，只要经营性资产产生了利润，就要全部分到人。当按劳分配被按股分配挤出，资本报酬成为唯一报酬时，与私有资本意义上的股份制资本权益就没有了差别。为什么在中国只要办股份合作，无论主体是谁，都很容易滑向私有性质的股份制经济，村集体股份合作社常常演化为实质上的股份公司？这

---

① 徐旭初：《中国农民专业合作经济组织的制度分析》，经济科学出版社 2005 年版。

很值得深思。

关于合作社到底应该如何建立具有"成员民主制、按惠顾返还盈余和资本报酬有限"的股份制，关键是要明确区别于公司的股份制。公司股份制形成的资产是私人资产，而且通过股票上市将投资风险转化给社会公众。合作社最好的办法是不实行全员投资股份制，而是坚持低水平全员资格股与按项目筹资结构的项目股份制。并且坚持合作社公积金、公益金的提取，努力充实合作社法人自身拥有的公共财产，并通过可持续经营，保有公共财产的不断积累和增值。对于集体经济合作社，除了无须资格股之外，也可在项目上运用公司的商业股份制方式。坪阳社二轮改革，可以不仅扩大村集体成员，也可扩大基本社员，仍然按照 1000 元为资格股的方式吸收社员入社，从而扩展一批需要合作社提供更多服务的专业农户。至于投资股在将仓配中心建设成农业标准化基地以及其他新的项目中，仍然可以采用向农户筹集资金形成项目股份制的方式。

总之，合作社股权我们建议收缩为项目股权，不要与公司的全部资产股权混淆。这样，合作社的项目股权是内部股权，其风险要远小于公司的完全的市场股权。此外，我们不建议村集体经济合作社采用股份制的方式。按照规定，集体经济合作社即便将经营性资产全部量化给成员，还有资源性资产（主要是土地）和非经营性资产（主要是公共设施）是不能量化的。而集体经济合作社的共有性要高于农民专业合作社，还有超过经济利益的综合利益和社区治理的多项工作，所以，走向综合性的社区合作社才是出路。目前，当市场经营遇到难题时，可以用成立农民专业合作社或联合社或联合会的方式，推动集体资产经营和为农户提供所需要的服务。

百美村宿——涞水南峪教学案例

引入设计运营主体共营乡村旅游培育农民合作社带动乡村内生发展能力*

仝志辉执笔

摘　要： 中国扶贫基金会在贫困山村南峪村成功实施以乡村旅游带动乡村可持续发展的项目。项目做法是：汇集足够规模的资金一次性投入推动村庄跨过乡村旅游产业发展的起步门槛，通过竞争选定项目村庄增强村干部发展意愿和当地政府的支持承诺，引入优质市场主体实施"设计施工运营一体化"确保乡村旅游从策划到实施全程的专业化，扶持农民合作社与市场主体合作运营并对合作社和农户持续赋能，凡此种种努力，促进了乡村发展能力能够内生且不断增强，带动村庄实现整体发展。借此做法，扶贫基金会的"百美村宿"品牌项目得以打造成型、具有鲜明内涵：整体利用乡村资源以全方位实现乡村价值，追求村集体和全体村民受益、依托

---

* 2020 年 9 月开始，中国扶贫基金会委托北京农禾之家咨询服务中心综合农协研究组就"善品公社"的石棉坪阳案例和"百美村宿"涞水南峪案例做深度调研。此文为"百美村宿"涞水南峪案例的教学案例第二稿，由仝志辉执笔。杨团（北京农禾之家咨询服务中心理事长，中国社科院社会学所研究员）、刘建进（中国社科院农村发展研究所研究员）、仝志辉（中国人民大学乡村治理研究中心主任、农业与农村发展学院教授）、孙炳耀（中国社科院社会学所研究员）、葛宁（农禾之家咨询服务中心总干事）、吕松波（农禾之家研究组干事）、杨润峰（中国人民大学博士研究生）组成项目团队，共同参与了案例调研、资料整理和案例讨论。本稿写作时参考了孙炳耀执笔的教学案例第一稿，也认真参阅了刘文奎（中国扶贫基金会副会长兼秘书长）的新书《乡村振兴与可持续发展之路》和项目各种总结材料。案例调研和写作中，郝德旻（"百美村宿"项目部主任，原"百美村宿"项目部驻南峪村项目官员）、张润源（原"百美村宿"项目部驻南峪村项目官员）、张晔（原"百美村宿"项目部驻南峪村项目官员）、段春亭（河北省涞水县三坡镇南峪村党支部书记）为调研工作提供重要帮助和资料数据，特此致谢。

合作社参与和分配机制实现乡村内生发展能力，城乡力量互融、政社企协同实现乡村旅游产业可持续发展。本教学案例精要叙述南峪村项目的历程和有关各方的关键选择和行动，帮助学习者理解其做法和"百美村宿"内涵，它可适用于提升农村发展问题识别能力、增进农民合作社发展能力、增强乡村旅游业发展能力、构筑乡村振兴协同合作机制等多方面的培训和自学。

关键词：农民合作社；内生发展能力；乡村旅游；乡村产业；可持续发展

2013年，中国扶贫基金会①（以下简称"基金会"）在长期进行村庄综合发展项目的实践基础上，发起了新一轮以乡村旅游为抓手实施发展援助带动乡村综合发展的努力——"美丽乡村计划"。2015年开始实施的南峪村项目是新一轮努力中的重要节点。

在没有南峪村项目之前，南峪村只是人们眼中平淡无奇的小山村。可南峪村项目实施了短短两三年的时间，昔日一无所有、乏善可陈的小山村却成了乡村旅游示范村：破旧的闲置宅院变身一房难求的高端精品民宿，原本销售困难的农产品卖上了高价，少人光顾的山沟沟成为游客休闲度假的乐园。因南峪村项目的成功，2018年7月，扶贫基金会将"美丽乡村计划"正式更名为"百美村宿"，开始将南峪村项目操作模式在更多村庄复制。

"百美村宿"在南峪村实现了乡村发展项目近乎神奇的能量，将一个看似一无所有的贫困山村转变为欣欣向荣产业兴旺的山村。南峪村曾经的"无"中有着怎样的发展潜力，项目如何找到了"无"中生"有"的支点？南峪村今日开启全面振兴，关键点何在？南峪村的发展距离基金会矢志追求的乡村可持续发展目标还有多远？让我们回到南峪村项目的实施过程，看看南峪村变化的前因后果。

---

① 中国扶贫基金会是成立于1989年的全国性公益社团组织，是在民政部注册登记并由国务院扶贫办主管的5A级公募基金会，以扶持贫困社区和人口，改善生产条件、生活条件、健康条件并提高其素质和能力，实现脱贫致富和持续发展为宗旨。

一 "美丽乡村"的第一轮试验

从立下实现贫困乡村可持续发展的目标开始，扶贫基金会就一直试图找到能更好实现这一目标的有效路径。与地方政府面对的使整乡整县的农村都发展起来的压力不同，扶贫基金会并不单纯追求项目做得越多就是越好。某种程度上，它更多是把对贫困村的扶贫项目视为对乡村发展一系列问题解决思路的验证。它在寻找的是何种农村发展思路有效，以便能将确证有效的思路向全社会推荐，从而联合和影响社会各界使其在更多村庄实现。

2012年10月，借鉴韩国新村运动中由村庄提交项目建议书竞争获取发展资金的做法，结合国家提出建设美丽乡村的号召和部署，基金会提出了自己的"美丽乡村计划"。

计划提出的要点是：集中足够强度的捐赠资金投入撬动足够的地方政府配套资金，确保将要实施的项目具有规模效应；由基层村级组织和乡村经济组织申报项目，由它们整合资金、人力和产业资源，提出可行的发展规划，进行公开公平竞争，选出最合适的村庄和农民组织来执行项目；执行更加敏捷有效的资金下达、技术支持和监督机制。"美丽乡村计划"设想支持的乡村产业主要是以"生态"为核心的精细化、高效的农业，并借此催生融入乡村农业、乡村文化、乡村生态为一体的乡村服务业的发展，发展"大农业"。所有这些设想，都是为了激发项目村农民的积极性和创造性，培育农村内生发展能力，改变外来援助无法真正带动村庄可持续发展的问题。

"美丽乡村计划"从2013年起，在贵州台江县反排村和雅安"4·20"灾后重建的宝兴县雪山村、邓池沟村进行第一轮实施。经过三个村庄的初步试验，基金会获得了宝贵的经验，即找到了"旅游+扶贫"思路，初步认定发展乡村旅游产业具有带动贫困村全体村民共富和村庄可持续发展的潜力，落实"生态、富裕和有活力的乡村"愿景可以从发展乡村旅游业起步。但由于各种条件限制和项目操作方法上的不完善，项目设计的具体思路，如竞争性选村机制、农民合作社的自主经营等，并没有最终实现，村庄可持续发展能力未能最终形成。

雪山村是在第一批三个村庄中最接近项目目标的一个村，从雪山村可知当时项目操作的主要得失。雪山村位于四川省雅安市宝兴县，离成都很近，是"4·20"地震的重灾村，但有着好山好水。2013 年扶贫基金会提出了在雪山村发展乡村旅游的重建和发展规划。

雪山村带动了多于捐赠资金的政府配套资金投入，全面改造村庄人居环境，通过项目引入专业设计师支持村民修建富有艺术设计感和内部功能完善合理的民房。基金会的驻村人员于 2014 年 6 月，帮助成立了全体村民加入的雪山村合作社，又组织依照专业设计修建了农房的 15 户村民加入了合作社的专业分社——雪山人家旅游专业合作社（以下简称"雪山人家合作社"）。对 15 户社员民房的装修，雪山人家合作社投入装修资金，15 户社员各自也投入装修资金，按照 1∶1 的比例分摊。合作社拿项目资金给社员保底租金，社员将民房中的客房委托给雪山人家合作社进行统一管理，社员各家具体经营自己家的客房。

2014 年 9 月 21 日，雪山合作社进行试运营，当年就实现了对雪山人家合作社社员和通过雪山村合作社向全体村民的分红。雪山村旅游的成功试水验证了通过发展旅游产业，是可以导入城市需求带动全体村民发展的，全体村民加入和受益的合作社作为旅游产业运营的组织基础是必要的。

但雪山村项目的后续运营暴露出很多问题：第一，雪山人家合作社经营客房与雪山人家合作社农户成员居住的房间在同一套农房之内，由农户经营自家农房中的客房，这使得农户自用花费和客房经营成本难以分清，造成了雪山人家合作社经营成本的上升，另外，游客与农户的生活习惯和作息时间不同，产生了各种服务纠纷。第二，雪山人家合作社的农户成员以自有资金和雪山人家合作社以基金会援助资金各投入装修资金的一半，农户经营客房的收入一半归自己所有，另一半则要通过雪山人家合作社上交给雪山村合作社，这导致经营业绩好的农户认为自己上交的金额多了、吃亏了，经营业绩最好的一家因此退出了旅游专业合作社。第三，村庄中的餐饮服务没有纳入旅游合作社统一管理，其收益无法为 15 户成员和全体村民分享，影响了 15 户和全体村民对于旅游合作社的认同和参与。

这些后续运营的问题背后是一系列有待回答的具有普遍性的深层次问题，如乡村民宿的房东利益、全村旅游产业发展的利益以及全体村民的经济和社会服务方面的利益如何兼容，缺乏旅游运营专业人才的村庄如何很好运营乡村旅游，如何改变村民的陈旧观念以跟上乡村旅游业发展的节奏从而实现其对村民发展的带动效应，等等。这些问题如不能很好解决将直接影响通过旅游业打造"美丽乡村"的计划真正成为现实，影响到村民和村庄的可持续发展能力的形成。

这些问题也成为扶贫基金会秘书长刘文奎脑海中挥之不去的关切。"美丽乡村计划"要落地并最终实现，仍须找到更好的操作路径。

二 "赛马"选出南峪，看重发展主动性

在刘文奎看来，"美丽乡村理想的状态是，乡村通过产品和服务，和城市实现有效的互换，互换的产品质量是可靠的，利润是增加的，利润一部分用于村里的公共服务，我们利用村里面的公共资源来支持公共服务，我想这是我们理想中美丽乡村发展的模型"。"美丽乡村计划"看到了城乡融合的大趋势，想借助这一大趋势找到实现乡村发展的新路径；"美丽乡村计划"也想打通城乡资源互换、发展互联的枢纽，使得乡村发展真正具有内生动力。

雪山村等三村的起步虽不完美，但已经显示出农民合作社这一组织可以用来整合利用村庄外部和村内内部各类资源，主导产业方向可以是乡村旅游。下一步就要继续摸索符合农村和农村特点，尤其是符合具体村庄的自然资源、生态、人文和社会结构特点的农民合作社和乡村旅游业发展模式。

按照原初计划，为最大限度在项目实施村庄探索有效模式，必须要选定具有项目执行意愿和能力的村庄。恰在这时，韩国三星集团看到扶贫基金会在乡村发展领域的长期专注和专业能力，希望捐助 1000 万在中国做出扶贫公益的标杆性项目。这样的资金捐助额符合扶贫基金会持有的投入足够数量资金形成规模效应的理念。双方把三星集团确定捐助扶贫基金会的

项目定名为"美丽乡村·三星分享村庄"。"分享村庄"的涵义是：游客与村民分享生活环境，贫困户与非贫困户分享产业资源，扶贫村与周边村分享发展机会，示范村与后续村分享发展经验。

2014年11月，中国三星、中国扶贫基金会联合启动"美丽乡村·三星分享村庄"项目，决定在河北省通过竞争方式选择一个项目村，用3年时间，将项目村建成环境优美、生活富裕、活力焕发的旅游休闲度假村。河北省扶贫办推荐5个贫困县作为项目申报县，每个县推荐5个村，由中国扶贫基金会组织项目评审专家团队对申报的村庄进行评审，选出最适合的村庄实施项目。

2015年1—2月，涞水、涞源、张北、崇礼和滦平等5县最终共申报22个村作为项目候选村。2015年3月中旬，基金会实地考察了22个候选村庄，根据村庄贫困程度、交通条件、旅游资源、干部能力等确定了5个县的7个村进入第二轮竞争。7个村庄随后陆续完善并提交了项目申报材料。

2015年4月上旬，项目组织乡村旅游规划、乡村建筑设计以及农村发展领域的专家，以及中国三星的代表实地考察5县7村，对村庄区位、资源、能力、村民参与性以及方案可操作性等方面对比分析，筛选出涞水县的南峪村和滦平县的大石门村进入最后竞争。两村各获得50万资金，进行"三星分享之家"建设，将村庄的旧民居改造成村庄公共文化交流展示空间，以检验其是否真正具备项目执行能力。2015年6月底，两个村提交了"三星分享之家"项目建议书。2015年7月，根据项目建议书的申报内容，项目批准援建两个村的"三星分享之家"。

2015年11月4日、5日，中国扶贫基金会组建了9人评审组，包括中国三星代表、河北省扶贫办代表、中国扶贫基金会代表以及乡村旅游、村庄规划、建筑设计、社区发展领域的专家组成评审组，对南峪和大石门两个村由哪个村最终承接项目做最后决定。评审组先通过座谈、入户走访、分享之家实地检查以及村庄整体走访等环节，对村庄进行评估。

11月5日下午，召开项目评审答辩，每个村的代表以及村所在县的县长进行项目陈述，然后接受40分钟的问答。

根据评审组闭门合议和综合打分，南峪村获得86.6分，大石门村获得84.4分，南峪村以微弱优势，成为美丽乡村·三星分享村庄（河北）项目实施村，南峪村在"赛马"中作为大家看好的"良马"被最终选出。南峪和大石门所在县的县长代表两县参与最后对决并答辩，面对具有专业能力和公信力的评审组，都拿出了全身的力气进行介绍和答辩，落选的县长自感很没有面子。而胜出的南峪村不仅最终拿到了项目，也为县里争来了难得的荣誉。

南峪村是一个普通的中国北方贫困山村。它属于河北省保定市涞水县三坡镇，坐落在太行山脉和燕山山脉交汇处，属于环北京农村贫困带。从天安门到村庄的导航距离为123公里。2015年村庄统计数据显示，全村224户、656人，贫困人口59户、103人。村中劳动力大量外流，村内多为空巢老人和留守儿童，中国农村普遍存在的问题，这个村都有，而任何具有市场竞争力的产业或资源，这个村都没有。从各种发展条件来说，南峪村近乎"一无所有"。

段春亭是这个村的支部书记，他代表村庄参与了项目选村的全过程。他从1999年开始担任支部书记，十多年来，他就一直在为改变村庄发展困境做着不懈的努力。他带领村民修通了村庄连通外部公路的道路，改造排水沟。他们还建了自来水工程，水源不是引自附近的拒马河，而是打的150米深水井，以提高水质，并加压送至各户。南峪村靠近景区，周边村庄发展起来的农家乐让段春亭萌生了通过旅游改善南峪村贫困现状的想法。

2012年7月21日，山洪冲毁了村里原有3米宽的主路，是"7·21"洪灾中受灾最严重的村庄之一。2014年村两委就把灾后重建工作与即将到来的高速公路通车机遇结合起来，又提出高等级村道建设方案。在获得灾后重建资金的基础上，两次借贷拉债垫钱100多万修路，承担更大的占地、建设成本，修成宽7米南峪村道主路，并在省"美丽乡村"项目支持下，铺设了沥青路面。7米宽村道不仅有利通行，更重要的是在旅游旺季吃饭住宿人多车多时，路边停车十分方便。虽然他自身做了很多努力，但是村庄的道路和其他公共设施改善有限，村民的日子依然艰难，这让他一筹莫展。

"这对我来说诱惑太大了！"得知三星要在河北省选村建设"分享村庄"，涞水县推荐南峪村参加竞争，段春亭难掩激动之情，"我铆足了劲儿，一定要为南峪村争取这个难得的机会！""决赛前三天，我每天从早上5点到晚上12点都在为演讲做准备。感觉自己拿出了'北京申办奥运'的那种精神和劲头。"

　　参加竞争选村过程，是南峪村重新打量自己的开始。村庄的"一无所有"中还有没有值得发掘的资源？以往寻求发展的努力中有没有积累下发展村庄的经验？项目申报过程使得南峪村的村干部们开始一点点发现自己的"有"，逐步强化了自身在长期求发展历程中积累起来的发展意愿。河北省扶贫办、涞水县政府也在长达一年的选村过程中加深着如何培植农村内在发展动力投身乡村旅游业发展的理解。

三　贫困山村"无"中自有"美"

　　花费整整一年时间，扶贫基金会终于得以按照竞争机制选定了项目执行村庄。选村环节通过考察县乡支持、村干部能力，尽量规避明显可能遇到的风险。扶贫基金会也同涞水县政府签订了框架协议，要求政府按与捐赠资金2：1的比例进行配套，以保证南峪村项目硬件投入达到相当水平，可以从容发展乡村旅游。

　　资金除了改善村庄基础设施，到底应该投向怎样的旅游产品？南峪村必须确定一个具体的旅游业态和经营内容。

　　2016年2月26日，基金会派驻南峪村项目的项目官员郝德旻开始驻村。基金会给他的任务就是找到南峪村发展旅游的路子。他刚刚在2016年1月被派驻在雪山村待了半个月，对于雪山村民宿运营中的诸多问题有亲身的了解。怎样避免雪山村出现的问题成为他运作南峪村项目首先要考虑的问题。

　　他发现，在雪山村发展民宿旅游和村民灾后重建新房有利益一致性，而南峪村村民没有新建或翻修住房的当下需要，无法动员村民新建或翻修住房；南峪村项目的1000万资金数量和雪山村灾后重建资金数量相比，资金量也没有明显优势。

　　郝德旻开始调动自己能调动的朋友和关系资源，邀集乡村文旅、设计规划专家到南峪村考察。他前后组织了多个专家团，自己也恶补有关知识，并认真思考专家提出的建议。在一次专家团走村看点的过程中，北京恒观远方网的主编陈长春①也在受邀之列。陈长春此时正在调动以往积累，向乡村精品民宿方向做服务平台。他对郝德旻自认为很有开发潜力的景观点位，并没有表现出多大兴趣，也不像同行的有些专家兴致大开、滔滔不绝。

陈长春在认真思考怎样从整体利用山村景观的角度选择具有开发价值的点位，他想对闲置下来的农房及其周边环境做系统开发。这些想法吸引了郝德旻。郝德旻开始和陈长春仔细沟通。沟通慢慢地变成了观点的相互碰撞。在郝德旻头脑中，关于南峪村发展精品乡村民宿的做法慢慢清晰起来。而陈长春也非常愿意抓住机会，能和基金会发展深度合作，共同推进南峪村项目，从而创立乡村民宿界的独有品牌。

根据南峪村毗邻景区、自身有相对独特的自然景观的条件，经过认真听取各方面专家意见，基金会确定：要把南峪村打造成乡村度假目的地，而不是像它周边有的村庄那样成为农家乐聚集地；南峪村要建造和运营高端乡村民宿，为游客提供不一样的整全的沉浸式的乡居生活感受。在这样的项目定位中，南峪村这样一个看似"一无所有"的贫困山村，它特有的自然、生态、人文就可以转化为具有市场价值的旅游资源。

南峪所处的山区，山体绵延宏伟，群峰错落有致，灌木及小乔木丰茂，杂有一些大乔木，有柿、梨、核桃、山楂等果树。四个自然村沿一条大山沟分布，东临拒马河。房屋散布在山沟两侧缓坡上，高低错落，立体感强。春夏绿意浓厚，秋季五颜六色，冬季繁枝婆娑。南峪村的自然景观可以达到城里人下乡休闲度假的基本需求。

同时，由于南峪村一直没有发展起来特色产业，村庄和外部的联系只是外出打工，这也使得村庄中民风淳朴，村民之间熟识度很高。如果能加强村庄团结，村庄中浓厚的人情、熟络的关系，对于城市游客来说，也将是非常温馨的体验。

上述这些方面是其所在的山区的很多村庄本身就具有的，南峪村本身并不具有一流的景观条件。但是通过整体规划和开发，完全可以成功吸引到游客驻村。打造具有舒适度的高端乡村民宿和沉浸感的景观享受是规划

---

① 远方网为北京恒观远方网络科技有限公司创办，该公司2011年创立，其创办的远方网是国内第一家为游客提供深度旅游攻略的平台。

和开发的要点。

发展高端精品乡村民宿，城乡之间交通便利很重要。2014 年张涿高速公路通车，南峪村边就是高速公路的出口，其与北京、保定的交通得到根本改善。此前，北京开车到南峪需要约三个小时，有了高速后车程缩短到一个半小时左右；保定开车到南峪的车程也由约三个小时缩短到一个半小时。北京常住人口 2200 万，2019 年人均可支配收入 67756 元；保定城镇户籍人口 1186 万人，2019 年城镇人均可支配收入 32705 元。这进一步使得南峪村得以望见发展乡村旅游的前景。

从散漫的无特色的各类资源中聚合出特色，通过高端民宿的定位和风格打造吸引到目标人群，给游客带来沉浸式的不一样的乡居感受，这需要一系列的专业性工作。通过和陈长春的沟通和自己的认真思考，郝德旻产生了让陈长春团队从设计施工到运营都全程参与的想法。这样的想法就是今天普遍被接受的 EPCO（设计建造运营）总承包模式，具有高效从简、风险相对固定的特点，要求总承包人具有高度的资源整合与协调能力和运营能力，但在当时，这对基金会来说却是全新的，基金会上上下下对此一开始不能接受。

为了考察陈长春团队是否具有一体化参与南峪村项目的能力，2016 年 3 月 19 日，刘文奎秘书长带上副秘书长王军和郝德旻一行三人，到位于延庆的"山楂小院"来见陈长春。当时，"山楂小院"只有两套院子，是陈长春团队当时唯一可见的设计和运营成功的作品。陈长春也刚刚注册成立了"隐居乡里"品牌，力图为城市中高端消费者提供精品短途度假服务。

刘文奎一行和陈长春在"山楂小院"的会面效果可谓"一见如故"。陈长春系统阐述了他对于乡村老宅改造的理念，对乡村度假产品的认识以及设想的管理方式。这和刘文奎已经形成的理念是"必须发展乡村产业；必须建立农民合作社与外界合作；必须充分利用好乡村自身资源"等理念有很多共同点。

刘文奎和陈长春约定，一旦确定和"隐居乡里"合作，让"隐居乡里"这个市场主体从民宿产品设计、施工到民宿管家培训和后期运营全过程介入，基金会可以采用"单一采购方式"锁定和"隐居乡里"的合作，避免原有招标方式使得项目操作时间长、分项实施无法保证效率和质量。但前提是，"隐居乡里"必须能够提供完整的设计，并得到有关各方的认可。陈长春有了在"山楂小院"之外，创出下一个高端乡村民宿产品、发展健全的运营体系的机会。

之前早已受邀到过南峪村的陈长春又到南峪村深入考察，和基金会具体讨论确定了合作内容和工作方案。对于通过高端民宿使南峪村成为乡村度假目的地，基金会方面和陈长春团队都信心满满。但当这样的旅游产品定位和远景目标放到南峪村面前时，段春亭书记和村干部们心里还是没底。在没有看到这样的高端民宿之前，他们很难想象，一晚上有人愿意花一两千在村庄住宿，还能保证给村民带来就业收入和分红收入。

段春亭专门派了一名村干部去延庆考察了陈长春运营的网红项目"山楂小院"。村干部回来给他说看到的感觉："一个很普通的农家小院里有一棵山楂树，晚上也没有夜景。感觉很平常"。原本就不放心的段春亭一听更不踏实了。高端民宿仍然是一次下赌。但村干部经过和基金会项目官员反复商议，还是决定要坚决做下去。

村干部对发展高端民宿有疑虑，村民就更不好理解。南峪村共224户，有户籍人口661人，大多数外出工作生活，村里常住人口只有100多人，大多为老年人和儿童。项目首选的南峪自然村区块，有52户，有7户的宅院长年无人居住，有13户存在较多的闲置房屋。但大多数空宅院的主人，宅院就是空着不用，也不能痛痛快快地交给项目去开发。

只有让农民见到高端民宿的实际效益，农民才能相信高端民宿就应该是南峪的致富门路。

四　孵化农民合作社作为发展主体

在为旅游业态定位的同时，基金会和南峪村村两委一起，紧锣密鼓地发动成立"南峪村农宅旅游合作社"。基于南峪村项目之前的多年探索，基金会坚定地认为，要实现农村社区的可持续发展，必须要由村民作为发展主体对接外部资源；村民作为发展主体的组织条件就是成立属于农民自己、由农民自己管理运行的合作社。而村两委也知道，只有由农宅旅游合作社来运营项目资金，才能避免村民对干部掌控项目资金的担心，真正让乡村旅游项目启动。而县政府也积极支持基金会的上述理念，认为通过依法成立的农宅旅游合作社来和外部市场主体打交道，村庄和村民的利益才能得到保护，通过合作社治理结构来约束权力，也才能杜绝村干部腐败。建立农民自己的合作社成为各方的期待。

2016 年 4 月 12 日，南峪村农宅旅游合作社由徐术亮等 8 名农民代表南峪全村村民发起成立。这时，南峪村农宅旅游专业合作社的成立距离郝德旻正式驻村才不到两个月。合作社将成为南峪村项目的村级项目实施组织。

经过各方仔细讨论定稿的合作社章程提出：按照"民办、民管、民受益"的原则，在股份制的基础上，以谋求全体社员的共同利益为宗旨，实行自主经营，民主管理，盈余返还。社员地位平等，入社、退社自由，利益共享，风险共担。并且约定合作社的主要业务是"以合作社社员为主要受益和服务对象，在保障集体经营顺利进行的基础上，努力降低风险，并为社员家庭经营提供包括生产资料购买、产品销售及加工、技术、信息、金融合作等服务内容，合作社依法维护社员的合法权益，增加社员收入"。合作社是想真正做成和社员利益息息相关、服务社员的合作经济组织。

合作社章程也约定可以以下面的四种形式开展业务：一是独资兴办或者与其他企业合资兴办与本合作社业务内容相关的经济实体；二是接受与本合作社业务有关的单位委托，办理代购、代销等中介服务；三是向政府有关部门申请或接受政府有关部门委托，组织实施国家支持发展农业产业和农村经济建设的项目；四是按照确定的数额和方式参与社会公益捐赠，办理社员的文化、福利等事业。由于设定的这四项职能已经涉及经济、社会、文化等各类事务，并且履行这些职能已经涉及外部企业、政府有关部门，如果合作社运行起来，就可以成为南峪村全体村民实现综合发展的一个载体，也成为南峪村与外部力量进行合作的一个中介。

合作社章程是这样规定合作社的出资方式的："由社员、中国扶贫基金会、涞水县扶贫开发办公室共同出资，具体出资方式为：（一）中国扶贫基金会以捐赠的形式出资 500 万元；（二）涞水县扶贫开发办公室以扶持的形式出资 103 万元；（三）社员可以土地产权、承包权和资金折资入股；（四）在合作社从事集体经营需要土地的时候，村集体和社员可以土地产权或承包权折资入股，具体的折算方式以及分配方式需由理事会明确，经社员代表大会表决通过。"中国扶贫基金会的援助和县扶贫办的扶持资金是合作社出资中的大头，这两部分财产给了村民加入合作社最基本的信心。同时，社员自己可以以土地产权、承包权和资金折资入股，保证了在合作社运营顺利情况下，社员可以将自身财产入股，获得相比自身经营不差的股份分红。

合作社章程还规定，合作社的股权结构依据不同的出资主体，分为"公益股、社员资格股和贫困户股"组成，社员资格股不超过公益股的5%。公益股是由中国扶贫基金会捐赠出资部分折换而成，其中80%股份作为村民公益股，以设立时南峪户籍人数为基数计算股份，平均分配，10%的股份作为村集体公益股，该资产主要用于合作社经营，10%的股份作为中国扶贫基金会美丽乡村公益股，此部分股权收益主要用于帮扶全国其他贫困地区乡村的发展。所有股份都有分红收益。这样的股权设置和股权结构，保证了村民作为股东之间的平等，同时，贫困户内人口获得多于普通村民一倍的股权，体现合作社的扶危济困宗旨。合作社章程中上述的这么多促使村民成为合作社主人的设计，在合作社刚成立的时候，大多数村民并没有完全体会到。虽然设立的社员资格股可以由村民平等出资，享有分红权利，但是由于还没有见到收益，村民并没有积极性出资。所有村民都只是象征性地缴纳1元股金。

紧接着，合作社理监事会的选举也提出了合作社如何管理才能推动农民逐步认可合作社是农民自己的合作社的问题。

在合作社理监事会的选举中，段春亭成功当选合作社理事长，众望所归。但是，在理事会、监事会成员的当选者中，只有除段春亭外的一名现有村两委成员进入。这样的选举结果可能导致理事会、监事会的决定脱离普通村民群众。经过深入的调查，郝德旻认识到合作社必须在管理团队之外建立起让普通社员参与合作社事务的机制。

这样，独特的"五户联助、三级联动"的管理制度就建立起来了。各户自行组合，并提出一名代表参加合作社的社员代表会，成为合作社最高权力机构。每五名代表选出一人作为骨干代表，参与日常议事，每年补助600元，每次骨干会议补助50元。

在合作社运行的整个过程中，基金会一方面加强监管；另一方面不断增强合作社操作上述制度的能力，并启发引导合作社制定更为具体管用的制度。合作社在五户联助、三级联动基础上，又陆续实行"村民公约""财务制度""会议及公示""能人筛选""协会培育"等制度，培养本土化人才，带动更多村民致富。基金会希望通过3年或更长时间培养固化成果，使村庄能够可持续发展。

虽然每户只出一元钱，绝大多数村民对合作社的未来也并没有报有多大信心，但是一次到农户家，一个农户对郝德旻提出，如果要用股权证去拿分红，怎样证明我有多少股权。部分村民已经开始看重章程中设置的基于股权的分红了。他随即提议召开合作社理事会，讨论制作和发放股权证事宜。

精心制作的股权证出炉了，上面载明了每户村民中拥有股权的合作社社员的名字、股权数量。拿到股权证的村民虽然没有实际感受到股权收益，但是已经从基金会工作人员对股权证设计、发放的认真中感受到了基金会促进全体村民发展的诚意和实干。

为保证合作社的全体社员之间的地位和权利始终平等，合作社成员资格实行每年的动态调整。"生增死减"通过村民大会对丧失成员资格和新进成员资格的种种细则形成章程条例规定。由于合作社社员包括几乎所有的在地村民，合作社具有了类似集体经济组织的性质。成员的经济利益分配权益与成员参与社区合作社各种相关活动密切相关，真正体现了集体经济的属性。

怎样使农宅旅游合作社成为农民自己的合作社，一方面要通过产权设置和民主管理机制；另一方面是通过公平的收益分享机制。合作社在分配上遵循全体村民共享的原则，全村村民都能得到发展的红利，同时向贫困农户倾斜。合作社内部遵循多投多得、多劳多得这样的分配法则，按照50%村民分红、30%作为合作社发展基金、10%作为公共事务帮扶基金、10%作为公益传导基金。

为从制度上保障合作社制度设计中村民作为发展主体的地位，对于合作社在项目运营中的地位和与其他主体的关系也制定了相应制度。合作社拥有了对外部扶持资金具体使用的部分决策权。三星公司的捐赠款由基金会接收，通过当地政府拨付给合作社，基金会和当地政府共同行使监管权。外部市场主体要进行的设计建造运营一体化是通过和合作社签订协议来进行实施的，基金会对此进行监管。基金会驻村的南峪村项目部人员作为基金会代表，在当地政府、外部市场主体、村两委和农宅旅游合作社之间充当协调者，实际上承担着组织各方合作平台的作用。

五　对合作社和农户持续赋能

确立了高端民宿的旅游产品定位、成立了合作社作为村庄发展的主体，接下来就是要落地打造民宿。建造民宿首当其中，后续还有管理运营。在项目推进过程中，基金会南峪项目部的三任项目官员郝德旻、张润源、张晔，一直在努力对合作社和农户赋能，让合作社和农户真正有能力运营乡村旅游产业。

（一）克服困难租赁村民闲置房屋

在一开始选择闲置房屋时，郝德旻做到了充分相信专家。陈长春看上的闲置房屋就要，没看上的就不要。但村民们对于将闲置房屋流转到合作社改造成高端民宿这件事情并不完全相信，部分村民还存在抵触情绪，收房变得非常困难，项目推进也一度陷入僵持。

房东对项目的旧房屋利用有一个认识过程。一期只要做两套小院作为样板院，当时需要反复动员房主，请村干部参与一起做工作。时不时遇到村民头天答应流转房屋、转天又反悔的情况。

最后确定的样板院 2 号院在南峪村南坡村民小组，是由两套老房子改建而成的。两套老房子中间仅有几十公分的间距，属于亲兄弟两家。虽是亲兄弟，但两家因矛盾多年不说话来往，因此想要把两套老房子改建成一套院子，就需要协调两家的关系，具有非常大的挑战。而这件事情能够协调完成，主要归功于当时项目理念及前期动员工作。一方面是年久失修的老房子，可以让村民得到一笔租金；另一方面是经过装修，15 年后房屋可以再还给房东；再有就是户主家的人在培训合格的前提下优先可以作为民宿管家上岗。经过与两家年轻人的沟通与交流，亲兄弟两人逐渐冰释前嫌。

在与农户商量租赁闲置房屋的过程中，项目最终明确了对农户宅基地和闲置房屋的利用方式。合作社对每套闲置房屋每年支付租金。头 5 年期间每年 2000 元；第二个 5 年期间每年 3000 元；第三个 5 年期间每年 5000 元。合作社负责旧房屋改造，获得 15 年的使用权、经营权及收益权，并在期满后将原权益完整归还房主。改造后的房屋所有权仍归房主。

身为合作社理事长的段春亭书记和基金会项目部挨家挨户做村民的思想工作。在此期间因疲劳过度，段书记还突发心脏病被家人紧急送到涿州医院，主治医生要求他必须住院治疗半个月。但他考虑到时间紧任务重，不容耽误，就和医生商量，3 天去医院拿一次药。终于，在合作社和项目部的共同努力之下，成功流转 10 户房屋并签订合同，为第一期和第二期的民宿改造铺平了道路。

（二）快速形成高端民宿接待能力

2016 年 6 月闲置农宅的改造正式启动，先启动两套样板院建设。对闲置房屋的改造不仅是在原房屋框架基础上重修房屋和内部装修，而且会通过适度的设计来改造房屋和周围环境的关系，提升其功能，增强其舒适度。民宿项目以当地特产的一种野菜"麻麻花"命名，定名为"麻麻花的山坡"。

2016 年 9 月 21 日，中国三星、中国扶贫基金会联合发起的"美丽村庄·分享村庄"（河北·南峪村）项目"麻麻花的山坡"精品民宿聚落试营业，两套院子开始接待客人。

2016 年 12 月 30 日，南峪村旅游合作社第一次分红大会召开。仅凭两套院子的运营，全村 224 户共分红 75900 元，平均每户分得 338 元。

虽然只有两套院子在经营，但是，合作社的产权制度和分配制度设计使得全村人都能从合作社的运营中收益。"合作社是全体村民的合作社"，从合作社一开始经营，村民就已经真真切切地感受到了。

此后 7 个月，在中国扶贫基金会和南峪村乡亲们的共同努力下，南峪村二期 6 套民宿打造完成，并于 2017 年五一假期开始试运营。同年 10 月底，全村 8 套民宿经营收入 147 万元，除去运营商成本、人员服务成本，纯利润达到 70 万元。年底合作社普通成员每人分红 500 元，贫困户每人分红 1000 元，分红资金近 40 万元。

2017 年年底的分红仪式特别隆重，邀请了国务院扶贫办、国家旅游局的领导和三星的总裁来参加。山区的户外温度已经很冷，但是村民脸上洋溢着特别高兴的表情，充满着笑容。当时刚刚进村工作四个月的扶贫基金会项目官员张晔看到村民的笑容，真正感觉到了"做这个工作真是非常值得，因为真正给他们带来了效益"，而这些成绩和后来取得的成绩，都是要经过不断的努力才能获得。

在二期民宿项目施工前，村里供水困难问题非常严重。村里集中修建了一座机井，家家户户都有自己的水窖，村里配有专门的人员负责管理水井，在村民水窖没有水时，专职人员要去把管子接到水窖，再打开水井供水。这样的供水方式存在几个问题：维护成本高；水质不卫生，需要不定期清洗水窖；一到冬季就没水了，因冬季寒冷，管道均在地面，就会结冰停水，村民都要省吃俭用，节约用水，非常不便。这样的供水情况，也给民宿经营带来了巨大的难题。为一次性解决民宿供水问题，经过基金会驻村人员多方考察，决定采用打水井的方式。这也存在很大的挑战，村民之前打过几次水井，均已失败而告终，当时一致认为南峪村地底结构原因，导致打不出水。冒着风险，2017 年 5 月，项目在南峪村南坡组启动第一口水井施工，怀着忐忑的心情，在等待了一天一夜后，终于出水了。村民看到后非常激动，一口水井的造价在 5000 元左右，而且冬天也能用水，极大地解决了村民用水的问题。自此，村民纷纷效仿。

项目稳扎稳打并迅速形成民宿接待能力，加上基金会利用其社会影响力扩大宣传，使得民宿经营见到了明显的经济效益，合作社经营民宿和农户参与民宿的积极性都被调动起来了。

（三）房东开始自觉同意流转闲置房屋

2016 年的两套院子改造完成试营业后，没想到春节就来客人了，两个月都住得满满的。民宿运行起来了，租用的老宅院的房主每年有租金，管家有了家门口的就业和收入，村民也在看到合作社每年给的分红中看到了希望。

后来启动第二期做 6 套，第三期做了 7 套，都是房东主动要求流转。现在村民家中如果有老房子想要流转，需要写申请给合作社，再由合作社对接专业设计师及运营团队判断房子是否具有改造价值。农户也积极利用自家闲置房屋，进行房屋改造，开展民宿经营。甚至一些外出打工的村民，看到乡村旅游的新机会及老宅的潜力，也回家开始创业办民宿。

为积极争取房东流转闲置房屋并支持民宿运营，项目一方面是通过优先招收房东的家庭成员或亲属作为管家就业；另一方面就是通过完善农宅旅游合作社这一具有集体经济性质的组织的内部决策机制来解决这类不满。

（四）让村民充分参与到项目中来

为了更有效地调动村民了解项目理念，项目进展全过程充分调动村民参与，尤其是项目资金的使用环节。

合作社负责进行招投标、选择施工队。选定施工队后给出总报价，对在设计方案配置范围内的物品要列出清单；合作社进行审核、询价，比对后若认为合适，就按照运营方提供的报价，若低于报价，合作社则自己组织采购。合作社负责施工现场管理，包括道路、场地使用，建筑垃圾堆放，以及施工引发的村民纠纷。

项目力求做到从项目的建造施工过程中就让村民感受到是他们自己的项目。项目内的入户路、水沟、民宿地基等涉及的水泥砂石施工，优先由南峪村村民承担。合作社牵头召开专题会议，组织有技术有能力的村民，在不高于市场价的前提下，包工包料负责施工。一方面是这些工程不太具有很高的技术要求，村民完全可以胜任；另一方面是由村民自己修建，会当成自家的事情，比外面施工单位更靠谱。

（五）管家为什么能努力工作？

民宿建成后，农宅旅游合作社就在村里公开招聘管家，对村民进行专业培训后上岗。一期招管家很难，就算承诺了会发工资也没有人愿意来。因为他们不看好这个项目。"可到了二期三期，都是村民自己找上门来。三期的管家招募，合作社还没有正式开始招人，就已经有十几个人对基金会工作人员说，'招管家的时候把我叫上'。"三任项目官员都遇到了这种情况。

根据合作社对民宿运营的规定，管家年龄在35周岁至50周岁之间才能报名，为了照顾贫困户，60岁的贫困户蔡景兰经过培训也上了岗。蔡景兰的丈夫得了肾病，从此再也干不了重活，没了收入，再加上吃药花钱，这个家很快便入不敷出。现在蔡景兰应聘上了民宿的管家，每月工资也是一笔不小的收入，还能就近照顾丈夫。

徐振申的妻子患病卧床，女儿正上大学，属于因病、因学致贫。2016年10月，民宿开门迎客，合作社聘任徐振申管理维护民宿，每年给他2万元保底工资。这是徐振申以前想都不敢想的，不仅有了稳定的收入，还能就近照顾生病的妻子，再加上合作社每年给的分红，对脱贫充满了希望。

为激发村民自身动力，项目还通过请进来培训和带出去学习的方式，对管家和社员骨干进行培训。激励机制在管家管理上起到很大作用。项目给管家的工资高于当地一般务工收入。如果因为某个小院的管家周到服务，客人又回头订同样的小院住宿，也就是出现复购，复购出现一次就奖励这个管家一百块钱，正常的提成是50块钱。复购率考核带动了管家对客人更加精心的服务。她们逢年过节就给客人发短信，把自家的玉米带给客人。有一位管家大姐，自己给带着老年父母来度假的客人准备了寿桃。

这些管家有时候忙到很晚才回家，老公会主动给打洗脚水。农村妇女从事管家的工作，家庭地位和在村里的地位都改变了。管家在村民心目中成为体面的工作。管家上班要穿围裙，一开始要求她们穿的时候，好多人不愿意穿，后来发展到下了班也不愿意脱。从事收入有保障、管理正规的工作，给这些管家大姐带来了尊严，也让她们更加珍惜自己的工作。

（六）村民为什么能善待游客？

民宿经营表面上看是房东将房子租赁给合作社改造后由合作社经营，房东推荐家庭成员做管家，但实际上，建成后的民宿由合作社拥有其15年内的使用权和经营收益权，合作社是全体村民的，民宿使用权和经营收益权也就变成了全体村民的资产。这要求全体村民都要为民宿的长远可持续经营做出贡献。但一开始村民做不到。

合作社在村里收购村民的柴鸡蛋卖给游客，收购价是20块钱。有的村民到超市买回五六块钱一斤的饲养鸡鸡蛋再卖给合作社，这会损害合作社和民宿的声誉。对这样的问题，合作社采取的办法是，一旦发现追溯出来是哪个村民所为，村民所在的全村民组的鸡蛋，合作社就都不要了。通过这样的惩罚机制强化村民约束自己的利己行为，认识到合作社经营行为的共建共享性质。

对于游客和村民之间产生矛盾事件的处理，也特别能反映合作社经营与村民之间旧观念的冲突。一次最典型的是"狗咬鸡事件"。住宿客人带着一条狗就进村了，狗把村里的鸡咬死了，村民要 200 块钱，客人就赔给他了。结果村民回到家以后，受不了有人挑拨说"鸡生蛋，蛋生鸡"，这样一算损失不只 200 块钱，他就又想要 500 块钱。客人不愿意给，村民则说，你也不用赔了，你把我鸡弄死了，我把你狗弄死。为解决此类纠纷，合作社设立了共同基金，统一先行处理这类赔偿。

这个事情刚处理完，又出现了一个"偷南瓜事件"。一个客人跑到村里，碰到农户家的南瓜，结果他抱起来就把瓜偷了，但那瓜是农户留种的瓜；赔偿是由客人按照高于市场价 30% 赔的，但这是经过村民开会评议确定并要进行公示的，因此也就避免了一只鸡要 500 块钱的现象。经过这套机制，本来在村民之间都不能避免的此类问题，通过科学设计的管理机制得到了化解。这种管理机制帮助确立了村庄公共利益在处理纠纷中的位置，引导村民从村庄整体发展利益来看到村民与游客之间的关系。

到了 2018 年 4 月 18 日，又发生了一次"买鸡蛋事件"。这天上午，在南坡村民小组，运营方组织客人进行植树活动，各个院子的管家带领客人参加。恰好 1 号院客人经过一户村民院子外面去植树，看到了村民自家养的鸡，想从村民家中购买些鸡蛋，管家便带领客人进到村民家中购买鸡蛋。村民想以 20 元每斤的价格出售，客人讲价想便宜一点，但村民说一直都是这个价格。随后客人嫌贵，说要在网上发布"村民家的柴鸡蛋是假的"，"村民强买强卖"，威胁村民说"让鸡蛋一个也卖不出去"。村民不耐烦了，对客人说"我不卖了，你们走吧。"植树活动完毕后，客人的孩子在经过这户村民家时，把放在猪圈一边的猪饲料倒掉了，这一幕又恰巧被村民看到。村民随即与客人争吵。刚参加完植树的客人手上还拿着铁锹，村民以为客人是要来打自己，就上前推搡客人。管家连忙劝开双方。

基金会方面当时是张晔驻村，他第一时间告知运营方负责人对客人情绪进行安抚，并且在退房时进行适当的补偿，赠送伴手礼，防止此事影响到"麻麻花的山坡"整体形象。之后，将此事通报合作社理事会。理事会专题讨论后，作出如下决定：1. 给全体管家开会通报此事，明确严禁管家私自带客人到村民家中收购农产品。2. 由张晔和运营方经理到村民家中进行协调，安抚村民的情绪。

六　专业团队和合作社共营

"隐居乡里"在民宿项目开始运营后，就和基金会和合作社签订协议。它为项目制定了管理规章制度和服务标准，并在其他各方协助下通过各种培训，使管家和维护人员掌握了相应的服务技能和管理知识。

运营方非常重要的职责是组织客源和进行营销，它对团体客户主要采取线下营销。团体客户主要来自企业，也是长期客户的主要来源，特别是大企业的团体活动较多，其中有的还是每年重复的活动。对家庭客户则主要采取线上营销。"隐居乡里"有自己的企业门户网站和公众号，通过这两渠道可实现信息发布和客户互动。

民宿开始运营的前三年，即 2016 年到 2018 年，运营方负责产品研发、客源组织和营销服务。合作社负责组织管家进行服务、进行消耗品的成本管理和院子日常维修，并负责协调游客和村民的关系。双方职责范围内的成本由各自负责。运营方分得营业额的三成，合作社分得营业额的七成。因经营成本的支出由运营方负责，合作社并不负责具体的支出工作，因此合作社对于经营成本明细并未完全掌握，双方（合作社、运营方）仅在季度或者年度对账时才会确认支出是否合理，对账工作繁琐且财务专业性较强，合作社相关人员并不具备核查能力，如果基金会不提供相关支持，合作社也不能胜任有关核查工作。

基金会和合作社一起对 2017—2018 年 9 月的经营数据进行了分析，发现合作社在扣除自己负担的成本后，实际利润仅占全部营业额的 20.1%，合作社利润实际没有达到期望的三成。基金会在征求了南峪村合作社的意见之后，与"隐居乡里"沟通，将营收分配原则调整为"七三分成"，即运营方分得营业额的70%，并承担运营成本，而合作社分得营业额的30%。

具体来讲，即由运营方接管进行服务管理，继续承担客源组织和营销，合作社仅负责院子日常维修、负责协调游客和村民的关系。合作社与运营方的收入分成比由7∶3改变成为3∶7。日常的运营成本及其管理也改由运营方承担，合作社无需核查经营成本支出。这样的调整，有益于运营方发挥专业管理特长，降低日常经营成本，也提升了运营方改善营销的积极性，合作社则节省了不必要的开支，合作社只承担房屋建筑的日常维修。这样核算下来以后，合作社的收入不仅没有降低，反而继续增加。2019年15套民宿全年营业收入367.17万元，合作社分成达到109.05万元。

七 稳步迈向乡村可持续发展目标

基金会在项目进展中不断明确下来的"村宿"业态及其社会设计成为合作社推动村庄整体发展的重要抓手。兴办村宿不仅使得南峪村成为乡村旅游目的地，也带动了村庄从村庄环境、村民素质、村庄公共服务、乡村治理等全方位的进步。

2016年10月，时任副总理汪洋到访涞水县三坡镇，听取了南峪村书记段春亭对项目模式的汇报并给予肯定。人民日报2018年7月12日以《因地制宜施良策，精准发力促脱贫——中国三星实施"美丽乡村 分享村庄项目纪实"为题目报道南峪村；新华社微信公众平台2018年7月31日发表《刚刚，我们又做了一个决定！看农家院变成诗意栖居》，阅读量均超过10万。南峪村先后获得2017年由农业部主办的《美丽乡村百强示范村》奖项，2018年由新浪公益主办的《年度中国公益致敬奖》，2018年由人民网、环球时报主办的《年度环球风尚榜样》，2018年由人民日报社、全国工商联、民政部、国务院扶贫办、广东省政府等共同举办的《大国攻坚、决胜2020》等奖项。2019年，入选首届博鳌文创论坛暨文创博览会《2019年中国乡创地图产业扶贫最美乡村》。

2019年，南峪村党支部书记段春亭获得国务院扶贫办颁发的"全国脱贫攻坚奖——奋进奖"。2021年2月，在全国脱贫攻坚表彰大会上，他又荣获"全国脱贫攻坚先进个人"称号。

自2016年启动以来，南峪村项目打造了15套高端精品民宿和一个由羊圈改造的咖啡厅，截至2020年年底营收超1070万元，村集体经济不断发展壮大，村民收入不断增加，先后举办过5次分红大会，累计为全村232户659人发放分红资金185万元。南峪"麻麻花的山坡"这一地域性村宿品牌已经打响，带动了村庄中50户村民开办了民宿。区域性的乡村旅游民宿产业已经形成。

仅计算15套精品民宿一年的客流量近万人，就已经推动了当地农产品的市场化。全村四百多亩耕地，现有一百多亩已面向村宿客人需求进行生产，仍供不应求。当地山楂以1元/斤市价收购，调配出民宿配套饮料山楂汁50元/瓶，每斤山楂可熬制2瓶。村里的鸡蛋，过去也不好卖，现在进入民宿采购，一斤卖20元，收益大大提高。农民增加了蔬菜、鲜食小玉米和水果的种植，村里也计划要开发农产品伴手礼。

合作社民宿收入的10%用于村公共事业和公益支出，合作社公共事业基金在多方面支持村庄环境工作。垃圾分类取得明显成果，现在南峪村的街道上，已经看不到垃圾。村里设置公益岗位，开展社区服务，间接就业上百人，每月从合作社公共事业基金中得到300元的补贴。还有志愿者队伍，按照多劳多得原则，参与公共服务的，给一张积分卡，按服务时间核算记入贡献卡，可以查积分，到年底兑钱。

目前，精品民宿在约定的15年运作期间，可以保证合作社的收入。与村民的15年租赁合作结束之后，如果房屋归还房主，合作社就将失去现有的房屋使用权和经营收益权。因此，在"村宿"运营期间，合作社就应该开始谋划怎样扩展新的收入来源。合作社需要紧密关注当地乡村产业和旅游业的发展趋势，立足村庄自有的各类资源，建立新的集体经济扩展基础。

在精品民宿的经营上，目前的运营分工和分配格局对保障村合作社的收益有利，但同时也限制了合作社培养自己的经营管理人才的空间。对于产业人才培养，合作社需要早做安排，以保证新的集体经济发展需要。在多方合作关系上，目前基金会仍然在行使监管职能。这种监管是否应该在一定时间撤除，转换成依靠地方政府的行政监管和合作社的内部监管，也需要进行仔细权衡。

目前，村民自办民宿的数量已超出村宿院落。村两委、合作社及基金会项目部协商确定，准备建立南峪村民宿行业协会，将自办民宿与项目民宿都纳入协会，形成行业共治。这将是南峪村乡村旅游产业可持续发展的一个关键举措。

八　"村宿"活"百美"，社会设计重构乡村发展

基于南峪村的探索，基金会在2018年7月将"美丽乡村计划"正式更名为"百美村宿"。虽然这个名字没有"美丽乡村"那样通俗易懂和大气磅礴，但比起"美丽乡村"，"百美村宿"有了更为确定和独特的内涵，基金会多年从事的村庄综合发展项目又有了实质性的进展。基金会想通过"百美村宿"，将自己在旅游扶贫中的独特创造确定下来，示范出去，更好实现扶贫基金会扶危济困和乡村可持续发展的工作目标。

"百美村宿"在全国率先提出了"村宿"这样一种独特的乡村旅游业态。第一，"村宿"带来的是原生态的村居生活体验。由于"民宿"名义被不加限制地用于乡村小型的旅游接待场所，其内涵已经泛化、模糊。很多乡村精品酒店叫"民宿"，连城里头闲置的房子改造一下也叫"民宿"，农家乐也是叫"民宿"。便宜的三十块钱一晚上，贵的则到一万块钱一晚上。"村宿"区别于内涵模糊的"民宿"，首先强调的要给客人带来原生态的村庄生态、人文和生活体验。

第二，"村宿"的客人是全村的客人。在一般的乡村民宿，游客只是民宿老板的客人，而"村宿"是由全体村民的合作社举办的。村宿的经营权是全体村民的，由合作社代表全体村民行使，每个村民都可以获得项目收益，都有机会通过合作社售卖自己的农副产品，也都有机会获得就业机会。合作社可以通过细致的管理制度和培训教育使得全体村民礼待宾客，使宾客宾至如归。客人住在村里，是走访老友、探访亲戚的感觉。项目也以这样的理念来最大限度地培养回头客。

第三，"村宿"追求高端的产品和服务标准。游客是村中客人，客人的

需要是服务升级的源泉。村宿始终追随游客需要和时代风尚，不断提高服务水准，追求客户体验上的温馨、周到和宾至如归。

第四，"村宿"力求一村一特色，造就"百美"乡村。每一个落地村庄都力求做出不一样的特色。这也为把不同的村宿发展成连锁经营创造了条件。游客一旦成为村宿连锁的会员，就可以在不同村庄享受到不同特色的村宿体验。

"百美村宿"目前已经发展到全国 9 省 21 县（区）的 22 个村庄，正稳步朝着更多村庄推进。人们可能会望文生义，以为发展到 100 个村乃至更多村庄是项目目标，但"百美"的核心含义是，让人们认识到乡村之美，联合更多的社会力量去实现更多村庄别具特色的美。基金会在"美丽乡村"计划阶段就提出，"把生态、富裕和有活力的乡村留给下一代!"在"百美村宿"阶段，他们更提出做乡村之美的发现者、乡村价值的实现者，做乡村旅游产业发展的专业服务商。

如果说"村宿"的建筑设计、餐饮开发和村庄的景观规划仅仅是对物的设计，那么"村宿"的内涵更为看重对乡村社会内部关系和乡村社会与外部社会的关系的重新设计，更为看重社会设计。对房屋和景观的设计主要是为了游客的体验，但是，"村宿"作为社会设计，则是将村庄看作一个整体，看重的是对村庄内部关系和村庄内外关系的新创造。从这个意义上说，"百美村宿"是由基金会主导，由基金会和乡村民宿设计团队共同完成的，"百美村宿"的社会设计引领了民宿建筑和村庄景观设计。

"村宿"作为乡村旅游业态的可持续发展和它要确立的新型村庄共同体，是和新型的村庄与外部主体的关系是统一起来的。经由"村宿"业态展现出来的乡村旅游业的发展，不仅是对村庄内部经济关系的重新塑造，也是对村庄内村民间社会关系的重新定位。从民宅旅游合作社的 8 位农民代表全体村民发起成立，到村宿收益的"五三一一"的二次分配格局，这些既保证了村宿理念的完全落实，也使得村内村外人与人的关系重新定位。"村宿"不仅包含着通过合作社对村庄内村民间关系的重新定位，也包含着合作社与运营方、村民—合作社与游客、村民—合作社与社会公众的关系等一系列社会关系的重新定位。

"村宿"的社会设计是通过一系列制度创新实现的。它至少包括合作社制度，合作社与运营方基于市场契约关系确立下来的共营制度，基金会主导的基金会、合作社、运营方、地方政府等多方的合作平台制度，村庄内部村两委和合作社融合的乡村治理制度等。换句话说，"百美村宿"实现的制度创新至少包含农村集体产权制度和集体经济实现方式，作为经营主体的集体经济性质的合作社与外界市场主体的合作方式，以及社会组织介入乡村发展时构筑的政府、市场与乡村社会的合作共生体制。

南峪"百美村宿"项目的关键事实、重要启发和深度思考[*]

刘建进执笔

摘　要：本文对中国扶贫基金会乡村扶贫品牌项目"百美村宿"中的河北省涞水县三坡镇南峪村的"麻麻花的山坡"做深度典型案例分析。介绍"百美村宿"关于扶贫与乡村可持续发展的项目理念、实操过程以及成效和经验。案例的实践过程和成效表明，通过培育乡村集体经济属性的乡村旅游合作社，促进边远贫困地区村庄解决"贫困漏洞"通过引入高端民宿旅游市场主体与乡村旅游合作社联合经营的做法，能够成功带动贫困乡村社区走出一条可持续发展的道路。

关键词：合作社；集体经济；乡村旅游；农村扶贫

中国扶贫基金会于 2015 年开始在河北省涞水县三坡镇南峪村开展扶贫，

---

* 2020 年 9 月开始，中国扶贫基金会委托北京农禾之家咨询服务中心综合农协研究组就"善品公社"的石棉坪阳案例和"百美村宿"涞水南峪案例做深度调研。此文为"百美村宿"南峪案例的研究报告稿，由刘建进执笔。杨团（北京农禾之家咨询服务中心理事长，中国社科院社会学所研究员）、刘建进（中国社科院农村发展研究所研究员）、仝志辉（中国人民大学农村发展学院教授）、孙炳耀（中国社科院社会学所研究员）、葛宁（农禾之家咨询服务中心总干事）、吕松波（农禾之家研究组干事）、杨润峰（中国人民大学博士研究生）组成项目团队，共同进行了自案例调研到资料整理、撰写、定稿全过程。案例调研和写作中，郝德旻（"百美村宿"项目部主任）、张晔（原"百美村宿"项目部驻南峪村项目官员）、段春亭（河北省涞水县三坡镇南峪村党支部书记）为调研工作提供重要帮助并提供数据资料，特此致谢。

联合三星公司启动公益项目，陆续投入资金 1200 万元，利用当地资源条件特别是空置闲置老旧房屋，一共改造 15 所小院，推动发展乡村旅游活动。项目实施中注重把扶贫资金与农村集体经济建设结合起来，建立"南峪农宅旅游农民专业合作社"，全体村民参与，共享合作社收益。

2016 年南峪农宅旅游合作社建立起来后，扶贫基金会从乡村旅游市场上甄选出"隐居乡里"公司引进南峪村，与合作社联合经营扶贫基金会"百美村宿"的"麻麻花的山坡"项目，将先进的民宿经营管理经验引入乡村，开拓市场，培训民宿管家，提供高标准民宿服务，实现当年投入当年见效。经过几年的经营，合作社的旅游业经营效益越来越好，2020 年仅农宅旅游合作社的年经营收入已经超过 100 万元。

2016 年农宅旅游合作社成立并开始运营后，当年就获得效益，对贫困户提高收入的帮助巨大。到 2017 年底，全村共有农户 223 户、662 人，其中建档立卡户只剩下 4 户、贫困人口只剩下 9 人，2018 年已经完全没有贫困户。

南峪村由北峪、南峪、南坡、大坑四个自然庄组成。2016 年共有 224 户农户、人口 671 人，全村土地面积 400 亩，山场面积近 2 万亩。南峪村过去是贫困村，村里没有什么较好的产业，大多数劳动力以外出务工为主。2014 年年底，全村共有 258 户、644 人，建档立卡贫困户 175 户、436 人贫困人口，贫困人口占 67%。

南峪行政村地处涞水镇的野三坡世界地质公园、国家 5A 级旅游区、国家森林公园百里峡旅游景点不远，但村庄本身并不在旅游区内，位置相对偏僻，旅游资源也比不上核心景区附近的村庄，游客相对稀少，扶贫基金会项目进来之前只有少数几家农户开办农家乐服务，档次和质量都不高。

南峪村的"麻麻花的山坡"项目对已经实现脱贫的原建档立卡户将继续提供政策的帮扶，巩固提高脱贫效果。通过村集体给予贫困人口的分红收入占原贫困人口收入的 43%，"麻麻花的山坡"项目在扶持贫困户和巩固脱贫成效方面发挥了重大作用。

南峪村的"麻麻花的山坡"项目是一个非常具有典型意义案例，是社会组织通过扶贫项目的实施对农村村庄社区发展带来根本性变化的成功项目。在中国扶贫基金会目前已经实施的"百美村宿"项目中也是一个成功的典型案例，这个项目中的做法和取得的经验已进一步在其他项目中得到应用。

2019 年南峪村的村书记段春亭作为全国扶贫先进典型人物代表，荣获国务院扶贫办"全国脱贫攻坚奖——奋进奖"。2021 年全国脱贫攻坚总结表彰大会上，段春亭书记又荣获"全国脱贫攻坚先进个人"表彰。

一 "百美村宿"项目的理念

中国扶贫基金会在扶贫工作实践中，发现贫困村庄要改变发展落后的状况，必须"授人以渔"与"授人以鱼"这两方面的工作都要同等重视，通过外界的帮助，集中资源，让村庄村通过发展项目的带动而形成规模产业，形成产业越过低水平门槛，形成产业规模和高端一次投入大于或等于堵住贫困漏洞的资源需要量，堵住贫困漏洞，解决贫困问题和发展问题。

随着 2020 年中国完成全国范围内消灭农村绝对贫困任务和全面转入乡村振兴战略实施的工作，除了继续加大巩固提升脱贫质量方面的工作，未来"授人以渔"方式将成为主要的发展援助手段。扶贫基金会总结多年的经验，认为要解决乡村发展不平衡的问题，要依靠农民的组织化进行合作社建设，产业发展方向要以市场机制为导向，关键要提高产品和服务的质量。因此，通过项目的方式帮助村庄的农民发展合作社，发展壮大集体经济，带动村民发展产业，让小农户通过村集体经济有机衔接现代产业和市场经济，跳过制约农村社区发展的门槛障碍，走上可持续发展的道路，而不仅仅是一般的输血式慈善援助项目，越来越成为农村社区项目援助的重要理念共识。

从 2004 年起，中国扶贫基金会开始做乡村整体扶贫的项目尝试。经过多年的探索与实践，扶贫基金会对乡村扶贫的思路越来越清晰，扶贫项目的运作模式越来越成熟。用扶贫基金会秘书长刘文奎的话，就是已经找到了解决农村发展问题的密码和金钥匙。他们认为，通过外部引入资源和项目干预行动的支持，把产生贫困现象关键因素的"漏孔"堵住，就能在乡村社区产生更多附加值，乡村社区发展可以进入自我发展的良性循环。这把"金钥匙"应该由三部分构成：第一，是项目的设计、指向一定要以市场为导向，只靠政策支持、爱心扶持的项目是难以可持续的。一定要让村庄的某种东西和市场形成交换，获得持续的收入和价值，这样的项目落地之后村庄才会产生具有不断主动寻找进一步发展的内在动力。第二，是扶贫项目的产品或者服务的质量要过硬，否则形成市场价值的交换循环是不可能的。第三，是把农民整合起来，形成合作社或者股份公司或者协会，这是乡村发展的基础。合作社要有整合、管理村庄资源的职能，要有经营这种资源的职能，第四，就是要有村庄经营收益分配的职能。

根据上述的乡村整体扶贫和可持续发展理念以及乡村扶贫项目运作模式思路的理念，中国扶贫基金会开启了两个乡村发展的品牌项目，一个是做乡村旅游扶贫的"美丽乡村"项目；另一个是做农产品电商的"善品公社"项目。

其中，"美丽乡村"项目是自2013年起开展的乡村旅游扶贫创新公益项目，该项目探索全新的"乡村旅游扶贫＋"模式，通过公益项目引进资源搭建贫困乡村和外部联结的平台，重估贫困村价值，创造以村为本的发展机会。项目的实施以村民自治组织的合作社为依托，积极引入社会资金、信息和人才等要素，推动乡村可持续发展。2018年上半年，中国扶贫基金会为"美丽乡村"项目注册了独立的项目品牌"百美村宿"。

"百美村宿"项目实施背后的理念是"合作共生"，这个理念也是扶贫基金会项目团队在多年的实践中总结出来的。在十多年的项目实践过程中，中国扶贫基金会的团队领悟到了这样的道理：村庄是一个有生命的、完整的有机体，是人、人造物和自然高度和谐的统一体。三者之间会互相影响，哪一个问题如果不解决好，未来都可能影响项目的可持续性。

"村宿"是对应于"民宿"的一个概念，一套标准。"民宿"这个概念是舶来品，源自日本，一般都是指私人家庭开办的旅店。民宿的标准很宽泛，城市和乡村区域都可以有民宿，不同类型民宿的服务标准和服务质量可以相差很大。

村宿跟一般的民宿有很大的不同。

第一，村宿肯定是办在村里。乡村代表了好的自然环境，原生态的民俗文化、风土人情，代表了城市与乡村的差异化，这些对城市居民游客有很好的吸引力。

第二，村宿的客人是全村的客人。不同于一般民宿资产都是私人投资私人运营和受益，村宿的资产和收益属于全村人，村宿的主人是村集体合作社的每位村民。村宿盘活了村里的资源，解决村民的就业，拉动老百姓的农副产品销售，赚了钱还会给大家分红。客人来村里，不管走到哪里，都会受到热情的接待和欢迎。村宿的客人很容易体验到一个友好热情的乡村和宾至如归的感觉，这和一般的民宿项目有很大的不同。

第三，村宿提供的是高品质产品和服务，有一套自己的标准，做的是提档升级的工作，能起到示范作用，带动一个区域的发展。如果没有标准，不做提升，只是按照农户根据自己的经济条件和经营理念和个人风格做一般的乡村住宿旅游业务，那就与一般的农家乐旅游经营没有太大差别，就会出现服务质量的参差不齐，无法体验和享受乡村旅游中的特有的天地人合而为一的意境和传统农耕文化的特殊魅力。

正因为村宿具有上述这些特点，它与村庄的自然生态环境、农耕文化、传统民俗和社区特殊的人文精神风貌等乡村的整体性要素密切相关，村宿的旅游活动也需要通过合作社和村级集体经济组织开展项目，从村宿旅游项目获得的经济效益也需要通过合作社和集体经济组织返还给村民进行美丽村庄的建设，推动村庄的可持续发展。村宿的概念和项目实施遵循的理念能够体现出村民的参与，并基于这套标准产生影响力、形成规模，推动乡村可持续发展，这就是"百美村宿"的内涵。

作为中国扶贫基金会公益扶贫的主打项目之一，"百美村宿"项目的资金捐赠来源有不少。由于"百美村宿"的基本理念获得韩国三星公司的认同，"合作共生"的理念与三星公司提倡的建设"分享经营"的企业文化理念高度契合。从2014年开始，中国扶贫基金会联手韩国三星工作在中国的分公司启动"三星分享村庄——百美村宿"乡村旅游扶贫项目，计划投入1.8亿元的公益项目捐赠资金，在全国遴选13个贫困村，以高端民宿旅游、农产品电商为抓手，开展具有"造血"机制、体现分享精神与合作共生和可持续发展理念的扶贫项目。南峪村开展的村宿项目就是入选"百美村宿"的项目之一，扶贫基金会用于实施南峪村项目的资金来自韩国三星公司的公益捐赠，因此也被冠名为"三星分享村庄"。"三星分享村庄"定位为

"一个村庄实现五个分享"，即分享村庄的居住环境、村庄资源、村庄发展机会、村庄发展成果与村庄发展模式和经验。这些理念与"百美村宿"项目的理念都高度相符合。

村宿的客人主要是来自城市的游客，村宿旅游实际上是一种城乡人员之间经济上的互动交流。因为村宿要吸引的是对村庄整体的硬件和软件要求更高的高端游客，提供的食宿交通生态环境都要求是高端的，同时又要求具有良好的乡村传统的农业文化氛围，因此旅游服务的经营必须是在市场上处在竞争性的高端，而如果仅农村社区几乎无法提供满足这种旅游服务质量要求的经营人才，因此开展村宿旅游服务的农民合作社必须与市场化运作的高端民宿旅游服务的经营机构合作，才能保证村宿的经营能够吸引城市高端游客持续不断地来访，而且要争取较高的回头客率。

因此，"百美村宿"项目会在市场上甄选一些在高端民宿旅游经营方面具有经验符合项目要求的经营机构，引进项目中与村庄的农民旅游合作社联合经营，同时也培训本地村庄的旅游业服务人员的技能，传授高端民宿经营服务的知识技能，让偏远落后的农村地区可以较快地与城市部门之间形成良性互动。

随着村宿项目的发展，城乡之间的交往互动的增加，游客的到来会带动对当地土特产品、手工艺产品、服务业发展等方面的需求，以合作社和集体经济带动发展的乡村旅游为切入点和依托，就可以进一步促进乡村三产融合，发展壮大集体经济，推动乡村经济和社会的可持续发展。

了解"百美村宿"项目背后这种促进乡村发展的路径和理念，才会对南峪村"麻麻花的山坡"村宿项目的做法和一些事实能够有一个较好的理解视角。

二　南峪村"百美村宿"项目案例中的做法和关键性事实

（一）南峪村的"百美村宿"项目通过竞争选出

项目落脚在南峪村，是经过了多轮的淘汰遴选程序而最后确定的。从确定在河北省内选择项目村，到最终选定南峪村为项目实施村，扶贫基金会花了1年的时间，设置了3轮考察评审和1轮包括现场答辩的终极PK。

终极PK的内容是：分别给三轮筛选后最终剩下的两个村庄各50万资金，由参加PK的候选村庄自行设计建设一栋村的"分享之家"，目的在于考察村庄干部自身是否具有一定的组织能力，同时也是观察村干部及村民在乡村建筑风貌上的理念是否与扶贫基金会基本一致。村干部是否具有足够的积极性和号召力，是扶基会选择项目村时格外重视的因素，从中考察未来项目实施能否顺利进行下去。扶贫扶基会在实施项目过程中始终把自己定位在是一个外部协助者的角色，而村民应该是实施项目的主体。当地政府和基层组织既然申请并争取到了扶基会的项目，他们理应成为项目的主导者。扶贫基金会项目团队认为："如果变成扶基会主导一切的话，就本末倒置了。"

扶贫基金会"百美村宿"项目部官员认为，这种通过公开竞争的方式决定项目村的方法既能够调动和发挥社区村庄的积极性，防止了套取项目资金后实施过程中出现积极性的萎缩，也初步考察了候选项目村基层组织的能力和村民的凝聚力与合作精神，不再把项目当成是上面指派下来的任务，而是自己要去努力做好的现实目标。

（二）扶贫基金会与县政府签订项目实行协议

选取项目村的PK内容也包括项目所在地县政府对项目实施的支持力度，包括对项目的配套资金和对项目实施承诺的政策性支持。当地县政府承诺按照扶贫基金会投入资金的2∶1，配套区公共设施环境基础建设以及解决项目开办中遇到的问题所需的资金投入，并与中国扶贫基金会签订了正式的协议书。

（三）南峪村农宅旅游专业合作社的组建

南峪村农宅旅游合作社按《农民专业合作社法》组建，由县工商局批准成立。按照南峪村农宅旅游合作社章程，本合作社的机构由社员大会、社员代表大会、理事会、监事会构成。

社员代表大会共计12名社员代表组成，由社员代表大会履行社员大会职权。社员大会选举产生的社员代表任期3年，可以连选连任，但连任最多不得超过两届。中国扶贫基金会在社员代表大会中派两名代表。

理事会是合作社的执行机构，对社员代表大会负责。理事会由7名理事组成，中国扶贫基金会在理事会中派1名代表，不担任理事长，但享有一票否决权地位。

监事会由5名监事组成，理事会成员不得担任监事。未能进入理事会的村支部书记，或村委会主任自动进入监事会。中国扶贫基金会推荐一位专业人士（财务类）进入监事会，但不担任监事长。

全体村民以户为单位加入合作社，但股权则按每人一股、贫困户每人两股计算。合作社开始组建时最初曾提出每股500元的方案，全村600多人可筹股金三十多万元。但村民没见到效益，同意的人不多，后来只是象征性地交了1元股金。

合作社成员资格是每年动态的调整，"生增死减"并且通过村民大会对丧失成员资格和新进成员资格的种种细则形成章程条例规定；分配的细则也会根据不同时期的发展状况经过社员代表大会通过后做动态调整。

这样构成的旅游合作社实际上就具有农村社区集体经济组织的属性，成员的经济利益分配权益与成员参与社区合作社各种相关活动密切相关，真正体现了集体经济的属性。农宅旅游合作社实际上成为村两委领导下的村集体经济的组成部分，但旅游合作社在经营与运作决策和财务管理上与村集体经济组织独立分开。

（四）合作社构建了"三级网络、五户联助"的乡村治理构架

开始组建合作社的时候，所有的村民户被打乱后平均分成43个组，每组中基本上都是有5村民户。分完组后，以倒推的形式由每个组选出各组代表，形成二级代表。再从43个代表里选出监事会和理事会成员，组成一级代表，这些就是合作社骨干。此为三级联动网络的构架。

贫困户被平均分配到每一组里，每组的贫困户户数基本持平，组员之间互相帮助，以达到整村帮扶贫困的效果。此为五户联助。

村民遇到问题，先找二级代表，二级代表解决不了，再找骨干解决。

推行制度的方向则正好相反。通过和 14 个骨干开会，首先让骨干理解新的管理制度，再由骨干通知二级代表，由二级代表向组内成员宣传和解释，这样就能保证全村村民都能够被通知到。这套体系机制明确了谁需要面向哪些人做宣传，如果宣传没有做到位，就是代表的失职，绩效就会在年终分红时受影响。

各户自行组合，并提出一名代表，参加合作社的社员代表会，投票选举合作社理事会、监事会以及合作社召开的社会代表大会。每五名代表选出一人作为骨干代表，参与日常议事，每年补助 600 元，每次会议补助 50 元。

由于这是由扶贫基金会援建项目带动构建起来的组织，明确定位为村党组织和村委会领办的合作社，书记被选为理事长，村副主任被选为监事长，合作社与村级集体经济以及村委会的乡村治理工作有机地结合在一起。合作社一般事项由理事会决定，大事由代表会决定。合作社社员包括几乎所有的在地村民，因此旅游合作社就具备了集体经济组织的性质。合作社与社员的互动关系实际上已经成为南峪村乡村治理工作的载体。乡村治理的工作能够通过这套与村民密切相关的事务活动互动的构架机制落实下去，而且运行的成效与合作社每年的分配挂钩起来。

这套治理机制的构建，改变了过去村庄中农民一盘散沙的分散化状态，通过带有集体经济性质的、带有与社员利益明显联结的合作社把村庄的组织化和治理机制重新初步构建起来，并且在运作中不断加强它的作用。

（五）农宅旅游合作社的利润分配模式

合作社采取"一个基本，三个原则"的收益分配方式。

"一个基本"指的是全体村民共享，每人都有"人头股"。这实际上体现出南峪村的"百美村宿"合作社具有集体经济性质，合作社集体成员资格是动态调整的，"生增死减"；2020 年前，贫困户每个人分配按 2 股，一般户成员每人分配股为 1 股。

"三个原则"是"多投多得、多劳多得和帮扶贫困"的原则。

具体分配实行"5311"的分配比例：合作社当年利润的 50% 用于给全

体村民分红；30% 用于合作社发展基金；10% 用于社区公益基金，发展公共事业或帮扶弱势群体；10% 作为公益传导基金，捐赠给扶贫基金会用于帮扶其他乡村。

合作社成立后这些年的分红情况：2016 年 103 个贫困人口每人分红 200 元；2017 年底（全村 656 人），普通户每人分红 500 元，贫困户每人 1000 元，全村户均分红 1700 余元；2018 年底（全村 667 人），普通户每人 700 元，贫困户每人 1400 元，全村户均分红收入增长 40%；2019 年民宿全年营收 365 万元，纯收入 109 万元，其中 54 万元用于分红，一般农户每人分红 900 元，贫困户每人分红 1800 元；2020 年开始，合作社理事会拟对旅游合作社的社员内部分配方案做重大调整，"5311"的大原则没有变，但对社员分红细则做了重大改变。

（六）2020 年合作社对社员内部的分配方案进行了调整

农宅旅游合作社依然坚持按照"一个基本，三个原则"的分配方式进行利益分配，收益分配比例仍然是"5311"。但在此基础上，合作社未来将逐步通过一系列措施进行调整，重点按照多劳多得原则，鼓励村民通过付出劳动和积极参与村庄公共事务，获得更多的收益。2021 年 1 月 31 日合作社的理事会会议提出如下的重要的内容变动：

1. 社员分红的大项下，按照下面的细则分配：

改变原有普通户与贫困户 1：2 分配比例，增设多项分配内容，坚持不养懒汉、多劳多得的精神。

（1）60% 为人头股：全民共享，人人均等。

（2）10% 为防贫资金：针对边缘户，设立帮扶资金。

（3）15% 为巩固脱贫成果：针对建档立卡脱贫户，设立帮扶资金和公益岗。

（4）15% 为参与奖励资金：包含合作社工作报酬（理事长、监事长、合作社骨干、文书、会计、出纳等）和贡献奖励（推行贡献卡激励制度，鼓励群众参与）。

（说明：1. 防贫资金和巩固脱贫成果资金是根据涞水县扶贫政策指导的精神而设定的对应比例；2. 如无劳动力者直接享有，半劳力或全劳力，投劳工时达到，即有资格享有，同享贡献卡或工作报酬。）

2. 南峪村 2020 年分红资金计划

表 1　　　　涞水县南峪农宅旅游农民专业合作社 2020 年分红计划

类别	序号	具体内容（元）	金额（元）	数量（人）	预算（元）	备注
人头股	1	全民共享	500	659	329500	
防贫	1	边缘户关爱资金	600	29	17400	
	2	重点监测户	800	3	2400	
	3	大病补助	2000	1	2000	
巩固	1	无劳动力直接帮扶	800	22	17600	
	2	低保五保帮扶	400	20	8000	
	3	公益岗位	200	6	11400	5 人 9 个月、1 人 12 个月
	4	村收垃圾工作	500	4	16500	3 人 9 个月、1 人 6 个月
	5	公厕清洁	600	1	5400	9 个月
参与	1	贡献卡	25	75	13525	541 张
	2	理事长、监事长工资	800	2	19200	12 个月
	3	文书工资	800	1	9600	12 个月
	4	会计工资	400	1	4800	12 个月
	5	骨干	900	11	9900	
总计					467225	

（注：此表格数据根据 2021 年 1 月 31 日南峪村农宅旅游专业合作社社员代表大会理事会会议纪要制）

重要的变动有如下几方面：

（1）每人分配获得的人头分红变成了 500 元，比 2019 年的普通社员人头股 900 元大幅度下降；

（2）取消了贫困户人口每人 2 股的规定，改为对边缘户、重点监测户、无劳动力直接帮扶户和低保五保户等弱势群体人口的专门帮扶资金；

（3）一些村公益性岗位的报酬支出、合作社经营团队的工资支出，以及奖励性的支出都放在了社员分红大项目下。

这是旅游合作社在分配方式上做出的一次重大调整，2021 年 1 月 31 日的合作社社员代表大会提出这个分红方案，是否能被社员代表大会通过尚未进一步了解，对今后合作社整体发展和村庄社员内部会产生什么程度的影响还不清楚，需要在未来做密切的跟踪观察和评估。

（七）"麻麻花的山坡"村宿项目对农户宅基地及旧房屋利用改造和经营的方法

全村 224 户有户籍人口 661 人，常住人口估计只有 100 多人，大多为老年人和儿童。因此村里出现有很多闲置房屋和空置宅。项目分先后三期，选择了 20 多家拟改造的小院，最终落实完成改造 15 套，这 15 户农家小院都集中选在南峪自然村。

农户宅基地流转方式：项目对每套小院及其房屋每年支付租金，获得使用权及收益权。头 5 年期间每年 2000 元；第二个 5 年期间每年 3000 元；第三个 5 年期间每年 5 千元。项目负责旧房屋改造，改造后的房屋所有权仍归房主，项目获得 15 年的使用权、经营权及收益权，并在期满后将原权益完整归还房主。房屋改造所形成的固定资产（并没有直接转变为村集体或合作社的资产，而是由基金会纳入项目框架）通过"百美村宿"项目运作乡村旅游的经营收入。项目方在 15 年的租期时间内预计总支出是租金和房屋改造费平均 70 万元左右。

（八）南峪村"麻麻花的山坡"项目的市场营销方式

基金会通过项目从市场上引入"隐居乡里"平台公司进行旅游项目营销管理。引进第三方市场化的专业运营团队进行市场营销经营管理的做法是"百美村宿"项目的核心理念之一。这种方式弥补了乡村缺乏专业人才的弱点，而且给乡村带进来很多先进的管理做法和理念，引导村民接受新事物新观念。平台公司把先进的民宿专业管理带进南峪的"百美村宿"项目，为项目制定了管理规章制度和服务标准，并通过各种培训，组织村里相关人员参加学习，使其初步掌握了相应的服务技能和管理知识。

由"隐居乡里"平台公司培训出来的当地乡村农宅旅游服务的"管家"有些已经自己开办民宿经营服务，把学到的经营民宿的服务技能和服务标准运用在自家经营的乡村民宿。更多的农户则是看齐和学习"麻麻花的山坡"经营的硬件和软件标准，走上高端民宿服务的方式。项目引进第三方市场化专业经营团队与合作社联营的方式产生了重要的正面溢出效应，已经带动出近30家经营高端民宿旅游服务的个体农户。

对团体客户主要采取线下营销。团体客户主要来自企业，也是长期客户的主要来源，特别是大企业的团体活动较多，其中有的还是每年重复的活动。对家庭客户主要采取线上营销。线上营销的传播速度快，但需要借助有相当流量的渠道。"隐居乡里"有自己的企业门户网站和公众号，通过这两个渠道可实现信息发布、客户互动、网上办事三大功能。

（九）南峪村农宅旅游合作社与"隐居乡里"平台公司合作关系的调整

项目开始运营的前三年，平台公司不仅负责营销，还委派经理并提供管理服务培训和指导，合作社参与营销运营而且担负管理运作成本。这种做法将管理与合作社利益紧密结合起来，有利于激励合作社参与。运营管理服务需要使用当地人员，有很多服务与当地资源有关，特别是涉及客户与村民的关系，需要当地村民即村干部参与。合作社参与管理服务，便于利用社区的积极因素，减少其消极因素的影响。

2019年改变了管理体制，平台公司把合作社的管理服务职能接过来，账务、房屋维护双方共同管理，其他则由平台公司负责。合作社退出管理服务，不再承担运营服务成本。村旅游合作社与"隐居乡里"的收入分成由7∶3改变成为3∶7，但主要的日常经营成本支出也从由合作社承担改变为由旅游公司承担。调整后有益于平台公司专业管理能力的特长，体现经营能力和成效与相应产生的收益相挂钩的原则，合作社节省不必要的开支。

可以看到，村级集体经济组织和农宅旅游合作社的经营者（理事会）是能够较好地学习先进的经营管理理念，并且在经营实践中主动调整经营策略，实现效益的提高。南峪旅游合作社的经济收入逐年提高，2020年多数的乡村民宅旅游服务业因受到新冠疫情的冲击出现游客数量大幅度下降，但"麻麻花的山坡"项目除了少数时间受影响外，全年的经营业绩没有出现下降。三坡镇区域内更多开办农家乐和民宿经营的农户纷纷进行提档升级的改造，应对旅游业需求的变化。

三　南峪"百美村宿"案例带来的一些重要启示

第一，"百美村宿"在南峪村的"麻麻花的山坡"项目本质上是公益慈善发展机构在合适的、落后的乡村引进适合的乡村旅游项目，从外界引入能够足以跨越贫困陷阱和发展门槛的资金援助，给村庄带来一套发展集体经济和乡村治理的内在机制，并且引入市场化专业化的旅游运营主体与村旅游合作社联营，让乡村旅游项目的经营一开始就进入高端品牌化的水平，获得市场经营的优势。这种以社会公益机构通过扶贫旅游项目带动贫困村庄走上可持续发展之路的探索是很有意义的创新，是用具有集体经济性质的合作社、用市场化手段开发带有社区公共品性质的生态环境旅游资源，通过提高农民组织化的方式促进乡村社区发展带有社区整体性的范围经济，走共同富裕的发展道路。

"麻麻花的山坡"项目的成功不仅证实了扶贫基金会的这个理念是符合实际的，而且为我们提供了一个通过公益项目帮助乡村培养内生发展动力，在摆脱贫困后继续走向社区全面提升发展和共同富裕的可持续发展道路的有参考价值的典型案例；对探索扶贫工作如何与乡村振兴战略实施有效衔接有很好的参考价值。

南峪村项目成功经验的意义主要在于它内在机制性方面的内涵，而不在于南峪村本身是否有乡村旅游价值资源开发的优势。实际上，南峪村在一般乡村旅游应该具有的"靠近景区、交通便利、配套设施和人文传说"四大方面都不是太占有优势。但最终它能够在"三流的乡村旅游资源"基础上做成了"一流的乡村旅项目"，是与项目在选点上能够选准，村两委干部愿意严格按照项目设计的要求设计项目方案内容，通过村集体经济、合作社组织制度的建立和运作，引入市场化的乡村旅游经营专业团队与合作社的联营,通过品牌的打造从一开始就让村宿项目能够进入高端位置等多方面的整体配合协调发挥作用是密不可分的。当地政府、扶贫基金会"百美村宿"项目管理团队、村两委、合作社以及社区农民都发挥出了各自的积极性,形成了良性协同发展的机制。

从根本上说,合作社和集体经济组织的内在机制与村宿这种需要进行村庄整体性公共资源(生态环境、乡村传统文化、品牌标准、基础设施和范围经济等)的开发经营是自然契合的,这样的旅游服务运作模式适合在新时代发展背景下城市部门与乡村部门进行对接,极大降低了交易成本和保证了标准化服务品质的提供。

非常重要的是,扶贫基金会带来的项目资金不是追逐回报利润的外来商业资本,这就保证了项目会注重培养具有社区发展内在动力的集体经济性质的村旅游专业合作社的能力。再通过市场化的专业旅游机构进行业务经营,这种模式既能够弥补农村经营人才缺乏不足,又可以同时促进乡村社区走共享式发展道路,同时改善乡村治理工作。它给国家实施乡村振兴和城乡融合的机制提供了一种可行的有参考价值的示范选择,其适合范围应该会比一般的乡村旅游项目要宽泛得多。因为中国的大多数乡村基层都是基于这样的一套运作方式,缺乏的是像"百美村宿"这样的外部支持力量和带动乡村有效组织农民的工作机制。

国家可以考虑在不同的层次上支持组建一些具有像扶贫基金会这样性质的准第三部门,与社会和市场的其他主体一起进入乡村联合做能够经营的具有集体经济性质的市场主体(合作社、公司),同时通过党组织和政府项目影响村委会运行机制的公开透明和财务的规范制度,提升村级基层组织机构的制度化建设。南峪村"麻麻花的山坡"的项目实施机制在目前已经开展的众多"百美村宿"项目村是最具典型意义的,但最基本精华内容都可透过南峪村的项目显示出来。

南峪项目的实施初步成功地探索出了一条实现重新发展壮大集体经济组织的路子。项目的实践结果表明,中国扶贫基金会提出的通过市场化运作项目,构建合作社和集体经济组织激发村民内生动力形成社区发展的凝聚力的项目理念是可行、可成功操作的。"百美村宿"目前已经开办的几十个项目的实践经验可以充分说明这种项目的实施模式是具有可持续性的,在不同区域具有不同资源禀赋和环境的村庄是能够复制其成功经验的。

第二，从南峪村的案例中我们发现，项目培育出的集体经济是可以有强大的外部正效应溢出的，可以带动促进个体私有的共同发展，甚至带动出多业态和产业融合发展的。合作社和村集体经济不仅在无意中形成了"统分结合、双层经营"的格局，出现了规模经济效益，而且开始出现了朝向多产业、多业态综合的范围经济延伸的迹象。

在外界的援助下，如果集体经济的发展超越过阻碍村庄发展的门槛阈值（或漏斗效应）形成有一定规模和质量的产业活动后，就能发挥集体经济的溢出正效应，带动村庄个体经济和其它方式的经济活动可持续发展。整个扶贫基金会的这个乡村社区发展理念在南峪村案例中得到了很好的印证。

我们看到，集体经济组织发挥出"统分结合、双层经营"的功能，就可以更好地促进农户的家庭经营。项目实施前南峪村常驻人口大约 100 多人，村民没有一家开办高端的乡村民宿旅游经营活动，因为投入大风险高。而依靠"麻麻花的山坡"的村旅游专业合作社的经营带来的品牌效应和知名度，村民农户自办的民宿规模已经形成，数量上超过了村集体旅游合作社的经营规模，农家小院的宅基地租金价格提高了几倍，村的常驻人口已从 100 多人增加到 500 多人。通过发展具有集体经济性质的村级旅游经济合作社，能够实现高端发展的品牌打造，同时带动一般农户个体经营的民宿提升质量档次。这是一种互相促进的良性循环局面。南峪村以"村宿"带动"民宿"的"统分结合、双层经营"的高端民宿发展不仅不妨碍农户个体的经营，而且带动和提升了一般的民宿经营活动。这些村民开办的民宿经营的技能很多都是通过"麻麻花的山坡"项目开办的培训学习和模仿的。

目前已经有近 30 家村民模仿"麻麻花的山坡"风格开展高端农村民宿活动，而且数量上还有继续加速上升的趋势。项目产生了品牌示范带动的效应。虽然村民个体自办的民宿小院在数量上已经远超过"麻麻花的山坡"的 15 套小院，有些民宿的硬件设施条件还高过这 15 家小院，但"村宿"理念下的品牌打造和市场渠道仍然还是靠"隐居乡里"平台公司的引流带动。以南峪村集体的农宅旅游合作社为核心的农宅旅游专业协会已经在2020 年成立，只是因扶贫基金会项目驻村官员被借调离开，协会的制度性活动还未进入正常运转，但据调查，农宅旅游协会的活动有望在 2021 年步入正常运转。

自从项目开展以来，南峪村农家院子的租金升值巨大，由此也带动了外来投资。其他方式的休闲娱乐活动，如拓展训练、采摘活动、小吃街等项目活动正在村内筹划商议。选择好了一个有前途的农村集体经济的产业活动，就可能引带出村庄的范围经济的起步，步入可持续发展的良性循环。

我们从南峪村"麻麻花的山坡"项目发展过程可以看到，通过帮助村集体构建具有集体经济性质的农民专业合作社，不仅可以较快地达到脱贫增收效果，还能够较好地与乡村振兴战略的实施目标过渡、衔接，乡村振兴战略的"产业兴旺、生态宜居、乡风文明、治理有效、生活富裕"方针中的各项内容很容易在项目的实施过程中得以体现。

第三，农宅旅游合作社的股份结构中设置集体发展股意义重大。由于南峪村旅游专业合作社是一个带有集体经济性质的组织，集体股占有 30%，有这样性质的集体发展股对村庄发展是至关重要的。南峪的村集体经济组织与村旅游合作社既不是一体化的合二为一，又不是相互独立，而是互相支持、互相促进的。如果旅游合作社每年能够在与"隐居乡里"公司的联营中稳定地获得 100 万元收入（30% 的旅游年营业额），那么南峪村集体经济组织每年就可以从旅游专业合作社获得 40 万元左右的发展资金来源（100万元中的 30% 集体股 +10% 公益金），加上南峪村从光伏发电项目中也可以获得 40 万元左右的收益，南峪村集体经济发展壮大就可以步入良性发展循环。用好用活这两笔集体经济收入对南峪村未来的产业发展和乡村建设发展将是非常重要的，可以保证"百美村宿"项目的设计理念得以贯彻实施下去。如果没有这样的集体发展股，那么集体经济的发展壮大将会受到很大影响，集体经济的功能作用就会在发展过程中不断衰减，最后无法保证引领社区范围经济的不断升级提升。

第四，基金会项目管理机制的存在对形成村级社区的各种制度的有效运行有重大影响。南峪项目的实施当然主要靠村民和村干部的主动性发挥，但没有基金会项目组织的参与和帮助，只靠村民和村干部本身很难形成这样一套村级集体经济组织和村庄治理的运行制度，也很难自己发育出南峪村旅游合作社的经营管理制度。项目实施的过程也同时是培训村干部和村民素质提高的过程。

边远的村庄要走共同富裕的共享式发展道路，需要通过发展壮大村集体经济组织来全面带动，同时也需要引进外部的市场主体，让乡村接触城市文明，能够与城市部门的需求对接并且提供高素质的产品和服务。必须瞄准高端市场，不搞低水平无序竞争，才能提升乡村旅游的品质，由一般水平的民宿模式提高到村宿的旅游方式。一般的市场个体主体是无法在村庄整体环境营造上投资的，因此就会遇到发展的瓶颈障碍和环境的制约。没有"麻麻花的山坡"项目，没有个体老板敢于投资高端民宿，即使有人尝试也无法在村庄环境上协调全村村民营造良好的村庄社区环境和公共设施并带动全村农户走共同富裕的发展道路，因为私营经济不具有这种经营公共品和公共服务的内在机制，而财政提供的基本公共服务均等化无法细化每个具体村庄社区的特殊需要，只有为提高社区福祉为目标的集体经济发展壮大之后，才具备对社区公共品服务和社区发展投入资金的能力。

由扶贫基金会在市场上寻找"百美村宿"的专业化经营主体与村旅游合作社对接联营，并且通过扶贫基金会公益品牌的影响力在互联网和媒体，通过市场营销手段打造"麻麻花的山坡"的品牌，同时对参加旅游合作社项目服务人员的业务培训，这些都是保证南峪村的乡村旅游能够进入高端并产生良好经济效益的必要措施。纯商业导向的招商引资项目是难以做到这些必要性的配套措施的。实际上，在村旅游专业合作社中构建的"三级网络、五户联保"的网格化村庄事务安排和信息反馈的双向沟通网络，从而形成改善村庄社区治理的工作机制，也是通过基金会项目小组的协调得以实现的。发展壮大村集体经济与改善村庄治理是密切相关的。没有经济能力的村集体组织往往很难做好乡村治理工作，在"麻麻花的山坡"旅游合作社基础上去构建由农民自主形成的乡村旅游管理协会，仍然需要基金会项目管理的引导。通过项目管理的方式培养和引导村社各种组织和运行制度的设立，保证项目的持续健康运行也是很具有借鉴意义的。

四 可能会影响未来发展的一些问题

第一，村集体经济的发展壮大需要寻找新的增长点。

南峪村过去是穷得叮当响的贫困村，也没有什么好的经济产业，也存在历史性欠债的问题。中国扶贫基金会引进的"百美村宿"项目给南峪村的发展提供了极为难得的机遇，村两委干部和村民也很努力地按照扶贫基金会的项目要求把项目做得很成功。村农宅旅游专业合作社虽然在乡村旅游的高端市场上经营得不错，取得了良好的经济效益并带动了一般农户也进入高端民宿经营领域，村里的就业机会和农民收入普遍增收较快，未来发展前景看好，但村级其他方面的各种产业经济活动还比较薄弱，体量规模太小。

集体经济的两大主要收入来源就是村旅游合作社和光伏发电扶贫项目的资产收益。这两块收入来源实际上主要都靠外部资源的注入，农宅旅游专业合作社的收入与市场经营能力有关，但经营业务主要也还是依靠扶贫基金会项目引入的第三方市场化的旅游专业公司。目前乡村旅游这块的经营前景仍然看好，但集体经济组织仍然需要开始考虑多样化的经营业务来规避风险和开展产业链延伸以及多种产业融合的发展安排。要在农产品畜产品的生产加工、旅游餐饮服务、电商销售等方面进一步开拓。

到目前为止，还没看到村集体经济应用集体经济的收入投入新的经营领域的进一步拓展。如何很好地运用每年 40 万元的光伏发电收益和 40 万元以上农宅旅游专业合作社集体股分红与公益金分红，尤其是如何凝聚全体在地村民的力量和调动起他们参与本村社区发展的积极性，很值得继续探索。

集体经济的发展壮大如何与村民的贡献联系起来，这个问题最为重要。我们认为村民的分红要与贡献相挂钩的原则在方向性上是对的，但集体经济要创造更多的机会让在地村民能够参与集体经济的发展壮大并取得相应的报酬，实现共同富裕。这就需要村级经济进一步找到新的增长点，实现多种产业融合发展。当村民愿意拿出自己的资源与集体经济共同参股发展产业经济时，才表明集体经济组织立住了，社区农民才有信心与集体经济领办的专业合作社共同发展。

村集体与合作社的实力还是比较弱小，村民对发展的风险性和收益分配的公平性必然很敏感。资源主要是来自外方时，问题不敏感，来自自身时，集体行动的困难就会加大。旅游合作社开办时，要求每人出500元的资格股筹资都无法获得社员的通过。如果集体经济不能够进一步发展壮大，或者发展的势头弱于农户的个体经济，未来"统分结合、双层经营"的引导能力就会逐步削弱或失去。因为农宅旅游合作社的经营规模已经不再扩大，而个体农户自办的民宿发展势头还在继续增长，集体经济就需要通过开办其他新的经营领域进一步发展壮大，这会成为近期需要解决的问题。

第二，要考虑不同自然村之间发展机会的公平性问题。

由于"麻麻花的山坡"项目资金都是外来捐赠的，而且全村村民的分配资格在不同自然村之间都是一样的，社员也没有对农宅旅游项目有投资，因此基本上在不同组别之间不会产生不公平的感觉。但"村宿"的农家庭院发展项目落地在哪个自然村，必然会有公共基础设施投入以及出售农副产品和采摘活动机会之间的不同，开办民宿的自然条件和环境氛围也不同，宅基地使用的地价等受间接影响的程度也会不同。

未来村集体经济使用自己的发展资金做项目开发时，不同自然村之间发展机会的公平性问题就会凸显出来，尤其是需要农户配合发展股投资时更会如此。如何保证不同自然村的农户有公平的参与发展的机会，公平分享集体经济发展壮大带来的好处，是需要考虑的问题。

与旅游业高度相关的活动就是绿色健康的高质量有品牌生态土特农产品，这也是城市部门随着收入提高需求弹性不断上升的高端消耗品。随着高端休闲旅游业的发展，三坡镇附近区域的旅游业对绿色农产品的需求也会不断提高。但瓶颈制约仍然是绿色农产品的质量标准和可信度，依托合作社和集体经济组织小农提供劳动和资本双密集的高附加值的农产品会是有利于弱势小农户提升收入的有效手段。小农户进入合作社的门槛低，技术和资金以及风险防范问题依靠集体经济和合作社抱团解决。

第三，合作社内部的制度建设仍然需要加强。

我们看到，旅游合作社内部的制度建设上仍然有需要注重加强的地方。

首先是社员内部分配规则的调整。2020 年的分配方案所做的调整在方向和原则上应该没问题，因为合作共享的理念是要让社员充分发挥贡献，让贡献与收益挂钩起来，不应该既没有劳动贡献也没有出资股份贡献却不断分享他人的劳动成果。但分红的概念是扣除成本支出之后净利润的分配，合作社理事会的劳务支出和村集体公益活动的支出不应该全部在社员利润分配大项目之下扣除。当集体经济发展的利润越来越与社员的贡献相关时，这样的做法很可能会引起社员的反对。目前农宅旅游合作社的利润来源实际上主要是外部资源支持，与经营和社员贡献关系很弱，因此大部分的社员享受的利润分红与自身的实际贡献相关性很小。"反正是天上掉下来的，能够有就是赚的"想法使他们不去过多计较公平性问题。会有害怕计较多了怕是原有的也会没了的担心。但是未来集体经济的进一步发展需要社员投资参股或者实质性投入劳动和与合作社产生经济关系时，制度的合理公平性就会被注重。这些制度方面的基础性问题越早解决越好，否则一旦出现问题后重新建立凝聚力和信心就需要花费很大精力。

另外，就是"麻麻花的山坡"投入村宿经营的农家小院的资产产权如何处理好。按照扶贫基金会项目团队与原农户签订的农户宅基地流转协议，项目期 15 年，共需支付农户 5 万元的租金。项目负责旧房屋改造，改造后的房屋所有权仍归房主。项目获得 15 年的使用权、经营权及收益权，并在期满后将原权益完整归还房主。项目实际上平均在每套小院的投入共计大约 70 万元左右。

15 年项目期满之后，这 15 套院子的残余资产价值显然不会太低。实际上就会出现农宅合作社把价值不菲的资产转赠给这些农户。由于这部分的资产价值都是基金会从项目实施的投资建设和项目的经营中转移过来的，现在社区大多数社员不考虑的项目益处分配的公平性问题在项目运营期结束时就会出现。这个问题还不算很大，但如果未来项目期结束时，村宿仍然是很有利润的经营行业，那么合作社就会一下子面临经营性资产的大幅度萎缩。如果有一部分的庭院被农户出租给其他的民宿经营户，村级集体经济旅游专业合作社就再也无法保持村宿的主导引领者地位。

当然，未来的宅基地使用权流转政策会是怎样的情况还不明确，"百美村宿"项目通过农户旧房改造形成的资产产权归属和使用权、收益权在未来的情况会怎样也不确定，但及早地研究这些情况，并未雨绸缪早做应对准备仍是应该的。

合作社篇

清理空壳农民专业合作社
面临的突出问题和对策建议

曹　斌[*]

摘　要： 本文通过文献分析和实地调研相结合的方法梳理了清理空壳农民专业合作社（以下简称"空壳社"）中所面临的突出问题，并且提出了对策建议。认为空壳社以"是否经营"作为判定标准，但是空壳社的比例存在一定争议，目前，政绩考核、农民从众心理和合作社经营不善、缺乏有效信息供给是空壳社形成的主要原因。对于清理中面临的甄别难、退出难、防范难、根治难的"四难"问题，建议由税务部门为主体负责清理工作，同时完善合作社管理制度，引入"简易注销程序"，加强对理事长等的宣传教育，扩大合作社处罚对象范围。

关键词： 农民专业合作社；空壳社；对策建议

一　前言

促进农民专业合作社（以下简称"合作社"）发展是以习近平同志为核心的党中央从战略和全局高度做出的重大决策。"十三五"以来中央"一号文件"多次提出："重点培育农民合作社等新型农业经营主体，培

---

* 曹斌（1975—），甘肃兰州人，中国社会科学院农发所副研究员，硕士导师，研究方向为合作经济。基金项目：中国社会科学院—日本学术振兴会国际合作研究项目：农业经营结构变化对农民合作社治理机制影响的中日对比研究。本文部分内容发表于《农村金融》2020 年 9 月。

育农业产业化联合体"。2020年党的十九届五中全会通过的《中共中央关于制定国民经济和社会发展第十四个五年规划和二〇三五年远景规划》进一步提出："加快培育农民合作社、家庭农场等新型农业经营主体，建设农业专业化社会化服务体系，发展多种形式适度规模经营，实现小农户与现代农业有机衔接"。目前，在各级政府的大力扶持和社会力量的积极参与下，我国合作社数量突破220万家，在组织带动小农户、激活资源要素、引领乡村产业发展、维护农民权益等方面发挥了重要作用，成为未来承载现代农业经营的重要载体。但与此同时，社会上对于合作社的质疑声也持续不断，认为有效发挥作用的合作社并不多，特别是空壳农民专业合作社（以下简称"空壳社"）问题尤为突出，已经造成我国合作社事业的虚假繁荣，严重影响到社会对合作社的认知，如果不能够得到有效抑制或取缔，反而使其继续得到有关的政策支持、优惠，将产生不良的示范后果，给合作社的健康发展埋下隐患。① 2019年2月中央农办、农业农村部等11个部门联合印发了《开展农民专业合作社"空壳社"专项清理工作方案》（以下简称《方案》），决定在全国范围内集中开展合作社专项清理工作。《方案》下发以来，在社会上引起了广泛的关注和议论，各基层政府相继出台相关措施，在规范"空壳社"方面做出了有益探索和尝试，对提升合作社整体发展质量起到了良好成效，但是，清理过程中仍然面临诸多问题有待解决。

本文基于对陕西省、四川省、山东省和宁夏回族自治区的基层合作社和经管部门的实地调查，梳理了地方政府清理"空壳社"中面临的问题，并提出了相关政策建议。

二 我国农民专业合作社的发展现状

（一）发展速度不断加快

据市场监管部门数据显示（见表1），2007—2019年，我国合作社数

---

① 苑鹏、曹斌：《创新与规范：促进农民专业合作社健康发展研究》，《中国市场监管研究》2018年第4期。

量从 2.6 万家增加到 220.1 万家，数量上增长了 84 倍，年均增长率高达 58.0%。合作社带动能力不断提升，2019 年注册登记的合作社成员数量达到 4626.1 万户，较 2007 年增长了 132 倍，年均增长率高达 66.9%。另外，合作社的社均成员数量显著增加，虽然 2015 年之后出现了社均成员数量减少的趋势，但与 2007 年的 13.5 户/社相比，2019 年达到 21.03 户/社，增加了 55.6%。

表1 我国农民专业合作社发展现状

年份	合作社		成员		社均成员	
	数量（万家）	增长率（%）	数量（万户）	增长率（%）	数量（户/社）	增长率（%）
2007	2.6	—	35.0	—	13.5	—
2010	37.9	53.9	715.6	82.7	18.9	18.7
2015	153.0	18.7	4159.5	11.0	27.2	-6.5
2016	179.4	17.2	4485.9	7.8	25.0	-8.0
2017	201.7	12.4	4730.0	5.5	23.5	-6.0
2018	217.0	7.6	4849.5	2.5	22.3	-5.1
2019	220.1	1.4	4626.1	-4.6	21.0	-5.8

资料来源：根据国家市场监督管理总局历年资料整理。

（二）带动效果越发显著

随着合作社出资金额增加，政府扶持力度加大，农民专业合作社服务能力得到进一步提升。据农业农村部资料显示，2019 年，合作社统一组织销售农产品总值 6945.05 亿元，平均帮助每位成员销售农产品 1 万元。统一组织购买生产投入品总值达到 2656.68 亿元，平均帮助每位成员购买生产投入品 0.4 万元。其中，统一购买比例达 80% 以上的合作社为 32.99 万家，占全国合作社总数的 17%。可分配盈余按交易量返还给成员的有 26.95 万家，占 19.1%。其中交易量返还超过可分配盈余 60% 的合作社有 28.62 万家，占总数的 14.79%。另外，合作社在扶贫攻坚中发挥了重要作用，截至 2019 年，已加入合作社的贫困农户数达 51.2 万户，同比上年大幅增长了86.7%。合作社户均可分配盈余为4万元，平均每个成员当年分配盈余近1257元。①

（三）为农服务功能增强

随着我国经济快速增长，农民对于合作社的合作内容、合作领域、合作方式的需求日益多样化，出现了由单一生产经营逐步转向多种经营和服务，出现多种新型合作社等新情况。各地不仅涌现出农机合作社、资金互助社、消费合作社、用水合作社、乡村旅游合作社等其他形式农民专业合作社。一些地方还出现了土地流转后富余劳动力组建的劳务合作社、农民以房屋、厂房入股组建的物业合作社，以及以精准扶贫为目标，以财政资金为支撑的扶贫合作社。这些合作社的形态都是探索土地、资金、劳动力、技术等要素的合作。2017年12月颁布的修订后的《农民专业合作社法》重新界定了法律调整范围，取消了有关"同类"农产品或者"同类"农业生产经营服务中的"同类"限制，以列举方式扩大了农民专业合作社的服务类型，将农村民间工艺品、休闲农业、乡村旅游等新型农民专业合作社，以及农机、植保、水利等专业合作社纳入调整范围。根据国家市场监管总局相关统计数据显示，2019年各类农民专业合作社都出现了不同幅度的增长，其中农产品加工类合作社增长90.9%、农产品运输增长84.8%、农产品储藏类合作社增长73.2%，显示出农民专业合作社对于流通环节的重视。

（四）引领作用持续发挥

合作社积极调整经营方向，根据市场需求组织农产品标准化、品牌化生产，加强质量安全管控，注重产销对接，促进了农业种养结构调整优化，推动了农村一二三产业融合发展，带动了农业劳动生产率不断提升。据农业农村部统计数据显示，2019年，全国拥有注册商标的合作社10.6万家，比前年大幅增加了21.7%，占农民专业合作社总数的5.5%。通过

---

① 《2019年农民专业合作社发展研究报告》，http://www.webns.cn/hygc/31197.html，2020年6月5日。

农产品质量认证的合作社 5.0 万家，占合作社总数比例的 2.5%。另外，通过合作社经营方向的调整，提高了农业土地经营的规模化和专业化水平，有效提高了农业服务质量。截至 2019 年，以土地经营权作价出资的合作社 8.9 万家，占合作社总数的 4.6%；作价出资土地面积达到 3696.7 万亩，较前年增加了 17.2%。

三 空壳农民专业合作社的形成原因分析

（一）空壳社的判定依据

党的十八大以来，随着农业农村快速发展，党中央对合作社发展越发重视，空壳社问题进一步引起了社会各方面的广泛关注。从理论层面来看，2014 年，蒋颖和郑文堂在《"空壳合作社"问题研究》一文中首次注意到空壳社问题，指出空壳社是"虽然具备法律规定的形式要件，但没有实质性业务活动，没运行、没收入、没分配，合而不作，处于空壳运行状态的合作社"[1]。2016 年，吴琦通过实地调研分析了"空壳化"的成因，提出空壳社是"注册登记后没有实际运营、不行合作之事、运营中难以为继而名存实亡的合作社"[2]。2017 年，米聪姗提出空壳社是"注册登记后没有实际运营、有名无实、运营中难以为继"的合作社。[3] 2019 年，苑鹏和曹斌经过大量实地调研认为空壳社是"经营不善、或市场环境、政府产业政策变化、或成员自身变化等多种因素，现阶段已经停止经营、但是没有注销的合作社"[4]。从实践层面来看，2019 年颁布的《方案》基本认可了学术界观点，明确指出空壳社是"有名无实"的合作社，并且列出了六种清理整顿对象，其中"无农民成员实际参与、无实质性生产经营活动、因经营

① 蒋颖、郑文堂：《"空壳合作社"问题研究》，《农业部管理干部学院学报》2014 年第 17 期。
② 吴琦：《政策诱变与调适：农民专业合作社"空壳化"的成因与治理》，《大连学院学报》2015 年第 1 期。
③ 米聪姗：《农民专业合作社"空壳化"成因分析及对策研究——以河北省赵县梨果专业合作社为例》，《现代营销》2017 年第 2 期。
④ 苑鹏、曹斌、崔红志：《空壳农民专业合作社的形成原因、负面效应与应对策略》，《改革》2019 年第 4 期。

不善停止运行"三类具有明显的空壳社特征。由此可见，目前，注册登记之后是否开展经营活动已经成为判断是否是空壳社的主要依据。

（二）空壳社发展现状

空壳社占合作社的比例受到样本选择、研究方法等方面的制约，长期存争议。① 认为对成员有明显带动作用的合作社只占到总数的三分之一，基本没有发挥作用或者已经趋于倒闭的占三分之一，剩下三分之一介于两者之间，也就是说有 33% 左右的合作社是空壳社。李雄鹰和陆华东（2018）② 通过对东部某镇调研，指出空壳社比例高达 80%。苑鹏、曹斌和崔红志（2019）的研究相对客观，通过对 8 省 12 县 614 家合作社和 98 份基层市场监管部门的问卷调研提出空壳社比例至少在 40% 以上。但是，无论空壳社所占比例多少，社会各界都认为空壳社的存在既损害了合作社整体社会声誉，也影响了政策效率，增加了行政部门的监管成本和被寻租风险。③

（三）空壳社的形成原因

空壳社形成原因受到多方因素的影响，既有政府、政策原因，也有合作社自身原因，大体可以分为以下四种情况。

1. 政府政绩考核压力催生空壳社

近些年，社会各界非常重视合作社发展，地方政府出于促进农业产业化发展、增加农民收入等目的，制订了考核目标，督促基层部门协助农民设立合作社，并且把当地实际登记注册的合作社数量列为年末绩效考核内容。然而，部分基层部门出于完成任务的压力，不考虑实际情况，要求各村干部、大户领办合作社，而申办人自身对于注册登记合作社实际上没有

---

① 孔祥智：《对农民合作社的非议从何而起》，《人民论坛》2019 年第 4 期。
② 李雄鹰、陆华东：《80% 以上合作社沦为空壳？——乡村振兴莫让形式主义带歪》，《半月谈》2018 年第 22 期。
③ 杨玉成：《清除"僵尸社"促进农民合作社健康发展》，《中华合作报》2017 年 3 月 7 日；徐旭初：《空壳合作社一定要清理吗?》，《农民日报》2018 年 12 月 11 日；吴旭：《"空壳合作社"要不得》，《中国老区建设》2019 年第 3 期。

任何需求，完全是为了应付。合作社注册登记结束之后，也不开展任何活动，造成空壳或者休眠。近几年，政绩考核压力减缓，但是，部分县级政府在开展精准扶贫工作中，要求每村都要建立扶贫合作社，使其或者承接扶贫项目，或者承接政府扶贫资金，但是实际经营的情况不是很多，人为地提升了形成空壳社的风险。例如，河南省某县政府发现一个村创立合作社精准扶贫成功典型后，要求全县 601 个行政村，村村建立精准扶贫合作社。在政府的大力推进下，全县全部完成了合作社注册登记。但是，调研中了解到，部分扶贫合作社理事长表示从未参与过精准扶贫合作社的业务，也不知道成员是谁，完全是由村干部让他担任法人，办理的所有登记注册手续。对于这种情况，不少基层市场监管所也反映，合作社发展最快的是 2008—2012 年，之后逐年递减，受到精准扶贫政策的影响，2017 年之后，在地方扶贫工作的压力之下，各地相继加快组建合作经济组织的速度，甚至部分地区出现了排队登记注册的情况，其结果必然又要制造出不少空壳社，形势堪忧。

2. "随大溜"心理催生空壳社

追求收益最大化是包括合作社在内所有市场主体的最终经营目标，在农业农村政策不断向合作社倾斜的背景下，农民普遍认为注册成立合作社能够获得更多的政策眷顾。调研中了解到，不少合作社都存在顺应政策导向的心态，拉着自己的亲属，盲目申办的情况。然而，由于自身经营规模小、或者财务等经营管理制度不健全，不符合申请政策资金的条件，直到拿到合作社营业执照，才发现实际用途不大，只能放到家里，待机而动，造成合作社空壳。另外，还有部分地区，由于宣传不到位，农民听信"今后只有合作社才能获得政策扶持资金"等谣传，看别人成立了合作社，担心如果自己不跟上，万一政策是真的，就会错失什么机会，也就跟风登记注册了合作社。例如，陕西省某县是全国植苗产区，很多大户由于听信"农地流转今后只给合作社，不给个人和公司了"的谣传，短短几个月，都相继注册成立了合作社。然而，由于本身是家庭经营，规模不大，即达不到申请政策资金要求的条件，也不存在改善经营的实质上的帮助，拿到合作社营业执照之后反而增加了报税、年报等业务的负担，弃之不管久而久之造成了空壳。

3. 经营不善导致合作社空壳

不可否认有部分合作社的成立初衷，或是怀着促进农业产业化经营、提升农业竞争力、增加老乡收入等美好愿望而建立，或是同乡、朋友等想借用合作的模式实现规模效益，改变自身市场弱势地位和经济贫困状况而自发成立的，但是由于对市场缺乏准确判断，或者自身资金较少，难以长期发展，逐渐暂停了经营，但是又不能确定未来市场走向，合作社也就没有注销，造成空壳。例如，宁夏回族自治区固原市原州区2013年发展马铃薯合作社达到130家，由于市场供给过剩，产业发展整体不景气，导致目前实际运转的合作社减少到不足15家。但是，这类合作社占比不是很大，处于暂时歇业阶段，等到有好的市场产品出现，马上可以复活，也从侧面反映了合作社发展的真实情况，体现了合作社当前规模小、能力弱的现实问题，需要政府引导、帮助。

4. 不了解注册登记和保留空壳社的权责

宣传不到位、信息不对称，造成合作社发起人和理事长对于登记注册合作社和保留空壳社需要承担的责任和风险并不清楚。调研了解到，部分合作社对资本金认缴制度并不清楚，承诺的注册资本高达几十万，甚至百万，简单地认为登记注册已经取消了资金实缴制度，随便说一个金额，便于今后开展工作，但是却不知道如果在承诺期限内不缴齐资本金，将会被认定为虚假出资，面临罚款，甚至在合作社发生债务纠纷导致破产清算时，需要发起人和成员承担缴纳出资数额的责任。另外，还有部分理事长认为国家已经减免了合作社所得税，但是，并不知道合作社即便不需要纳税但是仍然需要零报税，且一旦未按照税务部门规定提交税务报表，将会被纳入黑名单，影响企业贷款，甚至法人代表和股东的出国、乘坐高铁、飞机。还有部分合作社理事长对保留空壳社表示无所谓，也不按时提交年报，不清楚有什么危害。其中，陕西省某县合作社，在贷款被拒的时候，发现自己因为未能提交年报而被列入了黑名单，才积极谋求注销法人资格。江苏省某企业上市之前，发现法人代表领办合作社未能正常运营，只能变更合作社理事长才解决了相关问题。

四　清理空壳农民专业合作社中面临突出问题

2019 年 2 月，中央农办、农业农村部等 11 个部门对"空壳社"问题联合印发了《开展农民专业合作社"空壳社"专项清理工作方案》，决定在全国范围内集中开展空壳社专项清理工作。《方案》下发以来，在社会上引起了广泛关注，各地政府也相继出台了相关文件，紧锣密鼓地部署开展相关工作，大部分地区取得了阶段性成果。但是，从调研结果来看，空壳社的甄别难、退出难、防范难、根治难问题仍然比较突出，亟须解决。

（一）空壳社的"甄别难"问题

《方案》中明确指出"无农民成员实际参与、无实质性生产经营活动、因经营不善停止运行"等六种空壳社的形式。然而在实践中，受制于地方政府人力物力等客观因素制约，往往只将"是否开展生产经营活动"作为甄别空壳社的主要依据，但是，即便如此"甄别难"问题也没有得到解决，其主要原因：一是地方农村经管部门（以下简称"经管部门"）和市场监管部门难以掌握合作社实际经营情况。目前，各地政府把本地经管部门，尤其是乡镇一级经管部门作为本次专项清理的执行部门，承担具体的甄别、政策把关和业务指导等一系列工作任务。然而，乡镇经管部门日常工作多，人手少，很难按照《方案》要求入户逐一核实合作社经营情况，实际难以做出精准甄别。而且，经管部门一般只了解在本部门登记的合作社情况，然而，部分合作社不愿意和政府打交道，认为申请项目需要跑关系，即便申请到了财政项目也需要做大量的工作，不如专心做好经营，因此这类合作社在获得法人登记之后，不会去经管部门登记，经管部门也就无法全面掌握本地区合作社的实际数量，产生漏洞。

二是以"企业年度报告"作为清理依据的甄别精度不高。2014 年 2 月 7 日国务院印发《注册资本登记制度改革方案》（国发〔2014〕7 号）文件，将企业年检制度改为企业年度报告公示制度，并要求合作社等市场主体在每年 1—6 月之间，通过"全国企业信用信息公示系统"向市场监管部门报送上一会计年度的经营情况。市场监管部门认为对于已经没有开展实际经营活动的合作社来讲，报送年报费时费力，又没有任何实际作用，因此不会报送年报，也就可以推定其为空壳社。然而，企业年度报告内容非常简单，所填写的内容没有强制性，即便是没有实际经营的空壳社迫于被清理的压力，也可以在十几分钟内突击完成。另外，我国企业年度报告制度刚刚开始推行，部分地方政府要求基层市场监管部门协助经营主体熟知并积极上报年报，采用了年报率进行考核，造成年报率不同程度的失真。

（二）空壳社的"退出难"问题

空壳社"退出难"主要受制于成本因素和制度因素两个方面制约。按照当前市场监管部门相关规定，注销合作社需要提供三项文件，即在市级以上公办新闻上发布注销法人资格的声明45天，《清算清单》和《完税证明》，但是提供任何文件都有一定困难。其原因：

一是在新闻报纸上发布声明需要一定的成本。根据在陕西、山东等地调研了解到发表声明需要缴纳400—1000元不等的费用，不少合作社认为当年注册合作社没有产生费用，甚至还是拿到政府补贴注册成立的合作社，对于注销时需要缴纳费用感到不能理解，也不愿意承担相应成本，非到万不得已，都不愿意花钱注销。

二是无法获得全体成员同意。按照《清算清单》的相关规定，注销合作社需要所有在市场监管部门登记的全体成员签字同意。这项规定本来是也是按照我国《刑法》相关规定，防止大股东侵害小股东合法权益，初衷是出于保护成员利益不受损害。然而，合作社成员大部分是农民，受到季节性影响，人员流动较大，往往要到节假日返乡后才能找到本人。另外，部分合作社成立之初是因为政策推动，由村干部等主持办理的登记注册手续，借用了别人的身份证，合作社清算时也不太好意思找到成员本人签字。部分合作社为了申请示范社，满足示范社要求的人员规模，借用大量身份证的情况时有发生，这就给注销合作社造成了较大的困难。

三是难以提供《完税证明》。按照税务部门要求合作社成立之后即便没有实际运营，也必须每月进行"零"报税，然而，部分合作社不了解相关政策，或者即便知道，不愿意承担每月报税工作，长此以往被拉成了"异常名录"，难以获得《完税证明》。还有部分合作社经营非成员农产品业务获利或者获得大额补贴时，需要纳税，但是由于不清楚政策，导致长期欠税，无法获得《完税证明》。

总而言之，上述退出成本和制度要素严重制约了合作社注销工作的展开，导致合作社"水分"居高不下，给规范合作社发展带来一定的难度。

（三）空壳社的"防范难"问题

《方案》实施以来，虽然各地方政府清理了部分空壳社，但是仍然有新的空壳社在产生，如何防范出现新的空壳社成为难题。虽然不能否认来自行政方面的压力是催生新的空壳社不断产生的重要原因之一，但是，信息不对称导致合作社理事长和成员对于登记注册合作社和保留空壳社必须承担的责任和风险认识不清楚，才是造成空壳社屡禁不止的关键。调研中了解到，部分理事长认为国家已经减免了合作社所得税，也就和税务部门不用发生什么关系了。但是，却不知道合作社即便不需要纳税但是仍然需要零申报，且一旦未按照税务部门规定提交税务报表，将会被纳入经营异常名单，甚至黑名单，影响企业贷款、甚至法人代表和股东的乘坐高铁和飞机。还有部分合作社理事长认为合作社成立之后，经营不经营自己决定，完全不知道还需要提交企业年报，即便知道需要提交年报，但是也不清楚会对自己产生什么危害。然而，也有部分农民迫于亲情、友情或者某种压力，在不清楚成员所要承担的义务的前提下，随意将自己的身份证借给他人注册合作社，造成自己成为连带担保人、丧失低保资格等。但是，在理事长或者成员得知合作社需要承担的相关责权之后，一般都会立刻提出注销已经不经营的合作社。

（四）空壳社的"根治难"问题

以农经部门、市场监管部门等为主体的外部监管很难精准把握合作社内部经营的实际情况，也就很难根治空壳社问题。从国外经验来看，对合作经济组织的监管通常采取外部监管和内部监管双管并行的方式最为有效，例如，日本对农业协同组合（以下简称"农协"）的外部监管由农林水产省、地方农业管理部门和金融厅负责，主要针对农协联合会和基层农协财务进行书面审计。内部检查由日本农协中央会和"农协检查员"负责，主要监督农协日常财务部门运营情况和经营活动情况。在发现异常时，农协成员也可以要求农协更正，如农协拒不执行，可以向地方或中央政府农协管理部门设立的投诉窗口举报。这些措施既规范了农协内部治理，保护了成员利益不受侵犯，也促使成员与管理层之间始终保持紧密联系，督促农协能够依法经营。我国《农民专业合作社法》规定成员中可以有20％的非农民成员，同时为了防止大户控制合作社经营权，要求合作社采取一人一票民主管理和按惠顾额返还保护小农成员利益的目的。然而，没有明确对合作社的监管制度导致合作社缺乏有效的内部监管，造成合作社按出资额控股和按股分红成为普遍现象。而且，大多数情况下，成员实际上被排除在合作社管理体系之外，部分农民成员甚至不了解合作社制度，也认为自己既然没有出资或者出资较少，也就没有必要对合作社的管理说三道四，默认了合作社是少数人的组织，也就不关心合作社有没有开展有效的经营活动，持"事不关己高高挂起"的态度，客观上造成了合作社内部自下而上的内部监管缺失。在缺少内部和外部监管的情况下，合作社是否真实运营，不得而知，空壳社问题也就迟迟得不到根治。

五　清理空壳农民专业合作社的政策建议

（一）以税务部门为主体推动清理工作，破解甄别难问题

税务部门掌握合作社日常财务流动情况，完全可以赋予其甄别权力。为促进合作社快速发展，尽快形成自有资产，2008 年 6 月财政部国家税务总局联合发布《关于农民专业合作社税收政策的通知》（财税发 81 号）规定，合作社销售其成员生产的农产品，视同销售农产品。增值税一般纳税人从合作社购进的免税农业产品，可按 13％的扣除率计算抵扣增值税进项税额。合作社向本社成员销售的农业投入和农机免征增值税，合作社与本社成员签订的农业产品和农业生产资料购销合同，免征印花税。但是，合作社作为市场主体，根据法律规定即便不用纳税，也必须按月向税

务部门提交有关纳税事项书面报告。《中华人民共和国税收征收管理法》第六十二条规定，超过一定期间未能零申报的市场经营主体被列入经营异常，甚至黑名单，影响到以后的贷款，甚至法人代表出国等活动。由于正常运营的合作社都会发生现金流，并且需要记账、开发票，这些市场经营活动都与税务部门产生千丝万缕的关系。一旦被列入异常名单直接会影响到日常工作，所以，凡是正常运营的合作社都会按规定零申报。因此，以税务部门掌握的合作社经营异常名录为依据，能够相对准确的甄别出空壳社的实际经营情况。

（二）引入"简易注销程序"，降低注销门槛，破解退出难问题

降低退出成本，可以修改相关制度让利给合作社。首先，2014 年，我国商事登记制度改革之后，各地开始实施"简易注销程序"，在免去了拟注销企业清算组备案的登记手续，取消了原清算组备案手续中的登记材料，减少了清算报告和股东的确认清算报告文件，同时由市场监管部门代企业履行公告义务，将报纸公告改为政府网站公示，45 天的公告时间缩短为 10 天，由此，注销手续最快可在 10 天内办结，并且可以节省拟注销主体的注销成本。但是，合作社并没有被列入简易注销程序的适用对象。对满足一定条件的合作社，建议将合作社注销纳入《工商总局关于全面推进企业简易注销登记改革的指导意见》（工商企注字〔2016〕253 号）适用范围，允许其采用简易注销程序消灭法人资格。合作社只要通过国家企业信用信息公示系统《简易注销公告》专栏主动向社会公告拟申请简易注销登记及全体投资人承诺等信息，公告期 10 日后就可视为公告有效，减轻合作社注销成本。其次，对于列入税务部门异常名录的合作社，在没有其他偷税漏税等违法行为的情况下，对于因为未能按时零申报造成的罚款给予减免，帮助其尽快注销。但是，需要注意的是出具《清算清单》的初衷是防止大股东侵害小股东合法权益，保护成员利益不受损害，非当事人不清楚合作社的内部经营情况，仍然需要由合作社根据自身情况协调解决。

（三）加强宣传教育，提升成员权责意识，破解防范难问题

造成信息不对称的原因既有政府部门之前缺乏横向协调，不清楚兄弟部门工作流程，无法给农民成员细致讲解，也存在部分地方主管部门为了完成考核，有意强调成立合作社可以优先获得财政支持、可以免税等优点，淡化了承担相关义务的介绍。从调研中了解到，往往合作社理事长或者成员，一旦明白相关政策初衷、自己需要承担的义务之后，即便有政策压力或者其他诱惑，也都能够做出较为理性的选择。例如陕西省某县企业领办的合作社理事长申请贷款。宁夏某地区合作社成员因为加入合作社被取消了建卡贫困户资格，意识到问题的严重性之后，马上要求退出合作社。另外，笔者在合作社培训时，当介绍完合作社需要承担的责任之后，当场就有理事长表示要慎重应对。

2003年，国际合作社联盟（ICA）公布的基本原则之中专门提到了合作社"教育、培训和信息原则"，要求向公众介绍合作社时不仅要包括成立合作社的益处，还要包括合作社必须承担的义务。目前，我国合作社发展正处于由数量增长向规范发展的转型阶段，各类宣传还主要围绕促进数量增长而展开，对于风险方面的宣传教育严重不足，导致合作社发起人、理事长和成员只看到甜头，却没有看到问题，在受到外力介入的情况下，很容易出现合作社泛滥的问题。因此，在清理中，应注意防范空壳社问题死灰复燃，建议以经管部门、市场监管部门和税务部门作为窗口，加大宣传合作社应承担的义务、可能面临的经营风险，提升成员的知法守法意识。在合作社申请登记注册时，不仅要发起人和成员充分认识发展合作社的积极意义，了解和掌握其基本性质、内涵和组织形式，职能作用、增强合作意识，也要同时告知成立合作社必须承担的法律责任、管理成本，让发起人和成员都能够明白自己的权责，使其市场行为可以在法律框架之下，合法、规范运营。特别是对当下问题比较集中的认缴资本金制度、税务零申报制度、企业年报制度以及涉及合作社日常经营的重要问题，要以书面形式罗列出来，要求发起人和主要成员申请注册登记时知晓并签字确认。

（四）扩大处罚对象范围，推动形成内部监管，破解根治难问题

在当前外部监管基本失灵的情况下，应通过修改法律法规等外部力量增强合作社农民成员与管理层的黏合度，将两者利益和合作社经营效益挂钩，才能使成员真正参与、监督合作社经营活动，有效形成内部监管，进而根治空壳社问题。建议加大对未能按规定提交工商《年报》和零申报的合作社的处罚力度，把列入"黑名单"之后的惩罚对象由"合作社主要负责人"扩大到"全体成员"，并且严格限制其出行、贷款等市场活动。从法理上来看，合作社成员无论出资与否都具备股东的性质，都享受平等的表决权、选举权和被选举权，按照章程规定对本社实行民主管理。同时，所形成的财产也要求平均量化到每位成员。从权利与义务相等原则角度来看，合作社成员既然能够享受合作社赋予的管理、监督的义务，享有占有合作社财产的权利，那么也应该使其同时承当相应的责任。然而，按照目前政府各职能部门的相关规定，各项处罚范围仅仅限于理事长等合作社负责人，某种意义上来讲是默认了合作社管理和所有的"两张皮"现状，忽略了合作社成员未尽监管职责的事实，有失公允。而且，我国合作社成员素质普遍不高，很难通过说服教育等方式使其自觉完善内部监管制度，不断提升社会整体法制意识和违法成本。通过严格法制管理，加强处罚力度，才能警醒合作社成员承担自身应尽义务，倒逼成员关心、参与到合作社内部管理事务，督促合作社管理层依法开展经营活动的作用，进而根治空壳社问题。

基层供销社助推农民专业合作社发展的模式、问题与建议

——以东台市民星蚕业专业合作社为例

曹　斌*

摘　要：本文通过对江苏省东台市民星蚕业专业合作社的实地调研，梳理了基层供销社助推农民专业合作社发展的模式与问题。认为基层供销社基于自身发展需求，推动形成了"龙头企业＋蚕业合作社＋基层供销社＋蚕农"的发展模式，其中，蚕业合作社在蚕桑技术部门的支持下制定了蚕种定点生产、蚕药桑药认证制度，并且提出了统一的标准价格。基层供销社依托自身优势构建新型农技推广体系配合推广，并代收蚕茧，培育蚕农。虽然回答了供销社"为农、务农"的问题，但"姓农"问题还未能得到很好体现。建议进一步提高基层供销社引领提升蚕农组织化程度、增强农民专业合作社服务能力，并规范其发展。

关键词：基层供销社；农民专业合作社；发展模式

一　引言

基层供销合作社（以下简称"基层社"）是配合乡、镇、区镇政府宣传发动、组织引导农民发展农村经济，增加农民收入，提高农民组织化水

　　＊曹斌，甘肃兰州人，中国社会科学院农发所副研究员，硕士导师，研究方向为合作经济。
基金项目：中国社会科学院—日本学术振兴会国际合作研究项目：农业经营结构变化对农民合作社治理机制影响的中日对比研究。

平的合作经济组织，是供销合作社的基础和为"三农"服务的前沿阵地。基层供销社扎根农村，依托营销、资源、网络优势助推农民专业合作社（以下简称"合作社"）发展，为合作社提供综合性社会化服务，能够有效降低经营成本，增加农民收入。江苏民星蚕业专业合作社（以下简称"蚕业合作社"）是由茧丝绸龙头企业牵头，加工企业、桑蚕技术服务部门和养蚕规模大户共同成立的农民专业合作社，在东台市 20 家基层供销社的协助下，克服了产品收购难、标准统一难、技术推广难等问题，有力地推动了蚕业合作社的发展。本文基于对蚕业合作社的实地调研，分析了基层供销社助力合作社发展相关模式，发现了相关问题，并提出了政策建议。

二　东台市民星蚕业合作社发展概况

江苏省东台市位于江苏沿海中东部，南通、泰州、盐城三市交界处，市区面积 3221 平方公里，管辖 14 个乡镇、403 个村（居），总人口 116 万人。东台市是全国重要的优质蚕丝基地，现有桑园面积 14.2 万亩，养蚕农户 5 万多户，年饲养蚕种 40 多万张，产蚕茧 32 万担。

2007 年，江苏民星茧丝绸股份有限公司（以下简称"民星公司"）、东台市蚕桑技术指导管理中心（以下简称"蚕桑中心"）、江苏新曹茧丝绸有限公司和吴雨生、吴卫国等养蚕大户共同发起成立了东台市民星蚕业专业合作社（以下简称"民星合作社"），注册资本 1000 万元。民星合作社主要承担为民星公司提供优质蚕茧的功能，为稳定货源，保证蚕茧品质，先后与东台市多家基层供销社签订了合作协议，采取加盟形式，将基层供销社蚕茧收购站作为蚕业合作社的分社，同时以吸纳民星公司既有的40 个蚕茧收购站组建了 50 个合作小组，具体承担联结蚕农、指导生产、代收蚕茧等工作。目前，蚕业合作社服务蚕农人数达到 5.5 万人，占到当地蚕农总数的 98%。至 2018 年年底，民星合作社累计反哺成员和"二次分配"款达 6600 多万元，促进了当地养蚕业发展，增加了蚕农收入。

民星合作社由生产、技术、销售三个部门组成，分别由基层供销社、蚕桑技术部门和民星公司分别负责，其中，生产部门以民星公司 20 家基层供销社的网点为主体，联合其他部门负责组织蚕茧生产，开展"八统一"社会化服务，指导蚕农稳定生产，蚕业合作社与基层供销社签订合作协议，制定了统一服务标准、统一销售协议、统一优惠办法，由三方共同遵守。目前，基层供销社共有收烘工作员工 380 多人。技术部门以蚕桑技术服务部门和各地蚕茧站为主体，负责蚕业规划、技术指导、病虫防治，以及蚕种蚕药供应与管理。合作社根据本地蚕农技术需求，制定蚕药、桑药使用标准，蚕桑管理中心制定蚕药、桑药使用标准，并通过基层供销社等各分支机构向蚕农推广。负责销售业务的民星公司是 1999 年成立的民营股份有限责任公司，股东 21 人，注册资本 3086 万元，其中 20 家基层供销社共出资 1439.6 万元，占股本 46.65%。① 公司主要负责发放优良蚕种、蚕药，回购蚕茧和指导合作社经营业务，与蚕农签订蚕茧产销协议，通过基层供销社与蚕农签订蚕茧生产销售协议，统一了收购票据（电脑开票）、质量标准、收购价格、结算期间、配送范围等要件，稳定高品质蚕茧的生产，保护价收购蚕茧；每年与缫丝厂签订蚕茧销售合同，明确各家缫丝厂稳定的原料基地，基地内的蚕茧实行合同订购，共同管理、优惠供应。

另外，蚕业合作社成立了党总支，在合作社分社成立党支部，实现了党组织的全覆盖，形成了"党组织＋合作社＋公司＋工厂＋农户"的产业化经营模式，先后被表彰为"江苏省全省供销系统十佳示范合作社"和"全国农民专业合作社示范社"，有关经验被全国供销总社、国家茧丝绸协调办公室、中国丝绸协会等部门总结在全国同行中推广。

---

① 东台市港海滨供销社合作社 0.45%、东台市台南供销社合作社 0.52%、东台市范公供销合作社 0.91%、东台市新东供销社 0.92%、东台市海丰供销合作社 1.18%、东台市王港供销合作社 1.24%、东台市新农供销合作社 1.32%、东台市台东供销合作社 1.42%、东台市六灶供销合作社 1.47%、东台市头灶供销合作社 1.47%、东台市梁垛供销合作社 2.19%、东台市四灶供销合作社 2.31%、东台市富东供销合作社 2.72%、东台市曹敝供销合作社 3.27%、东台市安丰供销合作社 3.68%、东台市新街供销合作社 4.18%、东台市南沈灶供销社 4.24%、东台市唐洋供销合作社 4.70%、东台市三仓供销合作社 5.03%、东台市许河供销合作社 5.41%。

三　基层供销社助推农民专业合作社发展中的模式

（一）参与合作社建设，促进当地蚕业发展

民星合作社是 20 家基层供销社参股的民星公司、缫丝厂和养蚕大户共同成立的农民专业合作社。20 家基层供销社既作为民星公司的股东通过民主决议的方式，间接参与到蚕业合作社的运营，又将自身原有蚕茧收购站作为蚕业合作社的分社，协助合作社在东台市搭建了三级农民合作经济组织体系的组织框架，形成了合作领域更为广泛的农民合作经济组织。基层供销社作为联系市场与生产的桥梁，以民星公司股东身份参与到缫丝厂、合作社等新型农业经营主体的日常经营活动，实行基地共建、品牌共创、利益共享，拓展蚕业产业链和价值链，推动本市蚕业的一二三产业融合发展。同时，通过资源共享、网络共享，助力民星合作社业务延伸到各镇村，与蚕农建立了紧密的利益联结机制，深度合作、抱团发展。同时，通过推进建立科技超市、科技便利店等社会化服务体系建设，完善基本服务功能，积极为新型农业主体和广大农户提供综合性、系列化服务，形成了"龙头企业 + 蚕业合作社 + 基层供销社 + 蚕农"的发展模式。

（二）代销指定农资，保障蚕茧品质安全

为保障蚕农生产高品质蚕茧，蚕业合作社在蚕桑技术部门的支持下制定了蚕种定点生产，蚕药桑药认证制度，并且提出了统一的标准价格，由基层供销社配合推广。

1. 代订蚕种

蚕业合作社为保障品质稳定，要求蚕农统一使用合作社成员监督生产的蚕种。为完成蚕业合作社订单，建成了全国一流的现代化蚕种催青系统，实行温、湿、气、管全自动控制，蚕种一日孵化率达到 98% 以上，为蚕农提供了最新、最优的蚕种，确保了蚕茧优质丰产丰收。基层供销社协助民星合作社组织蚕种的征订工作，按照蚕业合作社制订的发种计划安排征订

蚕种。民星合作社对于基层供销社征订数量给予奖励，超过部分每张蚕种奖励 1 元，完不成协议的，按减少部分每张扣 1 元。在结算时，基层供销社按照合作社要求的时间上交蚕种款。合作社建立了蚕种订购台账，能够及时掌握订种情况，并且对于征订成绩突出基层供销社奖励 1 千—2 千元，对于出现重大问题，且处理不及时、行动不利，造成蚕种严重外流的，罚款 1 千—2 千元。

2. 代销蚕药桑药

蚕业合作社为保障蚕茧安全，通过价格质量竞标，选择了 4 家蚕药厂家、1 家桑药厂定点生产桑蚕用药，并且与基层供销社的各家网点商议制定了全辖区统一的蚕药市场价格，既保证蚕药质量，也降低了蚕药成本。基层供销社承接蚕业合作社的委托，作为指定蚕药销售网点，按照与民星合作社签订的《蚕药配套供应办法》，协助管理本地区蚕桑药市场。基层供销社承诺不得擅自提升或者降低价格，按照协议要求陈列样品、明码标价、公布张贴价目表；承诺不擅自进货、不增加品种，不进不销售无"东台"专供标识的蚕药，并且在发现情况时向蚕业合作社通报。对于桑树上使用的限制性使用农药由东台市供销社下属的生资公司负责采购、配供。

（三）加强服务网络建设，构建新型农技推广体系

民星合作社根据商业超市服务模式和现代化服务理念，接合东台市蚕桑特色产业的特点，不断加强服务网络建设，截至 2019 年年末，在全市蚕桑重点镇设了 9 个便利店、重点村设立了 60 个便利点，把科技超市作为科技推广普及的平台和载体，发挥科技在蚕业中的发展促进作用。基层供销社利用自身原有农资销售网点，积极参与平台建设，按照相关要求，便利店获得兽药经营许可 GSP 认证，经营面积达到 30 平方米以上，仓储面积 30 平方米以上，并配有空调等设备的网点改建为蚕业合作社的"便民店"。将经营面积达到 30 平方米以上，仓储面积 60 平方米以上，并配齐有货架、货柜及各类用具的改建为蚕业合作社的"便民点"。以现有农资销售人员为核心扩建技术服务队伍，为本地区蚕农提供相关服务。在自身实力不足，难以解决蚕农困难时，则借助平台优势，向蚕业合作社聘请的中国农业科学院蚕业研究所、苏州大学等 6 名教授组成的技术顾问队咨询。目前，平均每家便利店配置人员 3 人以上，累计 60 人；便利点 2 人以上，累计 280 人。

基层供销社建立的便民店主要通过网络信息发布推广新技术。基层供销社网点定期向蚕业合作社与中国科学技术协会惠农东台蚕业服务站、中国农业技术协会蚕业技术交流中心合作创立的"中国蚕业网"发布本地区蚕桑业的发展情况，定期发布信息、为桑农、蚕农提供信息、政策和咨询等服务。依托"东台茧丝绸科技服务超市 QQ 群"，直接连接农户与专家，为农户提供视频诊断、咨询、不定期发布新型、技术措施等。承担新技术、新品种、新装备的推广示范功能，2018 年，推广合作社介绍的桑蚕新品种 10 个、新技术 8 项、新装备 3 套，并且承担了合作社申请专利 15 件、完成省级以上各项试验示范项目 6 项。

（四）代收蚕茧，稳定高品质产品供给

基层供销社网点通过订单生产助力蚕业合作社收购鲜茧。基层供销社与蚕业合作社签订协议，由基层合作社作为中介，组织蚕农按照订单生产蚕茧，承诺为蚕农提供保护价格，并且在效益良好时给予蚕农"二次分配"或循环奖励。对于未能与蚕业合作社签订销售协议或者蚕种没有通过基层供销社网点订购的蚕农，则享受不了二次分配（循环奖励）和不享受养蚕保险待遇。鲜茧价格综合考虑当地蚕茧指导价格、周边地区市场价格和蚕茧质量三方面因素，由基层供销社和蚕业合作社内部股东、缫丝厂生产部协商决定，基本上采取同等质量情况下与周边的市场价格接轨。当鲜茧市场价格低于保护价，且蚕业合作社效益较好时，则由蚕业合作社提取一定的纯利返还给蚕农，并统一交给基层供销社各蚕茧站具体执行。蚕业合作社股东监督基层供销社鲜茧站的执行情况。蚕款发放时间为每期收购高峰后 10 天左右。

部分具有烘干能力的基层合作社还可以承担烘干工作。蚕业合作社委托收购站同时开展烘干工作，收烘经营管理运行费用由蚕业合作社与缫丝厂商定。2018 年，平均每吨干茧约为 5200 元，其中春茧每吨 5800 元，一秋茧每吨为 5000 元，二秋茧每吨为 4600 元，其中二秋茧达到一秋茧质量则按每吨 5000 元确定。干茧供应施行合同订购，缫丝厂必须于每期蚕茧收购前 10 天向蚕业合作社订购，并且同时缴纳订购干茧预计茧款的 15% 左右的

定金。蚕业合作社再就近指示基层供销社网点调配，由基层供销社直接送到缫丝厂。蚕业合作社要求干茧必须全部用于缫丝厂加工，不同地区的缫丝厂之间干茧转让须经蚕业合作社同意，各基层供销社负责监管，并且不得私自倒卖，跨地区销售。干茧质量标准按照公平、公正、透明的原则，按"干茧调拨进仓办法"原则执行，由基层供销社配合蚕业合作社、缫丝厂抽检，抽样时再按比例约定包数前后5包范围内随机抽样。包装重量以装茧前空包装平均重量。

（五）提升蚕农综合素质，促进蚕业稳步发展

基层供销社网点积极参与蚕业合作社的蚕农素质提升项目，作为连接蚕业合作社与蚕农的桥梁，与蚕业合作社合作通过广播讲座、电视专题、技术培训、印发资料、现场观摩、登门指导以及"蚕信通"信息系统服务等多种形式广泛开展技术辅导，具体实施"万人培训""万户示范"和"万名标兵"工程。在养蚕季节，通过网点的"蚕信通"信息平台隔日向蚕农发送栽桑养蚕的技术信息、桑蚕病防治信息，年转播市广播电视讲座60期，发放技术交流资料10万多套。另外，还召集本地蚕农参加蚕业合作社召开的技术交流会、技术培训班，据统计2017年参加培训的12000人次，大多数都是基层供销社征集的蚕农。另外，在蚕茧生产期间，基层供销社和蚕业合作社派遣生产和收烘两支技术队伍共400多人，全部进村组，挂钩共育室和规模农户，发种张数、开展技术辅导、保障增加蚕茧产量、提升亩桑效益。

四　基层供销社助推农民专业合作社发展中的问题与建议

2015年4月2日，中共中央、国务院发布《关于深化供销合作社综合改革的决定》，指出供销合作社必须坚持为农服务的根本宗旨，始终把服务"三农"作为供销合作社的立身之本、生存之基，把为农服务成效作为衡量工作的首要标准，做到"为农、务农、姓农"。江苏省东台市供销社通过自下而上的组织方式，由20家基层供销社联合投资成立了民星公司，再由民

星公司与蚕农联合成立了蚕业合作社，同时将 20 家基层供销社的服务网点改建为蚕业合作社的分支机构的发展模式，解决了供销合作社综合服务能力弱、各层级联系比较松散等问题，激发了供销合作社内生动力和发展活力，有效推动了当地蚕业发展，促进了蚕农增收，对于繁荣城乡经济发挥了独特的作用，实现了"为农、务农"。然而，蚕业合作社名义上是民星公司、蚕桑中心和个别蚕业大户组建的合作社，实质上是民星公司的延伸机构，供销社与广大蚕农之间并不是平等的合作关系，而是单纯的买卖关系，真正意义上以蚕农为主体的产权关系并未能建立，相互关系比较松散。虽然协议中明确规定了二次返还和奖励，但是，缺乏蚕农视角的监督，能够保障多少蚕农的利益，值得商榷。另外，基层供销社与其说通过扩展服务内容，采取订单经营的方式，服务蚕业合作社实现了增加蚕农收入的效果，实质上是服务了自身投资的民星公司。蚕业合作社的"姓农"问题其实未能得到很好的体现。由此建议如下。

（一）进一步提高蚕农组织化程度

建议在肯定当前蚕业合作社发展成果的前提下，推动供销社领办的蚕业合作社由以"供销社为主体"向以"农民为主体"的组织体系改革。供销社应改变思路，从"自己领办"，向"培养、扶持"合作社方向发展，吸纳当地具备规模条件的蚕农、桑农出资入股成为合作社成员，并且逐步减少蚕业合作社中的股份比例，让农民切实成为蚕业合作社的主人，使其能够参与到合作社的决策，保护自身利益。供销社可以在蚕业合作社走上正规之后，作为服务平台，推动、促进合作社发展。另外，鉴于联合社还处于发展初阶段，应修改现行《农民专业合作社登记办法》允许基层供销社成为联合社成员，依托基层供销社资源参与支持合作社发展。

（二）进一步增强合作社服务能力

建议依托当前已经形成的网络体系，自下而上地将蚕业合作社改组为农民专业合作社联合社，围绕蚕茧生产的各个环节广泛合作，进一步扩大服务市场规模，提升蚕业合作社和基层供销合作社的为农服务能力，发挥规模经济降低运营成本。同时，增强政府对合作社联合发展的支持力度，争取农民合作社发展扶持资金，不断促进联合社发展。

（三）进一步规范蚕农合作社发展

供销合作社作为为农服务的主要抓手，应起到示范作用，通过率先改革蚕业合作社的相关制度，以点带面，干给蚕农看，领着蚕农干，促进合作社和蚕业加快发展。供销合作社应按照蚕业发展的实际特点制定相关机制，鼓励供销社向农民合作社中选派管理人员，逐步带动合作社规范发展。吸引更多的蚕农参与合作社运营，使其成为各级蚕业合作社的骨干，同时指导合作社建立健全社员代表大会、监事会、理事会等机构，建立健全财务管理制度及盈余分配制度等各项规章制度，确保入社蚕农了解股金的设置、扶持款项及盈余分配情况，充分享受民主管理的权利。同时，联合相关涉农部门，加强合作社的指导，及时纠正处理合作社发展不规范的问题。

农户土地经营规模的基本情况、制约因素与政策含义

姜斯栋　宋洪远*

摘　要：本文基于农业农村部农村固定观察点1995—2017年的农户调查数据，对农户土地规模经营的基本特征和制约因素进行了分析。研究发现：（1）从1995—2017年，从事种植业的农户比重持续下降，2017年种植户数比1995年减少了近三成；（2）不同经营规模的农户分化明显，主要表现为"两头增大、中间变小"，小规模农户和大规模农户占比增加，中间规模农户占比减少；（3）随着耕地经营规模的扩大，劳动生产率明显提高，但土地生产率并没有随规模增大而提高；（4）农村务农劳动力（纯务农和兼业）并不短缺，平均每个劳动力只负担6亩耕地。由于农业对劳动力的需求结构发生变化，农业劳动力的生命周期延长，务农劳动力老龄化的问题并不严重。最后本文提出要逐步有序提高规模化经营水平，政府促进农业规模化经营的措施要通过制度化建设实现等一系列政策建议。

关键词：土地经营；基本特征；制约因素；生产效率

一　引言

自1982年全国实行家庭联产承包责任制以来，农民的生产积极性大幅提

---

* 姜斯栋，中国经济体制改革研究会特邀研究员，农禾之家综合农协研究组成员；宋洪远，农业农村部农村经济研究中心原主任。

高，农业发展取得了令人瞩目的成就。随着我国经济社会的发展，工业化和城镇化步伐的加快，农村劳动力大量向非农产业转移，传统的小农经营的土地细碎化等问题逐渐显现出来。发展农户土地规模经营、创新农业经营体系，是实现农业现代化、提高农业国际竞争力的必然选择。一方面，党和政府一直把致力于鼓励农户土地流转、发展农业适度规模经营、构建新型农业经营体系作为重要的农业政策措施；另一方面，在工业化、信息化、城镇化发展的背景下，农业部门的劳动力和资本等生产要素逐渐向非农部门转移，劳动力已成为农业生产中相对稀缺的生产要素。促进农村劳动力转移是发展农户土地规模经营的前提条件，深入分析影响农户土地规模经营发展的微观因素和宏观因素，提出有针对性的对策措施和政策建议，具有重要的现实意义。

众多研究者对于农户土地规模经营的内涵理解有所不同，但都从不同方面论证了农业规模经营对于发展现代农业、创新农业经营体系、提高我国农业竞争力的必要性。土地经营规模的扩大要以经济和社会发展为前提，建立和完善农村土地制度，在农村剩余劳动力能够顺利转移、坚持家庭承包经营的基础上，通过农户合作扩大土地经营规模才能真正有效适应生产力的需要。目前，在农地规模化的过程中还存在土地流转不规范、目标要求不明确、现实操作步骤难等问题，因此土地的适度规模一定要根据不同地区不同条件采取恰当的途径，把农地规模控制在农地经济可持续性的底线之上，才能真正缓解农业的一系列问题（何秀荣，2016年）。

土地经营规模与农业生产效率和生产成本之间的关系也是众多学者讨论最多的话题之一。许庆（2011年）、Carletto等（2013年）、Wang等（2016年）、陈杰和苏群（2017年）等多位学者的研究表明：农地规模化经营会提高劳动生产率，降低单位土地面积生产成本，同时也会降低农产品的单位面积产量。一方面由于农村劳动力大量外流，导致农业投入的劳动力逐渐减少；另一方面土地规模化促进农业机械化的发展和应用，技术和资本投入逐渐替代劳动投入，各生产要素配置失衡也影响到农业生产效率。随着人们对农地规模经营的认识和理解不断加深，通过采用不同的测量指标和测度方法，也有一部分学者提出了不同的观点，认为农地规模与农地生产效率之间的反向关系会逐渐弱化。范红忠和周起良（2014年）通过建立土地面积与土地生产率的经济计量模型，发现在大多数情况下土地生产率随着农户土地经营规模的增加而增加。张忠明和钱文荣（2010 年）通过聚类分析和 DEA 实证分析发现，农户土地经营面积与粮食生产效率呈倒"U"形曲线关系，当土地经营规模很小时，农户家庭规模报酬递增，粮食生产率随着土地规模的扩大而提高，当土地规模扩大到一定程度后则会呈现负向变化趋势。

综上所述，国内外学者的研究主要集中在农业规模化经营的必要性、土地流转的限制、土地规模与生产效率的关系等方面，但普遍存在缺乏大样本量数据或样本量不足等问题。本文利用农业农村部农村固定观察点1995—2017 年的 23000 个农户调查数据，剖析农户土地经营规模变化的基本特征和制约因素，丰富农业规模化经营的相关研究，为适度规模经营政策提供理论和现实参考。

二 农户土地经营规模变化的基本特征

农业农村部农村固定观察点调查体系有 370 个样本村，23000 个样本户，覆盖全国 31 个省（区、市）。在 30 多年间，每年会有少量农户退出调查样本，同时又会补充一些新农户加入调查样本，总样本户数一直保持在 2 万户以上，其中 1995 年到 2017 年始终没有变化的样本有 7357 户。

（一）农户中种植户比重持续下降

从上述两个样本组来看，都呈现出种植户比重持续下降的趋势。采用1995 年到 2017 年始终没有变化的 7357 户样本进行统计，1995 年种植户占样本户的 96%，下降到近年，只占 70% 左右。2017 年种植户数比 1995 年减少了近三成（29.2%，见表 1）。

表 1　　　　　　　　农户土地经营情况的历史变化

年份	样本 户数（户）	其中种植 户数（户）	种植户/ 总户数（%）	耕地 总面积（亩）	户均耕地 面积（亩）
1995	7357	7073	96.14	67505.8	9.54

续表

年份	样本户数（户）	其中种植户数（户）	种植户/总户数（%）	耕地总面积（亩）	户均耕地面积（亩）
1996	7357	7085	96.3	68443.8	9.66
1997	7357	7022	95.45	67072.8	9.55
1998	7357	6950	94.47	66554.5	9.58
1999	7357	6935	94.26	71110.9	10.25
2000	7357	6856	93.19	64842.6	9.46
2001	7357	6800	92.43	63619.2	9.36
2002	7357	6755	91.82	65185.6	9.65
2003	7357	6640	90.25	62374.7	9.39
2004	7357	6596	89.66	60560.7	9.18
2005	7357	6551	89.04	61388.8	9.37
2006	7357	6377	86.68	61428.7	9.63
2007	7357	6195	84.21	61659.1	9.95
2008	7357	6123	83.23	59515.5	9.72
2009	7357	6075	82.57	60086.5	9.89
2010	7357	6012	81.72	58590.3	9.75
2011	7357	5872	79.82	58052.1	9.89
2012	7357	5768	78.4	56366.8	9.77
2013	7357	5551	75.45	54483.2	9.82
2014	7357	5403	73.44	54052.5	10.0
2015	7357	5311	72.19	54255.9	10.22
2016	7357	5162	70.16	54864.6	10.63
2017	7357	5008	68.07	61406.1	12.26

注：这里的"总样本"是指 1995 年以后没有更换过的所有样本 7357 户；"种植户"是指总样本中经营耕地面积大于 0 的户；"户均耕地面积"是指按照"种植户"平均的耕地面积。

为了验证这个统计结果，我们又分析了农业收入为 0 的样本户的情况。2003 年，在 7357 户样本中，农业收入为 0 的户的比例为 8.5%，其中种植业收入为 0 的户占 9.2%；2017 年，在 7357 户样本中，农业收入为 0 的户占 31.2%，种植业收入为 0 的户占 33.1%。这个结果与上述种植户减少的结果基本吻合。

（二）农户平均土地经营面积略有增加

1995—2014 年，7357 个样本户的经营耕地面积是稳步下降的。从 6.7 万亩减少到 5.4 万亩，下降了 19.9%；2014 年以后没有再继续减少。（见表 1）种植面积减少的主要原因有：一是种植面积的实质性减少，比如由于政府征地等土地非农使用，以及退耕还林等政策性因素的影响。二是种植业用地本身并没有实质性减少，而是农户在退出种植业时将其承包的土地流转出去了。一部分土地在农户间流转，另一部分土地流转给了公司、合作社等规模化经营主体，后一部分土地流转流出了本系统监测范围之外，因此这一部分并不是种植面积真正减少。

虽然农户的土地经营总面积有所减少，但由于种植户比重下降的速度更快，因此户均土地经营面积反而是缓慢提高的。7357 个样本户的统计结果显示，种植户的户均土地经营面积从 1995 年的 9.5 亩提高到 2016 年的 10.6 亩，21 年间增加了 1 亩多。（见表 1）

如果考虑到农户流转出的部分土地是流转给了公司、合作社等规模化经营主体，农业经营主体经营土地平均规模的提高要比这个数字显示的还要大一些。

（三）农户土地经营的"碎片化"情况有所好转

1995—2016 年，农户经营耕地块数从户均 7 块下降到户均 5.2 块，每块地的平均亩数从 1.2 亩提高到 2.1 亩，"碎片化"的情况有了一定程度的改善。究其原因，主要有两个方面：一方面是一些地方利用农村土地二轮承包和近几年确权颁证的机会，通过地块调整开展土地整治，有组织地进行了农户间的地块调整，促进了土地集中连片经营。据原农业部农村经济体制与经营管理司统计，截至 2017 年，全国通过互换方式流转的耕地达 3000 万亩，占全部土地流转面积的 5%—6%。另一方面是一些农户为了耕作方便，通过自愿交换地块促进了地块减少。

（四）不同规模农户经营的土地面积差异较大

从按土地经营规模分组的农户结构变化看，主要表现为"两头增大，中间变小"。如表 2 所示，5 亩以下最小规模组的农户数和 30 亩以上三个组的农户数占总农户数的比例持续增大，处在中间位置的 5—30 亩三个组的农户数占总农户数的比例都有不同程度的下降。1995—2016 年，5 亩以下组别的农户数占比从 45.2% 提高到 51.3%；5—30 亩三个组的农户数占比从 50.9% 下降到 41.9%；30 亩以上三个组的农户数占比从 3.8% 提高到 6.9%，其中，100 亩及以上最大规模组的农户数虽然占比很小，但增长趋势最为明显，从 0.1% 提高到 1%。由此可见，土地经营规模较大的农户数逐年增加，同时土地经营规模最小的农户数不减反增。

表 2 　　　　　　　　不同经营规模种植户的历史变化 　　　　　　　　（%）

年份	0.1— 4.9 亩 （%）	5— 9.9 亩 （%）	10— 19.9 亩 （%）	20— 29.9 亩 （%）	30— 49.9 亩 （%）	50— 99.9 亩 （%）	100 亩及 以上 （%）	合计 （%）	种植 户数 （户）
1995	45.2	30.8	15.7	4.4	2.3	1.4	0.1	100	18618
1996	47.1	29.6	14.8	4.6	2.5	1.3	0.2	100	18652
1997	46.9	29.3	15.7	4.2	2.5	1.2	0.2	100	18447
1998	47.9	28.5	15.3	4.2	2.6	1.3	0.2	100	18427
1999	46.9	28.4	15.8	4.5	2.5	1.6	0.3	100	18337
2000	48.9	27.7	15.6	4.0	2.1	1.4	0.3	100	18290
2001	48.8	27.4	15.1	4.0	2.7	1.7	0.2	100	17856
2002	49.7	26.3	15.4	3.9	2.7	1.6	0.3	100	18110
2003	50.5	27.2	14.3	3.6	2.9	1.3	0.3	100	17248
2004	49.9	26.5	14.6	4.1	3.1	1.4	0.4	100	16940
2005	49.2	26.9	15.2	3.9	3.0	1.4	0.4	100	17753
2006	49.2	26.5	15.4	4.2	2.8	1.4	0.4	100	17012
2007	49.5	26.1	15.1	4.1	3.2	1.6	0.5	100	17018
2008	49.4	25.7	15.4	4.3	3.1	1.7	0.4	100	16258
2009	49.2	26.0	15.4	4.3	3.1	1.7	0.4	100	16470

年份	0.1—4.9亩（%）	5—9.9亩（%）	10—19.9亩（%）	20—29.9亩（%）	30—49.9亩（%）	50—99.9亩（%）	100亩及以上（%）	合计（%）	种植户数（户）
2010	49.8	25.4	15.5	4.3	3.2	1.5	0.4	100	15609
2011	49.4	25.5	15.2	4.3	3.2	2.0	0.5	100	15158
2012	48.8	24.7	16.1	4.4	3.3	2.1	0.6	100	15056
2013	49.0	24.5	15.8	4.5	3.4	2.2	0.5	100	14869
2014	48.6	24.3	16.0	4.4	3.3	2.7	0.7	100	14444
2015	50.0	23.6	15.5	4.0	3.4	2.7	0.9	100	14487
2016	51.3	23.2	14.5	4.2	3.1	2.8	1.0	100	14143
2017	50.2	23.7	14.8	3.9	3.2	2.7	1.5	100	13378

进一步的统计分析得到，1995—2017年，最小规模的5亩以下组农户经营土地面积所占比重，从15%下降到11.7%；50亩以上组农户经营土地面积所占比重，从12.7%提高到35.4%。也就是说，占种植户总数一半的最小规模农户只耕种大约一成的耕地，而仅占农户总数3.8%的大规模农户则经营着三成以上的耕地。由此可见，当前农村土地经营的实际集中程度要比土地流转率数据表现出来的土地集中程度更高一些。

从以上统计分析结果可以看出，大约30%的农户已经离开了种植业，剩下的七成农户中有一半是户均5亩以下的超小规模农户，他们总共只经营着10%左右的耕地，对耕地经营影响较小；剩下的另外35%的农户经营的耕地占到总量的近90%。2016年总体样本户的总耕地面积150602亩，如果按照总户数21055户平均，户均7.15亩；实际上种植户只有14143户，户均经营10.6亩。在这1.4万个农户中，有一半7252户是超小规模农户，总共只经营着17551亩耕地，另外一半6891户平均每户经营的耕地则达到19.3亩。

（五）不同地区农户经营的土地规模差异较大

从表3可以看出，2017年总体样本户中5亩以下的户占总户数的50.2%，其中东北地区5亩以下的户只占总户数的18.2%；总体样本中50亩以上的户仅占总户数的4.2%，而其中东北地区50亩以上的户占到总户数20.1%。总体样本中，东北地区50亩以上的农户数量占全体样本中50

亩以上农户数量的 82.7%，而东北地区种植户数量只占全部种植户
的 17.4%。

表 3   2017 年分地区耕地规模分组情况

分组	合计	东部	中部	西部	东北
合计户数（户）	13378	3688	3161	4197	2332
0.1—4.9 亩（户）	6721	2263	1776	2258	424
5—9.9 亩（户）	3168	949	816	1068	335
10—19.9 亩（户）	1977	383	401	646	547
20—29.9 亩（户）	522	55	77	131	259
30—49.9 亩（户）	423	27	41	57	298
50—99.9 亩（户）	363	6	25	29	303
100 亩及以上	204	5	25	8	166
5 亩以下占比（%）	50.2	61.4	56.2	53.8	18.2
50 亩及以上占比（%）	4.2	0.3	1.6	0.9	20.1

统计结果显示，2017 年，全国全部调查样本户的平均经营土地面积
12.1 亩，东部地区户均 5.9 亩，中部地区户均 7.6 亩，西部地区户均 7.5
亩，东北地区户均 36.6 亩。由于历史形成的人均土地资源相对丰富，东北
地区的土地经营规模化水平大大高于全国平均水平。

三 农户土地规模经营的微观制约因素： 大规模与小规模效率之辩

在考察了农户土地经营规模的现状及其特征后，本部分重点对农户土
地规模经营的效率进行比较分析。土地利用效率和经营收益是经营者在决
定经营规模时考虑的核心问题，从这个意义讲经营效率是制约经营规模最
重要的因素。

（一）衡量农业生产效率的三个指标

对于"多大种植规模效率高"的问题存在着不同的认识。有的人推崇

美国模式，认为规模越大效率越高。也有人推崇中国传统的小农经营模式，认为小规模农业的精耕细作方式效率更高。在这里人们所使用的生产效率指标是不同的。认为美国的农业生产率高，通常指的是美国的农业劳动生产率高；认为中国的小规模农业效率高，通常是指中国农业的土地生产率高。这是两个不同的生产率指标：

劳动生产率（单位劳动的产出）＝产出/劳动投入

土地生产率（单位土地的产出）＝产出/土地投入

美国劳动生产率比中国高，中国土地生产率比美国高，这是由两国的资源禀赋决定的。美国地多人少，劳动力比土地珍贵，提高劳动生产率比提高土地生产率的边际效益更高，因此更为注重发展大型机械，提高劳动生产率。中国人多地少，土地资源比劳动力资源更为稀缺，因此中国形成了精耕细作的传统和方式。

随着农村劳动力向城市转移，农民家庭收入对农业收入的依赖程度越来越低，中国农业"精耕细作"的程度有所下降，但单位土地投入的化肥、农药，以及单位土地的基础设施投资远高于美国，因此单位土地产出要比美国高。有的学者因此认为中国的"精耕细作"方式要比美国的"广种薄收"模式更优越，这并不符合实际。劳动生产率、土地生产率都是从单一生产要素角度测量农业生产率的，用一个地区的劳动生产率与另一个地区的土地生产率相比较，是难以得出正确结论的，因此需要采用统一可比的生产率指标。这个指标就是单位成本产出，即投入产出率，这是包括各种要素投入的综合生产率。

综合生产率＝产出/全部投入

表 4   **2007 年四个国家的部分农业资源与产出数据**

	耕地面积（市亩）	农业从业人口（人）	人均耕地（市亩）	农业产值（亿美元）	人均产值（万美元）	亩均产值（美元）
中国	18 亿	2.58 亿	7	3864	0.15	214.7
美国	29.7 亿	206 万	1563	1847	8.98	62.2
日本	7049 万	260 万	27	157	0.6	222.4

续表

	耕地面积（市亩）	农业从业人口（人）	人均耕地（市亩）	农业产值（亿美元）	人均产值（万美元）	亩均产值（美元）
以色列	590 万	10 万	59	17.8	1.8	302.2

说明：该表中的数据转引自《从美国、以色列农业看中国农业未来》，该文注明这些数据来源于联合国粮食与农业组织（FAO）2007 年统计数据。另一篇文章《走进美国农业：不一样的美国农民地位》中介绍，美国从事农业的家庭人口大约 300 万人，其中以农业为主业的大约占一半。

从中美之间农产品贸易的情况看，美国农业的综合生产率明显高于中国，因此美国的农产品在中美贸易中具有明显的价格优势。美国单位农业产出的成本低，主要表现为劳动生产率高。中国的土地生产率虽然高于美国，但单位农业产出的成本也高于美国。两者相比，美国采用"广种薄收"的方式比中国采用"精耕细作"方式的效率要高。

（二）基于观察点数据的生产率比较分析

农村固定观察点调查系统中有粮食作物、经济作物、园林作物等详细的投入和产出指标，能够对不同规模农户的综合生产效率进行比较分析。表 5 是依据农村固定观察点数据，对不同经营规模粮食种植户投入产出率的统计分析结果。

表 5 　　　　2017 年不同规模粮食种植户生产率比较

	0.1—4.9 亩	5—9.9 亩	10—19.9 亩	20—29.9 亩	30—49.9 亩	50—99.9 亩	总数或均值
户数（户）	1490	1165	949	274	237	218	4333
劳动力							
亩均投工量（日）	12.61	7.88	5.23	4.63	3.41	1.97	5.96
投工日均产量（公斤）	38.70	66.36	108.78	117.53	160.74	249.67	123.63
投工日均纯收入（元）	48.67	76.22	119.95	113.45	126.25	174.88	109.90

	0.1—4.9 亩	5—9.9 亩	10—19.9 亩	20—29.9 亩	30—49.9 亩	50—99.9 亩	总数或均值
土地							
亩均粮食产量（公斤）	487.88	522.68	569.36	544.34	548.68	490.71	527.28
亩均总收入（元）	970.41	951.80	975.72	817.49	731.37	551.64	833.07
亩均总费用（元）	356.83	351.48	347.88	292.03	300.42	207.92	309.43
亩均土地租赁费用（元）	0.73	2.11	6.93	7.72	43.09	51.63	18.70
扣除地租的总费用（元）	356.10	349.37	340.95	284.31	257.33	156.29	290.73
亩均纯收入（元）	613.58	600.31	627.84	525.46	430.95	343.72	523.64
投入产出比							
投入产出比（%）	172.0	170.8	180.5	180.0	143.4	165.3	—

1. 亩均投工量

如表5所示，随着土地经营规模的扩大，每亩投工量是递减的。经营规模越大，每亩投工量越小，也就是说，规模越大越节省劳动投入。投工日均产量和投工日均纯收入随规模增大而递增，主要是由于规模增大带来了劳动生产率的提高。

2. 亩均产量

表5显示，中间规模组（10—50亩的三组）亩均产量相对较高，两头的组（10亩以下两组和50—100以下亩组）产量略低，呈现为正态分布，但组际差别不大。出现这种分布态势的原因主要是相对小规模农户的农业收入普遍占家庭收入的比例较低，从事农业的劳动力一般是辅助劳动力，对农业生产的重视程度较低。50亩以上组亩产量不如中小规模组高，主要原因可能有两点：一是随着经营规模的扩大，自身的投资能力有限，导致每亩平均的投入不足；二是由于使用雇工影响劳动的质量，导致土地生产率低于中小规模农户。

3. 亩均纯收入

从表5可见，各组的亩均纯收入与种植规模在一定程度上也呈现为正态分布，10—19.9亩组的亩均纯收入最高，小规模农户主要是0.1—4.99亩组的纯收入低于10—19.9亩组，20亩以上的几组呈现出经营规模越大亩均纯收入越低的现象。

统计结果表明，随着土地经营规模的提高，规模经营主体降低了亩均资本投入。但总费用中随经营规模变动最大的项是地租费用，在小规模组中，土地租金占总费用的比重非常小，在30亩以上的几组中，土地租金占总费用的比例随着经营规模的提高越来越大。如果扣除地租因素，总费用随经营规模扩大下降的速度更大。费用下降的一个良性因素是大规模户在使用机械、采购农资等方面获得规模效益，一定程度上节省成本。在笔者经历的案例调查中看到另一个值得注意的现象，经营规模较大的农户在高额地租的压力下，不是通过增加单位面积投入以获取较高的亩均收入，而是宁可牺牲总产量和总收入来减少亩均投入以节省成本。

4. 投入产出率

本文将投入产出率定义为纯收入与总费用之比，作为衡量综合生产效率的关键指标。表5显示，各经营规模组的投入产出率也呈现正态分布。10—30亩的两组投入产出率最高（180%左右），更小规模的10亩以下两组投入产出比略低（170%左右），较大规模的30—100亩两组投入产出比更低一些（150%左右）。小规模的综合生产效率低于中等规模，是因为小规模农户的生产经营兼顾了养老属性，对经营效率追求不高，主要是在半副劳动力经营，或者是打工之余兼顾经营农业。较大规模的经营效率低，可能是因为经营者投资能力不足，导致资本投入或劳动投入不充分，从而降低了生产效率。

四 农户土地规模经营的宏观制约因素：农业劳动力及其就业状况

本部分主要讨论农业劳动力就业状况与农户土地规模经营的相互影响。在这方面也存在一些争论，最典型的说法是中国已经陷入了农业劳动力危机，出现了"谁来种地"的问题。有学者举出几个空心村的例子来证明农业劳动力已经枯竭，土地已经荒芜，必须将土地流转给公司等经营主体进行规模经营。事实真的如此吗？这可以在对农业劳动力供给和就业情况分析的基础上作出判断。

（一）农业劳动力供给总量并不短缺

如表6所示，2017年农村固定观察点样本总户数为20007户，样本户中家庭人口总数为79739人，除去16岁以下和16岁以上在校上学的以及填报缺失的，剩余人口为53890人。我们将这些人定义为"可能就业者"。为了更好地观察65岁以上老年人的实际就业情况，这里没有按照通常的劳动力定义在可能就业的人中扣除65岁以上的人口。

在固定观察点调查样本中，2017年实际总就业（农业与非农就业）人数为45075人，占"可能就业者"人数的83.6%。在实际总就业人数中，16—45岁的占46.3%，46—60岁的占34.0%，61—69岁的占15.4%，70—75岁的占3.3%，76岁及以上的占1.0%。由此可以看出，61岁及以上的占实际总就业劳动力的近20%。进一步来看，实际就业者中61—69岁、70—75岁的以务农为主，两组群体的务农比例分别高达81.7%和89.53%。综合来看，农村实际就业的劳动力中，16—45岁的以参与非农就业为主，46岁以上的是目前我国农业劳动力的主力，而且供给数量并不短缺。

表6   **2017年农村务农劳动力就业情况**

类别	人数	16—45岁	46—60岁	61—69岁	70—75岁	76岁及以上
参与务农者合计（人）	26062	7695	10970	5685	1334	378
实际就业者合计（人）	45075	20888	15322	6958	1490	417
可能就业者合计（人）	53890	24010	17602	8914	2278	1086
实际就业者/可能就业者（%）	83.64	87.00	87.05	78.06	65.41	38.40
务农者/实际就业者（%）	57.82	36.84	71.60	81.70	89.53	90.65
务农者/可能就业者（%）	48.36	32.05	62.32	63.78	58.56	34.81
各年龄组务农者/务农者（%）	100	29.53	42.09	21.81	5.12	1.45

随着农村劳动力向城市和非农产业转移，农村中农业劳动力占全部劳

动力的比例大幅度下降。观察点样本数据显示，2003—2017 年，农业就业人数占 16 岁以上全部人口的比例，从 63.1% 下降到 41.4%。2017 年，样本户中农业就业人数有 26062 人，占实际总就业人数的 57.8%。种植户有 13378 户，平均每户农业劳动力 1.95 人。26062 人经营着 162515 亩耕地，平均每个劳动力负担 6.2 亩。总体上看，中国农村人多地少的现状并没有发生根本性改变，农业劳动力的供给是相对充裕的，至少从平均意义上看并不存在所谓的"谁来种地"的问题。

（二）农业劳动力就业时间还有潜力

表 7 显示，农业劳动力中每年的休闲天数远大于非农就业者。这其中既有农业劳动力老龄化，不能持续参加劳动的因素；也存在着农活不足，出现农业劳动力被动休闲的情况。

表 7　　　　　　　　**2017 年各类就业者就业天数及休闲天数**　　　　　　（单位：天）

类别	务农天数	非农就业天数	合计	休闲天数
纯务农者	143	0	143	222
务农为主者	164	69	233	132
非农就业为主者	43	226	269	95
纯非农就业者	0	281	281	84

注："务农为主者"：务农天数大于或等于非农就业天数的劳动力；"非农就业为主者"：务农天数小于非农就业天数的劳动力。

随着化肥、种子等投入品的利用和农业机械化程度的提高，农业劳动的投入大大降低。随着农民家庭收入提高，以及农村劳动力价值（用农村雇短工的工资衡量）的提高，农民的就业行为发生了很大变化。农民不会再像解决温饱之前那样，只要能增加少许产量，就会尽可能多地投入劳动。现在的情况是，在投入必要的劳动，保证他们认为"满意的"产量之后，不会为增加一点产量而尽可能地多投入劳动，而是宁可增加"休闲"。随着农民就业行为和就业方式的转变，传统的"精耕细作"变成了"简约化"耕作方式。从这个角度看，如果说农业劳动力供给总量不足，也只是农业劳动力的就业不充分，并不存在大规模的农业劳动力短缺。尽管可能存在着区域性的劳动力供需不平衡的情况，但从全国层面看并没有出现普遍性的短缺问题。

（三）农业耕作方式与劳动力就业模式

观察点样本数据显示，2003—2017 年，16—60 岁的两组农业劳动力占实际就业劳动力的比例，从 90.2% 下降到 71.6%；61 岁以上的三组农业劳动力占实际就业劳动力的比例，从 9.8% 提高到 28.4%。2017 年，61 岁及以上的农业劳动力占总农业劳动力的 28.4%，农业劳动力的确呈现出老龄化的趋势。应该如何评价中国农业劳动力老龄化的程度呢？

从农业耕作方式变化的角度，可以对农业劳动力就业模式的转变做出解释。随着近年来我国农业机械化程度的提升，粮食等大田作物对农业劳动力体力劳动的要求也随之降低。目前，我国的农业劳动投入大致可以分为两种类型：一类是在耕、种、收等环节原来需要青壮年劳动力才能完成的农活已经被机械替代；另一类是在撒农药、施化肥、浇水等环节只需要半劳动力和辅助劳动力就能完成的农活。随着城市化的发展和农业耕作方式的变化，我国农村劳动力的就业模式也发生了变化，农村劳动力向城市和非农产业转移就业的以青壮年劳动力为主；半劳动力和辅助劳动力多数留在农村从事农业生产经营活动。尽管我国农业劳动力已经出现老龄化的趋势，但是由于农作物种植业对体力劳动的要求逐步下降，从而使农业劳动力的"务农寿命"得到了延长。

（四）"养老型农业"与"职业型农业"

目前我国农村农业劳动力就业方式和农业经营形式，也出现了两种新的类型或模式：养老型和职业型。根据前文表 2 的统计结果，我国农户土地经营规模在 20 多年间逐渐发生分化，主要表现为两头组别占比增大，中间组别有所变小。经营大规模耕地的农户与经营小规模耕地的农户在全部样本户中的占比提高，大体对应着职业型农业和养老型农业的比例增加。

为什么土地经营规模最小组别的农户比重不减反增呢？结合我国农业劳动力老龄化的趋势，可以把这一现象称之为"养老型农业"。养老型农业主要包含两层意思：一方面，农民享受的养老保险水平较低，不足以保障正常生活；农二代大量外出打工，有些家庭对老人赡养也存在问题，这些都使得老年农民需要参加农业劳动才能得到生活保障；另一方面，不少老人不愿给儿女增加负担，也愿意参加农业生产；还有些老人不愿意退出农业劳动，这已经成为他们的生活方式。

前文已经提到，尽管小规模农户的占比在提高，但他们经营的土地面积占比在下降，所以小规模农户占比的提高并不会给农业规模经营的扩大带来太大的影响。

与超小规模农户占比提高同时发生的是规模化、职业化的农业发展较快。所谓"职业型农民"，就是指通过土地流转使自己经营的土地达到"适度规模"，从而在主要从事农业经营的前提下使自己的收入达到农民中的中上水平。"职业型农民"代表了我国未来农业现代化的就业发展方向。

（五）城市化发展与吸纳农业劳动力

目前我国农村仍有这么多的劳动力从事农业生产经营活动，说明我国工业化的发展和城镇化的推进并没有将农村的剩余劳动力充分吸纳。土地规模经营的发展，农户经营规模的扩大，并不单纯取决于农业生产率的提高，也不单纯决定于农业现代化水平的提升。从宏观角度看也有一些因素制约着农业规模化的发展，其中最重要的制约因素就是非农产业发展吸收农业劳动力的能力。

发展农户土地规模经营，必须与农业劳动力转移，以及农村人口的迁移相适应。可以说，农业规模化进展的节奏最终决定于城市化的进展。而且，从当前的情况看，我国的户籍城镇化滞后于人口城镇化，还有 1.7 亿外出农民工没有实现户籍城镇化，已经"转移"的农业劳动力还没有真正从农村迁入城市。

发展农户土地规模经营，在一定程度上可以提高劳动生产率，但并不能保证提高土地生产率。规模经营主体追求收益最大化不等于实现产量最大化，有时可能会为了获得较高的收益而牺牲单位面积产量。因此，在有的情况下，提升农户土地规模经营水平即使符合微观经营主体的利益，但不一定符合保障国家粮食安全和重要农产品有效供给的宏观目标要求，这也是在制定政策时需要考虑的。

五　主要观点和政策建议

如何发展农户土地规模经营，既是推进农业现代化需要把握的重要问题，又是农业现代化实现程度的重要体现。本文从描述现阶段我国农户土地经营规模的基本情况入手，在深入分析其主要制约因素的基础上，提出促进农户土地规模经营健康发展的政策建议。

（一）逐步提高农户土地经营规模是推进农业现代化的基本要求

对于目前中国平均每个种植户 10 亩左右的耕地面积，提高农业劳动生产率大有潜力。目前我国经济仍处于中高速增长的发展阶段，有充分的理由要不断提高农业经营规模。第一，随着工业化和城市化深入发展，需要农业劳动力继续向非农产业转移，农村人口继续向城市转移，会有更多农户退出农业，专注于非农产业就业。第二，如果达不到一定的规模，农民家庭不能因为专注于农业而达到满意的收入水平，因此也就不能培养出我们所期望的"职业农民"。培养一批职业农民作为农业现代化的中坚力量，既是实现农业农村现代化的重要支撑，也是取得稳产高产实现粮食安全的保障。

（二）在促进农户土地规模经营过程中要注意把握好节奏和力度

农业规模经营的发展，并非规模越大效率越高。一定的农村劳动力状况（过剩、充分还是短缺）和农业经营者一定的投资能力决定了一个时期的耕作方式（如使用人力与机械的比例），这个耕作方式在很大程度上决定了农业经营的"适度规模"。超过这个"适度规模"，尽管一般情况下都会提高劳动生产率，但却可能会因经营者投资能力不足而减少耕作环节的投入，或因雇工劳动效率低等因素降低土地生产率，造成减产减收。

从宏观角度看，城市化发展速度决定了城市可以吸收多少农业劳动力和农村人口，这也就决定了农业劳动力的充裕或短缺。土地流转如果推进过快，就会造成农村劳动力大量闲散，或者造成失业农民在城市聚集，总之都会成为引发社会问题的隐患。以我们现在的种植户平均 10 亩左右的规模，要是全体种植户的平均经营规模达到"适度规模"，现有平均面积需要提高数倍，这也意味着农业劳动力需要减少大半，这也不是三五年就能够实现的。

（三）充分发挥市场对土地规模经营的引导作用，政府不要干预过度

随着城市化的进程，城乡收入水平提高，对农产品需求变化，农村劳动力状况变化，农业耕作方式变化，以致对土地经营规模会提出不断提高的要求。这表现在不断有农户退出种植业，同时不断有土地向部分经营者流转。市场推动的这种变化一般来说是渐进的，也是良性的。提高经营规模化水平，既要促进企业、农民合作组织、家庭农场等新型经营主体的发展，又要鼓励适度规模经营的普通农户的发展。对规模化的财政补助，应当重点支持以"适度规模"为目标的农户。对特大规模的经营主体给予大量补贴，有时会鼓励那些想借"农业规模化"名义抢占土地的投机者。

政府在推动经营规模化过程中，既要鼓励支持，又要把握节奏，不宜过度用力，要避免强制农户流转土地。既不能过度用力致使地租水平抬高，也不能由政府以行政命令控制租金水平。正确的方法是政府减少对土地流转的干预，由农户依法自愿有偿流转，企业规模化经营者量力而行。要充分发挥市场机制的作用，让正常的供求关系调解地租水平。

（四）促进土地规模经营的发展要通过一系列的制度创新来实现

第一，土地碎片化的状况虽然有改善，但仍需继续努力防止。政府可以找机会促进农户间地块的调整，比如利用确权颁证的机会，或者利用政府资助土地整治项目的机会。也应鼓励农户间为扩大土地单块面积而互换地块。第二，创造良好的法律环境，保障土地流转等协议的正常执行，保护农民土地合法权益。第三，切实提高农民和农民工的社会保险覆盖率，提高保障水平。农村中超小规模农户占比还在提高，对应的是"养老型农

业",这类农户比例的减少需要养老保险的水平提高,需要农民全家进城的比例提高。第四,财政资金要继续支持农田水利设施的建设与维护、教育卫生文化等公共服务。第五,促进农业融资、农业保险等事业的发展,为农民解决经营中的实际困难。

当前农村基层党组织建设的重点

刘海波[*]

刘海波[*]

摘要：本文是在全新的和系统的视角下进行的"老调重弹"，也因此对如何进行农村党的基层组织建设和如何建设"集体经济"有具体的新建议。为什么是基层党建和集体经济，而不是行政分支下乡？不是公民社会、基层民主？不是市场自发秩序？如何进行基层党建和建设集体经济？要回答这些问题，必须深刻理解中国共产党的组织特性；深刻理解农业生产的一般规律、中国农业的特点、在中国农村组织农民和提供公共服务的一般规律。

关键词：基层党建；全息型组织；中国小农经济；农民合作组织

今天实施乡村振兴战略，可以说基本上就是一个党的基层组织建设问题。要以农村基层党建为抓手，发挥基层党组织的战斗堡垒和核心作用，发挥党员干部先锋模范作用，增强党对群众的组织力，将农民在经济上、社会事业上组织起来。党组织带领农民自强不息奋斗，政府惠农政策也有了通畅的实施渠道。在这个过程中，党在农村的基层组织将得到巩固和发展，并且相当程度上得到重构。

一 为什么是基层党建？

中国共产党的组织特性、农业生产的一般规律、中国农村的特点、在

---

* 刘海波，中国社会科学院法学研究所副研究员。

中国农村组织农民和提供公共服务的一般规律决定，是基层党建，而不是行政分支下乡，不是公民社会、基层民主，不是市场自发秩序，这才是实施今日乡村振兴战略的途径。

（一）中共的组织特性

党的建设是个大题目，本文不能一一解说，只能说其内容无比丰富，中国共产党的党建学说可以说是人类政治文明迄今为止的最高成果。党建内容之一在于形成高度集中统一与充分发扬民主和主动性有机统一的政治组织。中共并非是严酷机械纪律约束的秦律军队或中央集权行政官僚组织，而是接近于全息型组织。或者说，党建越成功，中共就越接近全息型组织。全息型组织，是基层具有和最高层同类型的思考方式，胸怀大局，拥有接近现场的信息优势。这样组织的行动是高度统一又是高度灵活的结合。全息性组织行动形成的秩序同官僚科层组织是不同的，同多中心博弈或自生自发秩序也是不同的。不理解上述这一点，就不能理解中共在漫长革命和建设历程中创造的各种奇迹。

中共将支部建到连上，也将支部建到村里。在根据地时代和中华人民共和国后前期，中共充分动员了乡村的力量，征兵、征粮、民工支前，包括提取农业剩余支持工业化；提供了覆盖全部农村的基本公共服务：教育、医疗、养老、救济。我们要知道，完成这一切所需支付的行政成本是低廉的。

中国共产党的历史，其突出特点就是组织建设的能力，包括中国共产党自身，以及各类国企、集体企业、各种单位、村集体、人民公社等等的建设。各类组织与组织建设能力是中国共产党最重要的历史遗产，党的基层组织作为战斗堡垒，党员发挥先锋模范作用，在各类群众组织、社会组织中发挥领导和带头作用，如此则既得各类组织切近具体实际情况能够发挥主动性灵活性之便，又得各类组织不失控配合全国、全省、全县大局之利。

过去我们从农村汲取资源，党的组织优势都得到这样效果；今天，国家不是要从农村汲取资源，而是要政策和资金惠农扶农，振兴乡村，怎么能够不大力发挥中共独特的组织优势呢？实施乡村振兴战略，基层党建为纲，抓纲兴乡，是最好思路。其他如行政组织链条延长的思路，公民社会、基层民主的思路，市场自发起作用的思路，都不具备总纲的地位。

（二）中国农村与农业的特点

因为农业产业的特点，生产过程中专业化分工和劳动协作的必要性不大，适宜家庭为单位。中国农业的传统是追求土地产出与资源利用的极度集约化，需要从事小规模多种类种养殖活动以及尽可能利用所有家庭成员的劳动，因此更必须以家庭为基本生产单位。中国传统农业是小规模以家庭为单位种、养殖多种经营的。同时，以工商补农也是中国的传统，中国农村居住的不是仅仅种地的人，农户家庭也都兼营商业、手工业等。

中国的工业化必须考虑到受制于全球的资源约束与市场规模约束的瓶颈：一方面，要不断进行产业升级，追求技术进步，占领工业产业链高端；另一方面，要知道中国工业化城市化吸纳的人口不可能是无限的。即使中国只有三亿人居住在农村，农业生产以小农户、适度规模农户为主的格局也不可能打破，在生产的意义上仍然是小农经济。中国小农经济面临的问题是：农业的社会化服务体系不健全，单凭小农自身无法解决；工业化时代农业产业的天然弱势——劳动生产率提高有限。

为了解决上述中国小农经济面临的问题，需要实现小农的组织化。组织化包括土地有效整体利用的组织化；包括农户占有农业产业链利润的组织化；包括农村公共服务的组织化。此种组织化，绝非农民之间自发自愿的合作，农民确实需要被组织——在中国就是依靠农村基层党建工作。村社与农民综合合作组织则是载体，这两种不同类型的组织模式同时运行。村社需要改造，综合合作组织也需要在既有的基础上建设。在农业生产领域本身，则不必有本文意义上的组织化，只有自发自愿的互助。

农户在农民综合合作组织和村社两种组织当中被组织起来，它们分别或联合为农户提供各种服务。农户是精耕细作、生态循环、多种经营生产方式的适度规模、小规模农户。村社的作用包括：实现农地地租的均享，负责水利等设施的修建，保障农业基础生产条件，避免土地的细碎化；农合借鉴了日、韩、中国台湾综合农协的模式，主要任务是争取将涉农第二、三产业的利润回归农户，扩大农村经济规模，增加农户收入。农合具有经济、社会服务、行政和政治综合功能。它为中国主流的农业生产者中小农户提供农资供应、农产品加工与销售、农业技术与金融服务，使涉农产业链经营利润归农户所有，增加农民收入；它在农村提供重要的社会服务，如垃圾清理、开办幼儿园与养老院等；受政府委托，行使部分行政职能。无论是村社还是农合，都有代行行政和农村公共服务的功能。

在中国农村提供公共服务，我们还需要知道，某些种类的公共服务要成本低、质量优，同时切合农民的需要，某种形式的"政社合一"是必需的。（对此不再展开论述）因此，村集体需要有集体经济，乡镇党委要领导从事经济活动的乡镇农民合作组织，如此公共服务才能办好。

二　农村基层党建的重点

农村基层党建的重点，在于通过党建完善村社治理，同时建设综合性的农民合作组织。在此过程中，党组织需要重构，党员需要重新组合。

在相关立法出台之前，在《农民专业合作社法》框架下，可以由村党支部牵头办一村一社的农民合作社，乡镇党委办一乡一联社的农民合作社联社。一村一社即只此一家之意，一村一社的农民合作社，是覆盖一村全体农户的，一乡一联社的农民合作社联社也是覆盖一乡全体农户的。此种农民合作组织的性质同目前已有的各类自发性农民合作社是不同的，其一是党的基层组织主办；二是一村一社一乡一联社具有唯一性；三是其工作受县党委或县农工委指导，四是政府的惠农扶持政策要通过党办的合作社与合作联社为主渠道实施。

在上述过程中，党的农村基层组织也将重构重组。党可以组织有志青年下乡，这样农协的干事队伍，就可以成为培养党的助手和后备军的重要方面，为党注入新鲜血液。党可以号召退休的国家工作人员（公务员和国企、事业单位人员）返乡居住，加入基层党组织并参加农民合作组织建设的工作，甚至担任基层党组织的班长。他们的学识、工作经验、社会关系就可以服务乡村。基层党组织还要积极吸纳退伍兵、返乡大学生、打工锻炼后回乡的中青年，使组织进一步恢复生机和活力。

以使农民在经济上社会事业上组织起来为工作重点，以兴办农民合作组织和组织成员的重组为途径，以实现乡村振兴战略任务为目标，就是乡村振兴战略下农村基层党组织建设的内容。

国外经验

日本农村集体产权制度的
演进、特征与构成

曹　斌*

摘　要： 本文通过文献梳理与实地调研相结合的方法阐明了日本农村集体产权制度的演进、特征和产权构成。研究发现，从"多数人对同一财产共同享有所有权"的视角来看，农村集体产权制度并非公有制国家独有，在资本主义私有制国家是国家所有权和私人所有权之外的第三种产权形式。日本农村集体产权制度是以土地等资源的农民集体所有和集体成员按需使用而形成的产权制度，具有总有权性质，根据各地习惯进行规范，存在多元权利形式和非公示性的特征，其法理体系相对完善，司法实践丰富。建议基于总有权理论推进我国农村集体产权制度改革；采取"一户一股"的方式确定农民集体的股权结构；坚持集体资源有效使用原则，随农户变动对股权施行动态管理；提供多种组织形态选项，满足农民集体发展需求；让集体成员相互承担无限连带责任，降低监管成本，提升农民集体的自治自决水平。

关键词： 日本；农村集体产权；农民集体；总有权

＊ 曹斌，甘肃兰州人，中国社会科学院副研究员，硕士导师，研究方向为合作经济。基金项目：国家社会科学基金一般项目"集体行动理论视角下的食品安全社会治理研究"（16BSH014），中国社会科学院创新工程项目"新型农村集体经济组织研究"的阶段性成果。本文发表于《中国农村经济》2020 年 10 月。

一　前言

　　发展农村集体经济、避免贫富两级分化，实现共同富裕，始终是中国共产党的不懈追求。近年来，随着我国农业农村现代化进程的深入推进，党的十八届三中全会明确提出要"发展壮大集体经济"。党的十九大报告进一步强调要"深化农村集体产权制度改革，保障农民财产权益，壮大集体经济"。然而，我国农村集体产权制度改革并非一帆风顺，在划定集体资产折股量化范围、界定集体经济组织成员资格、确定集体资产折股量化方法、明确改革后集体资产管理组织如何构建等方面仍面临一系列难题。为此，我国学者试图通过对不同历史阶段的发展特点和不同地区的改革实践进行总结提炼，找寻适合我国发展特色的农村集体产权制度改革途径（张晓山，2015；苑鹏等，2015；张应良等，2017；郭晓鸣等，2019；高强，2019），但总体来看，目前的研究仍缺乏对农村集体产权制度改革的整体把握（张红宇等，2020）。

　　从"多数人对同一财产共同享有所有权"（韩松，1993）的法学视角来看，农村集体产权制度并非只出现在倡导公有制的社会主义国家，而是有着深厚的历史渊源。中世纪的欧洲国家出现了以亲缘或地缘关系建立的村落为基础，由农民共同开发土地资源形成的土地公有制度，并一度成为农村社会的主要产权形式（苑鹏等，2018；陈华彬，2018）。在日本，农村集体产权制度被称为"入会权制度"，形成于 15 世纪，是"居住在村社内的农民以获取柴火、稻草、木料等生产生活资料为目的，对山林、农地、渔场和温泉等资产共同所有、支配的习惯上的产权制度"（中尾英俊，2009），也是"居住在该村落的农户按照村落相关章程享有的产权制度"（山下咏子，2011）。明治维新之后，日本资本主义经济迅速发展，农民作为独立的个体开始融入到社会中来。但由于受到自然环境因素和生产力发展水平的限制，大多数小农仍难以脱离村落拥有的自然资源独立开展农业生产活动，农村集体产权制度不但没有随着资本主义私有制的发展而消亡，反而获得了日本《民法典》的认可，成为独立于日本国家所有权和私人所有权之外的第三种产权形式（三井昭二，1999）。同时，日本称之为"入会集团"的农民集体，作为由居住在一定区域内，独立、平等的农民通过章程或约定组建的团体组织，也获得了代表集体成员对抗第三方侵害的权利。[①]文献显示，明治维新初期，日本的农民集体占有约三分之二的农地所有权和绝大多数的林权、水利权和渔场权。1909 年，日本集体林地面积达到228.4 万公顷，占森林总面积的 76.9%（村田为治，1931）。2000 年，日本农村拥有 10 公顷以上集体土地所有权的农民集体还有 12071 家（农林水产省，2005）。

　　虽然日本的农村集体产权制度与我国社会主义公有制下的农村集体产权制度在形成背景、特点和面临的问题等方面存在一定差异，但是从物权角度来看，两者都是多数人对同一财产共同享有所有权的产权制度。另外，日本农村产权制度的核心问题是确定集体成员资格和农民集体内部的权利义务关系，且已经形成较为完善的农村集体产权理论，积累了丰富的司法实践经验，这些理论和经验对加快我国农村集体产权制度改革具有重要参考意义。本文从法学分析视角出发，通过文献梳理和实地调研，围绕日本农村集体产权制度的演进、基本特征和产权构成展开深入探讨，并对推进我国农村集体产权制度改革提出政策建议。

二　日本农村集体产权制度的演进

（一）江户时代（1603—1868 年）中期，形成了日本农村集体产权制度雏形

　　公元 757 年，日本颁布的《养老律令》[②] 规定"山川薮泽之利用，公私共之"，即除去分给农户必要的口粮田以外，山林、原野、沼泽、河流等无

---

① "入会集团"又称为"入会团体"。日本农民集体是农村集体产权的权利主体，大多数是非法人组织，由全体集体成员民主管理，可对外作为统一整体主张权利。
② 《养老律令》为公元 757 年藤原不比等主导制定的法令，由律 10 卷 12 篇、令 10 卷 30 篇构成，是奠定日本古代政治体制的基本法律，主要思想一直延续到 1868 年明治维新时代。

主资源，大家都可以共同利用（阿部猛，2005）。镰仓时代（1185—1333年），农民依托水系和山林分布，以资源利用为目的，在人口较为集中的地区自然形成了共同开发、管理自然资源，获取畜牧草料、木柴，开展狩猎、打鱼等经济活动和共同保护资产的村落自治体，"惣"（中尾英俊，2009），这是日本农村集体的最初形态。15 世纪，日本开展了全国农地普查，对村落进行了划分，规定领主享有征税权，自然村采取"户缴村结"方式纳贡，村落内部联系日趋紧密。村民推选村长（名主）、村长助理（组头）和村民代表（百姓代）代理行使村落管理权。此时的村落不仅成为领主进行统治的基层行政单位，也成为农业生产单位和村民生产生活的共同体，开始拥有独立的社区团体属性。具体表现为三点。一是对外承担纳贡义务，对内分配成员额度。村民在共同利益的捆绑下，共同开发自然资源，共同管理土地和水源，共同分担对领主的缴税义务。二是参加诉讼。遇到村界、用水等争议时，村长及其指定代理人可以代表村落提起诉讼，村落具备了对抗第三方侵害的权利。三是村落可以作为一个整体参与买卖、借贷、赠予等经济活动，并由村民共同承担相关债务（中田熏，1949）。江户时代末期，日本形成了天皇所有、将军所有、领主所有和农民集体所有的四种地权形式，村民不仅拥有集体资源的所有权和使用权，在获得允许后还能够获得将军和领主林场等地权的用益物权（中尾英俊，1969）。

（二）明治时代（1868—1912 年），日本确立了农村集体产权的法律地位

明治维新之后，日本对封建领主制度进行了资本主义改造。1868 年明治政府宣布承认土地私有，1872 年出台地权登记制度，允许土地自由买卖，并给集体地权颁发了公有地地券。1874 年日本太政官第 120 号公告把地权划分为"国有"和"私有"，其中天皇地、将军地、领主地和无主地被列为"国有地"，原本就属于私人所有的土地被列为"第一类私有地"，村落所有的集体土地被列分为"第二类私有地"。1886 年日本颁布《渔业组合准则》，将海面权收归国有，并由渔民集体组建的渔业协同组合共同占有一定区域的近海渔权或内河渔权（出村雅晴，2005）。1896 年颁布《河川法》，把内河湖面权划归国有，由农民组建或农民集体改建的用水组合拥有江河、水利设施的用益物权（农林水产省农村振兴局整备部水资源课，2012）。1896 年 12 月 31 日开始施行的《民法典》，建立了罗马法体系的现代物权制度，并在第 263 条和第 294 条分别规定了农民集体地权属性，使农村集体产权制度得到了法律保障。但是，由于立法较为仓促，日本没有对农村集体产权的本质和内容形成统一认识，未能在《民法典》中设立专章规定，在司法实践中曾一度造成混乱（法务省法务大臣官房司法法制调查部，1985）。

（三）大正时代（1912—1926 年）之后，日本农村集体产权理论逐步完善

进入 20 世纪，日本学者对农村集体产权的性质、特点等展开了深入探讨。中田薰（1938）在《村与入会研究》一书中提出，"集体成员是拥有各自权利的单一体，村落应该看作是依托成员人格支撑的独立综合体（Gesamtperson），这与日耳曼法得总有权相似"。石田文次郎（1943）认为，"总有权是绝对的私有权和绝对的国家所有权的中间形态，日本的入会权符合日耳曼法中的土地所有权特征，可以依据日耳曼法的相关理论来解释入会权"。上述两人的研究奠定了日本农村集体产权理论的基础。戒能通孝（1958）参照日耳曼法系的总有权概念，基于司法实践构建了日本农村集体产权制度的理论框架。川岛武宜（1959）根据集体资产支配方式的变化，提出"集体资产收益不仅来自砍柴、割草等资源使用，还包括资产的成员承包和对外租赁等经营性收入"，"农村集体产权消灭与否以农民集体对标的物的实际管理权是否存在为依据"等观点，进一步丰富了农村集体产权理论的内涵。

鉴于二战后日本经济、政策和社会环境的变化，川岛武宜等（1959）适时提出了"农村集体产权制度解体理论"，指出"总有权形式的农村集体产权将会向成员私有方向发展"。基于这一理论，1966 年日本颁布了《入会林野近现代法》（1966 年法律第 126 号），推动农民集体组织形态的法人化和所有权私有化，截至 2005 年日本共有 15.6 万家非法人形态的农民集体变更为各类法人组织，涉及林地面积达到 57.0 万公顷，其中变更为合作经济组织的有 3131 家（30.6 万公顷），合伙公司 1229 家（4.5 万公顷），个体

经营 151164 家（15.1 万公顷）。然而，日本以家庭为单位，小规模分散式的生产经营方式很难完全脱离地缘或血缘组织，独立解决护林、维护水利设施等生产经营问题，虽有大量非法人形态的农民集体变更为不同类型的法人形态，但内部产权关系和管理机制仍然沿用了传统模式。

总体而言，完全个体化、私有化的制度难以让小农户克服生产经营中面临的所有问题，只有在一定范围内把农业人口集中起来、组织起来，才能保证农业生产正常进行，因此土地公有制也就成为理所当然的选择。日本集体产权制度作为封建领主时代村社制度的遗留产物，虽然多次遭遇被资本主义私有制改替的危机，但原生的村社制度随着私有制的发展并未完全瓦解，而是演化为次生形态的农民集体产权制度，并且在法律保障下形成了完全不同于国有产权和私有产权的第三种产权形式，长期存在于广大农村地区（多边田政弘，1990）。

三　日本农村集体产权制度的基本特征

（一）日本农村集体产权属于总有权

在日本《民法典》制定过程中，学者们认识到罗马法上的共有所有权人都具有单独处分其持有的标的物和将其转让给他人的权利，而农村集体产权具有不可分割，所有权人标的物不明确的特点，显然与以这种保护个人权利为原则的罗马法系之间存在一定法理上的隔阂。鉴于日本大部分农户难以脱离农民集体拥有的资源性资产开展农业经营活动，日本政府仍把农村集体产权纳入了物权法进行规范，并对其权能内容、效力做出了规定。进入 20 世纪，虽有少数学者认为日本的农村集体产权适用于日耳曼法系的"合有权"理论，但合有所有权人如不是与全体所有人合作，不能任意行使及处分其权利，显然也与日本农村集体产权之中"所有权和使用权分离，农民集体可以代表成员行使权利"的特点不一致。因此，日本学术界和司法界普遍认为，农村集体产权属于共有产权中的总有权（石田文次郎，1927；中田薰，1938），理由有如下几点：一是村落是由相互独立、相互平等的集体成员（Genosse）构成的共同体，是具有权利、行为能力、独立法律人格的客观主体，与日耳曼法中的"实在的综合人"相同。二是村落共同体拥有集体资产的所有、管理和处分权，集体成员享有使用和收益权。集体成员通过成员大会，采取"全体一致"原则实现对一定区域内的耕地、林场或水面的支配权，并由农民集体作为单一主体对外主张权利。三是集体成员权利的取得基于其集体成员身份，集体成员无法处分自己的集体成员身份和所支配的集体资产。

（二）日本农村集体产权存在两种形式

日本《民法典》将农村集体产权分为具备共有性质的农村集体产权（第 236 条）和不具备共有性质的农村集体产权（第 294 条）。前者参照共有权规定，后者参照用益物权规定，包括地上权、地役权和永佃权①，是共同管理、利用农民集体之外第三者土地的权利。具备共有性质的农村集体产权是传统权能，长期存在于日本各地；而不具备共有性质的农村集体产权形成原因非常复杂，可分为以下三种情况（山下咏子，2011；广川裕司，2011）。一是历史原因。1874 年日本将天皇、将军和领主的地权划归国有之后，出于促进农村发展和维护当地农林资源的需求，保留了习惯上集体成员在国有土地②上砍柴、割草、用水、捕鱼等权能。二是政策原因。1889 年日本推行市町村③制度，地方政府施行"合村并居"政策，采取强制手段征收了部分农民集体地权，但是保留了原集体成员在该土地上的用益物权。三是制度原因。日本农民集体是非法人组织，无法按照《不动产登记法》（1899 年法律第 24 号）主张地权，部分农民集体只能借用主要成员

---

① 日本《民法典》将农村集体产权列在地役权章节之中，表述为"可以适用地役权规定"。在实践中存在集体成员在他人土地上狩猎、捕鱼、植树造林和森林管护等活动。日本学者（川岛武宜，1983；中尾英俊，2009）认为农村集体产权实际上是包含永佃权、地上权、地役权在内的用益物权，这一点与我国现有文献（邓曾甲，1995；肖盼晴，2014）的观点相悖。

② 日本地权可分为国家所有（国有）、地方政府所有（公有）、农民集体所有（总有）和私人所有（私有）四种形式。

③ 日本地方行政区划单位。1889 年除北海道和冲绳以外地区开始施行市町村制度。1947 年依据《地方自治法》再次合并。该法规定，"市"是人口 5 万以上、中心城区人口超过 60%、从事商业及相关行业家庭占 60% 以上的地区（第 8 条第 1 款）。未达到"市"标准的地区，由都道府县知事经议会决定授予町或村的名称（第 8 条第 3 款）。

或者寺院①等名义进行不动产登记，虽然实质权利关系没有发生变化，但在法律上形成了农民集体对私人地权上的用益物权。

（三）日本农村集体产权遵循各地习惯

日本《民法典》第 236 条和第 294 条规定，农村集体产权首先遵照各地方习惯，再分别适用共有权或用益物权规定，使"各地习惯"具备了法律的权威性，成为第一法源。日本自明治维新以来，力图构建以私有权为基础的现代司法体系，农村集体产权虽然人人有份，但因为无法准确确定每位集体成员的权利标的，与坚持"一物一权"原则的罗马法系的物权原则相悖。鉴于日本农村集体产权的特殊性，1893 年日本民法修订委员会决定"深入调研农村集体产权现状，必要时可以在物权法章节中专设一节"。然而，由于各地农民集体的习惯大相径庭，日本学界和司法界无法在限定的时间内在界定农村集体成员资格和法律关系等问题上达成一致（中尾英俊，2009），立法委员会遂鉴于以下两个理由，承认了村落作为非法人社团的属性，赋予了农村集体产权物权属性。一是对内呈现权威性。农村集体产权是日本《民法典》颁布之前，在农村广泛存在的所有权制度，农民集体依照全体一致原则制定了成文或者不成文的章程规范集体成员行为，并且这种规则已被集体成员普遍认同并遵守，具有一定法律效力。二是对外呈现规律性。农民集体的市场行为已经被个人、商人或其他农民集体等市场主体广泛认可，现实中可以对抗第三方侵害，体现出普遍而具有规范性的法律效力。由此可见，日本农村集体产权制度的产生并非国家权利作用的结果，而是以法律的形式加以确认，目的是更好地保护农民利益。

（四）日本农村集体产权不具备公示性

罗马法认为物权是一种具有极强性质和效力的权利，为了确保安定的物权秩序与交易的安全，必须把物权归属、物权内容和物权的顺位、物权的名称等一一向社会公示，公示性是物权的基本属性（陈华彬，2018）。日

---

① 日本寺院是根据《宗教法人法》（1940 年）成立的公益性社团组织，具备法人资格。

本《不动产登记法》规定了可登记的 9 种地权①，同时要求登记地权主体必须具备独立法律人格。但农村集体产权由于历史原因错过了被列入到《不动产登记法》的机遇，农民集体也不具备法人资格，因此农村集体产权无法进行不动产登记，也就不具备物权所要求的公示性特征。但是，日本学者认为不动产登记只是审查相关书面资料，并不能确认实际产权关系，登记与否并不具备公信力（中尾英俊，2009）。日本司法界基本认同此观点，1903 年 6 月 19 日本大审院②做出解释，"《民法典》所规定的物权不应以是否进行不动产登记作为与第三方对抗的绝对依据。只要《民法典》认可入会权是物权，即便没有进行权利性质上的不动产登记，也可以与第三方对抗"。然而，随着市场经济的不断发展，部分农民集体为了更加便利的开展市场活动，通过借用其他集体成员名义或者变更为其他法人组织形态的方式，进行了不动产登记。

四　日本农村集体产权制度的构成

（一）日本农村集体产权的主体

1. "农民集体"是农村集体产权的主体

日本在制定《民法典》过程中，对农村集体产权的主体曾有过诸多争论，但在习惯和司法实践中始终把农民集体当作权利主体（江渊武彦，2017）。主要基于三方面原因：一是农民集体并非独立于集体成员之外，而是集体成员的总和。集体资产本质上是集体成员私有产权的集合，集体成员通过对农民集体的管理，实现对资产的支配，农民集体是代表集体成员行使权利的组织形式。二是集体成员不能作为权利主体直接行使权利。集体成员并非基于契约，而是基于集体成员资格获得的权利，集体成员只有在集体这样的关系中才享有上述权利，一旦离开集体，权利将会原则上自

---

① 所有权、地上权、永佃权、地役权、法定优先权、质权、典当权、租赁权和采石权。
② 1875 年设立的日本最高法院。1947 年随着《日本国宪法》《裁判所法》（1947 年法律第 59 号）的施行被撤废。

动丧失。集体成员的权利股份并不是分割给了个人，而是一种份额的概念，实质上是一种受益权，集体成员只能依据份额请求分配集体资产盈余，但是不能请求分割或处分集体资产。三是农民集体可以请求停止侵害、赔偿损失。在与外界发生纠纷时，基于农村集体产权的物权性质，农民集体可以作为一个整体对外主张权利，但必须由全部集体成员作为原告（八田卓也，2013）。日本法学界虽然也出现过集体成员是否是权利主体的争论，但司法实践中往往把集体成员认定为农民集体代表，而不否定农民集体的主体地位。

2. "农民集体"与"村落"范围不一致

15 世纪日本出于纳贡的考虑，幕府以自然形成的部落为基础组建了行政意义上的村落，农民集体与村落范围一致，集体成员也就是村民。1889 年日本推动市、町、村合并，将较小规模的自然村合并为较大规模的行政村，并将自然村所拥有的行政权上交到行政村，原村落边界被打破，农民集体开始脱离原自然村范围，在行政村范围内出现了三种权利形式。一是数村一权。即原集体成员被划分在不同行政村，或由于历史原因邻近几家农民集体对同一地权享有共同支配权。二是一村数权。即同一行政村内同时存在多家农民集体，每家农民集体分别支配相对独立的地权。三是一村一权。即一家农民集体享有所在行政村内所有地权的支配权。1947 年，日本进行了第二次市、町、村合并，农村人口结构出现非农化、多元化的发展趋势，即便是在"一村一权"的行政村也普遍出现了村民范围大于集体成员范围、村落的地理范围大于农民集体管辖范围的情况。

3. 集体资产由集体成员民主管理

日本存在大量不具备独立法律人格的农民集体，成员相互承担无限连带责任，依据章程实现对集体资产的共同管理。成员大会是农民集体最高权利机构，每年召开一次，部分农民集体在必要时召开临时成员大会。各成员家庭的户主代表全家基于"一户一票"原则对重大事宜进行投票表决。① 成员大会推选理事长或会长负责事务性工作，部分成员较多的农民集

---

① 部分农民集体存在给予有贡献的集体成员一定份额附加票或者仅给予刚刚分家农户半票的情况，但增减份额只代表该成员可以获得相应份额的收益，不会影响到投票权的增减。

体推选出理事组成理事会，再由理事会推选理事长专职负责管理。表决方式采取"全体一致"和"少数服从多数"相结合的方式。但凡涉及集体资产处分、抵押、消灭或者增减成员数量等可能损害集体成员利益的事宜，必须采取"全体一致"原则，由全部集体成员表决通过。对此，日本学者指出，"总有关系的农村集体产权是集体成员私有权的权利集合体，不能以合法的形式剥夺个别成员的私有权"（川岛武宜，1968），"如果采取少数服从多数的表决方式将损害少数人的合法权益，导致共同生活在村落中的农户之间产生嫌隙"（守田志郎，1978），"全体一致是日本村落生活的一部分，与西方民主的出发点完全不同"（鸟越皓之，1985）。对于日常经营等非重大事宜，则可由会长或者理事会采取"少数服从多数"的表决方式，以提升决策效率。

4. 成员资格具有地域性和封闭性

日本农民集体的成员权取得标准存在一定的地域性差异，大部分农民集体规定只有居住在农民集体所在地区的农户，才能以"户"为单位原始获得成员权。还有一些农民集体要求成员必须是从事农业经营的家庭，甚至部分农民集体对成员拥有的农地或者林地有一定的面积要求。随着农村非农人口不断增加，部分农民集体开始允许以属地原则为前提，给予按时缴纳会费、分担农民集体运营经费或者长期参加农民集体活动的农户成员权。但成员权无法通过继承取得，一是因为集体资产是所有集体成员的共有资产，具有不可分割的特点，无法确定集体财产中成员所拥有份额财产的具体位置、形态，也就无法按照《物权法》一物一权的基本原则实现对"物"的占有和继承。二是家庭成员是因为继承了户主身份，才获得了代表家庭参与集体资产管理的资格，但继承人无法通过继承的方式获得被继承人的当地农村居民身份，因此无法以继承方式获得成员权。例如，已搬离A村的子女无法继承生活在A村已故父母的集体成员的身份，也就无法获得A村的农民集体成员权。1956年日本盛岗地方法院解释，"农村集体产权是因为集体关系而产生的权利，是原始取得，不能通过继承取得，获得部落居民资格可以获得成员权，离开部落后自动消失"。日本农林普查统计显示，2000年日本12071家农民集体中，按居住地自然取得成员资格的占21.7%，有条件接收的占32.8%，完全不接受新成员的占45.5%（农林水产省，2005）。

集体成员未经农民集体批准不得转让成员权。传统意义上的日本农村集体产权是在农民集体管理之下，集体成员进山砍柴割草、下河捕鱼维持日常生活的集体资产使用权。集体成员搬离该地区也就意味着无法使用集体财产，成员权自动消失，不存在成员权变更的问题。但是，随着集体财产由资源逐渐转变为资产，成员数量增减往往直接影响到原成员的集体资产分红收益，成员权的资产意义日渐突出，相关诉讼不断增加。日本学术界和司法界认为，农村集体产权是由农民集体管理的产权，只有获得农民集体认可才能获得成员权，集体成员不具备成员认定资格，未经农民集体同意随意变更的成员权，也就不具备法律效力。

成员权的消灭有以下几种情况：一是随着农村集体产权的消灭而消灭。例如集体资产被国家征收或者集体成员一致同意解散农民集体，造成成员权消失。二是移居失权。日本原则上规定集体成员搬离本地区自动丧失成员权，但随着日本农村交通条件大幅改善，集体成员即便已经搬出农民集体所在地区，如果还能回来参加集体活动、按时缴纳会费、履行集体成员义务，成员权也会被保留。1991 年允许"离村不失权"的农民集体数量占到了日本农民集体总数的 27.7%（林野厅，1992）。另外，如果集体成员参与投资农民集体的营利性项目，即便丧失成员权，相应股份的收益权也可被保留。但农民集体通常会要求成员脱离本集体之前，将成员权和附带收益权变更给其他成员。三是长期不履行农民集体相关义务或者自愿放弃。四是农民集体章程中规定的其他失权事项。例如，冲绳县金武部落民会规定，户主死亡后无男性子孙，配偶或女性子孙享有一代成员权，女性 33 岁或结婚时自动丧失成员资格，到 55 岁仍然未婚或者离异后返回本地的女性可享受一代成员权（小川竹一，2005）。随着社会发展，目前即便是农民集体的章程中有明确规定，但凡只要存在明显歧视女性、老人等色彩的条款，在司法诉讼中也会得不到支持。

（二）日本农村集体产权的客体

1. 农村集体产权的客体类型

根据《日本民法典调查会议记录》记载，"农村集体产权客体包括山场、农地、水面、河流（农业用水）等"（法务大臣官房司法法制调查部，1985）。笔者通过对日本农村集体产权诉讼案例的梳理（野村泰弘，2008；泷本佳史、青木康容，2013）发现，日本农村集体产权客体与我国基本相同，有以下三种类型。一是资源性资产。包括林地、农地、湖泊、水塘、滩涂、牧场、水利设施、近海和集体建设用地，以及农民集体租赁给成员的宅基地、牧场等。明治维新之前，日本农村大多数的住宅和土地是由农民集体所有交由私人使用。明治维新之后，这些土地基本上转为了私人土地，所以目前日本农村集体拥有大量宅基地和农地的情况并不普遍。二是经营性资产。包括农民集体修建并直接经营的旅馆、温泉、停车场、制糖厂、木材加工厂、精米加工厂等设施。例如，东京都青梅市霞区公益会于1953年由7家农民集体合并成立，用出售集体土地的收入修建了办公大楼，并将其中一部分出租给当地农业协同组合、公司和餐厅，2018年经营性收入达到6750万日元。① 三是非经营性资产。包括农民集体修建的办公设施、神社、墓地等。这类设施具有公益性质，一般允许本地区其他公益性社团免费使用，并且可以申请获得地方政府财政补贴。但农民集体所有的墓地原则上只供本集体成员使用，部分具有经营性质的集体墓地采取集体成员免费使用和收取非成员使用费相结合的方式。

2. 集体资产的支配方式

日本集体资产的支配方式主要有传统使用、集体使用、成员承包和对外租赁四种形式（中尾英俊，2009；三轮大介，2010）。其中，传统使用是指集体资产由农民集体统一管理，成员享有使用权和收益权，成员可以通过使用资源型集体资产满足生产生活中的需要，如允许成员进入集体林砍柴、割草、放牧等，是最为古老的集体资产支配方式。这种使用方式仅限于满足成员家庭需求，不得向第三方转让相关权利和获得的物资。对成员使用一般也设有限制，如可以采集杂草但不能砍伐木材，采集量以本人可背负为限，采集人数仅限于一户一人，采集工具只能是镰刀，用途仅限于自家使用等。

集体使用是指由农民集体统一经营集体资产，禁止集体成员私自收取

---

① 2019年11月调研组一行在日本东京都青梅市调研结果。

集体资产产物，收入归集体所有的支配方式。例如农民集体经营的林场、木材或农产品加工厂、温泉、停车场和办公楼等。日本农民集体经营林场的情况比较多，一般采取农民集体管理和成员义务出工出资相结合的经营方式，成员每年义务参加间伐、除草等活动，木材销售所得由农民集体提取必要的留成之后，把盈余均分给成员。部分牧区农民集体统一种植、销售牧草，并对集体成员在牧草价格、托管放牧等服务上给予一定的优惠（関泽啻朗，1992）。

成员承包是指农民集体把山场或土地租赁给成员种树、种草、开展农业生产或修建住宅。这种方式最早源于集体成员种植饲料对草场的需求。由于土地面积、土壤肥沃程度、土地位置和距离自家远近等条件不同，通常需要全体成员协商决定承包方案并每隔数年进行一次调整。这种方式类似于我国的土地承包制度，集体成员根据协议有偿或无偿使用该土地，可自由安排生产，收益归个人所有，但承包人未经农民集体允许不能改变土地用途或转租给第三方。

对外租赁是指农民集体将集体资产的使用权和收益权通过租赁方式转移给非集体成员，有完全租赁和部分租赁两种形式。前者是把某地区集体资产租赁给第三方，例如把集体地权租赁给驻日美军修建基地，租赁给企业修建信号塔、高尔夫球场、滑雪场，租赁给国家种植防护林或修建医院、学校等公共设施等。后者是把集体资产的部分权限租赁给第三方，例如仅把土地的地上权租给电信公司修建信号塔，但是不排除集体成员在该土地上割草的权利。

总体来看，明治时代日本农业人口占总人口的 80% 左右，农业生产还处于自给自足的发展阶段，对于柴草、饲料需求较高，集体资产大多采取传统使用方式。20 世纪初，随着商品经济向农村的渗透和化学农业的发展，集体资产使用目标逐渐转向赚取货币收入，即从自然经济使用形态转向货币经济使用形态，集体使用、成员承包和对外租赁方式逐渐增加。在城郊地区，由于农民集体拥有的农地和林地逐渐转为建设用地，以获取货币收入为目的的成员承包和对外租赁方式逐渐增加；而在山区，由于劳动人口减少，加上环境保护意识提升，集体使用方式的比例相对较高。可见，随着时代发展，日本农村集体产权中的"总有"色彩日益衰退，而排他性、独占性等个人主义色彩日益浓厚（肖盼晴，2014）。

3. 集体资产的盈余分配

日本的农民集体基于独立核算、自负盈亏的原则开展经营活动，盈余主要来源于产品销售、资产租赁和项目分红，按照"全体一致"原则由成员大会决定分配方案，用途主要有以下五类（山下咏子，2011；泷本佳史、青木康容，2013）。一是支付日常经营费用，包括维护农民集体运营所需要的人工费、办公经费、税金。二是维护维修或购置集体资产，包括修建与集体经营有关的林道、农道、水坝等基础设施，购置机械设备，投资木材或农产品加工企业、旅馆、温泉设施等集体产业。三是支持公益性设施建设，包括修建所在村落的会议室、公共浴池、幼儿园、寺庙、村内道路、垃圾处理设施、学校校舍和学校桌椅等，通常是在获得地方政府补贴的情况下，农民集体承担其中的部分费用。四是支持开展公益性活动，包括支持本地区逢年过节举办文化活动、给老年人发放新年慰问金、给学生发放奖学金等，扶持对象一般是集体成员和本地非集体成员。五是集体成员分红。明治维新之后，大多数农民集体存在特殊贡献股和分家后股份被减半的情况，出现了"按户均分"和"按股均分"两种盈余分配方式。同时，日本还存在大量收入极少或者完全没有收入的农民集体，不但没有收入可供分配，还要依靠成员来均摊不动产税和其他资产维护成本（林幸一，2017）。

（三）日本农村集体产权的变动

1. 农村集体产权的形成

日本农村集体产权源于原始取得，是历史上村落共同体对一定区域内的农地、林场、渔场等无主资源先占支配的排他性权利，产权制度的形成远早于《民法典》颁布。因此，虽然《民法典》没有专门列出农村集体产权的形成条件，但在实践中采取了由接邻第三方农民集体证明其集体资产和产权是否存在的鉴别方法。1889 年和 1947 年，日本开展了两次市町村合并，将较小规模的自然村合并为较大的行政村，部分地区通过农民集体合并成立了新的农民集体产权。但在 20 世纪 50 年代之后，随着农业人口流失，农地需求减弱，农民集体数量呈持续减少趋势，鲜有新的农村集体产权产生。

2. 农村集体产权的法律关系变更

日本农村集体产权变更是指农民集体各类资产支配条件和支配内容的变更，或农民集体管理方式的变更。变更具备共有性质的农村集体产权的使用方式，一般只需本集体成员一致同意即可。而变更不具备共有性质的农村集体产权时，虽然原则上需要和地权人协商，但由于历史原因，日本部分农村集体产权是以用益物权的形式建立在国有和公有地权之上，只要不违反相关法律规定，农村集体产权变更一般不需要获得地权人同意。但是，当使用方法和管理方式的变更可能会影响到其他成员或者地权人利益时，则需要获得全体集体成员和地权人一致同意。

3. 农村集体产权的消灭

日本农村集体产权消灭有以下几种方式：一是集体产权主体消灭。例如，集体成员一致同意解散农民集体，均分集体资产，造成权利主体丧失。另外，日本《入会林野现代化法》鼓励的解散农民集体，把集体资产变更为私人私产也属于这种方式。二是农村集体产权客体消失，分为政府征用和客体消失两种情况。政府征用是指政府依据《土地征用法》（1951 年法律第 29 号）或其他法律规定征用集体土地修建公共设施等，可分为完全征用和部分征用两种情况。前者是政府按照市价获得完全产权。后者是政府获得部分产权，例如政府出于环保需求，征用集体林作为生态保护林，并基于《森林法》（1951 年法律第 249 号）第 34 条规定禁止集体成员开展伐木、割草和捡柴等活动，造成农民集体的原用益物权消灭。客体消失是指农民集体变卖或转移集体资产导致标的物消失，造成建立在标的物之上的农村集体产权消灭。三是农民集体自然消失。日本把是否对集体资产进行有效管理作为判断农民集体是否存在的重要依据。例如，A 公司在修路过程中实质侵害了 B 农民集体的权利，但 B 直到公路修好或公路修好数年后才提出停止权利损害诉讼，说明 B 农民集体并没有对集体资产进行有效的实质性管理。这种情况一般认定农民集体已经解体，农村集体产权消灭。

五 完善我国农村集体产权制度的相关建议

本文通过对日本农村集体产权制度的演进、特征和构成的梳理分析，发现日本农村集体产权制度作为封建领主时代的遗留产物，虽然自明治维新以来多次遭遇被资本主义私有制改替的危机，但受到自然环境因素和小农户生产特点的制约，不但未被消灭，还成为了独立于国有所有权和私人所有权之外的第三种产权制度，得到了不断完善和发展。不可否认日本农村集体产权制度与我国社会主义公有制下的农村集体产权制度在形成背景、特点和面临的问题等方面存在一定差异，但从法学角度来看，二者都是多数人对同一财产共同享有所有权的产权制度，日本经验对于完善我国农村集体产权制度具有重要的参考意义。

（一）基于总有权理论探讨构建我国农村集体产权制度

日本在 20 世纪初引入日耳曼法系中的总有权理论，将身份的支配关系反映到了物权之中，并在农民集体和集体资产之上设立了农村集体产权制度，有效诠释了农民集体构成、农民集体与集体成员关系、权利和义务等问题，并且在实践中结合日本农业农村发展特点突破了日耳曼法系的限制，用罗马法系中的用益物权等进行了补充，形成了符合日本小农特点的农村集体产权制度。我国物权制度建立在罗马法系之上，其中"一物一权"原则对于解释"多人一权"特点的农村集体产权关系存在天然不足。同时，共有权学说无论是按份共有还是共同共有，都难以有效解决"所有权人有权单独处分其应有部分"和集体产权不可分割的难题。然而，日耳曼法系中总有权理论允许将所有权权能根据组织内部规约加以分割，管理、处分等支配权能归属集体，使用、收益等利用权能属于集体成员，且这种关系的形成基于村民身份而不是契约。这些特点与我国农民获取土地承包权源于集体成员身份，农民集体是集体成员以身份关系为基础自然形成的团体组织等特点完全一致，因此用总有权理论来解释我国农民集体与集体成员关系，有利于推动我国农村集体产权制度改革。

（二）以"户"为单位稳定股权结构

日本要求集体成员资格要充分体现集体成员参与集体资产管理、使用和收益的权利和义务，在支配管理权能方面始终坚持"一户一股"的基本原则，既保障了农民集体的股份结构和收益机制的稳定，又体现了以农户家庭为单位平等参与农民集体活动的权利与义务。我国大多数农民集体的成员资格采取"一人一股"的静态管理模式，今后随着城乡之间人口流动加快，必将引发立法、继承、确权等诸多问题，给保障集体资产的完整性带来挑战。建议参考日本经验，原则上以"户"为单位固化股权，对于农民集体重大决议采取一户一票的民主管理方式，同时综合考虑成员历史劳动贡献和历史入社股金等实际问题，设立合理的配股。采取农户股权"生不增、死不减"和"离村失权"相结合的方式，尽量减少人口流动对农村集体产权结构的影响。允许成员依据农民集体章程内部流转股权和收益权，或者允许向本地区非集体成员依法转让没有表决权的成员资格和相应的收益权。

（三）重视提升集体资源的使用效率

日本学者认为，无论是土地私有制还是公有制，追求资源的有效利用是相关制度变革的根本原因。离开了对资源的利用，也就失去了资源持有的价值和意义。农村集体产权制度本质上不是要解决所有问题，而是在于明确资源"使用"主体、客体和权责。因此，日本集体成员资格认定坚持"进村赋权，离村失权"的基本原则，同时又允许履行义务的集体成员保持成员资格，体现了以地缘、血缘关系为基础的集体成员对集体资产的有效使用，避免了所有权人与使用人分离，资产使用效率低的情况。我国《物权法》虽然把土地承包权、宅基地使用权作为独立的用益物权加以明确的规定，但是考虑到土地的社会保障机能，限制集体土地流转。随着城乡融合进程加快，成员流动速度不可避免地必将加快，过度强调土地的社会保障作用，不利于土地的规模化经营，也会阻碍农业转型升级。建议健全农村社会福祉保障体系，通过政府主导、扶持与农民自愿相结合的方式，完善农民养老、农村医疗保险和助学贷款等制度，让这些制度逐步替代土地承担社会保障功能。同时，在坚持"资源有效使用"原则的基础上，讨论集体成员的资格取得、变更、消亡等相关制度，避免出现集体资产被"不在村成员"占据，"在村人给不在村人打工"等情况，造成新的不公。把集体成员资格与实际资源使用情况相挂钩，允许剥夺或者强制转让长期不参加集体资产管理或者集体活动等实际放弃管理权能成员的资格或收益权。

（四）为农民集体提供多种组织形态选项

日本农村集体产权制度虽然被1896年施行的《民法典》赋予了物权属性，但由于未能明确农民集体法律上的独立人格，导致农民集体至今仍然无法单独进行不动产登记。日本学者从习惯法、无限连带责任等角度出发，构建了非法人团体的法理体系，使其能够有效对抗第三方侵害。从日本司法实践来看，非法人团体未必不能具备完全民事能力，法人组织也未必一定能够保护成员利益，关键在于完善相关制度，为农民提供能够满足其需求的多元化组织形态选项。建议推动农民集体经济组织立法，赋予农民集体独立的民事主体资格，为农民集体发展提供多种组织形态选择。既要体现农民集体经济组织与合作经济组织、企业等经济主体的区别，也要体现农民集体与集体成员的特殊关系。允许农民集体结合自身实际情况，在现行主体法范围内自愿选择合适的组织形态。

（五）使农民集体成员相互承担无限连带责任

日本农村集体产权是个体成员权利的集合，农民集体对外行使权利获得的收益和损失需要集体成员共同分担，成员与成员之间承担无限连带责任。因此，虽然没有任何外部监管，但成员之间仍然能够坚持"全体一致"和"少数服从多数"的基本原则，实现民主管理。当前，我国集体成员与农民集体之间的利益连接不紧密，成员之间也缺乏横向合作，大部分农民集体内部监管形同虚设，基层政府"人少事多"，实际上也难以展开外部监管。建议把集体成员的个人条件作为农民集体信用基础，由集体成员相互承担无限连带责任，以法律形式从外部促进集体成员自发建立起相互信赖、相互监督、联系紧密的组织体系，降低政府监管成本，提升农民集体的自治自决水平。

附　　录

北京农禾之家咨询服务中心 2020—2021 大事记

2019 年

12 月

12 月 2—6 日山东莱西院上镇院上新村、朱东新村、许村新村三个社区选拔的 30 名妇女骨干，参加了农禾之家主办的禾力培训。此次培训为莱西乡村振兴人才培育计划的一部分。

12 月 9—12 日由河北青县县委组织部主办，农禾之家协办的村两委中青年后备干部培训顺利开展。此次青县培训为农禾之家人才培养的品牌——禾力计划的新尝试，与当地政府合作集中于基层治理人才的培育，为禾力计划定制型培训的开端。

12 月 15—16 日由中共莱西市委、莱西市人民政府、中国社会科学院社会学所、北京农禾之家咨询服务中心联合主办的"深化拓展莱西经验，促进县乡治理现代化——乡村振兴·百乡工程第二届论坛"在莱西市委党校成功举办。政产学研社农等各界代表 300 余人参会。本次会议以乡村振兴战略为导向，邀请了相关国家部委领导、专家学者、全国优秀案例嘉宾，共同就深化拓展"莱西经验"和乡村振兴议题进行了分析和讨论。

2020 年

2 月

2 月 1 日，农禾之家筹划线上培训平台建设，具体包含了线上课程的规划设计、自主线上平台搭建及多平台协作、农禾之家核心课程的录制及推广等内容。此次平台搭建也重新定位了服务对象，包括县级及以下政府（含各级政府及党委一二把手、农业农村局、民政部门、组织部门、妇联、共青团等）；村两委干部；合作社带头人及管理人员；合作社实操骨干；返乡青年；农村妇女骨干。同时也将以此为基础，对已有课程进行再开发、完善及充实；并开发新的课程。课程以系统化为主，强调知识的系统化及深入化。

2月7日，针对大家关心的疫情问题，包含对病毒的认识、疫情下农村地区应如何结合实际情况应对，不误农时；及新发布的中央"一号文件"相关解读，农禾之家邀请中国社会科学院社会学研究所研究员、中国社科院社会政策研究中心顾问、北京农禾之家咨询服务中心理事长杨团进行直播。

2月18日，农禾之家邀请实际开展土地托管业务的莱西金丰公社农业服务有限公司总经理张荷就土地托管服务及相关问题开展直播活动。

2月27日，农禾之家邀请中国蔬菜流通协会副会长陈明均就农产品流通问题开展直播交流。

3月

3月21日，农禾之家邀请中国合作经济学会副会长、合作金融专业委员会主任委员、国务院政府特殊津贴专家陈建华作为嘉宾开展直播，围绕合作社质量提升的政策背景、农民的主体作用、各方支持所创造的良好条件及高质量发展趋势四个维度展开。

3月23日，农禾之家邀请中国合作金融委员会副秘书长、新农人线上大学特约专家李海涛作为嘉宾围绕合作社如何发展壮大社员、如何扩大服务、如何找到适合自己的盈利模式及如何规范化建设开展直播。

3月25日，农禾之家与中国金融教育发展基金会联合发起"助力乡村振兴，培育新时代乡村新农人"（以下简称"新农人"项目）项目。项目以河南兰考县为区域范围，意在培育一支乡村本土发展人才队伍，为区域乡村振兴增添内生动力，重点针对合作社带头人及在农村"顶大半边天"的妇女骨干开展培育工作。

VISA实用商业技能登陆农禾之家知识店铺，补充了农禾之家在商业领域的短板。目前该项目所有内容均已上线，包含了自主创业、管理公司、建设成长三个部分。

4 月

4 月 2 日，农禾之家和莱西市委组织部共同召开莱西市试点项目线上会议，院上、马连庄、沽河、南墅 4 个试点镇的党委政府负责人和农禾之家试点组负责人共同参加。

院上镇农民专业合作社联合社正式注册成立，这是继各新村合作社成立以来的又一件大事，是院上镇新型集体经济组织试点的重要进展。

4 月 9 日，农禾之家莱西研究项目沽河街道试点组成员与沽河街道主要领导召开了试点项目线上讨论会。

4 月 19 日，盐源县联谊苹果专业合作社向农禾之家购买线上培训服务。内容包含合作社基础知识、经营管理、农业技术指导、金融业务解读、数字营销管理、政策与金融扶持等，均通过线上形式开展。

4 月 19—20 日，农禾之家针对山东莱西院上镇新型集体经济组织——院上镇农民合作社联合社的骨干开展了农村集体经济组织的组织建设、业务、运营管理、利益分配等骨干领域的培训。

4 月 21 日，农禾之家针对院上镇的妇女骨干，依托实际正在策划的社区服务项目——爱国卫生项目开展进行了专门的培训，同时此次培训以直播的形式对院上镇的妇女开放，线上共计 1638 人次参与此次培训。

4 月 23 日，由中国金融教育发展基金会与农禾之家联合发起的新农人培育计划启动仪式在线上举办。

农禾之家莱西研究项目马连庄镇试点组成员与马连庄镇主要领导召开了试点项目线上讨论会。

5 月

5 月 15 日，农禾之家研究组于线上开展内部会议，就农村集体经济组织相关问题展开讨论。

5 月 29 日，由农禾之家、莱西市院上镇党委党校暨新农民学院、院上镇农民合作社联合社共同主办的 2020 年第二期妇女骨干培训顺利开展。

5 月 26—30 日，农禾之家百乡工程莱西研究项目组赴莱西开展第三次集体调研，一行 12 人参加，调研区域包含了四个试点乡镇。调研组还两次与莱西市委组织部、农业农村局座谈，听取莱西党政部门对项目进展的要求，并汇报四个试点镇街的工作进展。

5 月 31 日—6 月 1 日，百乡工程——莱西研究项目组结束莱西的调研后专程赴烟台调研烟台市委组织部推动的党支部领办合作社，促进集体经济发展的新经验。

6 月

6 月 8—11 日，由农禾之家理事长、中国社科院社会政策研究中心顾问、社会学所研究员杨团带队的考察组赴内蒙古克什克旗进行调研。克旗经棚镇为农禾之家 2018 年启动百乡工程的第一个试点地，此次考察是试点建设后的重要回访。此次考察特别就融合党建、拓展基层服务进行深入的研究和交流。

6 月 12—13 日，农禾之家承办的盐源县联谊苹果专业合作社专项培训于盐源县卫城镇大堰沟村开展。此次培训邀请了中国农业科学院果树研究所副所长程存刚等专家，针对苹果种植管理技术，销售渠道拓展，合作社运营管理等问题进行了实地指导、课堂授课、互动交流。

7 月

7 月 9 日，农禾之家邀请了中国人民大学乡村治理研究中心主任、中国人民大学教授仝志辉开展了主题为："挑战与对策——壮大集体经济政策背景下的农民专业合作社发展"的直播课。

7 月 13 日，北京农禾之家农村发展基金会根据章程规定召开理事会。会议讨论理事变更、章程修改、2019 年度工作报告及基金会未来的工作规划等事宜。

7 月 21 日，农禾之家邀请中国社科院大学社会学院副院长、教授陈涛就农村社区公共服务和活动管理进行了线上直播。

7 月 25 日，农禾之家受邀参加莱西市委组织部与农业农村局共同召开的讨论会，讨论制定《莱西市乡土人才选拔管理暂行办法》。

7 月 28 日，农禾之家项目组在四个试点乡镇之间开展资源链接。组织丰诺农化与顺联达公司参访院上镇联合社。经过商讨，就院上镇即将上市的秋月梨、冬桃等优质农产品的分级、包装设计、品牌策划、渠道运营等方面的合作交换意见。

7 月 29 日，由内蒙古赤峰市克什克腾旗经棚镇人民政府主办，北京农禾之家咨询服务中心与经棚镇农业发展合作联合会承办，阿里巴巴公益和中国扶贫基金会支持的"农禾之家禾力计划——克什克腾旗经棚镇培训"顺利举办。

8 月

8 月 19—20 日，农禾之家研究组一行 5 人至河北省保定市涞水县南峪村进行实地调研。此次调研为农禾之家承接中国扶贫基金会案例教学项目，凭借自身的学术积累和实地调研的经验，专门就"百美村宿"品牌下南峪项目点进行深度案例开发和研究。

8 月 22—28 日，农禾之家与中国金融教育发展基金会联合发起的"金融教育助力乡村振兴——2020 年河南·兰考新时代乡村新农人培育计划"系列线下培训活动顺利开展。22 日兰考县 60 余名农民专业合作社骨干参加了合作社骨干培训；25 日至 26 日，专门针对兰考县三义寨乡乡村妇女进行设计的培训；27 日至 28 日，30 名学员代表赴山东临沭县就土地社会化服务主题开展游学交流活动。

9 月

9 月 10—14 日，农禾之家研究组一行 5 人至四川雅安石棉县进行实地调研。针对中国扶贫基金会善品公社石棉项目点进行案例分析，走访期间对石棉坪阳黄果柑农民专业合作社发展过程不同参与方进行了座谈和交流。

9 月 25—27 日，农禾之家举办的"禾力·大健康·康复技能"培训班于山东莱西院上镇丽馨养老居家养老服务中心举行。此次培训旨在培育乡村健康服务人员、服务师，让他们具备大健康的理念、方法、技能，为乡村的老年人、残障人士，以及一切有需要的亚健康人群提供技术服务和指导，本项目以理论授课、实操和体验等形式综合开展。

9 月 26—27 日，农禾之家联合中国社科院社会政策研究中心、中国人民大学乡村治理研究中心、青岛农村干部学院共同主办的莱西论坛系列活动顺利开展。活动重点关注乡村治理与农村集体经济发展，分为三场论坛，分别是百乡工程莱西研究的发现、农村集体经济的扩展路径、农村集体经济的发展与治理体系重塑。

9 月 28 日，农禾之家、莱西市院上镇人民政府、院上镇农民专业合作社联合社共同主办，阿里巴巴公益和中国扶贫基金会联合支持，以"七岁村集体经济及组织发展案例剖析及讨论"为主题的"院上镇合作社骨干培训"活动在院上镇举行。

10 月

10 月 28—29 日，农禾之家理事长杨团、研究部干事吕松波受邀，赴河南新乡卫辉市唐庄镇就当地集体经济发展经验进行了走访调研。

10 月 29 日，农禾之家理事长杨团、研究部干事吕松波参观调研内丘县金店镇大垒东村美农空间运营情况，并与市、县妇联通知就美农空间的综合利用和组织发展思路进行了交流。

10 月 30 日，农禾之家理事长杨团、研究部干事吕松波赴保定市顺平县针对盛源玉米专业合作社发展中遇到的问题、经验进行了座谈，在发展思路上对接了其他成员的资源。

农禾之家百乡工程莱西研究项目结项，项目成果以汇编的形式进行了总结整理。

11 月

11 月 5 日，农禾之家联盟秘书处组织召集联盟理事，通过线上方式召开了联盟理事会，并就联盟理事会改选延期、会员服务及联盟年会等问题进行了总结与讨论。

11 月 21—25 日，农禾之家研究组一行 3 人对保定市涞水县三坡镇南峪村项目点进行二次调研。本次是在 8 月份调研基础上进行教学案例和研究案例的资料补充和内容完善，并为四川省蒙顶山合作社发展培训学院开发教学案例。

11 月 25 日，人民日报刊发 2020 年全国劳动模范和先进工作者名单。农禾之家联盟成员单位保定市清苑区南王庄李素环瓜果蔬菜专业合作社理事长李素环榜上有名。

12 月

12 月 2 日，农禾之家禾力计划举办禾力指导委员会评审工作，对收到的品牌乡工及乡师申请人进行了评审和面试，最终 8 名学员被授予品牌乡工证书。同时在经过几年的培育和支持下，河北省保定市清苑县宏润果蔬专业合作社理事长刘小红、河北省邢台市内丘县巾帼志愿者协会郝胜利由初级乡师晋升为中级乡师。

12 月 12 日，北京农禾之家咨询服务中心、北京农禾之家农村发展基金会、农禾之家联盟主办的发展集体经济助力乡村振兴——百乡工程第三届论坛暨第十三届农禾之家联盟年会成功举办。此次论坛首次探索通过线上加线下方式开展。线上采用"腾讯会议 + 农禾之家微信小程序 + 益直播"的方式进行；线下设立河北顺平、河北易县、河南兰考、山东单县、安徽亳州五个分会场，共计 1.3 万余人参加。

2021 年

1 月

1 月 7 日，"公益宝贝——助乡村本土人才成长计划"超筹方案确定并经过中国扶贫基金会审核，提交阿里巴巴公益，金额为 37.9 万。主要用于禾力计划人才培养工作的开展。

1 月 26 日，由北京农禾之家咨询服务中心主办的《中华人民共和国乡村振兴促进法》（草案）二次审议稿修改意见论坛，通过腾讯会议方式举办。论坛分别邀请相关领域专家、学者、农民合作组织代表、涉农企业代表等相关嘉宾 100 余人一同参加讨论，并形成建议文稿提交给全国人大法工委。

2 月

2 月 4 日，北京农禾之家咨询服务中心理事长杨团、总干事葛宁和北京农禾之家农村发展基金会秘书长范洵一行三人拜访星巴克基金会，并与星巴克基金会竺总、贺丹等人进行了交流与分享，双方理念一致，就"助力云南咖啡走向世界"达成初步合作意向，将在云南就咖农合作组织培育和人才培育方面展开合作。

北京农禾之家咨询服务中心召开第二届理事会第七次会议，会上总干事葛宁汇报了 2020 年的工作总结和财务报告，并介绍了 2021 年的工作规划，理事会审议通过。理事会就新产品开发、产品标准化、传播、可持续发展、企业合作、成都农禾合作等方面提出了很多建议和意见，希望在接下来乡村振兴的大背景下抓住更好的机会发展机构。

2 月 10 日，北京农禾之家咨询服务中心研究组召开线上集体会议，会议总结了 2020 年中心的主要工作和成果，介绍了北京农禾之家农村发展基金会及联盟新的规划，明确了研究组未来的发展方向。

2 月 26 日，农禾之家开始筹备官网的改版工作，将会在原有基础上重新梳理机构架构、各项目和业务的呈现方式和逻辑关系，网站将会在 5 月底完成改版。

3 月

3 月 5 日，以农禾之家知识店铺为载体，根据春季农业耕作的特点和时间节点，邀请中华全国供销合作总社科技推广中心高级经济师李宝东做了"科学施肥保障粮食安全"的线上直播课程。

3 月 8 日，农禾之家综合农协研究组就农村集体经济相关议题对两会进行提案，并通过相关领域人大代表提出提案。此提案刊发在财新网，题为"壮大农村集体经济应避免照搬股份制"。

3 月 10 日，禾力计划在山西汾阳市志愿者协会设立乡村社区公益基金，初始金额为 2 万元，用于支持李玲聪女士带领的乡村妇女活动和自组织发展。活动自 4 月中旬正式启动，共计支持 5 个小项目。

3 月 22—25 日，农禾之家葛宁、范洵赴云南普洱调研咖啡产业发展情况和当地农民合作组织发展现状。此次调研参观考察了云南咖啡种植者支持中心、宁洱县曼海村、宁洱县茶特局、澜沧县宏丰公司和合作社等地，初步了解当地咖啡产业种植水平、销售情况及产业链发展等内容。

3 月 28—30 日，北京农禾之家咨询服务中心理事长、中国社会科学院社会学所研究员杨团、中国人民大学农业与农村发展学院教授仝志辉、中国社会科学院农村发展研究所研究员刘建进、北京农禾之家咨询服务中心研究部干事吕松波一行 4 人，受邀参加中国扶贫基金会举办的合作社理事长培训班对善品公社石棉项目点和"百美村宿"南峪项目点进行案例教学，并对"百美村宿"碧峰峡和蟠龙村项目点进行实地调研。

3 月 30 日，北京市民政局派新党建专员，通知北京农禾之家咨询服务中心根据之前北京市行业协会商会综合委员会的批复文件启动党支部新的成立工作。

4 月

4 月 3 日，农禾之家联盟成员西乌旗巴雅尔图带队，宝音、白牡丹、达来等一行 8 人到农禾之家办公室拜访、座谈，农禾之家葛宁、范洵、胡冠仪进行了接待。双方就 5 月份开展集体经济组织培训等相关事宜达成合作意向。

4 月 10 日，农禾之家葛宁、范洵、吕松波与玛氏箭牌小镇青年项目负责人通过线上方式各自介绍了以往开展项目的经验和案例，并针对农禾之家联盟成员地与玛氏箭牌可能开展合作内容进行了讨论，达成了初步合作意向。

4 月 12 日，农禾之家杨团、胡冠仪与安基金团队进行座谈，陈积勋、陈路分别分享了安基金发展中存在的问题和对未来的规划，并邀请杨团做安基金的顾问，杨团对安基金的发展提出了自己的建议，同时探讨安基金与农禾之家合作的形式、内容。

4 月 14 日，北京农禾之家咨询服务中心研究组杨团、刘建进、仝志辉，总干事葛宁、研究部干事吕松波，在中国卫星通讯大厦与北京字节跳动公益基金会负责人李涛及乡村振兴相关部门负责人开展关于乡村公益的座谈会。

4 月 18 日，农禾之家研究组成员及外部邀请嘉宾在中国扶贫基金会会议室开展了有关"发展壮大农村集体经济"为主题的内部研讨会。本次会议采用线上线下同步的方式进行，共计 36 位嘉宾参加。会议总结了一年以来本研究组在探索集体经济方面的研究与操作实践，并就若干突出问题进行了全天深入研讨。

4 月 20 日，北京农禾之家咨询服务中心总干事葛宁拜访德国米索尔基金会，葛宁提出就乡土人才的培养和防止贫困地区脱贫人员返贫开展项目合作，米索尔基金会栾柳提出希望选择少数民族地区和贫困地区作为项目点，关注贫困和弱势群体，提出具有可持续发展的解决方案。

4 月 23 日，北京农禾之家咨询服务中心总干事葛宁、研究部干事吕松波与中国项目官员就《培育农民合作组织和人才、助力生态康养村实现振兴》项目开展线上交流。

5 月

5 月 6 日，根据民政局的最新文件要求，北京农禾之家咨询服务中心经过理事会线上表决，一致通过修改章程，在原有基础上添加诚信与党建的内容，并报送首促会和北京市民政局进行盖章和核准。

5 月 8 日，农禾之家葛宁、胡冠仪与澎湃新闻刘霁商谈乡村振兴系列论坛的合作事宜，澎湃新闻将会全力支持和分担宣传、招商、线下场地等工作，共同主办系列论坛。

后　记

本书是北京农禾之家咨询服务中心综合农协研究组年度集体著作的第六本，主要是对于中国县域、乡域和村域如何进行乡村振兴的真实叙事表达。

注重案例研究一直是研究组的传统，本书更是突出以案例研究为主的特色。2020 年度，研究组集体进行了莱西试点、烟台调研和中国扶贫基金案例调研。这三次集体行动的成果，都用案例报告和研究报告的形成在本书体现了出来。

莱西试点调研是 2019 年下半年到 2020 年，我们协同山东青岛莱西市委市政府，以深化拓展"莱西经验"、壮大集体经济为主题，在三镇一街实际操作。本书收入了试点总结报告和一个试点镇的报告，以及一个村的案例。尽管试点时间短，受限因素多，成效还有待于进一步观察，不过，这毕竟是我们与当地党和政府在共同实践中的研究成果。我们尤其要感谢莱西市委市政府，给我们提供了这次直接深入乡村底层的机会，向我们打开了认知中国乡村真实情况的窗口。记录下这真实的一页，并向社会公布，是我们作为研究者的责任，也是我们以此向莱西市委市政府道谢的一种方式。

烟台调研是在 2020 年 5 月。烟台市委组织部启动的党支部领办合作社的做法不但在烟台本地推广，也在全国引起重要反响，研究组为此特地组织了这一次集体调研活动。实地调研让我们大开眼界，一些在理论上原觉得似乎无解的问题的答案，都在烟台村庄的乡村振兴实践中浮现了出来。这一切激励着我们有义务整理这些调研心得，向社会展示烟台乡村的基层党组织是发挥助产士作用，让集体经济合作社诞生并逐步成长的故事。

中国扶贫基金会为了总结自己在扶贫和乡村振兴中的探索，委托研究组对自己的两大支农公益品牌——善品公社和百美村宿做案例研究。他们的主要做法是扶持村党支部和村委会建立产业合作社，通过连接市场的方式获益以推动村民共富。这与我们一直关注的乡村集体经济实现路径不谋而合。这个研究自2020年9月持续到2021年5月，我们从中获益颇多。经中国扶贫基金会同意，我们将案例调研成果出版以公开展示。

这本书的案例和报告全部围绕同一个主题——乡村振兴与集体经济。所以，我们特地将这个题目列为本书第一专栏以示重视。专栏中不仅收入了研究组成员的文章，还约李昌平和陈晶晶两位确有丰富实践研究经验的作者特别赐稿。特此致谢。

我们还要感谢中信改革发展研究基金会对本书出版的支持。

最后，特别感谢本书的责任编辑冯春凤，以及参与编辑工作的农禾之家咨询服务中心研究部干事吕松波，以及为本书的报告付出辛劳的所有朋友！

杨团、刘建进、仝志辉

并综合农协研究组全体成员

2021年6月1日